PC정비사 교본
컴퓨터 고장 수리 조립 업그레이드

PC정비사 교본 - PC 고장 수리 조립 업그레이드

발행일 : 2023-05-16
발행처 : 가나출판사
출판사등록번호 : 제2020-000005호
사업자등록번호 : 680-90-01427
대표 : 윤관식
주   소 : 충남 예산군 응봉면 신리길 33-4
전   화 : 010-6273-8185
팩   스 : 02-6442-8185
홈페이지 : 가나출판사.kr
Email : arm1895@naver.com
저   자 : 윤관식

ISBN : 979-11-91180-08-4(93500)

파본은 구매처에서 교환해 드립니다.

머리말

필자가 아주 오랜 옛날에도 PC정비사 책을 펴 냈고요, 2020년에도 비슷한 책을 펴 냈습니다만, 올 해는 2023년이고요, PC 기술은 하루가 다르게 발전하고 있으므로 이에 또 다시 2023년판으로 PC정비사 교본 - 컴퓨터 고장 수리 조립 업그레이드 책을 펴 내게 되었습니다.

어차피 컴퓨터의 원리는 동일하므로 옛날 책을 가지고 공부를 한다 하여도 일단 기술을 익힌 후에 신기술은 본인이 알아서 공부를 하면 되므로 큰 문제는 없지만, 책이라는 매체의 속성상 출간 후 18개월 이상 지나면 신간으로 펴 내지 않으면 잘 팔리지 않기 때문이기도 합니다.

그래서 아예 이전에 출간한 후에 새롭게 개발된 기술이나 프로그램들을 다루기 위하여 이번에 다시 2023년판으로 새로운 신간으로 펴 내서 지면으로 독자 여러분을 만나고자 합니다.

현재 코로나19 펜데믹 사태가 아직 완전히 종결된 것은 아니지만, 우리나라도 이제는 대중교통에서도 마스크 의무가 해제되었습니다.

코로나19는 우리가 원하지 않았지만 발생하였고요, 지구상 어떤 나라, 어느 누구라도 그 영향을 받지 않은 사람이 없습니다.

그래서 코로나19 이전과 이후의 세상은 완전히 다른 세상이라는 것이 필자의 생각인데요, 여러분 역시 아마 대체로 공감할 것입니다.

필자의 경우 코로나 19 기간 동안 이 책의 이전 버전인 컴퓨터조립 및 업그레이드 - PC정비사 교본 책이 불티나게 팔렸으므로 코로나19로 어려워진 사람들이 PC정비 기술을 익혀서 PC정비사로 진출하려는 사람들이 많다는 것을 알 수 있었고요, 그래서 다시 2023년 최신판으로 새롭게 윈도우즈 운영체제도 윈도우즈 11 운영체제를 중심으로 PC정비사를 또 다시 집필하게 된 것입니다.

PC정비사는 문자 그대로 해석하면 상당히 난해하고 어려워 보이지만, 사실 직업적으로 PC 정비사를 하지 않더라도 현대인이라면 PC를 사용하지 않는 사람이 없으므로 최소한 자신의 PC는 자유자재로 주무를 줄 알아야 정상입니다.

최소한 자신이 사용하는 컴퓨터의 기본 원리를 알고 튜닝을 할 줄 알아야 하며 각종 보안 관련 프로그램에 대해서도 알아야 합니다.

일례로, 돈이 많아서 돈을 1,000만원을 들여서 PC를 구입했다 하더라도 PC는 요물과도 같기 때문에 튜닝을 하지 않으면 단돈 10만원짜리 PC보다 느립니다.

기가 막힐 노릇이지만, PC라는 요물이 인간의 두뇌와 닮았기 때문에 인간과 비슷한 속성을 가지고 있어서 최첨단 자동차와 같이 수시로 닦고 조이고 기름을 치지 않으면 점점 느려지다가 어느날 갑자기 먹통이 되곤 합니다.

현대인으로 PC를 사용하지 않는 사람이 없지만, 아이러니하게도 PC 운영체제를 평생 단 한 번도 인스톨 해 본 적이 없는 사람이 압도적으로 많습니다.

최첨단 최고 난이도의 게임은 기가 막히게 잘 하면서도 PC에 간단한 문제만 생겨도 스스로 고치지 못하여 PC정비사를 부르는 것이 현실입니다.

물론 천성적으로 기계와는 담을 쌓고 사는 사람도 있습니다만, 그야말로 밥도 떠 먹여 줘야 할 정도로 기계치만 아니라면 남녀노소 불문하고 PC 정비를 배워야 현대인으로 살아갈 수 있다는 것이 필자의 지론입니다.

더우기 PC 정비는 테스터기를 가지고 저항을 재고 납땜을 해서 고치는 그런 차원이 아닙니다.

지구상 어떠한 대기업도 PC를 만들 수 있는 회사는 없습니다.

어떠한 대기업이든, 우리나라의 삼성이든, 필자 혹은 여러분이 기술을 익혀서 직접 PC를... 어떠한 기업이나 개인이라도 PC를 만들 수 있는 회사나 사람은 없습니다.

PC는 오로지 카드 형태로 된 부품을 구입하여 조립을 하는 것입니다.

그래서 그야말로 밥도 떠 먹여 줘야 할 정도로 기계치만 아니라면 남녀노소 누구나 PC 정비를 할 수 있는 것입니다.

모쪼록 이 책으로 최소한 자신이 사용하는 PC는 마음대로 주물러서 이른바 파워유저가 되시기를 진심으로 기원합니다.

감사합니다.

저자 윤관식

필자의 [유튜브채널]에 오시는 방법

이 책은 한정된 적은 지면으로 집필을 하는 것이기 때문에 이 책 속에 과도하게 많은 내용을 담을 수가 없습니다.

따라서 이 책에서 부족한 설명은 필자의 블로그 및 [유튜브 채널]에 오셔서 필자가 만들어서 올려 놓은 포스트 및 동영상을 보시고 공부하시기 바랍니다.

인터넷창, 웹브라우저 주소표시줄에 '가나출판사.kr' 입력하고 엔터를 치면 필자의 홈에 오실 수 있고요, 필자의 홈에 오시면 필자의 블로그 및 [유튜브 채널]에 오실 수 있는 링크가 있습니다

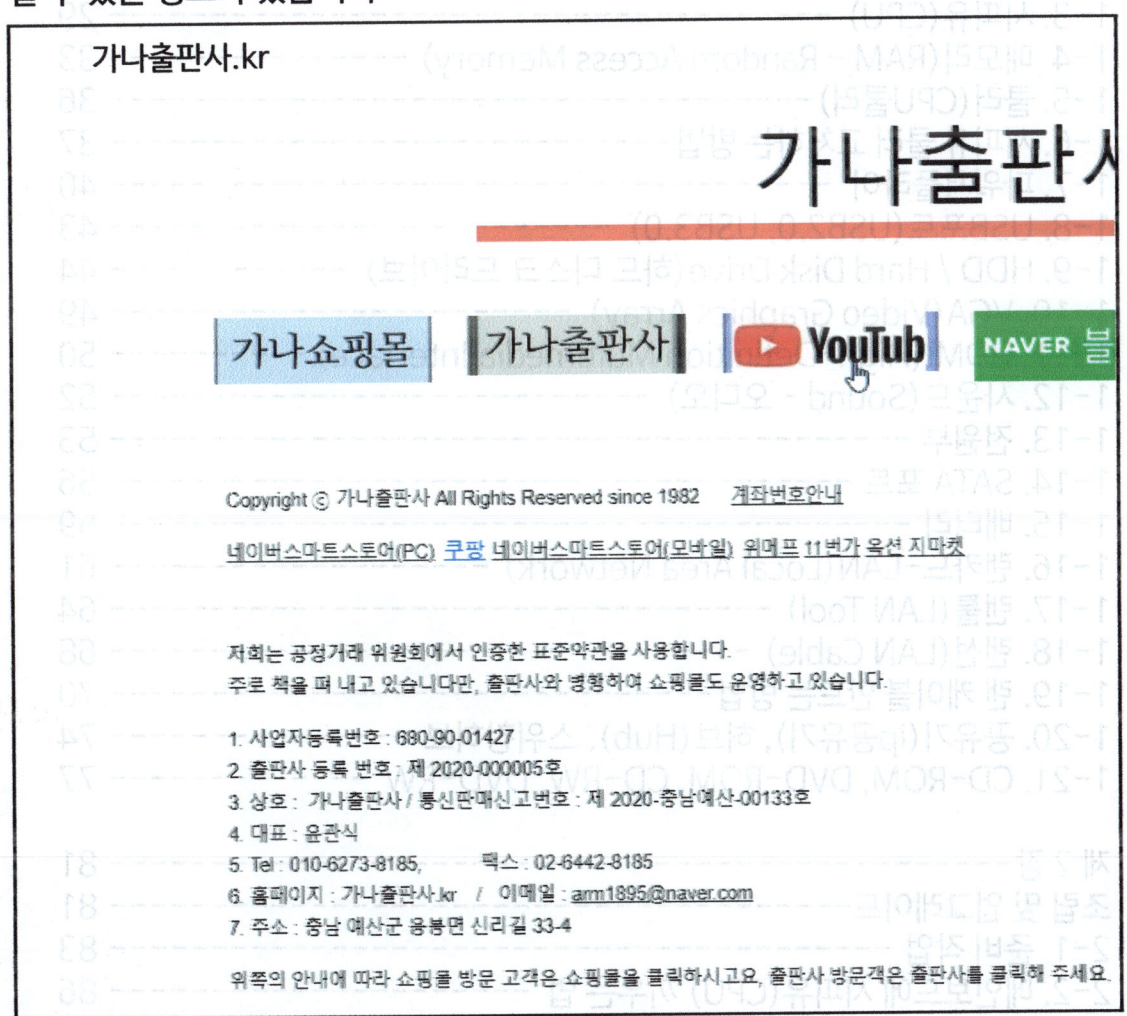

목차

PC정비사 교본 -- 1
컴퓨터 고장 수리 조립 업그레이드 ------------------------------- 1
머리말 --- 6
필자의 [유튜브채널]에 오시는 방법 ----------------------------- 9

제 1 장 -- 13
컴퓨터 구성 요소 -- 13
1-1. 컴퓨터 구성 요소 -- 15
1-2. 케이스 --- 17
1-2. 메인보드(Main Board) -------------------------------------- 19
1-3. 시피유(CPU) --- 29
1-4. 메모리(RAM - Random Access Memory) --------------------- 33
1-5. 쿨러(CPU쿨러) --- 36
1-6. 시피유 쿨러 교체하는 방법 -------------------------------- 37
1-7. 파워서플라이 -- 40
1-8. USB포트(USB2.0, USB3.0) ---------------------------------- 43
1-9. HDD / Hard Disk Drive(하드 디스크 드라이브) ------------- 44
1-10. VGA(Video Graphics Array) ------------------------------- 49
1-11. HDMI(High-Definition Multimedia Interface) ------------- 50
1-12. 사운드(Sound - 오디오) ---------------------------------- 52
1-13. 전원부 --- 53
1-14. SATA 포트 -- 56
1-15. 배터리 --- 59
1-16. 랜카드-LAN(Local Area Network) ------------------------- 61
1-17. 랜툴(LAN Tool) -- 64
1-18. 랜선(LAN Cable) --- 68
1-19. 랜 케이블 만드는 방법 ----------------------------------- 70
1-20. 공유기(ip공유기), 허브(Hub), 스위칭허브 ---------------- 74
1-21. CD-ROM, DVD-ROM, CD-RW, DVD-RW ------------------------- 77

제 2 장 -- 81
조립 및 업그레이드 --- 81
2-1. 준비 작업 --- 83
2-2. 메인보드에 시피유(CPU) 끼우는 법 ------------------------ 86

2-3. 메모리(RAM) 끼우는 법 --------------------------------- 88
2-4. 메인보드에 전원 연결하는 방법------------------------ 93
2-5. 파워핀 쇼트시켜서 부팅하는 방법 --------------------- 96
2-6. 케이스 준비-- 97
2-7. 시스템 업그레이드 ----------------------------------- 97
2-8. SATA케이블 --- 101
2-9. 파워 서플라이 교체---------------------------------- 108
2-10. 케이스 안에 메인보드 장착하기---------------------- 110
2-11. 백패널 끼우는 방법--------------------------------- 112
2-12. 메인보드 나사 조이는 방법-------------------------- 117
2-13. 그래픽카드 장착하는 방법 -------------------------- 120
2-14. 쿨러 장착 --- 124
2-15. 서멀그리스 도포------------------------------------ 127
2-16. SSD(Solid State Drive) ---------------------------- 129

제 3 장-- 133
운영체제 인스톨(Win 11 설치) ---------------------------- 133
3-1. Win 11 설치 전 사전 지식 --------------------------- 135
3-2. MBR, GPT, UEFI ------------------------------------ 135
3-3. Win 11 설치 디스크 준비 ---------------------------- 138
3-4. Win 11을 실행할 수 없습니다 ------------------------ 139
3-5. Win 11 설치 파일 다운로드 -------------------------- 146
3-6. Rufus 프로그램-------------------------------------- 150
3-7. GPT, MBR, UEFI ------------------------------------ 152
3-8. GPT 디스크로 변환하는 방법 ------------------------- 154
3-9. TPM 우회-- 167
3-10. 셋업에서 USB로 가장 먼저 부팅되게 하는 방법 ------- 173
3-11. SSD(Solid State Drive) ---------------------------- 177
3-12. Win 11 설치-- 181
3-13. MS계정이 아닌 로컬 계정으로 설치------------------- 194
3-14. Win 11 정품 인증 ---------------------------------- 199
3-15. Win 11 네트워크 ----------------------------------- 206
3-16. 네트워크 초기화------------------------------------ 208
3-17. 재부팅 후 개인 네트워크로 설정 -------------------- 211

제 4 장 --- 217
응용 소프트웨어 설치 및 사용법 ---------------------- 217
4-1. 바이러스 백신 프로그램 설치 ---------------------- 219
4-2. CPU-Z 프로그램 ----------------------------------- 227
4-3. 그래픽 드라이버 설치 ----------------------------- 232
4-4. 해상도 --- 235
4-5. 네트워크 설정 ------------------------------------ 238
4-6. 공유기 설정 -------------------------------------- 245
4-7. HDD 도킹 스테이션 -------------------------------- 257
4-8. 영상 캡쳐 카드, 영상 캡쳐 기기 ------------------- 263
4-9. 가상 메모리 -------------------------------------- 278
4-10. 고급 시스템 설정 -------------------------------- 283
4-11. BitLocker 드라이브 암호화 ----------------------- 293
4-12. 비트락커 해제 ----------------------------------- 299
4-13. BitLocker 제거 ---------------------------------- 302
4-14. 복구키로 BitLocker 암호 해제하기 ---------------- 305

제 1 장
컴퓨터 구성 요소

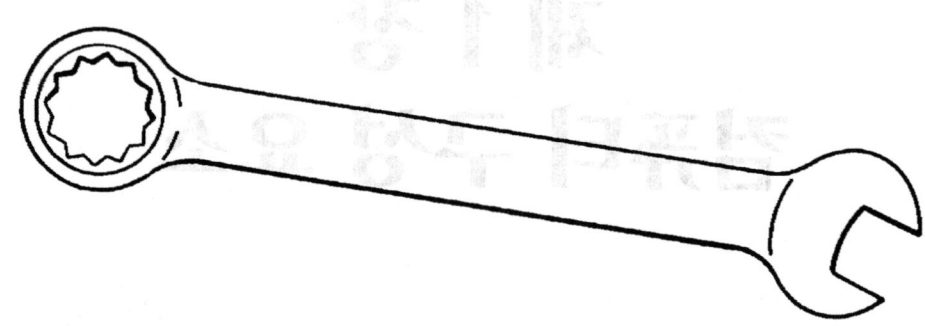

1-1. 컴퓨터 구성 요소

컴퓨터는 하드웨어와 소프트웨어로 이루어졌다는 것은 모두들 잘 아실 것입니다.

이 책에서는 하드웨어는 물론 컴퓨터를 조립하여 윈도우즈 운영체제 및 각종 응용 프로그램의 인스톨하는 방법까지 다룰 것이므로 크게 보아서는 하드웨어와 소프트웨어를 모두 다룬다고 할 수 있습니다만, 이 책의 중점은 컴퓨터 조립 및 업그레이드 및 튜닝 등 하드웨어를 중점적으로 다룰 것이고요..

이 책에서는 복잡한 수치나 공식 따위는 아마 단 한 줄도 들어가지 않을 것입니다.

오로지 실전에서 여러분이 직접 컴퓨터를 조립하거나 업그레이드 등을 할 수 있도록 모든 것을 사진을 곁들인 자세한 설명으로 진행할 것이므로 그야말로 밥도 떠먹여 줘야 할 정도로 기계치가 아니신 분이라면 남녀노소 누구나 직접 컴퓨터를 다룰 수 있을 것입니다.

컴퓨터는 예전에 동네 전파사 등에서 수리를 하던 라디오나 TV 등을 수리하던 것과는 근본적으로 다릅니다.

컴퓨터의 심장으로 불리는 메인 프로세서인 CPU는 손톱 4개 정도의 작은 크기 안에 무려 수 천 만 개의 집적 회로가 내장되어 있습니다.

이런 부품을 사용한 PC를 이 세상에 어떠한 대기업이라도 직접 만들 수 있는 곳은 없습니다.

PC라는 것은 오로지 카드 형태로 된 부품을 조합하여 조립을 하는 것입니다.

즉, 다시 말해서 HP라는 거대한 글로벌 메이커에서 PC를 만들던지, 삼성에서 만든 PC이건 필자 혹은 여러분이 이 책으로 공부를 하여 PC를 직접 만들던지, PC는 만들어지는 것이 아니라 오로지 조립을 하는 것입니다.

그래서 납땜을 하여 부품을 수리하는 차원이 아니기 때문에 PC의 기본 원리만 익히면 누구나 PC를 조립 및 업그레이드 혹은 고장 수리를 할 수 있는 것이며, 꼭 PC정비사가 아니더라도 자신의 PC를 마음대로 주무를 수가 있는 것입니다.

영화 마스(화성)에도 나오는 장면이 있는데요, 우주선이 너무나 엄청난 속도로 움직여서 진동 및 기타 여러 가지 영향으로 회로 기판 하나가 타서 화성에 착륙할 때 속도를 제어하지 못하여 선장이 기계실로 내려가서 해당 회로 기판을 빼 내고 새로운 기판을 삽입하여 고치는 장면이 있습니다.

영화라서 그렇다고 이해는 합니다만, 예를 들어 컴퓨터의 심장으로 불리는 시피유는 보통 엄지손톱 4개 정도의 작은 면적에 무려 수 천 만개의 트랜지스터가 내장되어 있는 현대 문명의 꽃입니다.

따라서 컴퓨터는 납땜을 하는 등의 수리를 하는 차원이 아닙니다.
수 천 만개의 트랜지스터가 내장되어 있는 시피유는 물론 수많은 부품들이 조합되어 있는 메인보드에 각종 카드 형태로 만들어져 있는 마이크로 부품들이 조합된 키트를 메인보드의 슬롯에 꽂아서 조립을 하거나 업그레이드 등을 하는 것입니다.

물론 메인보드 등의 제조사나 A/S 센터 등에서는 당연히 납땜 등을 하여 고장난 부품을 교체하는 등의 작업을 합니다만, 개인이 이런 일을 할 일은 거의 없습니다.

따라서 컴퓨터는 복잡한 전자 이론은 거의 모르더라도 컴퓨터 하드웨어 및 소프트웨어에 대한 이해만 있으면 조립 및 업그레이드 및 튜닝 및 고장 수리 등을 할 수 있는 것입니다.
그래서 그야말로 밥도 떠 먹여줘야 할 정도의 기계치가 아니신 분이라면 누구나 컴퓨터를 조립 및 업그레이드 및 고장 수리 등을 할 수 있는 것입니다.

일단 이 책에서 다루는 컴퓨터는 IBM 컴퓨터이고요, 현재 우리가 보통 컴퓨터라고 부르는 것은 대부분 IBM사에서 개발한 PC를 의미하여 거의 대부분의 컴퓨터가 IBM컴퓨터이기 때문에 그냥 IBM은 빼고 컴퓨터 또는 PC(퍼스널 컴퓨터 - 개인용 컴퓨터)라고 부르는 것입니다.

이에 비하여 보통 매킨토시 혹은 맥이라고 부르는 애플 컴퓨터가 있습니다만, 보편적이지 않기 때문에 여기서는 다루지 않고요, 어차피 애플 컴퓨터도 기본적인 컴퓨터라는 점에서는 동일합니다만, 운영체제도 다르고 작동 방식도 약간 다르며 일반적으로는 거의 사용하지 않기 때문에 여기서는 다루지 않고요, 이 책에서는 모두 IBM컴퓨터를 다루는 것입니다.
이렇게 우리가 보통 컴퓨터라고 부르며 가장 흔한 PC(퍼스널 컴퓨터 - 개인용 컴퓨터)는 육안으로 보아서 우선 컴퓨터 케이스가 있습니다.

1-2. 케이스

컴퓨터 케이스는 비슷해 보이지만, 천차만별 수많은 모습이 존재하며 결과적으로는 거의 비슷한 기능을 하고요, 워크스테이션급의 중대형 컴퓨터는 빅타워형 케이스를 사용하지만, 일반적인 개인용 컴퓨터는 대부분 중간 크기의 중형 데스크탑 형태의 케이스를 사용하며, 이른바 메이커 PC는 크기도 작고 얇은 슬림형 케이스를 사용하기도 합니다만, 요즘은 발열 문제 등으로 인하여 메이커 PC도 대개 중간 크기의 중형 데스크탑 미들 타워형 케이스를 사용하는 것이 일반적입니다.

약간 구형의 케이스 및 가격이 저렴한 싸구려 조립 컴퓨터의 경우 케이스 뒤의 나사를 풀어서 위의 사진과 같이 뚜껑(케이스)을 열 수 있는 방식도 있고요, 요즘 나오는 컴퓨터라면 대부분 컴퓨터 뒤에 있는 레버 등을 제끼는 등의 작업 후에, 위의 사진에 보이는 컴퓨터는 이렇게 뒤의 레버를 제끼고 손으로 밀어서 뚜껑을 열 수 있는데요..

맨 처음 새것 케이스를 사 가지고 와서 조립을 하더라도 마찬가지이며, 요즘은 무엇이든지 넘쳐나는 시대이므로 새것 케이스에 새것 부품을 사서 조립을 하다가는 새것 컴퓨터를 사는 것보다 더 들어가므로 모든 것을 재활용하는 것이 좋습니다. 요즘은 신제품이 쏟아져 나오는 속도가 전문가도 혀를 내두를 정도로 빠르기 때문에 전문가도 표를 보지 않고는 모델명을 파악할 수가 없을 지경인데요..

그래서 컴퓨터는 신제품이 나올 때마다 구입을 하다가는 뱁새가 황새를 따라가다가는 가랑이가 찢어집니다.
반면에 1~2년 정도만 뒤따라가면 새 컴퓨터의 절반 이하의 가격으로 컴퓨터를 사용할 수 있으므로 신제품에 목을 매지만 않는다면 비용 부담 없이 비교적 최신의 컴퓨터를 사용할 수 있는 것입니다.

이 책에서 조립에 사용할 컴퓨터는 LGA 1155보드에 인텔 i7 E3-1270 시피유 (서버용 시피유-가격이 저렴해서 사용합니다.)에 DDR-3, 4Gb 램 x 2개 = 8Gb RAM을 사용하는 시스템을 조립하면서 여러 가지 설명을 진행할 것이고요, 이 조합으로 부품을 구입한다면 불과 10만원 남짓이면 구입할 수 있고요..

여기에 하드디스크가 필요하므로 HDD 추가, SSD를 추가한다면 그래보았자, 중고 가격으로 이것 역시 불과 몇 만원이면 됩니다.

여기에 케이스와 파워서플라이가가 없다면 케이스와 파워 역시 구입을 해야 하는데요, 새것으로 구입을 한다면 위의 부품 가격보다 훨씬 비쌉니다.

따라서 어차피 이 책으로 컴퓨터 조립 및 업그레이드 등의 공부를 하기 위해서는 동네 컴퓨터 가게와 친숙해지는 것이 좋습니다.

다시 말해서 동네 컴퓨터 가게에 가면 전국의 어떠한 컴퓨터 가게에 가더라도 날이면 날마다 컴퓨터를 뜯어서 고철로 보내는 것이 산더미처럼 많으므로 적당한 케이스 1만원 안팎이면 구입할 수 있고요, 잘 아는 가게라면 아마 무료로 줄 것이고요, 파워서플라이 역시 1만원 정도면 구입할 수 있고요, 이 역시 잘 아는 가게라면 아마 무료로 줄 것입니다.

또한 이 책에서 조립에 사용하는 메인보드는 그래픽 내장형입니다만, 약간 더 나은 화면을 원한다면 그래픽 메모리 1Gb~2Gb 정도 내장된 엄청난 그래픽카드도 새것이라면 비싸겠지만, 동네 컴퓨터 가게에 가서 중고로 구입하면 이 역시 1만원 정도면 구입할 수 있습니다.

이런 식으로 중고 부품으로 구입을 한다면 컴퓨터 1대 모두 구입을 한다고 하더라도 아주 저렴한 가격으로 가능한 것입니다.

필자 역시 그리 넉넉한 사람이 아니므로 네이버 중고나라를 자주 이용하는데요, 여러분도 네이버 중고나라 접속하여 필요한 부품을 검색하면 홍수처럼 쏟아지고요, 다만, 가끔씩 입금하고 제품을 못 받는 일이 발생하므로 입금할 때는 잘 알아보고 입금을 해야 하고요, 이것이 탐탁치 않으면 네이버를 포함한 각종 마켓에서 구입을 하는 것도 한 방법입니다.

특히 이렇게 검색하여 구매를 하면 혹시 불량이 나오더라도 즉시 교환 가능하므로 이렇게 구매를 하는 것도 좋고요,..
물론 당연히 이 책으로 공부를 하여 어떤 모델을 사야 하는지 먼저 알아야 하겠죠..

1-2. 메인보드(Main Board)

컴퓨터 케이스를 열면 맨 밑에 메인보드(Main Board)가 있습니다.

모든 부품의 바탕이 되기 때문에 일명 마더 보드(Marth Board)라고도 부릅니다.

컴퓨터를 새로 조립하지 않더라도 컴퓨터의 메인보드가 고장이 났다면 당연히 메인보드를 교체를 해야 하며 따라서 컴퓨터를 새로 조립하는 과정에 준하여 메인보드를 탈거를 하고 새로 구입한 메인보드로 교체를 해야 합니다.

컴퓨터는 사실 거의 고장이 나지 않습니다만, 필자와 같이 수많은 컴퓨터를 다루다 보면 메인보드가 고장이 나는 경우도 더러 있습니다.

메인보드는 시피유와 마찬가지로 수많은 규격이 존재하며 메인보드와 시피유가 서로 지원되는지 알아야 하며 여기에 사용할 램 역시 호환이 되는지 반드시 미리 확인을 해야 합니다.

여기 보이는 것은 필자가 이번에 이 책을 집필하기 위하여 새로 구입한 중고 메인보드인데요, 메인보드의 모델명은 MSI PH61A-P35 LGA1155보드이고요, 이것이 무슨 뜻일까요?

MSI는 메인보드 제조사명이고요, PH61A는 모델명이고요, P35는 칩셋명이고요, 여기서 중요한 것은 LGA1155입니다.

시피유도 동일하게 1155 규격을 사용하는 모델이어야 한다는 뜻입니다.
아래는 이 보드의 대략적인 제원입니다.

이 메인보드는 중고이며, 필자 역시 아래 사이트에서 구입한 것입니다.

아래는 필자가 구입한 메인보드의 대략적인 제원입니다.

소켓 규격(시피유가 들어갈 소켓 규격) : LGA1155
지원되는 시피유 종류 : 샌디브릿지와 아이비브릿지
메인보드 칩셋 : 인텔 H61칩셋
메모리 슬롯 및 지원 규격 : DDR3 x 2, PC3 8500, 10600, 12800, 최대 16Gb
내장 장치 슬롯 : PCI x 3, PCIE x 1(그래픽 카드)
내장 VGA : 인텔 GMA HD, DVI/RGB(모니터 연결 방식)
내장 오디오 : HD Audio
내장 랜(네트워크 어뎁터 - 이더넷 어뎁터) : 기가비트
저장 장치 지원 : SATA2 x 4. SATA3 x 2
USB : USB3.0 x 2, USB2.0 x 6

위의 규격은 메인보드 규격이며 여러 가지 규격이 있지만, 지금은 거의 대부분 ATX 규격이며 일부 메이커PC의 경우 크기가 작은 마이크로 ATX 규격도 있고요, 뭐든지 작기 때문에 고장이 나면 고치기가 어렵습니다.
우선 손이 잘 들어가지 않아서 수리가 거의 불가능할 수도 있습니다.
메이커PC 혹은 조립PC라 하더라도 미니타워를 사용한 LP 타입 컴퓨터도 있는데요, 이렇게 작은 컴퓨터는 업그레이드 등은 아예 포기하는 것이 좋습니다.
위의 표를 보면 지원 시피유는 샌디브릿지와 아이비브릿지라고 나와 있습니다.
이 메인보드의 칩셋은 인텔 H61 칩셋이고요..

메모리 슬롯 : DDR3슬롯 2개, PC-3 8500/10600/12800 지원되며 최대 16Gb 지원된다는 뜻입니다.
SATA3 포트 2개, SATA2 포트 4개 있고요..
USB3.0 포트 2개, 2.0포트는 6개가 있다는 뜻입니다.
이상 대체적인 스펙이고요, 여기서 가장 중요한 이 보드에 맞는 시피유를 먼저 알아 보아야 하는데요, 위의 스펙을 보면 샌디브릿지와 아이비브릿지 시피유를 사용

할 수 있다고 나와 있습니다.

그렇다면 도대체 샌디브릿지와 아이비브릿지는 어떤 시피유를 의미하는 것일까요?
다음 화면은 위키백과에서 인용한 것인데요..

일단 다음 화면을 보세요..

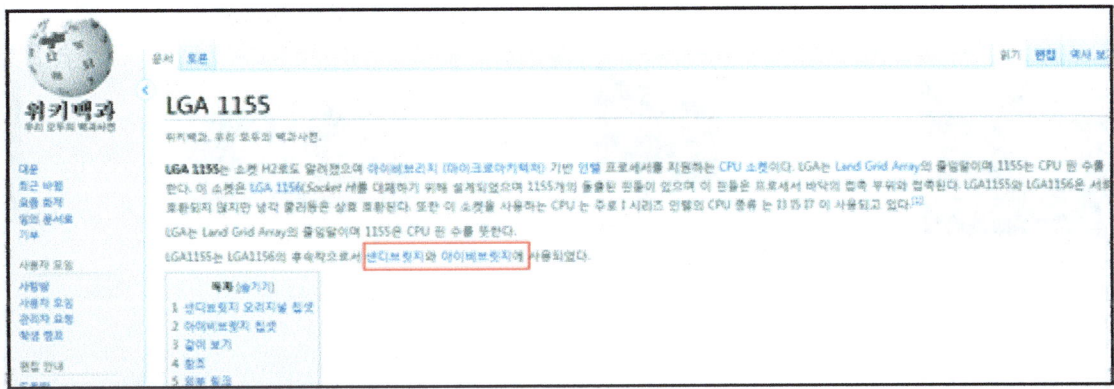

위는 구글링을 하여 LGA1155를 검색해서 위키백과에서 인용한 내용인데요..
위의 위키백과 설명에서 빨간 사각형을 보면 1155보드에 사용할 수 있는 시피유는 샌디브릿지와 아이비브릿지라고 나와 있습니다.

여기서 잠깐, 위의 설명이 없을 경우 이 보드의 스펙을 알아야 하므로.. 지금 설명하는 메인보드는 MSI사의 제품이므로 MSI를 검색, 접속합니다.

메인보드는 대개 대만제이며 대부분 서울 용산에 서비스 센터가 있습니다.

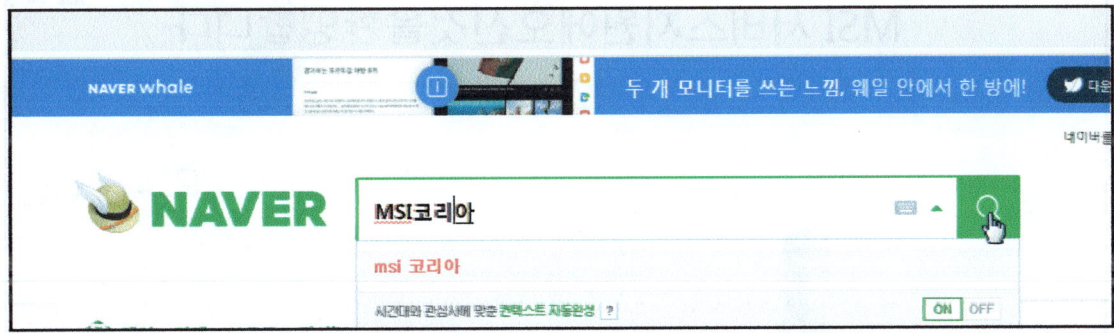

MSI코리아를 클릭합니다.
다른 메이커의 메인보드 역시 해당 모델 제조사의 홈페이지에 들어가면 됩니다.

MSI코리아 홈페이지에서 위의 손가락이 가리키는 메인보드를 클릭하여 나타나는 다음 검색 화면에서 검색을 합니다.

위의 화면에 보이는 것과 같이 해당 보드 모델명을 입력하고 검색합니다.

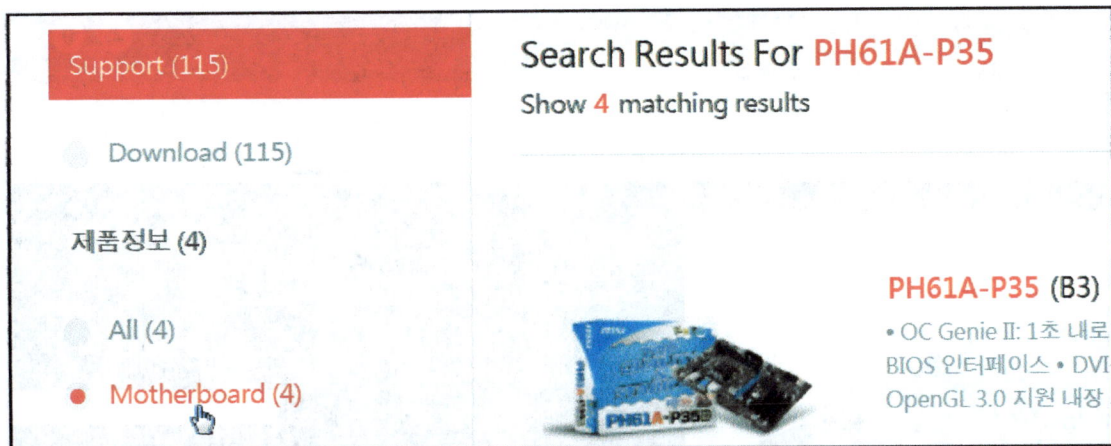

이런 식으로 해당 메인보드 제조사의 홈페이지에서 메인보드 스펙을 확인할 수 있고요,.

다른 메이커의 메인보드 역시 해당 메인보드 제조사의 홈페이지를 검색하여 여기 설명하는 방법으로 매뉴얼을 다운로드할 수 있습니다.

위의 손가락이 가리키는 마더보드를 클릭합니다.

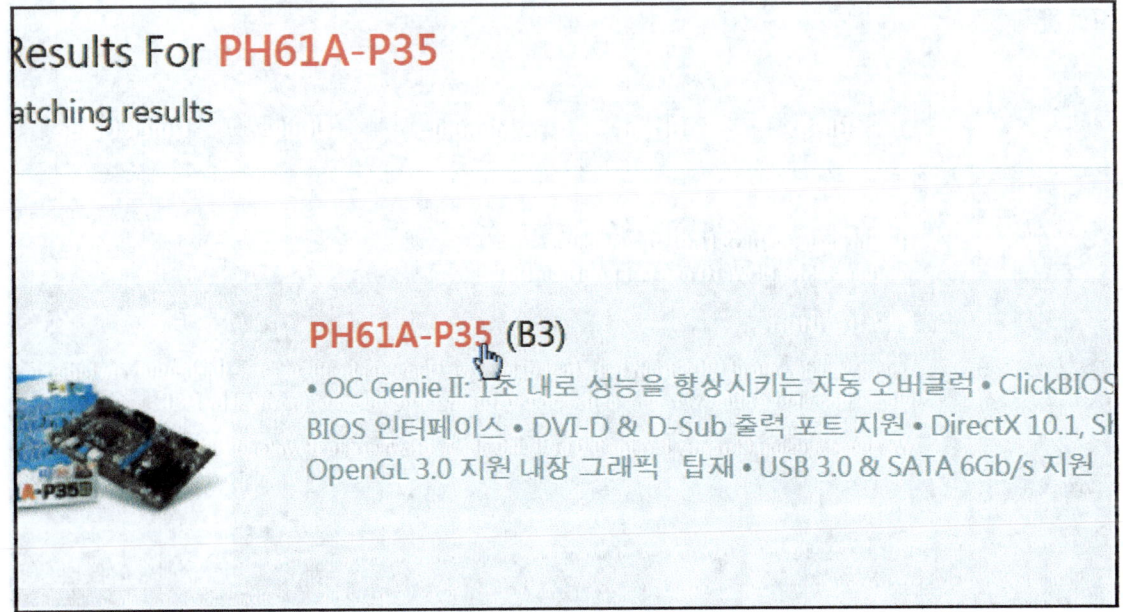

위의 마우스가 가리키는 메인보드 모델명을 클릭합니다.

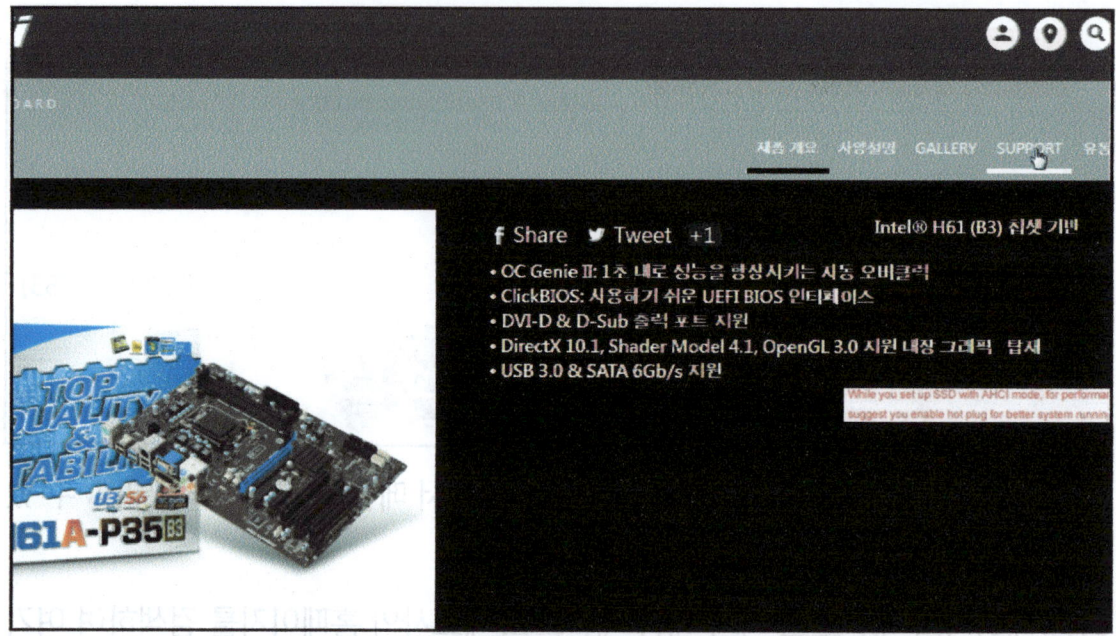

위의 손가락이 가리키는 [SUPPORT]를 클릭합니다.

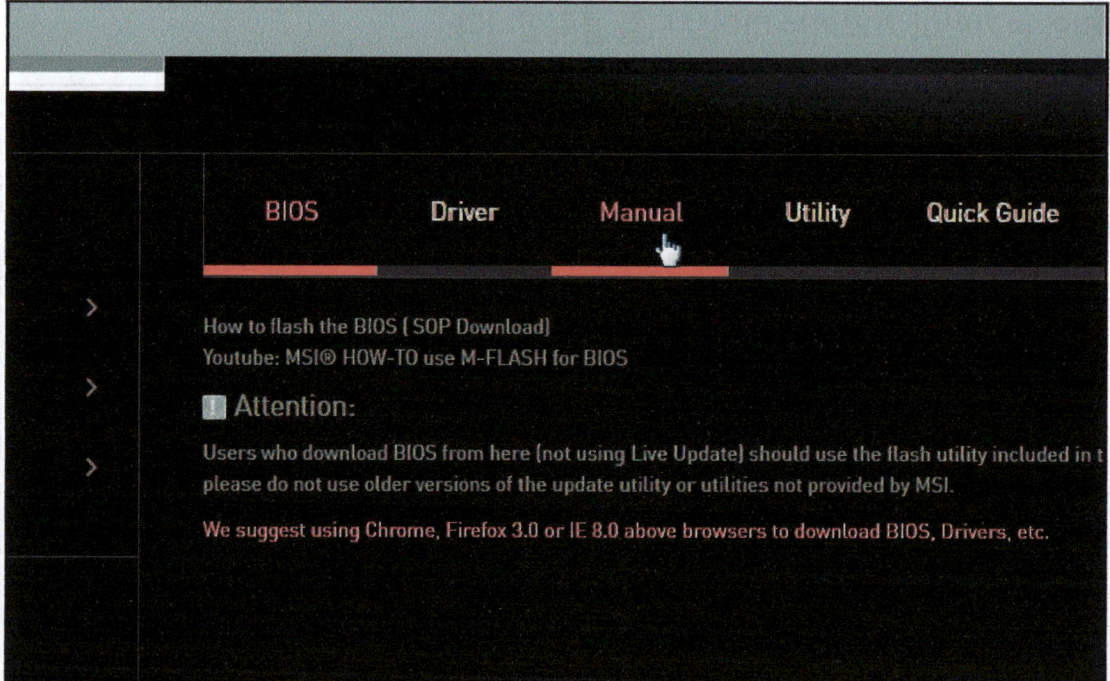

위의 손가락이 가리키는 [Manual]을 클릭합니다.

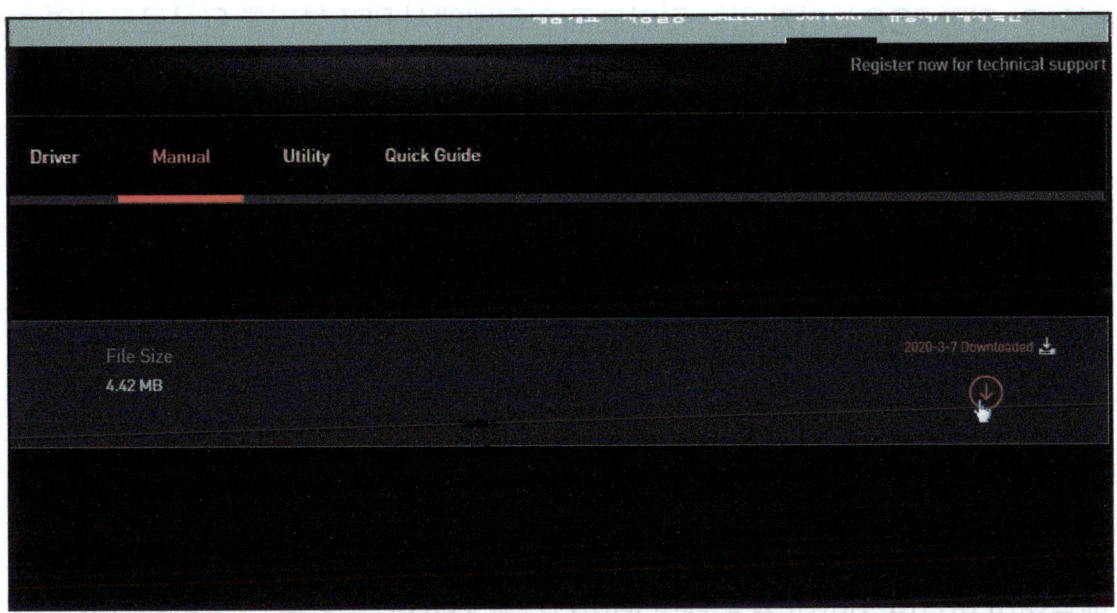

위 화면 우측 손가락이 가리키는 다운로드 버튼을 클릭하여 다운로드합니다.

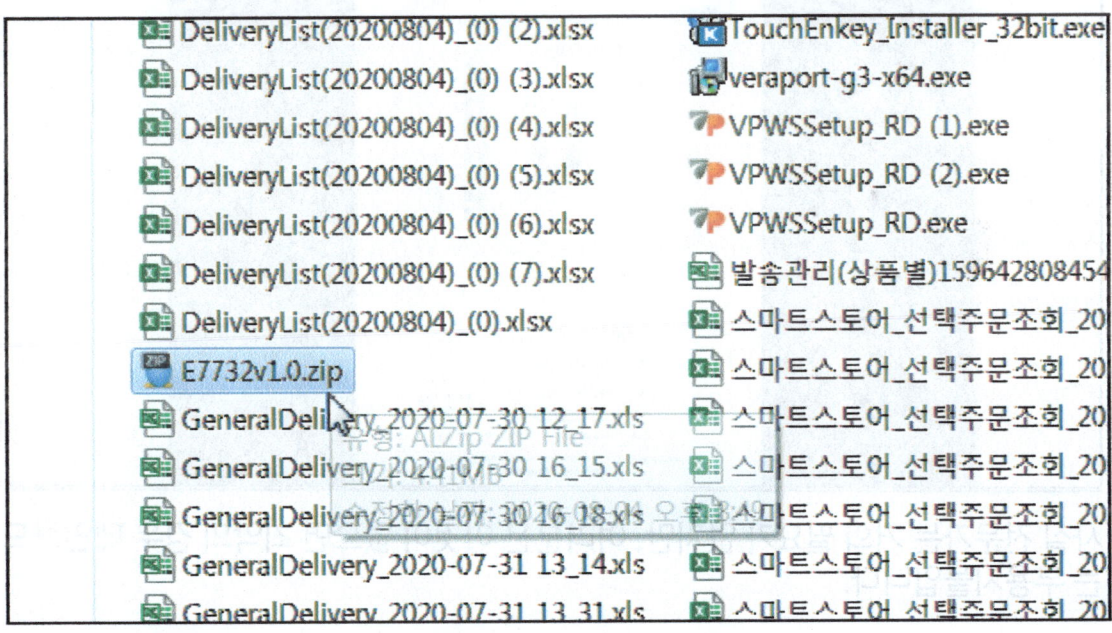

압축 파일 형태이고요, 자신의 컴퓨터의 적당한 곳에 저장을 하고 압축을 풀면 PDF문서로 나타납니다.

자신의 컴퓨터에 PDF뷰어가 깔려 있으면 바로 읽을 수 있고요, 더블 클릭하여 실행이 안 되면 PDF 뷰어가 없는 것이므로 인터넷에서 PDF뷰어를 다운로드하여 컴퓨터에 설치하면 이 문서를 열어볼 수 있습니다.

위와 같이 파일을 선택하고 마우스 우측 버튼을 클릭하여 나타나는 팝업 메뉴에서 원하는 프로그램을 선택하여 열면 됩니다.

PDF문서는 마이크로소프트사에서 개발한 표준 웹문서 규격이며, 쓰기는 정품을 사야 가능하고요, 읽기만 하는 것은 무료이므로 아마 대부분의 컴퓨터에는 이미 깔려 있을 것입니다.

위의 PDF 매뉴얼을 읽어들이면 복잡한 설명이 나오는데요, 여기서 가장 중요한 것은 메인보드 도면과 설명입니다.

언듯보면 아무것도 아닌 것 같지만, 해당 메인보드 사용자는 여기 보이는 도면이나 매뉴얼이 없으면 최악의 경우 해당 메인보드를 사용할 수 없을 수도 있습니다.

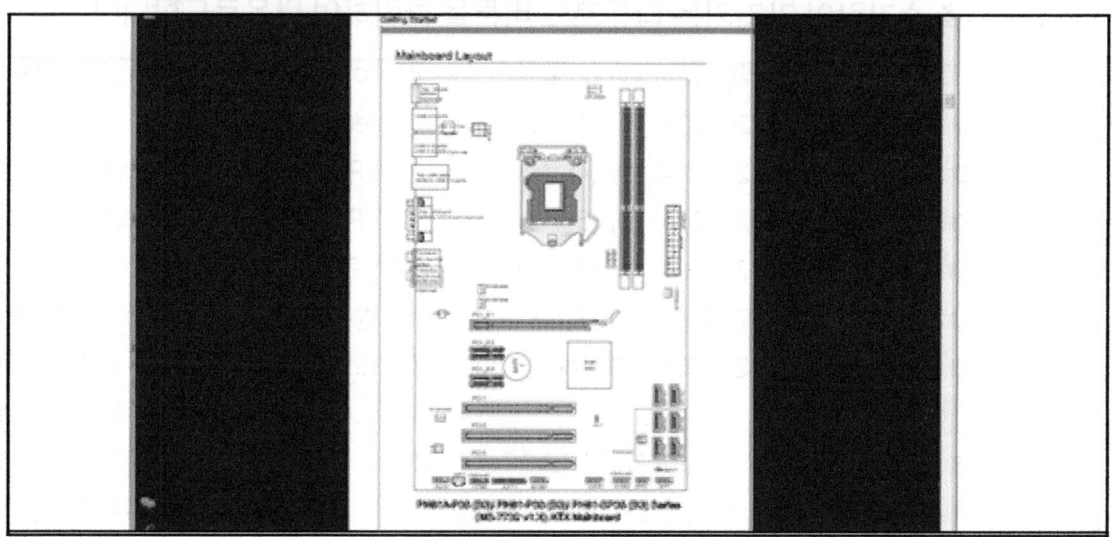

사실 전문가는 거의 필요가 없지만, 여러분은 이것이 없으면 최악의 경우 메인보드는 무용지물입니다.

최악의 경우 메인보드를 버려야 하므로 이렇게 장황하게 메인보드 매뉴얼 및 도면과 설명서를 얻는 방법을 설명하는 것입니다.

물론 필자와 같이 인터넷으로 검색하여 구매할 경우 해당 메인보드 판매자가 중요한 내용 및 지원 시피유 등의 최소한의 스펙은 알려주므로 구매한 사이트의 판매자 화면에서 해당 정보를 얻을 수 있습니다.

문제는 동네 컴퓨터가게 등에서 저렴하게 사 온 메인보드의 경우 전문가가 아니면 메인보드 스펙을 알 수 없으므로 거의 사용이 불가능하므로 지금까지 설명한 방법으로 메인보드에 있는 메인보드 모델명으로 검색을 하여 제조사를 알아내고, 제조사 홈페이지에 들어가서 매뉴얼을 다운 받으면 됩니다만, 오래된 구형 제품의 경우 매뉴얼이 없을 수도 있습니다.

이 때는 어쩔 수 없이 동네 컴퓨터가게 가서 물어보는 수 밖에는 없겠죠..??
전문가는 매뉴얼이 없어도 대부분 알 수 있으니까요..

다음 사진은 이번에 필자가 인터넷으로 구입한 메인보드이고요, 앞에서 본 것과 같이 중고가격으로 26,400원에 구입한 것입니다만, 이 가격은 구입 시점이 틀릴 경우 다를 수도 있습니다.

1. 메인보드 모델명입니다.

2. 파워서플라이에 있는 보조 4핀 파워 전원 연결 커넥터입니다.

3. 백패널입니다.

4. 시피유

5. 메모리 슬롯입니다.

6. 메모리입니다.

7. 파워서플라이 전원 입력부입니다.

8. 시피유입니다.

9. 배터리입니다.
10. PCI슬롯입니다.
11. PCI-E슬롯입니다.(그래픽카드)

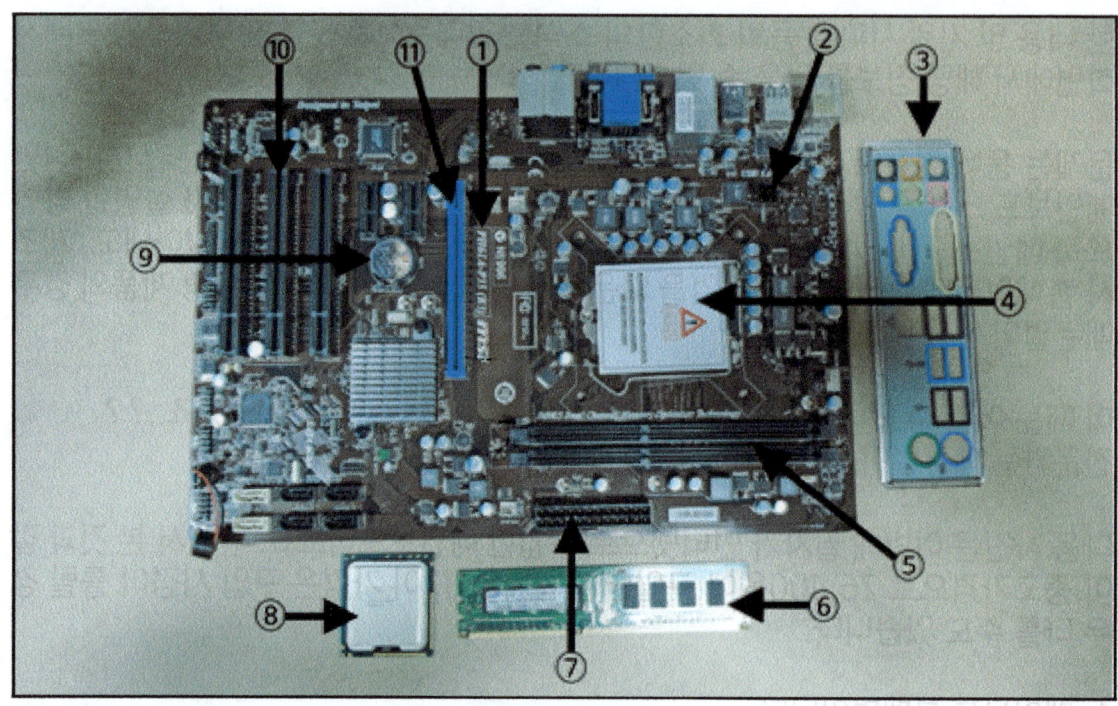

위의 사진 참조 및 아래는 MSI 홈페이지에서 다운로드한 매뉴얼에 있는 내용입니다.

Getting Started

Mainboard Specifications

Processor Support
- Intel® Core™ i7/ Core™ i5 /Core™ i3/ Pentium®/ Celeron® processor in the LG package
  (For the latest information about CPU, please visit
  http://www.msi.com/service/cpu-support)

Chipset
- Intel® H61 chipset

Memory Support
- 2 DDR3 DIMMs support DDR3 1333/ 1066 DRAM (16GB Max)

1-3. 시피유(CPU)

앞의 매뉴얼을 보면 이 보드는 인텔 H61 칩셋을 사용한 보드이며 LGA1155 패키지, 즉 1155보드라는 뜻이고요, 지원되는 시피유는 i3, i5, i7을 지원한다고 되어 있습니다.

이 정도 사양이면 요즘에는 구형이라고 할 수 있지만, 사실 이 책에서 실습에 사용하는 인텔 E3-1270, 8Mb RAM 정도의 시스템이라면 컴퓨터의 메모리를 하마처럼 잡아먹는 포토샵, 프리미어 등을 동시에 돌려도 끄떡 없습니다.

지금 실습에 사용하는 메인보드는 아이브릿지, 즉, 최대 3세대를 지원하므로 인텔 I7-3세대 CPU를 끼우면 상당히 고성능 PC가 됩니다만, 인텔 정품 시피유는 가격이 비싸므로 상대적으로 가격이 저렴한 E3-1270 서버용 시피유를 사용했습니다.

앞에서 이 책에서 실습으로 사용하는 메인보드는 MSI PH61A-P35 LGA1155보드이며 앞에서 MSI사의 홈페이지에서 다운받은 매뉴얼을 보면, 지원되는 시피유는 i3, i5, i7을 지원한다고 되어 있습니다.
여기서 또 한 가지 알아야 할 사항이 있습니다.
이 책에서는 편의상 인텔 이외의 시피유는 다루지 않습니다.

인텔 이외의 시피유는 해당 시피유 제조사의 홈페이지에서 해당 매뉴얼 등을 다운받아서 참조해야 하고요, 필자는 오로지 인텔의 시피유만 사용해 왔으며 사실 가장 많은 사람들이 사용하는 시피유이므로 이 책에서는 편의상 인텔사의 시피유만 다루는 것이라는 것을 아시고요, 다만 인텔 이외의 시피유는 핀수도 다르고 지원되는 메인보드 또한 다르므로 잘 알아보고 사용해야 합니다.

이렇게 이 책에서 다루는 인텔사의 시피유는 현재 i시리즈가 대부분이고요, i3, i5, i7시리즈가 있고요, 각각의 시리즈는 1세대~13세대까지 있는 것으로 나옵니다만, 필자도 아직 그런 고사양 시피유는 사용해보지 못하였으므로 참조하여 주시기 바랍니다.

필자는 사업을 하기 때문에 여러 대의 컴퓨터를 가지고 있지만, 필자가 현재 사용하는 최고 사양 컴퓨터는 고작 인텔 i7-3세대 컴퓨터입니다.

필자는 사업을 하기 때문에 여러 대의 컴퓨터를 사용하기 때문에 더욱 고사양의 컴퓨터를 사용하는 것이 부담이 되기도 하지만, 필자와 같은 사업을 하더라도 이 정도 시스템이면 거의 부족함이 없기 때문입니다.

따라서 고사양의 게임만 하지 않는다면 이 책에서 주로 실습에 사용하는 인텔 E3-1270 시스템도 프리미어에서 4k 영상 흔들림 보정도 충분히 가능합니다.

또한 여유가 된다면 인텔 정품 i7-3770 등의 시피유를 끼우면 더 좋은 성능을 낼 수도 있습니다.
앞에서 MSI홈페이지에 들어가서 현재 실습에 사용할 메인보드는 LGA1155 보드라는 것을 알았습니다.
그래서 구글링을 하여 LGA1155를 검색해 보았습니다.

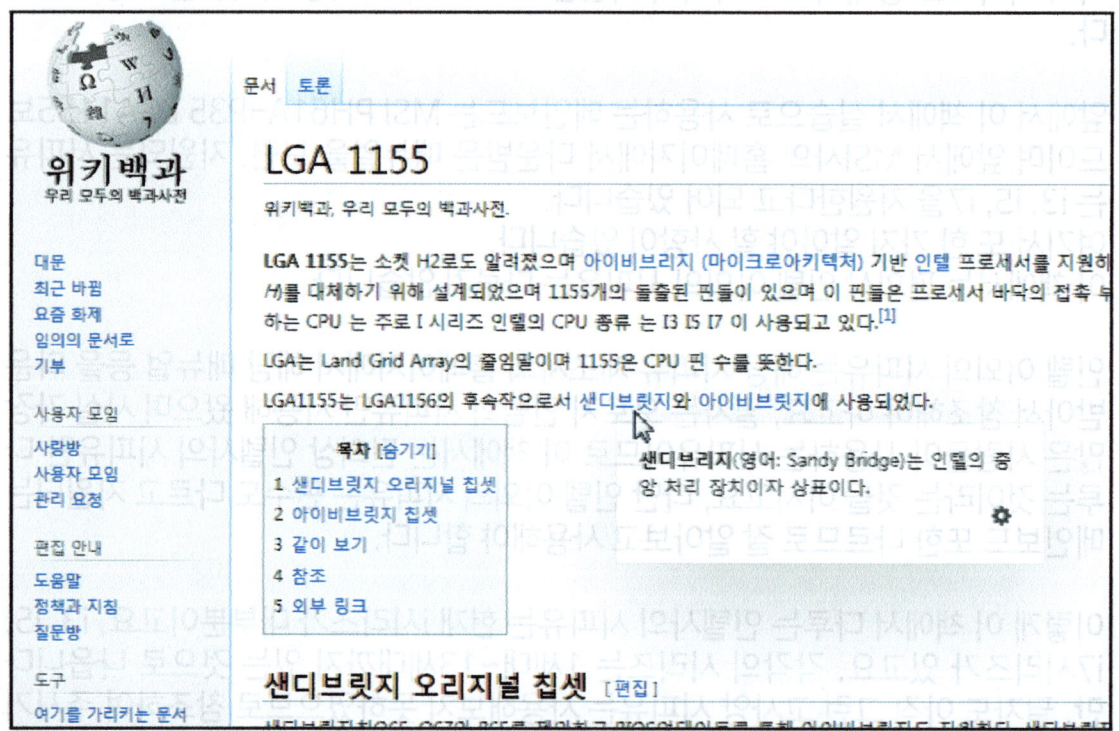

위와 같이 샌디브릿지와 아이비브릿지를 지원한다고 나옵니다.

그렇다면 샌디브릿지와 아이비브릿지는 도대체 무엇인지 알아봅시다.

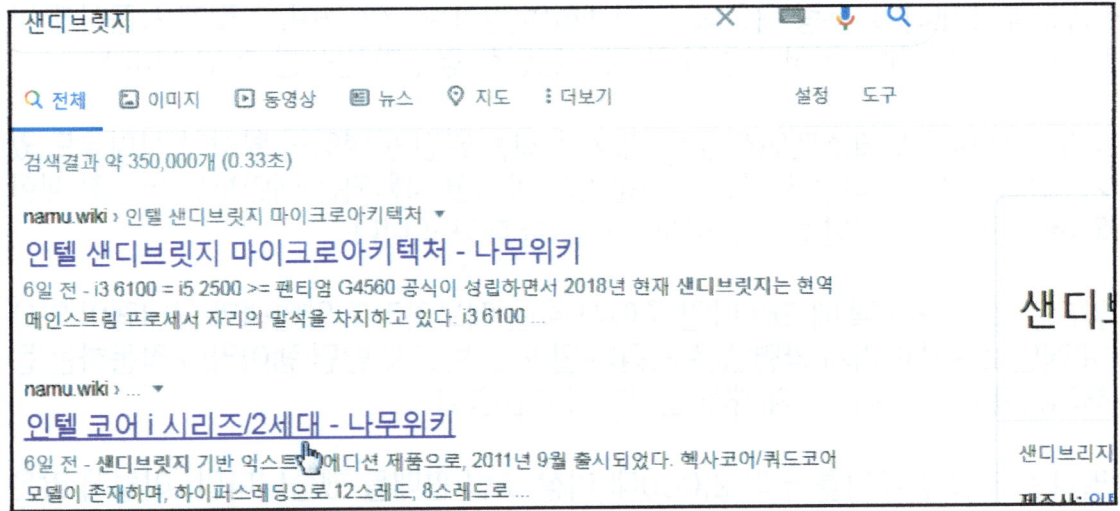

위와 같이 샌디브릿지는 인텔 i시리즈 2세대라는 것을 알 수 있고요..
아래와 같이 아이비브릿지는 인텔 i시리즈 3세대라는 것을 알 수 있습니다.

여기 보이는 검색 결과는 모두 위키백과의 내용을 인용한 것이고요..

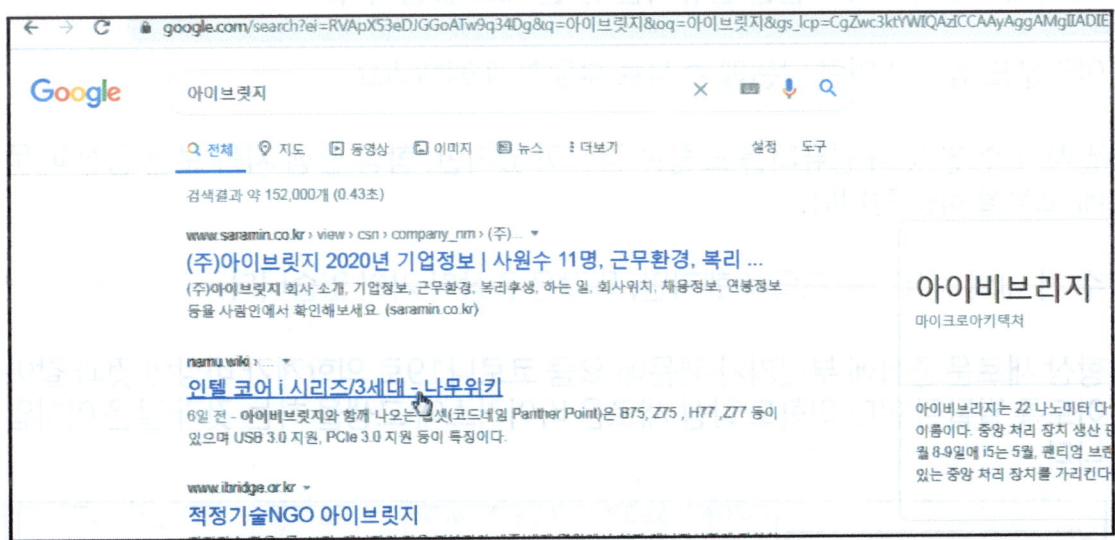

위와 같이 샌디브릿지는 인텔 i시리즈 2세대라는 것을 알았는데요, 그렇다면 아이비브릿지는 정확하게 2세대 어떤 모델의 시피유를 사용해야 하는지 알아보겠습니다.
이와 같이 필자와 같은 전문가도 메인보드는 물론 메인보드에서 지원하는 시피유

타입, 메모리 타입, 용량 등을 모두 검색하여 알아보아야 하며, 이렇게 꼼꼼하게 알아보고 구입을 해도 전혀 지원이 안 되는 황당한 경우가 발생할 수 있습니다.

매우 특이하게 워크스테이션급 PC에 사용되는 완전 동떨어진 황당한 시피유도 있기 때문입니다. - 이런 시피유는 전문가가 아니면 지원되는 메인보드가 극히 제한되어 있으므로 그야말로 잘 알아보고 구입을 해야 합니다.

앞으로 소개하게 될 메모리 타입 중에서 같은 메모리라도 양면램과 단면램이 있으며 메인보드에 따라서 양면램은 지원이 안 되고 반드시 단면 램이라야 작동하는 등 해괴망측한 일이 비일비재하게 일어나기 때문입니다.

필자는 조립 컴퓨터를 무려 2,000대 이상 조립 판매를 했습니다만, 이렇게 많은 컴퓨터, 이것은 많은 것도 아니죠..

전 세계의 70억 인류가 모두 다르듯이 컴퓨터 역시 70억대가 있더라도, 동일한 부품을 사용한 동일한 모델이 70억대라고 하더라도 인간과 똑같이, 완전 똑같이.. 70억대의 컴퓨터가 똑같은 컴퓨터는 단 한 대도 없습니다.

여러분도 앞으로 이런 난관에 수시로 부딪치게 될텐데요..

필자가 수 천 대의 컴퓨터를 조립한 경험이 있지만, 항상 난생 처음 보는 증상 때문에 고생을 하곤 합니다.

수 천 대의 컴퓨터를 조립을 했지만, 똑같은 증상이 거의 없습니다.

항상 새로운 증상에 부딪치기 때문에 요즘 코로나19로 의학계가 비상인 것과 같이 이토록 발달된 현대 의학도 항상 새로운 바이러스에 고생을 하는 것과 같은 이치입니다.

위는 필자가 오늘 네이버 중고나라에서 검색하여 구입한 시피유 판매자 화면에서 캡쳐한 화면입니다.
필자가 이 책을 집필하는 시점의 오늘 날짜 중고 가격이므로 절대적으로 틀릴 수 있고요,

시피유 1개당 1만원 정도의 차이가 있을 수 있다는 것을 아시고요, 필자의 경험상 i3는 높은 세대가 아니면 너무 느려서 사용하기 어렵고요, i7은 정품 시피유는 가격이 비싸서 서버용 시피유인 E3-1270 시피유를 구입한 것입니다.
오히려 서버용 시피유이기 때문에 가격은 저렴하지만, 매우 안정적입니다.

이 정도 사양이라도 쓸만한 사양이며 새것 컴퓨터의 거의 1/10 가격으로 동일한 성능의 컴퓨터를 만들 수 있다는 것에 주목해야 합니다.

비싼 것은 시피유 한 개에 100만원이 넘는 것도 있으므로 여기서는 그런 고가의 컴퓨터를 만드는 것이 아니라 필자와 같은 사업자도 충분히 사용할 수 있으면서도 아주 저렴한 비용으로 컴퓨터를 만들 수 있는 사양으로 실습을 한다는 것을 인지하시고요, 이 책으로 마스터하여 직접 컴퓨터를 조립 및 튜닝 등을 할 수 있게 되었을 때 자신의 목적에 맞는 시피유 등으로 구입해서 컴퓨터를 만들면 되겠습니다.

1-4. 메모리(RAM - Random Access Memory)

이제 메인보드와 시피유를 구입을 했고요, 다음은 메모리입니다.

자신의 컴퓨터 사양을 얘기할 때 '내 컴퓨터는 인텔 i7-3700시피유에 8G RAM 시스템이야' 라고 말할 때 사용하는 RAM(Random Access Memory - 쓰고 지우고 할 수 있는 메모리 -컴퓨터의 전원이 꺼지면 모든 것을 잊어버리는 휘발성 메모리)이 있어야 합니다.

우선 앞에서 본 메인보드 스펙에서 메모리 타입을 보았는데요..
위는 매뉴얼에 있는 내용이고요, DDR3 메모리 2개를 끼울 수 있다(DIMMs)고 되어 있고요, 메모리 타입은 DDR3 1333/ 1066 DRAM을 지원한다고 되어 있습니다.
이게 도대체 무슨 뜻일까요?

규격 표준 [편집]

표준 이름	메모리 클럭 (MHz)	순환 시간 (ns)	입출력 버스 클럭 (MHz)	데이터 속도 (MT/s)	모듈 이름	최고 전송 속도 (Mb/s)	타이밍 (CL-nRCD-nRP)
DDR3-800D DDR3-800E	100	10	400	800	PC3-6400	6400	5-5-5 6-6-6
DDR3-1066E DDR3-1066F DDR3-1066G	133	$7\frac{1}{2}$	533	1066	PC3-8500	8533	6-6-6 7-7-7 8-8-8
DDR3-1333F* DDR3-1333G DDR3-1333H DDR3-1333J*	166	6	667	1333	PC3-10600	10667	7-7-7 8-8-8 9-9-9 10-10-10
DDR3-1600G* DDR3-1600H DDR3-1600J DDR3-1600K	200	5	800	1600	PC3-12800	12800	8-8-8 9-9-9 10-10-10 11-11-11
DDR3-1866J* DDR3-1866K DDR3-1866L DDR3-1866M*	233	$4\frac{2}{7}$	933	1866	PC3-14900	14933	10-10-10 11-11-11 12-12-12 13-13-13
DDR3-2133K* DDR3-2133L DDR3-2133M DDR3-2133N*	266	$3\frac{3}{4}$	1066	2133	PC3-17000	17066	11-11-11 12-12-12 13-13-13 14-14-14

위는 위키백과에서 인용한 것이고요, 위의 마우스가 가리키는 곳과 그 아래 부분을 주목해 주세요.

매뉴얼에는 1066이라고 표기되었지만, 잘 못 된 것으로 보입니다. 1066이 아니라 위의 위키 백과를 보면 1600이라고 표기되어 있는데요, 1600이 맞는 것 같습니다.

다음 메모리에 적혀있는 표시를 보면 PC3라고 적혀 있고요, 이것은 DDR-3라는 뜻이고요, 10600이 바로 위의 위키 백과에 나오는, 마우스가 가리키는 바로 우측

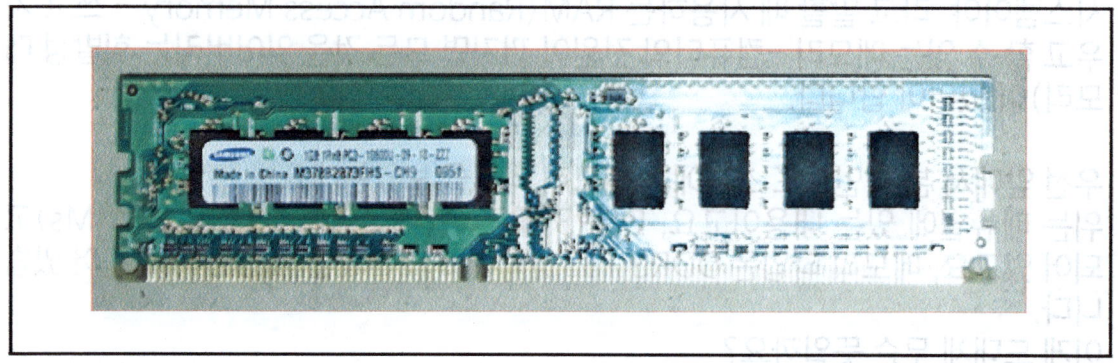

에 표시된 숫자와 동일합니다.

즉, 이 메모리는 이 보드에 사용할 수 있는 메모리입니다.
그러나 위의 램은 용량이 1Gb입니다.

현재 실습으로 사용하는 메인보드는 메모리 슬롯이 2개 밖에 없고요, 윈도우7이나 윈도우10, 혹은 Win 11을 원활하게 사용하기 위해서는 최소한 8Gb의 램을 장착하는 것이 좋습니다.

이보다 적으면 컴퓨터가 버벅거리고요, 이보다 많으면 가격이 비싸기 때문에 8Mb의 램을 장착하는 것이 가장 적당한데요, 4Gb의 램이라면 2개를 꽂으면 되며 총 16Gb의 메모리를 지원하므로 8Gb 메모리 2개를 꽂으면 되지만, 가격이 너무 비싸고요, 그래서 4Gb의 램을 2개 꽂기로 하였습니다.

그래서 또 다시 메모리도 앞의 시피유를 구입한 판매자로부터 구입을 하였습니다. 아래는 DDR3램의 오늘 현재 중고 가격이며 네이버 중고나라에서 검색한 것이므로 날짜가 다르면 틀릴 수도 있습니다.

```
삼성 DDR3 4G  8500 양면 메모리 14,000원
삼성 DDR3 4G 10600 양면 메모리 14,000원
삼성 DDR3 4G 12800 단면 메모리 14,000원
삼성 DDR3 4G 12800 단면 메모리 18,000원 17년 생산
삼성 DDR3 4G 12800 단면 메모리 16,000원 16년 생산
삼성 DDR3 4G 12800 양면 메모리 14,000원
삼성 DDR3 4G 12800 단면 저전력 14,000원
```

위의 가격 역시 필자가 오늘 구입한 중고 가격이므로 절대적으로 틀릴 수 있으므로 참고만 하시고요, 필자는 비교적 가격이 저렴한 16000원짜리 2개(총 8Gb)를 구입하였습니다.
유사 이래 인간이 발명한 수많은 기계 중에서 가장 긴 수명을 들라면 필자는 주저 없이 컴퓨터를 들겠습니다.
지금 구입한 시피유, 메모리 등은 아마 앞으로 백년이 가도 끄떡 없으며 단지 수명만 고려한다면 아마 1,000년이 가도 끄떡 없을 것입니다.
이 정도로 컴퓨터는 기본적으로 수명은 거의 반 영구적이라고 보아도 됩니다.
다만, 몇 년 지나면 새로운 모델이 나오므로 구형 컴퓨터라서 교체를 해야 하고요, 단지 전원이 공급되면 지속적으로 회전하면서 시피유나 그래픽카드 혹은 컴퓨터 케이스 내부의 열을 식혀주는 쿨러는 물리적으로 회전하는 부품이기 때문에 수명이 있습니다만, 이 또한 10년 정도 사용해서는 끄떡없습니다.

컴퓨터가 고장이 나는 것은 컴퓨터에 충격이 가해져서 고장이 나는 경우가 가장 많고요, 뭔가 잘 못하여 쇼트가 나는 경우, 파워서플라이의 이상으로 메인보드에 이상 전류가 공급되는 경우, 각종 카드 및 부품들의 접촉 불량 따위를 제외하고는 자연적으로는 거의 고장이 나지 않는다고 보아도 무방합니다.
설사 쇼트가 나더라도 메인보드가 타 버릴 정도가 아니라면 하루 정도 지난 뒤에는 메인보드의 컨덴서 등에 저장된 전류가 모두 방전된 후에 다시 작동시키면 웬만하면 다시 작동을 합니다.
그러나 이 모든 것은 앞으로 단계별로 설명하게 될 조립 과정에서 그야말로 밥도 떠먹여 줘야 할 정도로 기계치이신 분들이 엉망으로 조립을 해서는 안 되며 모든 조립 과정을 철두철미하게 제대로 했을 때의 경우입니다.
절대로 쇼트가 나도 안전하다는 생각은 금물입니다.

1-5. 쿨러(CPU쿨러)

시피유는 손톱 4개 정도의 크기에 수 천 만개의 트랜지스터가 집적되어 있는 현대 문명의 꽃이라고 했고요, 이렇게 컴퓨터의 심장인 시피유는 아주 작게 만들 수 있게 과학이 발달했지만, 이렇게 작은 시피유 안에서 전기적으로 전자적으로.. 전기의 속도는 초속 30만 Km죠..
이렇게 엄청난 속도로 연산이 이루어지기 때문에 엄청난 열이 납니다.
손을 대면 손을 데이는 정도가 아니라 손이 익어 버릴 정도로 열이 납니다.
그래서 아이러니하게도 시피유는 아주 작게 만들 수 있도록 과학이 발달했지만, 여기서 나는 열을 식히지 못하여 시피유 크기의 최소한 수십배~수백배 큰 냉각 시스템을 사용하는 것이 현실입니다.
기가 막히는 일이지만, 오늘날의 과학 수준으로는 이렇게 할 수 밖에 없습니다.
심지어 워크스테이션급 시스템이라면 자동차의 냉각 시스템과 같이 수냉식 냉각 시스템을 탑재한 시스템이 있을 정도입니다.

개인용 컴퓨터는 대부분 앞의 사진에 보이는 공랭식 쿨러를 사용하고요, 컴퓨터에는 일반적으로 보통 시피유의 열을 식혀주는 시피유 쿨러가 있고요, 컴퓨터의 화면이 나오도록 하는 그래픽 카드는 시피유보다 더 엄청난 시피유를 사용합니다.
그래픽 카드에 내장된 시피유는 그래픽 시피유라 하여 GPU로 부르며 시피유보다 더욱 많은 수 천 만개의 트랜지스터가 내장되어 있기 때문에 여기에도 쿨러가 달려 있고요, 앞의 화면에 보이는 엄청난 그래픽 카드도 있습니다.
컴퓨터 케이스가 작으면 들어가지도 않는 거대한 그래픽카드인데요..

쿨러가 무려 3개나 달려 있고요, 보조 전원으로 전력 소모도 크기 때문에 예전에 필자가 사용하다가 지금은 사용하지 않고 빼 내서 고이 모셔 두기만 하는 그래픽카드인데요, 그래서 필자가 예전에 필자의 블로그에 그래픽카드 기술 퇴보라는 포스트를 올리기도 했던 어마무시한 그래픽카드입니다.

1-6. 시피유 쿨러 교체하는 방법

실제로 옛날에는 컴퓨터 하드웨어 기술이 부족하여 그래픽 카드가 이렇게 컸습니다.
그러나 오늘날은 손톱 4개 정도의 시피유 안에 무려 수 천 만개의 트랜지스터를 내장하는 기술로 발전을 하였는바, 위의 그래픽카드는 한 마디로 기술 퇴보라고 하지 않을 수 없습니다.

그러나 유명한 컴퓨터 게임에 빠진 사람들은 이런 어마무시한 그래픽카드도 서슴없이 사용하며 심지어 그래픽카드 한 개에 100만원이 넘는 제품을 사용하기도 합니다.

이 책에서 조립에 사용할 그래픽 카드는, 우선 이 책에서 실습에 사용하는 메인보드는 그래픽 칩셋이 메인보드에 내장되어 있습니다.
다만, 최신의 HDMI 단자는 없고요, RGB와 DVI 단자만 달려 있고요, 이에 대한 이해 또한 있어야 하는데요,..

이것은 잠시 뒤에 설명하기로 하고요, 여기서는, 위의 그래픽 카드 쿨러를 보았고요, 다음 사진을 보세요..

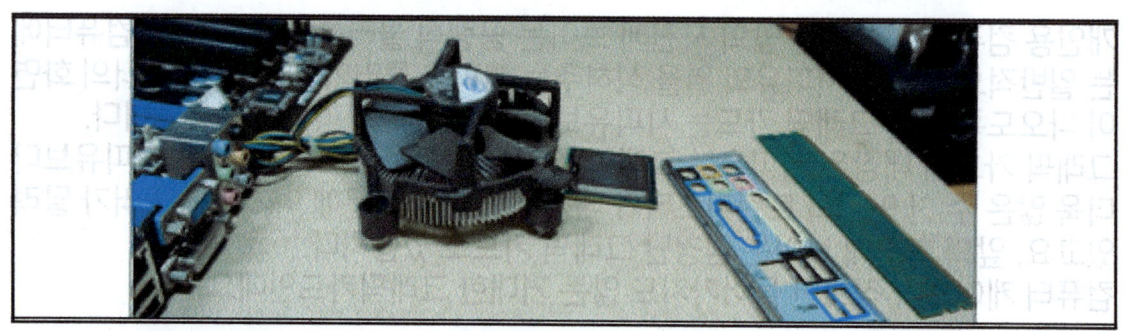

위의 쿨러와 시피유의 크기를 비교해 보세요..
여기 보이는 쿨러는 일반적인 쿨러 가운데 가장 작은 크기에 속하는 쿨러임에도 시피유 크기의 수십 배는 됩니다.

쿨러도 새것 정품 쿨러는 상당히 비쌉니다만, 아까 필자가 시피유 및 메모리 등을 구입한 판매자의 화면에 중고 시피유 5,000원이라고 적혀 있었습니다만, 위에 보이는 쿨러는 필자가 가지고 있던 쿨러를 사용하려고 사진을 촬영한 것인데요..

필자는 현재 PC정비사 - 컴퓨터 고장 수리 조립 업그레이드 책을 집필하는 중이고요, 꼭 컴퓨터 책을 집필하지 않더라도 필자는 현재 출판사를 운영하며 인터넷 쇼핑몰을 운영하며 수 천 종의 많은 상품을 판매하기 때문에 컴퓨터도 여러 대, 프린터도 여러 대 가지고 있기 때문에 수시로 컴퓨터를 뜯어서 새로 조립을 하거나 업그레이드 등을 하기 때문에 여기저기 각종 컴퓨터 부품 및 케이스 등이 항상 여러 개 있습니다.

그래서 가능한 부품은 대부분 재활용을 하는 것이고요, 여러분도 이렇게 하는 것이 좋고요, 컴퓨터 부품은 중고라 하여 금방 고장 날 확률은 거의 제로입니다.

앞에서도 설명했습니다만, 컴퓨터 부품의 수명을 말하라면 필자는 주저없이 100년 혹은 1,000년 이상이라고 말하겠습니다만, 실제로는 몇 년 만 지나면 구형이 되어 신형으로 교체를 하기 때문에 실제로는 길어야 10년, 짧으면 1, 2년이 주기라고 할 수 있습니다.

따라서 중고 부품이라 하여 주저할 필요는 전혀 없으며 다만, 중고 부품이라도 그냥 단지 중고 부품이라면 아무 상관이 없지만, 이런 부품을 판매하는 사람 중에는 이상이 있는 부품을 판매하는 경우가 있기 때문에 개인이 판매하는 부품을 구입하는 것보다는 인터넷으로 구매를 하더라도 불량일 경우 교환을 받을 수 있는 판매자에게 구입을 하는 것이 좋습니다.

그리고 시피유 쿨러도 여러 가지 타입이 있습니다.

메인보드의 시피유 밑에 철판을 대고 메인보드 위에 시피유를 끼우고 시피유 위에 쿨러를 대고 쿨러 가장자리의 나사를 메인보드 밑에 있는 철판에 나사를 잠가서 고정하는 완전 철옹성 같은 시피유 쿨러도 있는데요, 이런 쿨러가 안정적이기는 하지만, 쿨러가 고장이 나면 자칫 컴퓨터를 완전 분해하다시피 하여 메인보드를 탈거를 해야 시피유 쿨러를 교체할 수 있는 경우도 있습니다.

따라서 일반적으로는 앞의 사진에 보이는 쿨러가 일반적이이고요, 이 쿨러는 쿨러 가장자리에 4개의 푸쉬핀이 있으며 푸쉬핀은 벽에 앙카 작업을 할 때 해머드릴로 콘크리트에 구멍을 뚫고 여기에 칼블럭을 집어넣고 여기에 나사를 잠그면 구멍 속으로 들어간 칼블럭이 구멍 안에서 확장되어 빠지지 않는 것과 비슷한 원리로 장착을 합니다.

또 한 가지 앞으로 조립 과정에서 쿨러를 다시 다루게 됩니다만, 쿨러 역시 시피유와 메인보드 소켓 핀수에 따라 달라지게 됩니다.

따라서 쿨러를 구입할 때는 소켓.. 현재 이 책에서 실습에 사용하는 메인보드는 LGA1155 보드이고요, 따라서 쿨러 역시 1155 보드에 사용할 수 있는 쿨러를 구입해야 합니다.

쿨러 역시 여러 종류가 있습니다만, 일단 여기서는 다음에 보이는 쿨러를 사용합니다.

 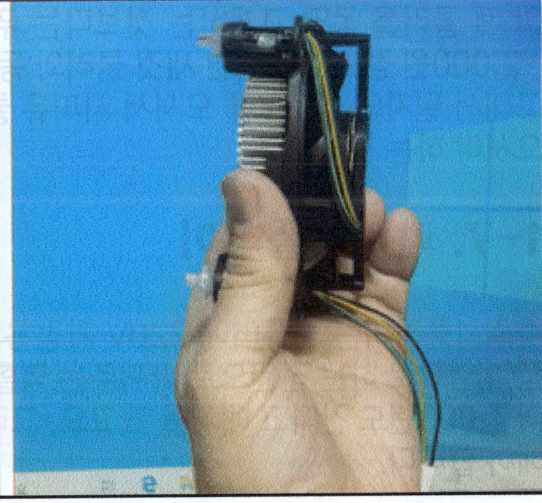

여기 보이는 것은 필자의 블로그에서 인용한 것인데요, 여러분은 반드시 이 책의 앞부분에 있는 '필자의 네이버 블로그에 오시는 방법' 참조하여 필자의 블로그에서 '시피유쿨러 푸쉬핀 교체' 하는 방법 포스트를 꼭 읽어보셔야 합니다.

여기 보이는 것과 같이 쿨러를 고정하는 4개의 핀이 있는데요, 위에서 메인보드에 있는 구멍에 밀어넣는 방식이고요..

끝에는 구멍 속으로 들어가도록 되어 있지만, 구멍 속으로 들어가서는 자동으로 벌어져서 다시 빠지지 않게 되어 있습니다.

이것이 고장없이 폐기 처분할 때까지 사용하면 좋겠지만, 쿨러는 전원이 켜지면 계속하여 회전을 하기 때문에 언젠가는 고장이 나게 되어 있으며 교체 혹은 수리를 위하여 쿨러를 빼 내기 위해서는 여기 보이는 푸쉬핀을 재활용할 수 있게 빼낼 수가 없습니다.

시피유 쿨러를 교체할 정도라면 이미 최소한 몇 년 혹은 10년 정도 된 상태이기 때문에 플라스틱 재질의 푸쉬핀이 탄력도 없어지고 강도도 약해져서 쿨러를 빼내다 보면 푸쉬핀이 모조리 망가집니다.

이 때 쿨러를 몽땅 교체하는 것보다는 푸쉬핀만 사서 교체를 하면 단돈 1,000원 ~2,000원 정도만 들이면 새것 쿨러와 동일하게 사용할 수가 있는 것입니다.

그래서 필자의 블로그에 오셔서 시피유 쿨러 푸쉬핀 교체하는 포스트를 반드시 읽으셔야 하는 것입니다.

1-7. 파워서플라이

파워서플라이는 컴퓨터에 220V 가정용 전원을 연결하면 이것을 컴퓨터의 각 부품이 필요로 하는 전원으로 바꿔주는 역할을 하는데요, 컴퓨터 부품은 필자가 수명이 1,000년도 간다고 얘기를 했고요, 그러나 공급되는 전원이 매우 정밀하고 균일해야 합니다.

이것을 정전압 회로라고 부르는데요, 그래서 정전압이 정확하게 나오는 것이 가장 중요하지만, 요즘은 기술들이 모두 발달하여 정전압이 나오지 않는 파워서플라이는 없다고 보아도 무방합니다.
파워서플라이도 비싼 것은 상당히 비싸지만, 필자는 이 역시 필자가 가지고 있는 중고 파워서플라이를 재활용하는 것이고요,,
여러분은 동네 컴퓨터가게에 가서 1만원 정도면 중고 파워서플라이를 구입할 수 있습니다.

옛날에 파워서플라이 광고 중에 '1만원 때문에 100만원을 손해 본다' 라는 문구가 있었는데요, 파워서플라이 값 1만원 아끼려다가 100만원짜리 컴퓨터를 고장낸다는 뜻입니다.
사실 이 정도로 파워는 매우 중요합니다.
컴퓨터 고장 중에서 원인 파악이 안 되는, 마치 현대인의 아토피와 같은 증상이 있을 때 정상 작동하는 파워서플라이로 교체를 하면 컴퓨터가 정상으로 되는 수가 있습니다.
그러나 요즘은 컴퓨터 하드웨어의 기술들이 전반적으로 다 좋아졌기 때문에 파워서플라이 역시 소위 말하는 메이커PC에서 탈거한 용량이 적은 부실한 파워만 아니라면 중고라도 용량만 충분하면 웬만하면 아무 지장이 없습니다.

다만, 컴퓨터를 조립한 이후에 전력 소모가 많은 주변기기를 많이 장착한다면 당연히 파워도 용량이 큰 것으로 해야 합니다만, 그것은 나중에 파워만 교체를 하면 되므로 지금은 별 문제가 없습니다.

좌측 사진은, 다시 조립 편에서 자세하게 다루겠습니다만, 파워서플라이에서 나온 전원을 메인보드에 삽입하는 커넥터입니다.

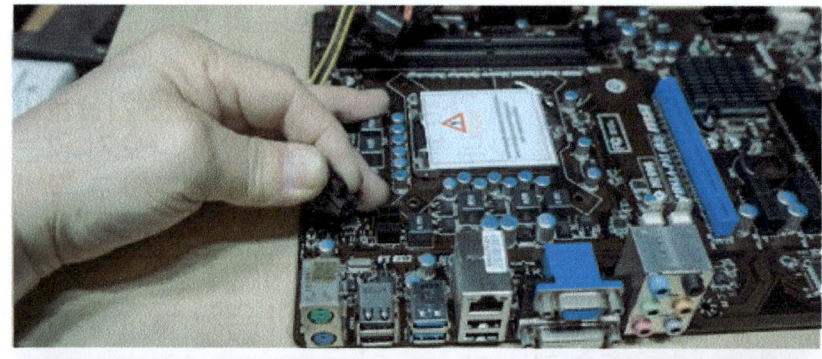

위의 메인보드에 삽입하는 파워 커넥터 외에 여기 보이는 것은 보조 4핀 전원인데요, 이 보조 전원을 반드시 메인보드의 4핀 보조 전원 커넥터에 연결해야 메인보드가 작동을 합니다.

다음으로 좌측 사진에 보이는 것은 파워서플라이에 달려 있는 메인 전원 스위치인데요, 이른바 소위 메이커PC는 원가를 절약하기 위하여 파워서플라이에 전원 스위치가 없는 것이 많습니다.

좌측은 앞에서 보여드린 메인보드 사진에 백패널이 있었는데요, 백패널은 어떤 역할을 하는것일까요?
좌측 메인보드의 뒷부분을 보시기 바랍니다.

백패널은 없어도 컴퓨터 사용에는 문제가 없습니다.
그러나 백패널이 없으면 공간이 생겨서 컴퓨터 안으로 먼지 등이 많이 들어갈 수 있으므로 테이프로 테이핑을 해서라도 막아주는 것이 좋습니다.
이 책에서 소개하는 컴퓨터 부품은 모두 중고 부품이고요, 중고 부품을 판매하더라도 판매자는 메인보드에 백패널이 있는지 없는지를 명시를 합니다.

1-8. USB포트(USB2.0, USB3.0)

이 책에서 실습에 사용하는 메인보드는 USB2.0 x 6개 포트와 USB3.0 x 2개 포트를 제공합니다.

앞의 메인보드 뒷 부분을 확대한 사진인데요, USB 포트의 안쪽으로 파랗게 보이는 것이 usb3.0 포트이며, 흰색으로 보이는 것이 usb2.0 포트입니다.
이렇게 usb2.0과 3.0을 구분할 줄 알아야 하고요, usb3.0이 당연히 속도가 더 빠르지만, 단순히 usb3.0 포트에 꽂았다고 usb3.0의 속도가 나오는 것이 아닙니다. 우선 usb3.0포트에 꽂아서 사용할 장치가 usb3.0을 지원해야 하며, usb3.0기기와 위의 메인보드에 있는 usb3.0포트에 연결하는 usb 케이블 역시 usb3.0을 지원해야 비로소 usb3.0의 속도가 나오는 것입니다.

컴퓨터는 사람이 타고 다니는 버스(Bus)와 같은 개념을 사용해서 속도를 표현하는데요..
옛날 8비트 컴퓨터는 사람이 8명이 탈 수 있는 버스이고요..

16비트 컴퓨터는 16명이 타는 버스이고요..
32비트 컴퓨터는 32명이 타는 버스이고요..
64비트 컴퓨터는 64명이 타는 버스이고요..

필자는 현재 윈도우7 64비트 시스템과 윈도우10 64비트, 윈도우11을 설치한 PC 등을 사용하고 있고요, 여러분을 포함한 현 시대 대부분의 컴퓨터는 이와 비슷하고요, 아직도 32비트 컴퓨터를 사용하는 사람들도 많이 있고요..
여기시 표현하는 버스는 컴퓨터의 심장인 시피유가 주변 장치들과 주고받는 데이터의 이동 경로를 의미하며 사람이 타고 다니는 버스와 동일한 개념, 동일한 스펠링(Bus)을 사용합니다.

그리고 필자가 현재 사용하는 그래픽 카드는 124비트 버스를 사용합니다.

그러나 이렇게 주변기기의 속도가 아무리 빨라도 컴퓨터의 기본 버스가 64비트이기 때문에 결국 컴퓨터의 속도는 64비트인 것입니다.

다시 말해서 usb3.0이라도 조금 전에 설명한 부품 중에서 한 가지만 요건이 충족하지 않아도 최저 속도인 usb2.0으로 작동을 합니다.

이는 잠시 후에 소개하게 되는 보조기억장치 = 저장장치 = 영구기억장치 = 하드디스크의 타입인 SATA1, SATA2에도 동일하게 적용됩니다.

1-9. HDD / Hard Disk Drive(하드 디스크 드라이브)

앞에서 메인보드와 램을 소개했고요, 램은 RAM = Random Access Memory의 약자이고요, 보통 10나노초(나노는 십억분의 일)로 작동하는 아주 빠른 램이고요, 전원이 들어와 있는 동안만 정보를 기억하며 전원이 나가면 기억하고 있는 정보를 모두 잃어버리는 휘발성 메모리라고 했습니다. 이에 비하여 HDD는 영구 저장장치, 보조기억장치입니다.

좌측 사진에 보이는 것은 데스크탑 컴퓨터에 사용되는 3.5인치 HDD 이고요, 좌측은 구형 PATA, 우측은 신형인 SATA 타입입니다.

아래 사진을 보세요..

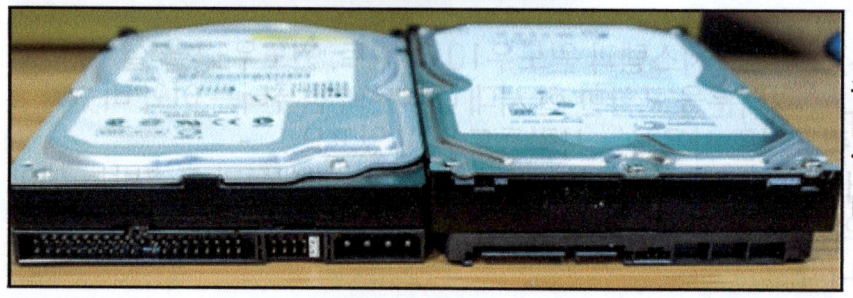

좌측이 구형 PATA, 우측은 신형인 SATA 타입입니다.

HDD 역시 속도와의 싸움이고요, 위 좌측이 종래의 구형 PATA 방식의 HDD이며 보통 IDE 혹은 EIDE로 불리는 HDD이고요, 지금도 이런 HDD를 사용하는 컴퓨터도 있기는 하지만, 요즘은 거의 대부분 위 우측에 보이는 SATA 방식의 HDD를 사용합니다.

좌측에 보이는 바와 같이 구형 PATA방식의 HDD는 넓은 고전적인 데이터케이블을 사용하며, 우측 SATA 방식의 HDD는 빨간 케이블과 끝에 달려 있는 작은 커넥터를 사용합니다.

데이터케이블과 접속하는 커넥터를 잘 보세요.
좌측의 구형 PATA 방식은 단자의 가운데 홈이 있어서 끼우는 방향을 알 수 있고요, 무엇보다 중요한 것은 좌측 구형 PATA 방식의 HDD는 위의 빨간 화살

데이터케이블과 접속하는 커넥터를 잘 보세요.

좌측의 구형 PATA 방식은 단자의 가운데 홈이 있어서 끼우는 방향을 알 수 있고요, 무엇보다 중요한 것은 좌측 구형 PATA 방식의 HDD는 위의 빨간 화살표가 가리키는 점퍼라는 것이 있고요, 전문가가 아니면 사용하기 어렵습니다.

일단 간단히 설명을 하자면 구형 PATA 방식의 HDD 및 DVD, CDROM 등은 마스터와 슬레이브로 점퍼를 조절해야 하는데요, 먼저 장착하는 기기를 마스터로(보통 C드라이브를 마스터로 사용합니다.), 그리고 다른 기기는 슬레이브로 지정을 해야 하는데요, 이것이 여기 설명하는 것과 같이 간단하지가 않습니다.

그래서 상당히 애를 먹습니다만, 다행히 지금은 이런 방식의 HDD는 거의 자취를 감추었습니다. (SATA는 점퍼가 없습니다. - 어떤 포트에 꽂아도 상관이 없습니다.)
요즘은 거의 대부분 SATA방식의 HDD를 사용하는데요 SATA는 또 다시 SATA1, SATA2, SATA3로 나누어집니다.

수치가 높을수록 빠른 속도의 HDD입니다만, 실제 체감 속도는 거의 없다고 보아도 됩니다.
따라서 SATA 방식의 HDD는 1, 2, 3 구분 없이 사용해도 무방합니다.
SATA1 : 1.5 Gb/s
SATA2 : 3.0 Gb/s
SATA3 : 6.0 Gb/s
이론상 위와 같은 속도 차이가 나지만, 실제 체감 속도는 거의 느낄 수 없기 때문에 사실상 사용하는데는 어떠한 타입이라도 상관이 없다는 얘기입니다.
어차피 HDD는 내부에 스핀들 모터가 내장되어 있어서 이 모터가 플래터를 회전시켜서 마치 레코드판을 읽어들이는 것처럼 데이터를 읽어들이는 방식이기 때문에 어떠한 방식을 사용하든 RAM과 같이 전기적으로 작동하는 메모리와 같은 속도를 낼 수는 없습니다.
HDD는 또 회전하는 속도 즉, RPM으로 구분을 하는데요, 당연히 회전 속도가 빠른 HDD가 속도도 빠르지만, 이 또한 체감적으로는 거의 느낄 수가 없습니다.

SSD(Solid State Drive)
그래서 개발된 것인 램(RAM)과 같은 속도로 작동하는 SSD(Solid State Drive)가 있는데요, SSD역시 여러 가지 규격이 있지만, 일반적으로 PC에 사용되는 규격으로는 2.5인치 규격과 M.2 드라이브가 있는데요..
앞에서 이 책에서 실습으로 사용하는 HDD는 데스크탑용이며 3.5인치 규격이라고 했고요, 이에 비하여 노트북에는 이보다 작은 2.5인치 규격을 사용하는데요, SSD가 노트북 HDD와 같은 크기의 2.5인치 크기이며, 앞에서 소개한 HDD와 같이 데이터 케이블을 이용하여 메인보드와 연결하는 방식이고요,..

위는 위키백과에서 인용한 2.5인치 SSD의 모습이고요, 이와 다른 방식으로는 그래픽 카드와 같은 방식으로 메인보드에 꽂아서 사용하는 M.2 드라이브가 있으며 이는 또 다시 M.2 2280, M.2 2242 규격으로 나누어지는데요, 컴퓨터 케이스 안에 지저분한 케이블을 사용하지 않고 깔끔하게 슬롯에 삽입할 수 있다는 장점이 있지만, 일단 메인보드에서 지원하는 슬롯이 있어야 사용할 수 있으며, 이 책에서는 중고 메인보드 및 각종 중고 부품을 사용하여 컴퓨터를 조립하는 실습을 하는 것이므로 SSD는 2.5인치 타입을 사용하도록 하겠습니다. (이런 방식은 노트북에서 주로 사용하는 방식입니다.)

필자는 모든 컴퓨터에 SSD를 장착하고 사용하는데요, SSD를 포함한 모든 메모리는 우리나라의 삼성에서 전세계를 평정하고 세계 최고로 우뚝 섰으므로 당연히 삼성 SSD가 가장 좋습니다만, 아쉽게도 필자가 모든 컴퓨터에 SSD를 장착할 때는 삼성 SSD를 구입할 수가 없어서 전세계의 여러 종류의 SSD를 거의 모두 구입해서 설치를 했는데요,..

처음에는 삼성 SSD를 사용하지 않는 것을 후회할 정도로 고생을 하였지만, 지금은 별다는 문제 없이 잘 사용하고 있습니다.

따라서 여러분도 SSD를 구입할 생각이라면 가능한 삼성 SSD를 사용하는 것이 좋고요, 삼성 SSD는 가격도 비싸고 구하기가 쉽지 않다면 어떤 메이커의 SSD를 사용하더라도 기본적으로는 상관이 없지만, 필자의 블로그에 오셔서 SSD에 대한 여러 포스트를 꼭 읽어보시는 것이 좋습니다.

삼성 SSD 이외의 SSD를 사용할 경우 처음에는 여러 가지 문제가 발생하지만, 필자의 경우 모두 해결을 해서 지금은 모든 컴퓨터를 이상 없이 잘 사용하고 있기 때문에 여러분도 별 문제는 없을 것입니다.

HDD역시 우리나라의 삼성에서 세계를 제패했기 때문에 필자는 예전에는 죽어도 고, 무조건 삼성 램과 삼성 HDD를 고집했지만, 우리나라의 삼성은 이제는 너무나 큰 글로벌 회사가 되어 HDD 따위는 만들지 않습니다.
따라서 지금은 삼성 HDD를 구입할 수 없습니다만, 대신 삼성 HDD 라인을 시게이트에서 인수를 하였기 때문에 시게이트 하드는 사실상 삼성 HDD라고 보아도 무방합니다만, 예전에는 HDD 기술이 부족하여 삼성 이외의 HDD에서는 여러 가지 문제가 발생하였으나 지금은 컴퓨터 하드웨어의 기술들이 모두 발달하여 어떠한 메이커의 HDD를 사용하더라도 전혀 무방합니다.

따라서 결론은 SSD, HDD 등은 특별히 메이커를 따지지 않고 구입을 해도 거의 상관이 없고요, 다만, RAM은 필자의 경우 그야말로 죽어도 삼성입니다.
삼성 램은 우선 불량이 없습니다.
고장도 없습니다.
수명도 거의 반영구적입니다.
그러나 이것은 어디까지나 필자의 경우이므로 여러분은 하이닉스 혹은 해외 다른 메이커의 램을 사용하더라도 별 문제는 없습니다.
정리를 하자면 HDD는 SATA 방식이라면 SATA 1, 2, 3 따질 것 없이 어떠한 규격도 상관이 없고요, 아래 확대 사진을 보세요..

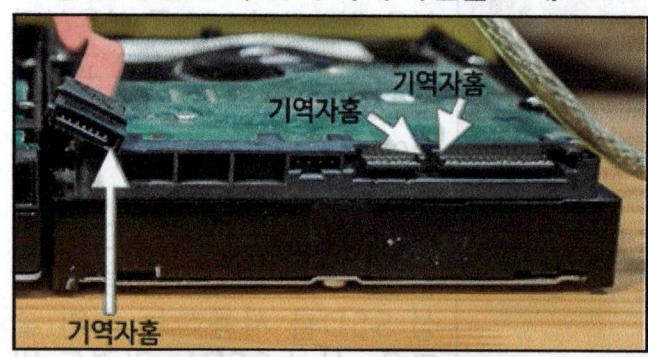

SATA규격은 1, 2, 3 구분없이 사용 가능하고요, SATA케이블 및 단자에는 위에 보이는 것과 같이 기역자 홈과 구부러진 부분이 있습니다.

이 부분을 일치시키고 끼워야 하며 자칫 케이블을 끼우다가 단자가 부러지면 망가져서 사용할 수 없으므로 잘 살펴보고 우격다짐으로 하면 안 되고요, 어떠한 경우에도 살살 달래면서 딸깍하고 끼워야 합니다.

SATA 케이블은 동일하지만, 단자는 위와 같이 약간씩 틀릴 수도 있고요, 꾹 눌러서 끼우고 뺄 때도 꾹 눌러서 빼야 하는 타입이 있지만, 견고하게 삽입만 되면 어떠한 타입이라도 상관이 없습니다.

다만, 필자의 블로그에 오셔서 SATA 문제에 관한 포스트를 꼬옥 읽어보시고요, 이른바 소위 메이커 PC는 좁고 설치하는 것도 매우 불편하기 때문에 케이블을 끼우거나 뺄 때 거의 불가능할 정도로 어렵습니다.

그래서 소위 메이커 PC는 HDD 뭉치 등을 몽땅 탈거를 하고 작업을 해야 하는 등 상당한 불편이 있을 수 있으며 이 경우 SATA 단자의 접촉 불량이 발생할 수 있으므로 이 점을 주의해야 합니다.

1-10. VGA(Video Graphics Array)

VGA는 컴퓨터의 거의 모든 특허를 가지고 있는, 컴퓨터를 개발한, IBM에서 1987년 개발한 그래픽 카드의 표준 규격입니다.

VGA는 모니터에 화면이 나오게 해 주는 아주 중요한 규격이고요..
옛날에 처음에는 TV를 포함한 모든 브라운관이 흑백이었으며 처음 개발된 컬러도 오늘날의 컬러와는 많이 달랐습니다.

오늘날은 보통 트루 컬러로 불리는 1600만 컬러를 사용하지만, 옛날 컴퓨터 초기에는 흑백이었습니다.

그러나가 컬러 초기에는 16색, 256색, EGA, CGA 등으로 나오다가 비약적으로 발전을 하며 지금은 SVGA, EVGA 등으로 발전을 하였지만, 최초에 VGA가 업계 표준으로 자리를 잡으면서 지금도 그냥 VGA로 통하고 있습니다.

오늘날에도 여전히 VGA는 그래픽 카드의 표준으로 변함이 없고요, 이 책에서 실습으로 사용하는 메인보드는 메인보드 자체적으로 VGA를 내장하고 있습니다만, 보통 따로 카드 형태로 된 그래픽 카드를 장착하고 사용하는 것이 보통입니다.

이 책에서 실습으로 사용하는 메인보드는 앞의 화면에 보이는 것과 같이 RGB(위) 단자와 DVI(아래) 단자를 제공하는데요, 모두 그래픽 규격이고요, 여기 보이는 단자는 모니터와 연결하는 규격입니다.

요즘 신형 컴퓨터 및 신형 모니터는 대부분 HDMI 단자를 사용합니다만, 여기 보이는 메인보드는 HDMI 단자는 제공하지 않고요, 따로 그래픽카드를 장착할 경우, HDMI 단자가 있는 그래픽 카드를 장착할 경우 역시 모니터에도 HDMI 단자가 있을 경우 HDMI 케이블을 이용하여 모니터와 연결할 수 있습니다.

1-11. HDMI(High-Definition Multimedia Interface)

아래는 필자의 블로그에 있는 포스트에서 인용한 것인데요, HDMI 단자는 또 다시 아래 우측과 같이 여러 타입으로 구분되는데요..

컴퓨터에서는 아래 우측 화면의 맨 좌측의 오리지널 HDMI 단자 및 케이블을 사용하며 주로 모바일 장치에서 C, D 타입을 사용하는 것이 일반적입니다.

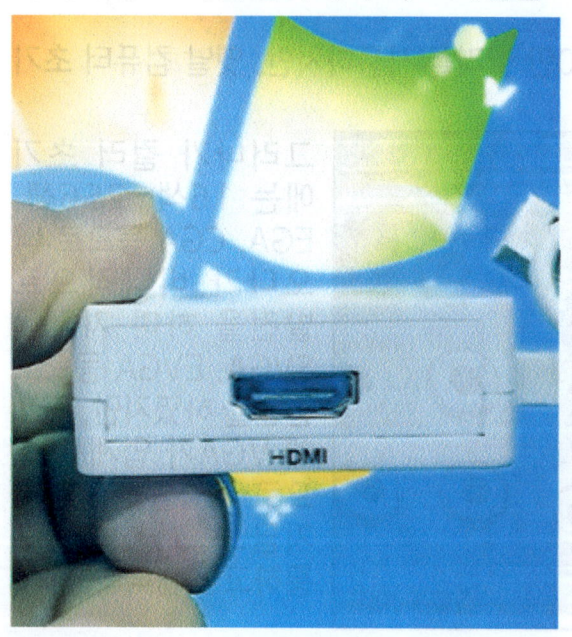

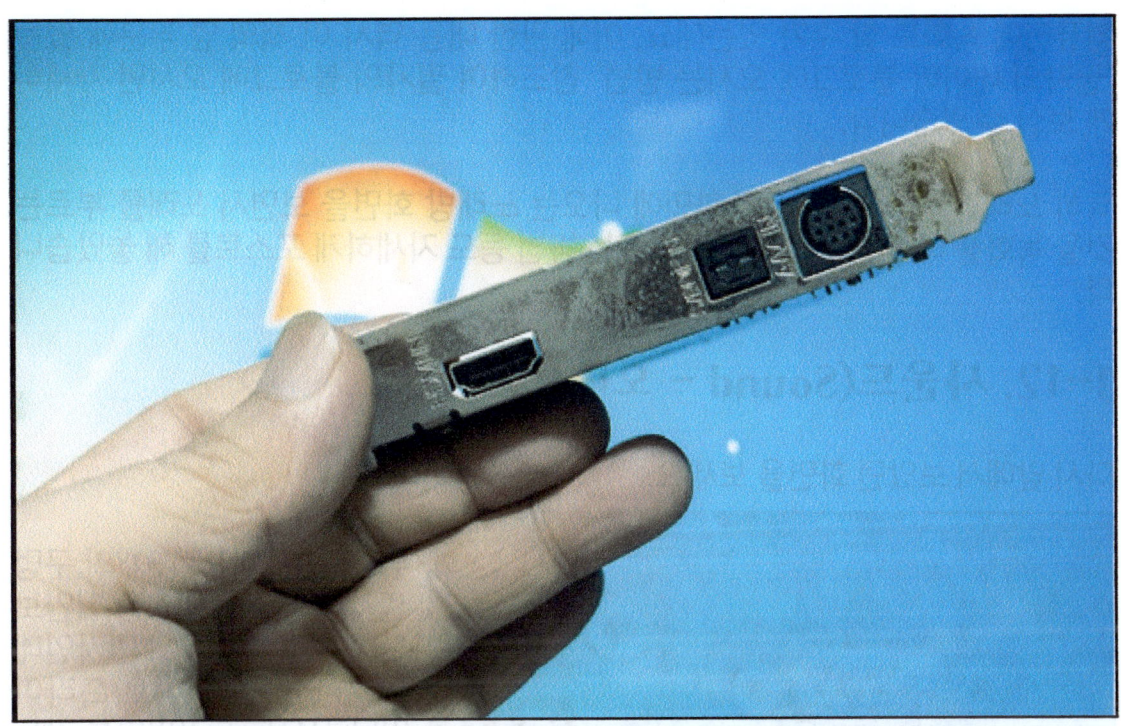

위의 사진 역시 필자의 블로그에서 인용한 것이고요, 위는 TV화면을 컴퓨터에서 캡쳐할 수 있는 캡쳐 카드에 있는 HDMI 단자 모습이고요, 이 책에서 실습에 사용하는 메인보드에는 HDMI 단자는 없고요, 나중에 실습을 할 때 HDMI 단자가 있는 그래픽카드를 사용하는 것으로 대신하겠습니다.

이론상 HDMI가 가장 좋고요, 다음으로 DVI(Digital Video InterFace), 그리고 RGB입니다만, 실제 육안으로 보아서는 RGB단자를 사용하든, DVI 단자를 사용하든, HDMI 단자를 사용하든 별 차이가 없습니다.

실제로 지금도 많은 컴퓨터가 RGB 케이블을 사용하며 필자 역시 RGB를 사용하는 컴퓨터가 절반 정도, DVI를 일부 사용하며 극히 일부 컴퓨터만 HDMI를 사용하고 있고요, 실제 사용하는데는 거의 차이를 느끼지 못 합니다.

따라서 여러분도 RGB, DVI, HDMI 중에서 어떤 것을 사용해도 무방합니다.
다만, 앞에서 소개한 TV 화면 캡쳐 카드의 경우 필자는 지역 케이블 TV를 시청하며 TV에는 노래방 기기가 연결되어 있고요, 이것은 다시 컴퓨터와 HDMI 케이블로 연결되어 있습니다.

이렇게 할 경우 컴퓨터 화면을 TV의 커다란 화면으로 볼 수도 있고요, TV 화면을 컴퓨터에 녹화도 할 수가 있는데요, 이에 관한 내용 역시 이 책의 앞 부분에 있는 '필자의 네이버 블로그에 오시는 방법' 참조하여 필자의 블로그에 오시면 자세하게 보실 수 있습니다.

특히 노래방을 틀어놓고 TV 화면에 나오는 노래방 화면을 보면서 노래를 부르는 것을 녹화를 하여 동영상 파일로 만드는 방법 등도 자세하게 포스트를 해 놓았습니다.

1-12. 사운드(Sound - 오디오)

다시 앞에서 보았던 화면을 보세요..

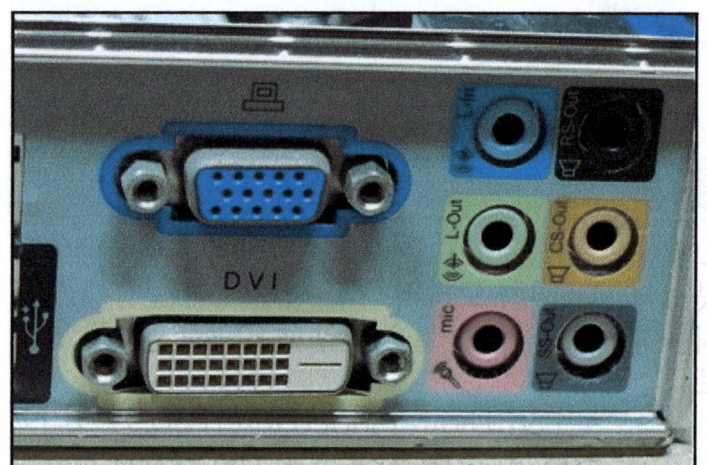

위 우측에 보이는 6개의 구멍(단자)이 여기 보이는 메인보드에 내장된 사운드 단자인데요, 옛날에는 비디오 드라이버나 사운드 드라이버를 잡는 것이 상당히 까다로웠지만, 지금은 윈도우즈 운영체제를 인스톨하면 대부분 완전 자동으로 다 잡힙니다.

다만, 나중에 윈도우즈 운영체제를 인스톨한 후에 사운드를 이용할 때 모노일 경우 스피커 잭에 꽂는 곳에 따라 컴퓨터에서 자동으로 인식되며, 마이크 역시 자동으로 인식되며 윈도우즈 운영체제의 제어판에 들어가서 사운드 관련 각종 설정을 조절할 수도 있고요, 간혹 메인보드는 멀쩡하지만, 사운드 기능만 고장이 나거나, 사운드 기능이 내장되지 않은 메인보드의 경우 외장 USB 사운드 카드를 사용하면 간단히 해결됩니다.

USB 외장 사운드 카드는 가격도 매우 저렴하므로 혹시 구입한 메인보드가 모두 정상이고 사운드 혹은 랜 카드(네트워크 어뎁터 - 이더넷 카드)만 불량이라면 굳이 메인보드를 교체할 필요가 없습니다.

USB 외장형 사운드 카드와 내장형 랜 카드는 불과 몇 천원이면 구입할 수 있는 아주 저렴한 장치이며 이렇게 저렴한 장치를 사용해도 전혀 문제가 없기 때문입니다.
PC스피커는 보통 2개의 미니스피커로 구성되지만, 컴퓨터의 사운드 단자에 연결하는 잭이 1개만 있기 때문에 결국 모노이며, 컴퓨터뿐만이 아니라 사운드에 심취하면 돌비 써라운드 5.1 혹은 7.1 채널 등을 구성하여 음악을 즐기는 분도 있는데요, 이런 엄청난 사운드는 당연히 스테레오 혹은 5.1 채널 등으로 구성할 수 있습니다만, 이 정도 사운드에 심취한 사람이라면 사운드 역시 메인보드에 내장된 사운드로는 만족하지 못하므로 아주 비싼 고성능 사운드 카드를 사용하기도 합니다.

그러나 필자는 PC 사운드만 들어도 충분하고도 남을 정도로 귀가 고급이 아니기 때문에 필자가 노래방을 틀어놓고 노래를 부르면서 컴퓨터로 녹화를 하고 이것을 동영상으로 만들어서 헤일 수 없이 많은 동영상을 각종 SNS에 올렸다가, 저작권 운운하는 소리에 지금은 모든 노래방 동영상을 삭제를 하거나 비공개로 전환을 하여 다른 사람은 볼 수 없습니다.

필자 역시 그래픽 디자이너의 한 사람으로서 창작물, 저작권은 전적으로 존중하지만, 개인이 노래방 노래 부르는 영상까지 저작권 침해 운운하며 으름장을 놓는 저작권협회나 음반 협회 등등 가요 관련 업계 및 인사들은 각성해야 한다고 봅니다.

특히 필자의 경우 나이가 있기 때문에 요즘 나오는 노래는 알지도 못하며 대부분 가요무대에서나 들을 수 있는 노래가 대부분인데요, 각종 가요 관련 단체에서 저작권 운운하여 이제는 필자의 모든 SNS에서 노래방 동영상을 삭제하거나 비공개로 전환을 했고요, 더욱 중요한 것은 필자의 경우 이후 노래방을 단 한 번도 틀지 않았습니다.

가요계로서 이보다 더 큰 손실이 어디 있는가 이 말입니다.
개인이 상업용이 아닌, 개인적으로 노래방을 틀어놓고 노래를 부른 영상을 올리는 것조차 저작권 침해로 단속을 하다가는 우리나라의 한류는 곧 막을 내리게 될 것이라는 것이 필자의 생각입니다.

이는 저작권 침해라기보다는 해당 가요를 널리 퍼뜨리는 긍정적인 효과가 훨씬 큰데도 불구하고 저작권을 주장하므로 모든 노래방 관련 동영상을 내렸으며 이후 노래방 역시 단 한 번도 틀지 않고 있습니다.

1-13. 전원부

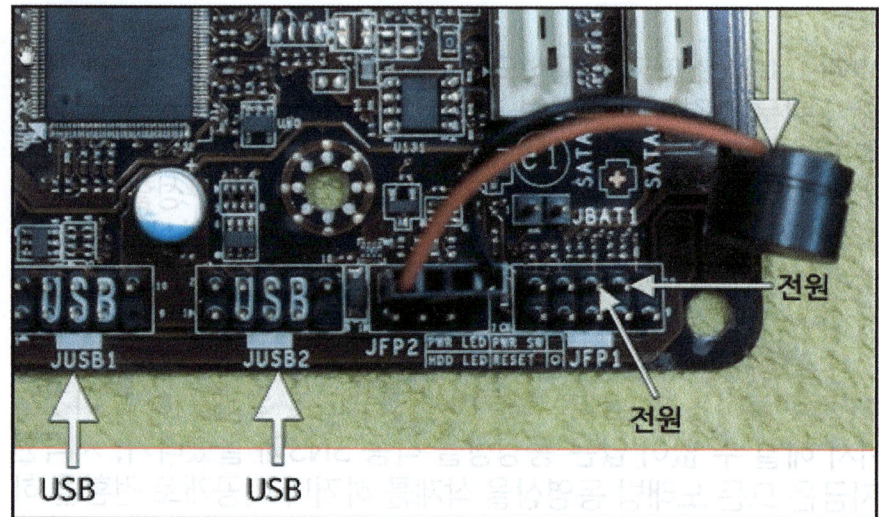

메인보드의 전원부는 좌측과 같은데요, 좌측의 화면을 보면 USB포트 2개가 보이며, 이 포트는 컴퓨터 케이스의 전면에 보이는 USB포트와 연결하는 포트입니다.

비프음 스피커는 부팅시 메모리 등에 이상이 있을시 삐삐 삐익 등의 비프음을 내서 에러가 있음을 알리는 용도이고요, 위에서 중요한 것은 [전원] 입니다.

위의 [전원], [전원] 표시가 된 핀 2개를 쇼트시키면 부팅이 된다는 뜻이며, 이것은 컴퓨터를 조립하기 전에 메인보드에 이상이 있는지 확인하기 위하여 조립하기 전에 메인보드에 파워를 연결하고 모니터를 연결하여 화면이 뜨는지 확인할 때 위의 [전원]핀 2개를 드라이버 등으로 쇼트시켜서 부팅시키는 용도이고요, 케이스에 조립을 한다면 케이스에 있는 전원선을 여기에 꽂아야 합니다.

전원은 단지 쇼트만 시키는 것이기 때문에 +, - 구분이 없습니다만, 그 밑의 표시를 보면 PWR, 그 좌측으로는 PWR LED, HDD LED 표시가 되어 있습니다.

이 표시가 가리키는 핀은 +, - 구분을 해서 꽂아야 하며 +, -는 매뉴얼을 보면 됩니다만, 이는 매뉴얼을 볼 것도 없이 일단 꽂아서 케이스의 전면 LED에 불이 들어오지 않으면 서로 반대로 다시 꽂아주면 되므로 전혀 문제가 없습니다.

이 핀들은 설사 +, -를 잘 못 꽂아도 LED에 불만 들어오지 않을 뿐 메인보드에 고장은 일으키지 않습니다.
따라서 매뉴얼을 보지 않더라도 일단 케이스 내부에 있는 파워LED 혹은 HDD LED 선을 꽂아서 컴퓨터 전면에 있는 LED에 불이 들어오는지 확인하고 만일 불이 들어오지 않으면 다시 빼서 반대로 꽂아주면 됩니다.

혹시 다른 메이커의 메인보드라 하더라도 대부분 이런 식으로 표시가 되어 있으며 간혹 이런 표시가 없는 메인보드도 있는데요, 소위 메이커PC로 불리는 컴퓨터에서 탈거한 메인보드 중에 이런 몹쓸 보드가 많이 있고요, 이런 메이커 PC에서 탈거한 메인보드는 일반적인 방법으로는 제대로 작동하지 않는 수가 많이 있습니다.

따라서 메이커 PC에서 업그레이드 등으로 인하여 탈거한 메인보드는 해당 메인보드 모델명을 사용하고 있는 컴퓨터에서 메인보드 고장이 났을 때를 제외하고는 이 책에서 실습하는 것과 같은 컴퓨터 조립 및 업그레이드 실습에서는 제외하는 것이 좋습니다.

이른바 메이커 PC는 어떠한 방법을 사용하든지 조립 PC와의 차별성을 강조하기 위하여 필자와 같은 전문가도 알 수 없는 요상하고 애매모호하게 조작을 해 놓기 때문입니다.

우선 메이커 PC는 자사의 로고 등이 나오도록 일반인은 만질 수 없는 바이오스 롬 등에 특수한 프로그래밍을 하여 일반인은 절대로 알 수 없는 아주 몹쓸 짓을 서슴없이 하기 때문입니다.

그래서 이른바 메이커 PC에서 나온 메인보드를 사용하여 간신히 윈도우즈 운영체제 인스톨을 했다 하더라도 어딘가 항상 문제가 있고, 고생 고생을 하다가 결국 버리거나 교체를 하게 되는 불행을 자초하는 일입니다.

다행히 메인보드 판매자는 개인이든 업체이든 반드시 메이커 PC에서 나온 모델임을 밝히고 판매를 하므로 잘 아는 사람 이외에는 메이커 PC에서 나온 메인보드는 구입하지 않는 것이 좋습니다.

또 한 가지 이 책에서는 가격이 비교적 저렴한 메인보드를 구입하여 조립하는 실습을 하는 것이고요, 이 정도만 하여도 필자와 같은 사업자가 사용해도 충분하다고 이미 설명을 했습니다만, 메인보드 중에서는 이보다 10배 혹은 이보다 훨씬 비싼 제품도 있습니다.

그러나 필자의 경험상 그렇게 비싼 메인보드나 필자가 이 책에서 조립 실습을 하기 위하여 중고로 구입한 저렴한 메인보드나 실제 사용하는데 있어서는 별 차이가 없습니다.

물론 특수한 목적으로 사용하는 비싼 메인보드는 사용 목적에 따라 다르기 때문에 여기서는 제외하고요, 일반적인 윈도우즈 운영체제를 인스톨하여 개인용 PC로 사용하는 것은 특별히 저가형으로 나온 미니 보드 등을 제외하고는 대부분 대동소이합니다.

따라서 여러분도 특수한 목적으로 사용할 컴퓨터가 아니라면 필자와 같이 비교적 저렴한 메인보드를 구입해도 상관이 없고요, 조금 전에 언급했듯이 같은 ATX 보드라 하더라도 빅 사이즈, 중간 미들 사이즈, 그리고 미니 사이즈의 메인보드도 있으므로 가장 보편적인 미들 사이즈로 구입하는 것이 가장 좋습니다.

다만, 혹시 동네 컴퓨터가게 등에서 중고로 구입한 케이스가 이른바 메이커 PC에 사용된 케이스라면 상당한 제약이 따르므로 메이커PC에서 나온 공케이스라 하더라도 미들타워 이상의 케이스라야 조립이 수월하고요, 어차피 동네 컴퓨터가게에기서 중고 케이스를 구입할 때는 파워서플라이가 달려 있는 상태로 구입을 하는 것이 가격도 더 저렴하고 조립도 수월합니다만, 반드시 고려해야 할 사항이 있습니다.
요즘은 대부분 파워서플라이에 요즘 나오는 메인보드에 사용할 수 있는 전원이 다 있지만, 일부 모델 특히 메이커PC에 사용된 케이스의 경우 최초 설계할 당시의 전력 소비에 딱 맞는 파워서플라이가 달려 있을 수가 있으므로 이런 경우에는 파워 용량이 충분한 파워서플라이로 교체를 하는 것이 좋습니다.
그래 보았자 동네 컴퓨터가게에서는 어차피 나중에는 고철로 처리하기 때문에 대충 1만원 정도면 구입할 수 있습니다.

1-14. SATA 포트

이 책에서 조립 실습에 사용할 메인보드는 위와 같이 SATA 포트 6개를 제공하므로 일반인이라면 SSD에 한 개, HDD에 한 개 정도면 족하고요, DVD 등을 설치한다면 또 한 개의 SATA 포트가 필요하고요, 필자와 같이 여러 개의 HDD를 사용한다면 위에 보이는 6개의 포트도 모자랄 수 있습니다.

필자의 경우 현재 출판사를 운영하며 인터넷 쇼핑몰을 운영하며 수 천 종의 많은 상품을 판매하고 있고요, 각종 서적 집필 원고 등도 매우 많기 때문에 위에 보이는 메인보드에서 제공하는 SATA포트 6개도 모자라서 외장형 USB HDD 도킹 스테이션을 사용하여 추가로 2개의 HDD를 더 사용합니다.

참고로 워크스테이션급 또는 서버 PC의 경우 이보다 더욱 많은 HDD를 사용하며 이런 시스템에서는 라이드 시스템을 구축하여 사용하는데요, HDD는 내부에 스핀들 모터가 회전을 하면서 플래터에 기록된 데이터를 읽어 들이는 방식이고요, 보통 HDD는 5400rpm~12000rpm 정도의 속도로 회전을 하고요, 사실상 이것도 상당히 빠른 속도이며 이렇게 빨리 돌아가는 플래터를 읽어들이는 것도 HDD 내부에 있는 엑세스암이 읽어 들이는 것이고요, 한꺼번에 모든 데이터를 읽어들이는 것이 아니라 플래터의 첫 트랙에서 일부를 읽어 들이고 다시 플래터가 한 바퀴 회전하여 그 자리에 오면 또 다시 다음 트랙을 읽어 들이는 등, 데이터 엑세스 시간이 플래터가 한 바퀴 공회전을 하는 낭비가 발생하게 됩니다.

그래서 이런 낭비를 줄이고자 HDD 여러 개를 사용해서 라이드 시스템을 구축을 하여 첫 번째 하드의 첫 번째 트랙에 데이터의 일부를 기록하고, 다음 HDD의 2번째 트랙에 다음 데이터를 기록하는 방식으로 각각의 HDD는 공회전을 하지 않고 HDD 여러 개에 나누어 저장된 데이터를 순차적으로 읽어들이므로서 상대적으로 빠른 속도를 보이는 것인데요..

사실 이것은 HDD라는 물리적인 저장 매체에 어느 HDD 1개에 이상이 생기면 모든 데이터를 잃어버릴 수 있는 아주 위험한 방식입니다.

SATA포트 6개

어차피 이제는 속도가 빠른 SSD가 개발되어 생산 단가만 낮추면 앞으로는 HDD를 대체할 차세대 저장 매체이므로 그 때는 이렇게 위험한 HDD 여러 개 설치하여 라이드 시스템을 구축하는 방식은 사라질 것으로 보입니다.

앞의 사진에 보이는 SATA포트 중에서 흰색의 SATA포트는 이론상 속도가 빠른 SATA3 포트입니다만, 앞에서 설명했다시피 SATA는 1, 2, 3 모두 체감적인 차이는 거의 없습니다.

따라서 SATA HDD는 SATA1, 2, 3 중에서 어떤 모델을 사용하든 상관이 없습니다.

어차피 컴퓨터의 전원이 켜져서 꺼질 때까지의 모든 작업은 HDD에서 이루어지는 것이 아니라 램(RAM)에서 이루어지는 것이기 때문에 HDD의 속도 차이는 설사 체감 속도가 나더라도 실제 사용 속도는 차이가 나지 않는 것입니다.

HDD는 이렇게 램(RAM)에서 작업한 내용을 저장할 때만 사용하는 것이며 대부분 컴퓨터 사용 중 저절로 저장되는 것이 대부분이므로 사용자는 거의 느끼지 못하고 사용하는 것이 대부분입니다.
그러나 HDD(하드 디스크 드라이브)는 내부에 둥근 레코드판과 같은 플래터가 회전을 하면서 여기에 있는 자기장에 디지털 데이터를 저장하는 것이고요, 실제 레코드판과 같이 물리적으로 기록을 하는 것이기 때문에 HDD의 상태가 좋아야 컴퓨터가 쾌적해집니다.

만일 불안정한 HDD를 사용한다면 언제 망가질지 모를 컴퓨터를 사용하고 있는 것입니다.

그래서 가끔씩 HDD(하드 디스크 드라이브) 검사를 하는 것이 좋은데요, 윈도우즈 운영체제에 내장된 디스크 검사 혹은 조각 모음 등을 하는 것도 한 방편이고요, 옛날에는 노턴 유틸리티를 사용하여 HDD(하드 디스크 드라이브) 검사를 엄청나게 했습니다.

그러나 요즘은 컴퓨터의 소프트웨어는 물론 하드웨어의 기술이 비약적으로 발전을 하였고요, 사실상 거의 에러가 나지 않기 때문에 웬만한 사람은 거의 모르고 컴퓨터를 사용합니다만, 여러분은 이제부터 이 책으로 PC정비사의 길를 가는 것이므로 당연히 항상 컴퓨터를 쾌적하게 사용해야 하며 따라서 당연히 HDD(하드 디스크 드라이브) 검사를 하는 것이 좋습니다.

웹 검색을 하면 수많은 유틸리티들이 존재하는데요, 앞에서도 언급했습니다만, 예전에는 노턴유틸리티를 사용해서 디스크 검사를 하기도 했지만, 지금은 컴퓨터 하으웨어가 발달하여 윈도우즈 운영체제에 내장된 디스크 검사만 해도 충분하고요, 또, 실질적으로는 디스크 검사를 단 한 번도 하지 않고 사용을 해도 대체로 별다른 문제가 방생하지 않습니다.

이에 대한 내용은 앞으로 자세한 설명이 이어지며 이 책에서 앞으로 설명하게 될 튜닝을 하지 않을 경우 설사 돈이 많아서 1,000만 원 짜리 컴퓨터를 만든다 하여도 속도 차이는 전혀 느끼지 못하게 됩니다.
따라서 지금은 이 정도 설명으로 대신하겠습니다.

1-15. 배터리

컴퓨터의 메인보드에는 다음 화면의 사진에 보이는 것과 같은 배터리가 내장되어 있는데요..

우리가 흔히 알고 있는 램(RAM-Random Access Memory = 읽고 쓸 수 있지만, 전원이 꺼지면 기억하고 있던 것을 잊어버리는 휘발성 메모리)은 전원이 꺼지면 기억하고 있던 것을 잊어버리고, 메인보드에 내장된 바이오스 롬(Rom - Read Only Memory)은 전원이 꺼져도 기억하고 있던 것을 잊어버리지 않는다고 알고 있지만, 사실은 롬(Rom)도 전원이 꺼지면 기억하고 있던 내용의 일부를 잊어버립니다.
다시 말해서 예를들어 컴퓨터를 켤때마다 반복되는 과정을 바이오스 롬에 기록을 해 두는데요, 이것은 전원과는 상관없이 항상 기억하고 있습니다.
그러나 사용자가 셋업에서 무언가 설정을 조절하고 저장한 것은 전원이 차단되면 잊어버리게 됩니다.

그래서 메인보드에는 다음 사진에 보이는 배터리가 장착되어 있는데요, 컴퓨터의 스위치를 켜면 맨 처음에 바이오스 혹은 윈도우10의 경우 바이오스 외에도 EFI, UEFI 시스템을 사용합니다만, 어떠한 시스템의 경우이든지 부팅이 되기 전까지의 내용은 항상 동일한 작업을 반복하여 주변기기를 점검하여 이상이 없을시 부팅이 진행되며 이윽고 윈도우즈 운영체제가 로드되는 것입니다.

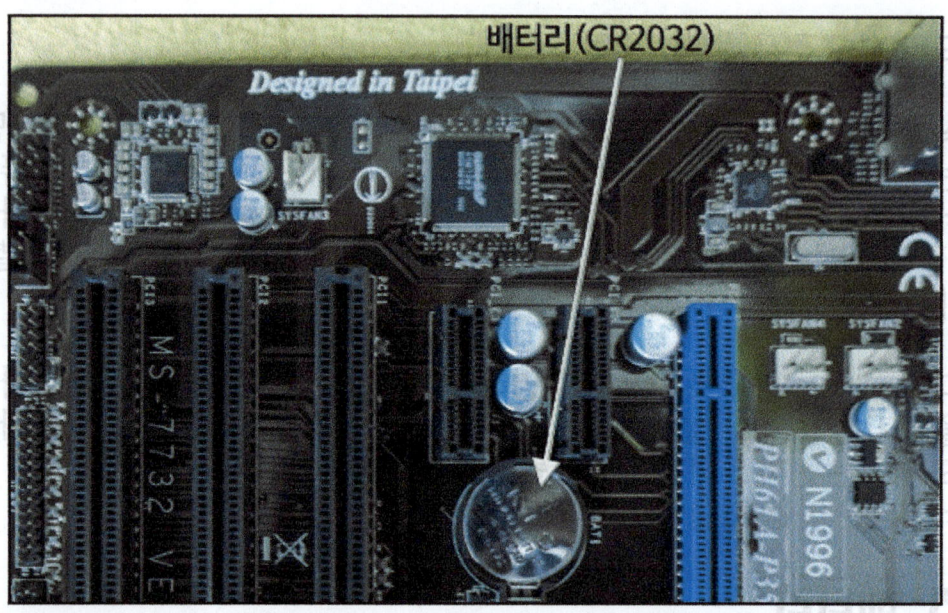

이렇게 매번 반복되는 과정을 램의 일종인 롬(ROM : Read Only Memory - 읽기만 할 수 있고 쓸 수는 없는 메모리)에 저장해 놓고 컴퓨터를 켤 때마다 반복을 하는데요, 롬(ROM)도 램의 일종이며 전원이 꺼지면 기억했던 내용을 잃어버리기 때문에 다음번 컴퓨터를 켤 때까지 기억하고 있던 내용을 잊어버리지 않도록 배터리가 내장되어 컴퓨터의 전원을 끄더라도 배터리에서 롬에 계속하여 전원을 공급하기 위함입니다.

따라서 혹시 앞으로 배우게 될 셋업 등을 잘 못 하여 부팅이 안 될 경우 등 최악의 경우 배터리를 제거하고 하루 정도 지난 뒤에 바이오스가 초기화된 뒤에 다시 부팅을 하면 되는 수도 있고요, 컴퓨터 사용 중에 시간이 자꾸 틀려지거나 부팅할 때마다 셋업이 틀려진다면 배터리가 방전된 것이므로 새것 배터리로 교체를 해야 합니다.

또한 메인보드에는 어딘가 공장 초기 값으로 되돌릴 수 있는 초기화 기능이 있는 경우도 있고요, 경우에 따라서는 바이오스 롬의 펌웨어 업데이트를 하는 수도 있습니다만, 가능한 이런 작업은 하지 않는 것이 좋습니다.

필자의 경험상 제조사에서 제공하는 펌웨어를 받아서 제조사에서 하라는대로 했는데도 메인보드가 나가는 수가 있습니다만, 이것도 사용자 과실로 인정하여 제조사에서 교체를 해주지 않습니다.

필자가 직접 메인보드를 가지고 메인보드 제조사 A/S 센터에 가지고 갔지만, 사용자 과실로 교체해 주지 않아서 할 수 없이 용산 전자상가에서 새로 구입을 한 적이 있습니다.
또한 실제로 펌웨어 업데이트를 하지 않더라도 완전 구형 보드가 아니라면 99.9%는 아무 이상이 없으며 메인보드를 초기화 시킬 일도 거의 일어나지 않습니다.

윈도우즈 운영체제에는 운영체제가 나오기 전의 거의 모든 하드웨어에 대한 드라이버가 있으며 설사 이후에 나온 하드웨어라 하더라도 윈도우즈 운영체제가 계속하여 업데이트가 되기 때문에 실제로 메인보드 펌웨어 작업은 하지 않아도 아무 지장이 없습니다.

다만, USB2.0만 지원되는 보드에 USB3.0기기를 연결하여 USB3.0의 속도를 제대로 느껴보고 싶을 경우 등, 이것도 해당 메인보드 제조사에서 USB3.0을 사용할 수 있는 펌웨어 업데이트가 있을 때 등에 펌웨어 업데이트를 할 수 있습니다만, 전자에 언급한 것과 같이 사용자의 과실 없이 제조사에서 제공하는 펌웨어로 업데이트를 해도 메인보드가 나가는 수가 있으며 이것도 사용자 과실로 제조사에서 교체를 해 주지 않기 때문에 가능하면 펌웨어 업데이트는 하지 않는 것이 좋습니다.

중고 메인보드 사실 비싸지도 않은데, 이것을 교환하려고 용산까지 가서 고생만 하고 결국 용산 전자상가에서 새로 사 가지고 왔는데요..
따라서 이런 것은 테스트라도 하지 않는 것이 좋습니다.
괜히 메인보드 나가면 돈도 들어가지만, 여러 날 고생하게 되기 때문입니다.

1-16. 랜카드-LAN(Local Area Network)

랜은 LAN은 Local Area Network의 약자이며, 근거리 통신망이라고 할 수 있고요, 컴퓨터를 2대 이상 연결하여 네트워크를 구성하면 이것이 곧 랜이 됩니다.

다음 흰색 화살표가 가리키는 포트가 랜 포트인데요, 컴퓨터가 1대만 있더라도 인터넷을 하기 위해서는 이 곳에 랜 선이 연결되어야 하며 컴퓨터 2대 이상이라면 컴퓨터 2대의 네트워크를 구성하기 위해서 반드시 랜선이 연결되어야 합니다.

LAN은 Local Area Network 의 약자로서 직역하자면 근거리 통신망입니다.

네트워크의 종류는 여러 가지가 있습니다만, 이 책의 서두에 이 책에서는 복잡한 공식이나 수치는 거의 단 한 줄도 들어가지 않는다고 했으므로 복잡한 이론적인 문제는 여기서는 배제하고요, 네트워크는 여러 가지가 있지만, 이 책에서는 LAN 한 가지만 다루도록 합니다.

어차피 LAN 이외의 네트워크는 일반인이 취급하는 네트워크가 아니기 때문에 일반인은 LAN 한 가지만 사용하며, LAN만 알면 되기 때문입니다.

이 책에서 실습으로 사용하는 메인보드는 LAN포트가 내장되어 있기 때문에 따로 랜카드가 필요하지 않고요, 요즘 나오는 메인보드는 거의 대부분 이런 식으로 LAN 포트가 내장되어 있는 것이 대부분입니다.

컴퓨터 2대 이상의 네트워크를 사용하지 않는다면 랜에 대해서는 더 이상 몰라도 됩니다.

메인보드에 랜 포트가 내장되어 있기 때문에 나중에 윈도우즈 운영체제를 인스톨하면 자동으로 인터넷이 되기 때문입니다.

그러나 요즘은 가정이라도, 개인이라도 컴퓨터 2개는 거의 기본이며 경우에 따라서는 3대 이상 사용하는 가정이나 사무실이 많이 있습니다.

그래서 랜, 네트워크에 대해서 알아야 하는 것입니다.
더구나 이 책은 PC정비사를 꿈꾸는 사람들이 관심을 가질만한 책이므로 네트워크를 다루지 않을 수가 없습니다.

뒤에 가서 자세하게 다루게 됩니다만, 컴퓨터가 단 2대만 연결해도 네트워크를 구축해야 하며 컴퓨터가 20대, 200대가 되어도 동일하게 네트워크를 구축해야 합니다.

다만, 컴퓨터 댓수가 적을 때는 요즘 흔하게 구입할 수 있는 공유기만 가지면 간단히 해결되지만, 컴퓨터 대수가 많아지면, 이에 따른 장비가 추가되는 것이 다를 뿐입니다.

또한 필자는 사업장이 크기 때문에 사업장 내에서도 와이파이가 터지지 않아서 특수하게 네트워크를 구축했는데요, 이 역시 뒤에 가서 자세하게 다루게 됩니다.

와이파이 사각지대 문제로 고민이신 분은 뒤의 설명을 자세하게 읽어보시기 바랍니다.

일단 이 책에서 실습으로 사용하는 메인보드에는 랜 포트가 내장되어 있고요, 사운드도 내장되어 있고요, 메인보드를 케이스에 조립하기 전에 반드시 철판이 아닌, 나무 등의 절연 재질 위에 메인보드를 올려놓고, 여기에 꼭 필요한 장치를 연결하고 모니터에 화면이 나오는지 확인을 하고 조립을 해야 시행착오를 줄일 수가 있습니다.

그러나 이렇게 테스트를 해서 모니터에 화면이 나오는 것을 확인하고 조립을 하고 나서 윈도우즈 운영체제를 인스톨하고 나서 랜선을 꽂았을 때 작동을 하지 않거나, 사운드가 나오지 않을 때는 난감하게 됩니다.

그러나 아래 랜카드를 보세요.

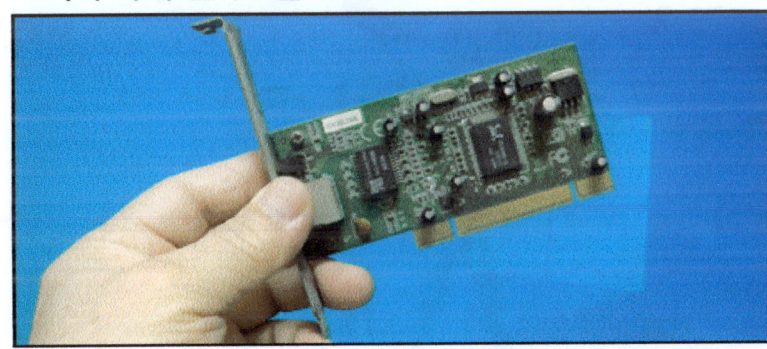

좌측은 필자가 가지고 있는 랜카드 중의 하나인데요, 무려 약 30년은 된 랜카드입니다만, 지금도 아주 작동이 잘 되고요, 요즘 인터넷으로 구매해도 단돈 몇 천원이면 구입할 수 있고요, 메인보드의 사운드 칩셋이 나갔다라도 usb외장 사운드카드 역시 단돈 몇 천원이면 구입할 수 있습니다.

다음은 방금 네이버에서 랜카드를 검색한 것이고요, 여기 보이는 판매처나 판매자는 필자와는 전혀 무관하고요..

그 아래는 usb사운드카드를 검색한 것이고요, 역시 판매처나 판매자는 필자와는 견혀 무관하므로 오해 없으시기 바랍니다.

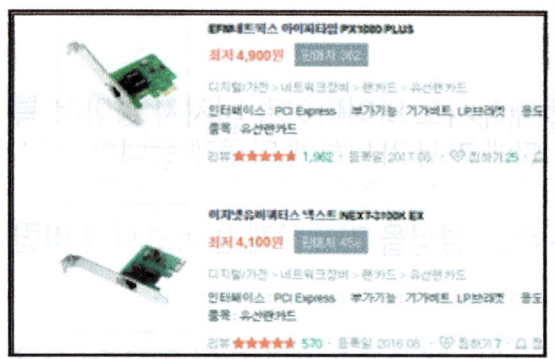
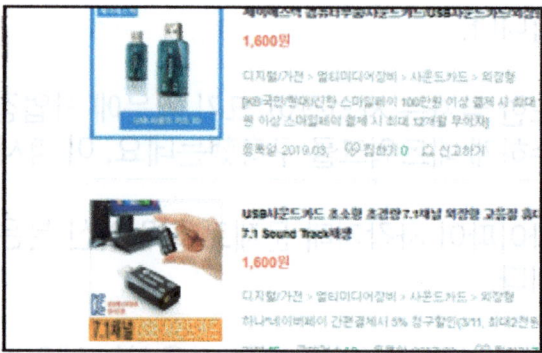

따라서 메인보드의 랜포트가 고장이거나 사운드 칩셋이 고장이라 하여 기껏 조립한 메인보드를 탈거할 필요도 없고요, 메인보드 교체해 달라고 할 것도 없이 랜카드와 usb외장형 사운드카드를 구입하면 메인보드에 내장된 것과 동일하거나 오히려 성능이 더욱 좋으므로 조립한 메인보드를 그냥 사용해도 전혀 무방합니다.

1-17. 랜툴(LAN Tool)

여러분은 이제 컴퓨터 하드웨어 전문가의 길로 들어섰으므로 랜선도 직접 제작할 줄 알아야 하고요, 따라서 랜툴을 구입해야 합니다.

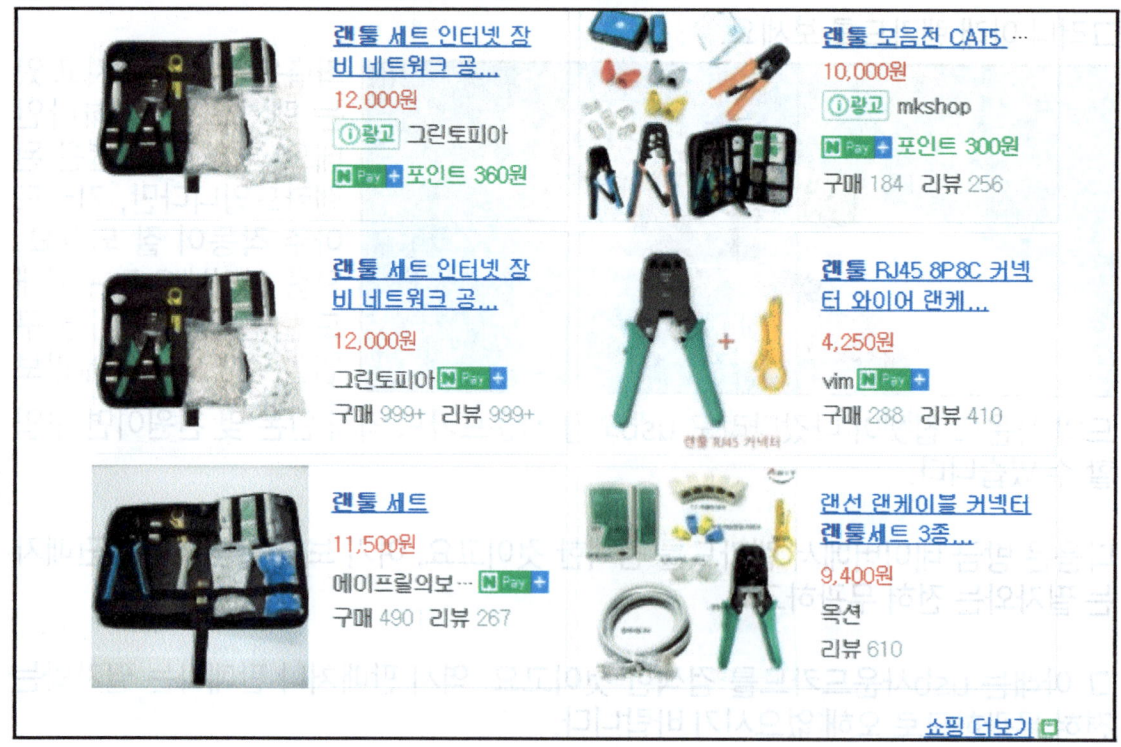

앞의 화면도 방금 네이버에서 검색한 결과의 일부이고요, 가격도 매우 저렴하므로 하드웨어 전문가라면 누구나 이런 랜툴을 가지고 있어야 합니다.
랜선(랜 케이블)은, 다음에 설명하는 랜선 제작 과정에서 표피를 벗기면 위와 같이 두 가닥씩 꼬여 있는데요, 그래서 트위스트 페어라고 부르고요..

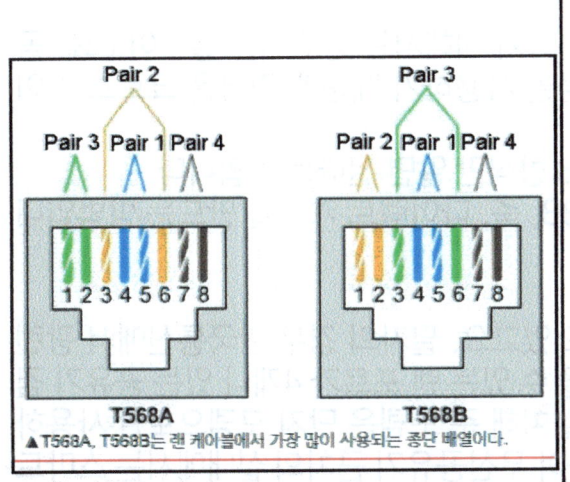
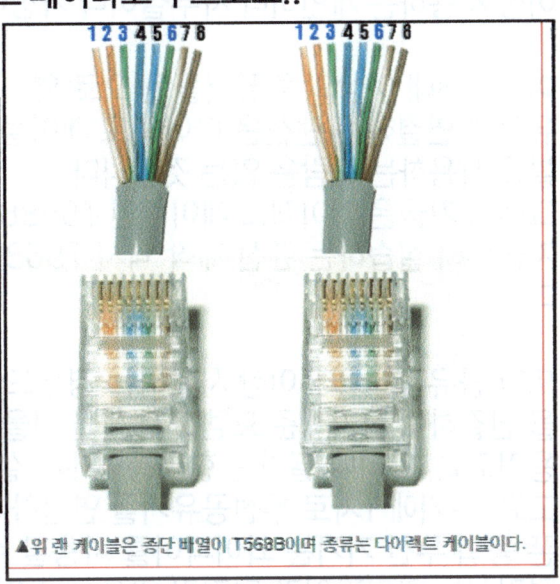

▲ T568A, T568B는 랜 케이블에서 가장 많이 사용되는 종단 배열이다.

▲ 위 랜 케이블은 종단 배열이 T568B이며 종류는 다이렉트 케이블이다.

위는 위키백과에서 인용한 화면이고요..
랜선(랜 케이블)은 지금은 T568B(다이렉트 케이블) 방식만 사용하기 때문에 T568B(다이렉트 케이블) 방식만 알면 되는데요, PC정비사를 꿈꾸는 사람이라면 T568A(크로스 케이블)가 무엇인지는 알아야 합니다.
이 책은 수험서가 아니기 때문에 시험 문제에 나오는 것을 다룰 수는 없고요, 따라서 이론적인 내용보다는 실질적인 설명으로 랜선을 다시 말해서 다이렉트 케이블이라고 부릅니다.

다이렉트 케이블이어야 3대 이상의 컴퓨터를 네트워크로 연결할 수 있기 때문입니다.
그런데 왜 T568A(이것을 크로스 케이블이라고 부릅니다.)가 있는가 하는 이론적인 것은 위키백과 등을 보면 되고요, 위키백과에도 없는 내용은,..

옛날에는 컴퓨터를 2대 이상 사용하는 사람도 드물었고요, 3대 이상 사용하는 사람은 더더욱 드물었고요, 네크워크 기술도 지금보다 뒤떨어졌고요, 그래서 컴퓨터 2대만 연결할 때는 T568A, 즉, 크로스케이블을 사용하여 연결을 하여 사용했습니다.
다시 말해서 지금도 허브(공유기) 없이 그냥 컴퓨터 2대를 연결할 때는 다이렉트 케이블을 사용하면 안 되고요, 조금 전에 설명한 T568A, 즉, 크로스 케이블을 사용해야 합니다.
그러나 지금은 개인이나 사무실, 가정이라도 컴퓨터 2대 정도는 기본이고요, 3대 이상 사용하는 개인이나 사무실이나 가정이 대부분입니다.

이렇게 3대 이상의 컴퓨터를 랜으로 연결하기 위해서는 공유기는 필수이고요, 공유기에 연결하는 랜선은 다이렉트 케이블을 사용하기 때문에 지금은 크로스 케이블을 사용하는 사람은 없는 것입니다.
그래서 지금은 다이렉트 케이블인 T568B 방식만 알면 된다는 것입니다.
지금부터 실습하는 렌선 제작 역시 T568B, 즉, 다이렉트 케이블 만드는 방법입니다.

또한 공유기도 2대 이상 사용하는 경우도 있고요, 필자의 경우 한국통신에서 광랜을 연결하여 설치해준 모뎀도 랜선을 끼울 수 있는 랜 포트가 4개나 있는 공유기 겸용이고요, 그러나 필자는 한국통신에서 설치해 준 모뎀은 단지 모뎀으로만 사용하고요, 여기에 1차로 무선공유기를 연결하여 무선공유기 근처의 실내에서는 스마트폰 등의 무선 기기는 와이파이를 사용할 수 있고요, 필자의 사업장은 크기 때문에 멀리서는 와이파이가 터지지 않으므로 이곳에는 거리가 멀어서 신호가 약해져서 인터넷이 느려지고 네트워크 속도가 떨어지므로 신호를 증폭하는 기능이 있는 스위칭허브를 설치하고 여기에 다시 무선공유기를 연결하여 필자의 사업장 어디에서든지 와이파이 사각지대가 없도록 하였습니다.

물론 무턱대고 이렇게 하는 것이 아닙니다.

일반 공유기(공유기는 IP공유기입니다.)와 스위칭허브는 비슷하지만, 다르기 때문에 연결도 다르게 해야 합니다.

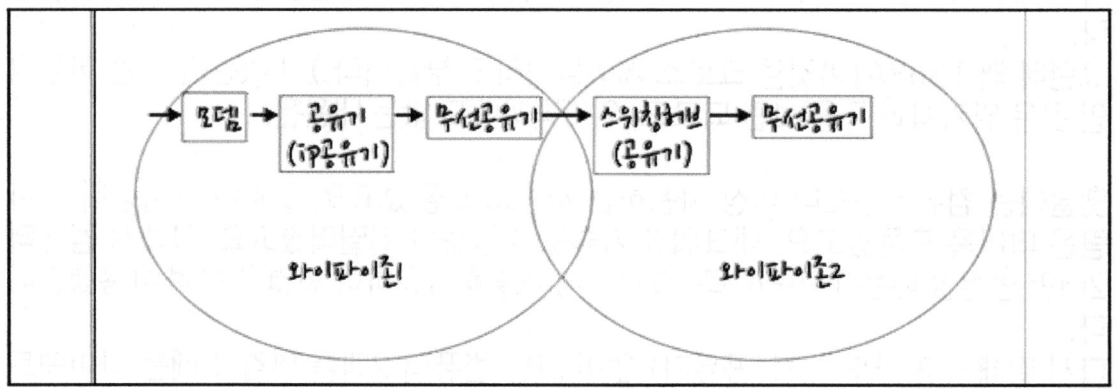

위는 필자의 블로그에 있는 내용인데요, 위의 도면을 잘 보시고 필자와 같이 공유기 2대를 설치하여 와이파이 사각지대를 없애고자 하는 분은 반드시 이 책의 앞부분에 있는 '필자의 네이버 블로그에 오시는 방법' 참고하여 필자의 블로그에 있는 포스트를 읽어보시기 바랍니다.

이렇게 하는 이유가 있습니다.

우리나라는 세계에서 유례가 없는 가장 짧은 기간에 세계 몇 위의 경제대국이 된 엄청난 나라인데요, 전 세계에서 자타가 공인하는 대단한 나라임에는 틀림이 없지만, 규제 역시 세계에서 가장 강력한 자타가 공인하는 가장 규제가 많은 나라이기도 합니다.

필자는 현재 출판사를 운영하며 인터넷 쇼핑몰을 운영하며 수 천 종의 많은 상품을 판매하기 때문에 지금까지 판매하기 위하여 웹상에 올린 상품은 무려 수 백 만개나 됩니다.

이렇게 많은 상품을 판매하기 때문에 필자가 아무리 조심을 해도 어디서 걸려도 걸리게 되어 있는데요, 예전에 장난감 무전기를 판매하다 단속에 걸려서 엄청난 벌금은 낸 적이 있습니다.

그래서 당시 장난감 무전기는 어른 양팔 벌린 정도로 밖에는 교신이 되지 않게 만들었는데요, 초속 30만 Km로 움직이는 전파를 이용한 무전기를 어른 양팔 벌린 정도로 밖에 나가지 않게 만든다는 것이 이해가 되세요.. 이게 말이나 되냐고요..

지금은 장난감 무전기를 판매하지 않고요 생활무전기를 판매하고 있는데요, 8Km 통달거리라고 표기를 하여 판매를 하지만, 실제 통화 가능한 거리는 1Km도 안 되고요, 고작 몇 백 미터이며 그것도 건물 등이 가로막히면 통신이 안 됩니다.

그래서 필자가 현재 판매하는 생활 무전기도 무전기이기 때문에 실제 전파는 8Km 이상 나가지만, 실제 통신 가능한 거리는 아주 짧은 것입니다.
요즘 개인이나 사무실이나 가정에서 없는 곳이 없이 생활필수품으로 사용하는 공유기 역시 전파를 강하게 만들면 안 되므로 어떠한 업체에서도 전파를 강하게 만들지 않기 때문에 심지어 가정집에서도 와이파이 사각지대가 생기는 것입니다.

이제 크로스케이블과 다이렉트 케이블에 대해서 알았고요, 지금은 모두 다이렉트 케이블 즉, T568B만 사용한다는 것을 알았고요, 앞의 설명 참조, 랜툴 구입, 그리고 당연히 랜선을 구입해야 합니다.

1-18. 랜선(LAN Cable)

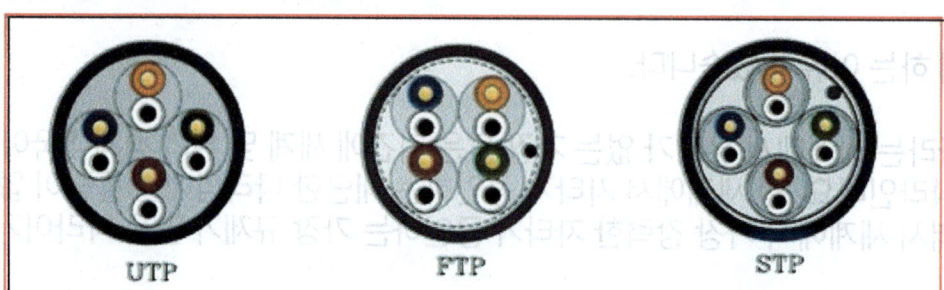

위는 위키백과에서 인용한 것이므로 자세한 설명은 위키백과를 읽어보시고요, 여기서는 랜선의 종류는 위의 3가지(실제로는 더 많은 종류가 있습니다.)가 있다는 정도로 진행을 하고요, 위의 랜선은 각각 다음 설명을 보세요.

랜선은 앞쪽에서 보았던 것과 같이 2가닥씩 꼬아져 있고요, 그래서 트위스트 페어라고 부르고요, 여기에 각종 신호 간섭을 줄이기 위한 차폐막의 차이로 위와 같은 종류가 있고요, 실제로는 이보다 더 많은 종류가 있지만, 실제로는 UTP를 가장 많이 사용합니다.

UTP : 가장 싸고 차폐막이 없고 통신 거리 100M
FTP : 차폐막이 있고 비싸고 통신 거리 150M
STP : 가장 강력한 차폐막이 있고 가장 비싸고 통신 거리 200M

이렇게 정리할 수 있습니다만, 통신 거리는 상당한 오차가 있을 수 있고요, 필자는 UTP외에는 사용해 본 적도 없고요, 다시 말해서 가장 가격이 저렴한 UTP케이블만 사용해도 인터넷도 충분하고요, 컴퓨터 100대라도 네트워크도 충분합니다.

따라서 여러분도 특수한 목적이 아니라면 가장 가격이 저렴한 UTP케이블을 사용하면 됩니다.
단, 기가비트를 사용한다면 당연히 FTP나 STP를 사용해야 하므로 이 경우는 제외입니다.

그러나 현재로서는 UTP만 사용해도 충분하고도 남고요, 아마 앞으로도 상당 기간 UTP는 사라지지 않을 것입니다.

위에 보이는 것은 네이버에서 방금 검색한 것이고요, 위는 UTP 100미터 가격이 대략 평균적으로 3만원이고요..

아래는 기가비트 랜케이블 100미터 400,000원이 넘습니다.

위는 네이버에서 검색한 결과의 극히 일부이므로 참조만 하시고요, 위와 같이 가격 차이가 많이 나기 때문에 어떤 케이블을 구입할 것인지는 여러분이 직접 판단하시기 바랍니다.

랜툴을 구입할 때는 잘 살펴보고 기본적인 툴이 모두 들어 있는 세트로 구입을 하는 것이 좋고요,

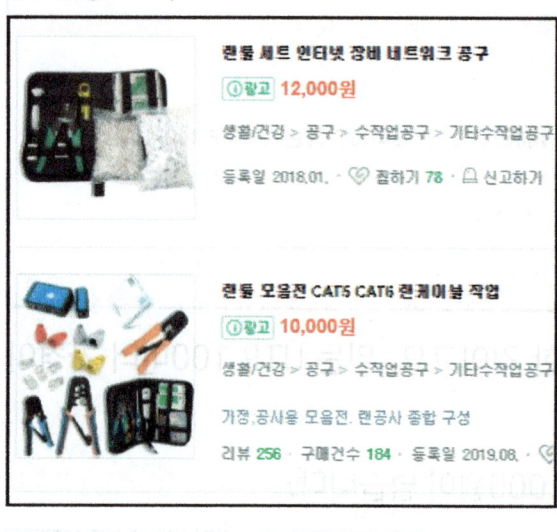

좌측 화면은 랜툴 판매자의 화면 일부를 캡쳐한 것이고요, 보통 랜툴에는 좌측 화면에 보이는 부품들이 기본적으로 들어 있고요, 랜선을 끼우고 꽉 물어서 랜 케이블을 완성하는 집게툴과 RJ-45커넥터는 따로 100개 정도씩 들어 있는 것을 추가 구입하면 좋습니다.

가장 좋은 방법은 지금 구입하지 마시고요, 최소한 이 책의 랜선 만드는 과정을 읽어본 다음에 구입을 해서 여기 설명대로 실습을 하는 것이 좋습니다.

1-19. 랜 케이블 만드는 방법

랜툴 세트에 들어있는 탈피기는 아래와 생겼으며 꾹 누르고 랜선을 집어넣고 한 바퀴 돌리면 표피만 깔끔하게 잘라집니다.

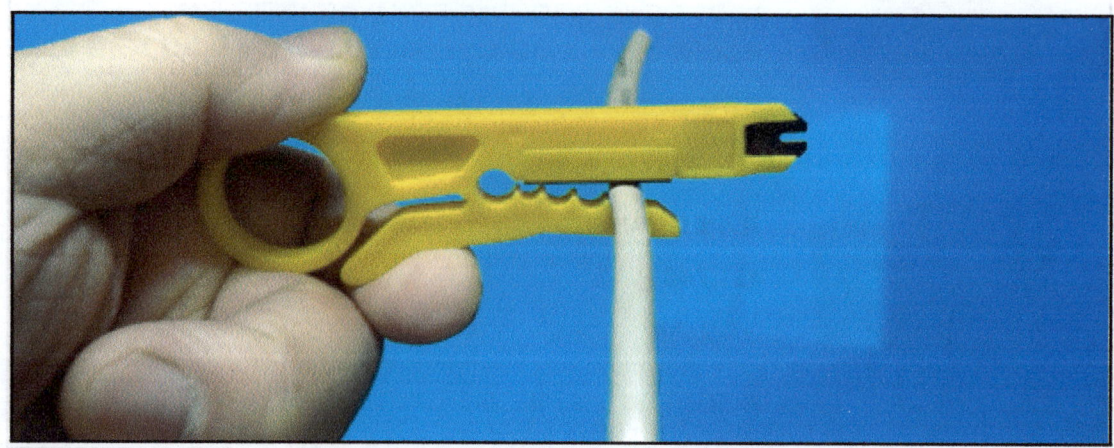

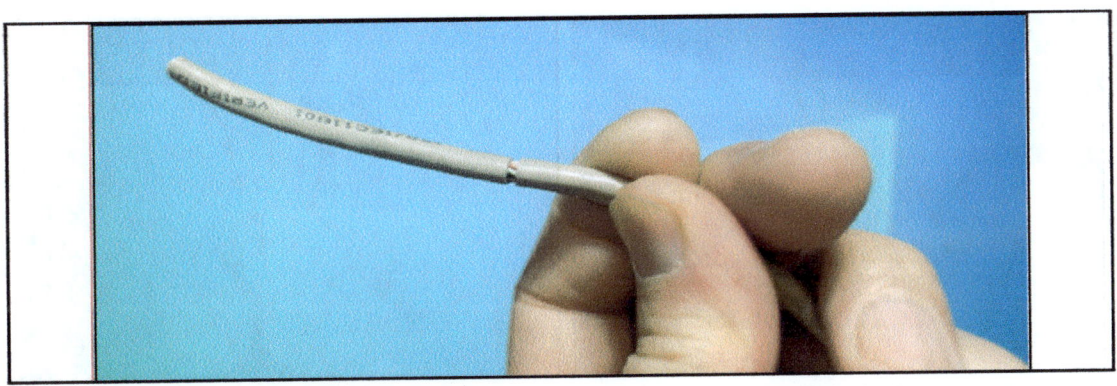

잡아 뺍니다.

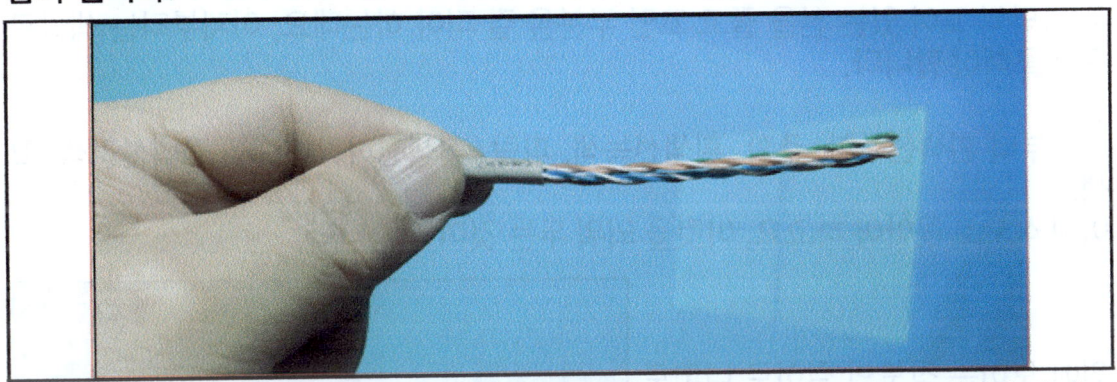

이렇게 꼬여 있습니다. 그래서 트위스트 페어 케이블(Twisted Pair Cable)이라고 부릅니다.

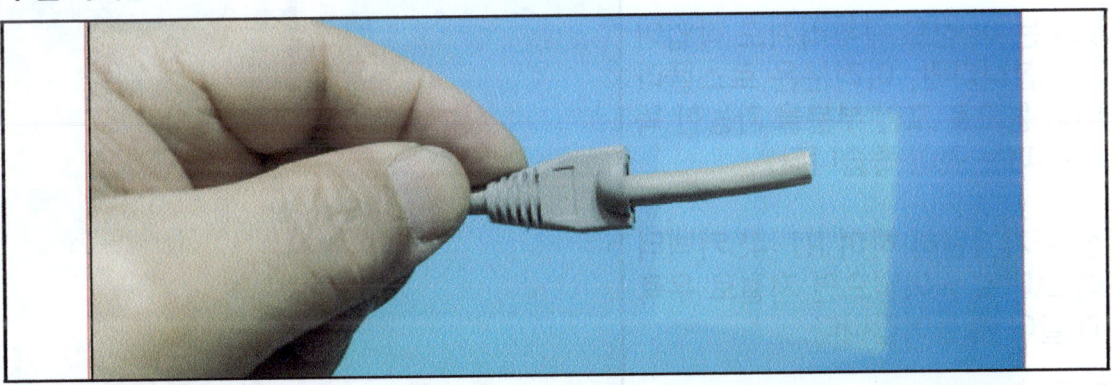

나중에 랜선을 랜포트에 끼우면 딸깍하고 빠지지 않게 일종의 락이 걸리며 이 때 RJ-45커넥터에 달린 키 부분을 꾹 누르고 빼야 하는데요, 그냥 놓아두면 지저분하기도 하고 키 부분이 부러질 수도 있으므로 이것을 보호하기도 하고 미관상 좋게 하는 위의 사진에 보이는 부트를 끼워야 하는데요, 처음에 랜선을 자른 후에 바로 끼워도 되고요, 지금 끼워도 됩니다.

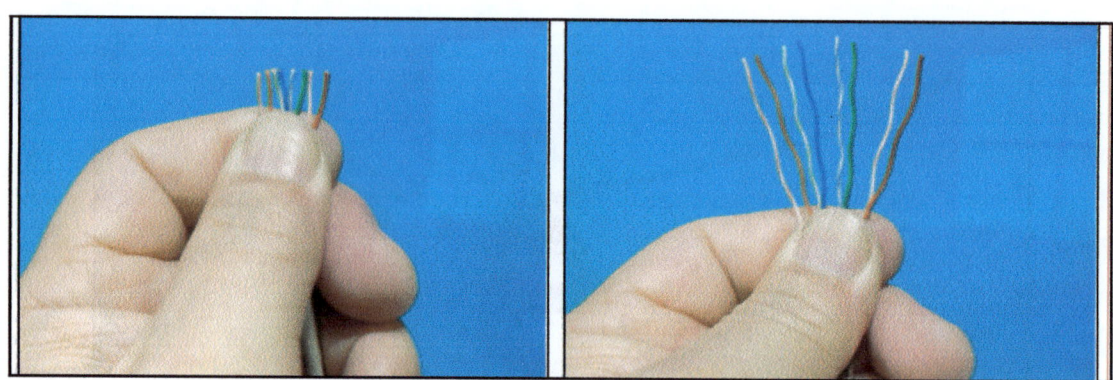

반드시 RJ-45커넥터에 랜선을 끼우기 전에 위의 부트를 끼워야 합니다.
두 가닥씩 꼬여 있는 선을 풀고 꼬인 부분을 잘 펴야 하는데요, 이제부터는 색깔로 구분을 해야 합니다.

좌측부터 흰색선주황, 주황, 흰색선녹색, 파랑, 흰색선파랑, 초록, 갈색선갈색, 갈색,..
이런 식으로 꽂아야 하고요, 이것을 외워 두는 것이 좋습니다.

위에 보이는 정도의 길이로 니퍼로 싹둑 자릅니다.

필자는 이 정도 구부려져도 작업이 가능합니다만, 여러분은 로스플라이어 등으로 꼬인 부분을 가능한 똑바로 펴는 것이 좋습니다.

선을 가지런히 하여 RJ-45커넥터에 그대로 밀어넣으면 저절로 우측과 같이 쏙 들어갑니다.

이 때 자세히 살펴보아서 혹시 선이 바뀌었으면 다시 빼내서 선 색상을 맞추고 다시 밀어 넣습니다.

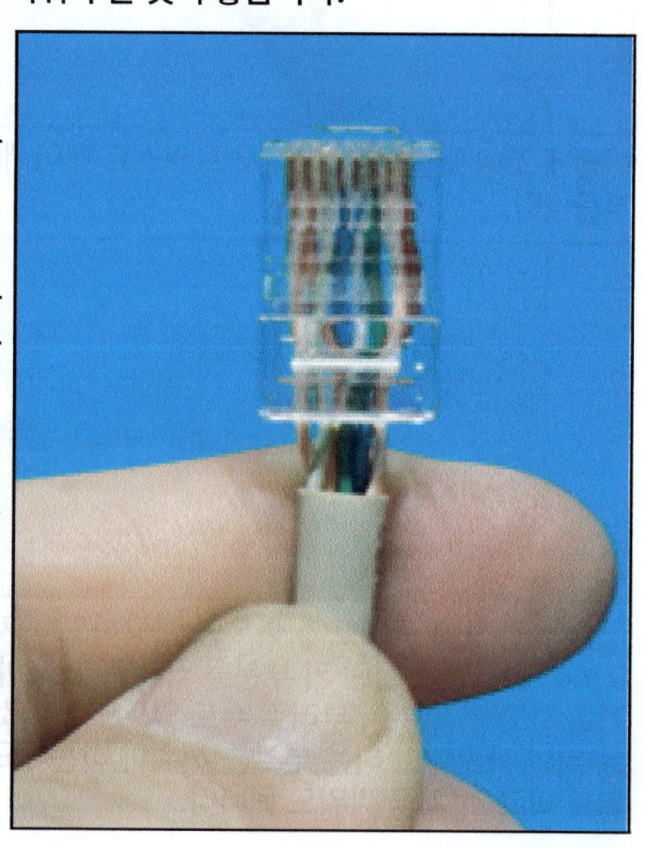

앞쪽과 같이 선이 들어가야 합니다. 앞쪽에 보이는 면은 누르는 부분이 없는 쪽입니다.

우측 같이 랜툴에 끼우는데요, 방향을 맞춰서 끼우면 딱 맞게 되어 있습니다.

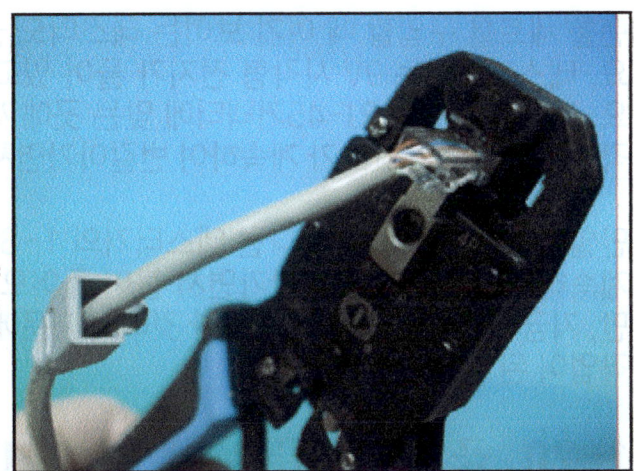

우측과 같이 손으로 꽉 눌러서 물어주면 저절로 RJ-45커넥터 안에 있는 금속 핀이 랜선의 작은 전선 피복을 뚫고 금속 부분의 전선이 연결되면서 단단히 고정됩니다.
이런 식으로 원하는 길이로 랜선을 잘라서 양쪽을 모두 작업을 해야 하며 양쪽에 모두 RJ-45커넥터 작업을 한 다음, 아래와 같이 테스터로 테스트를 해야 합니다.

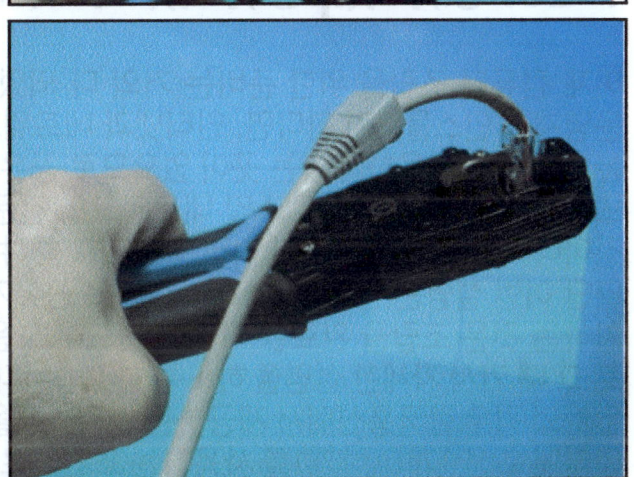

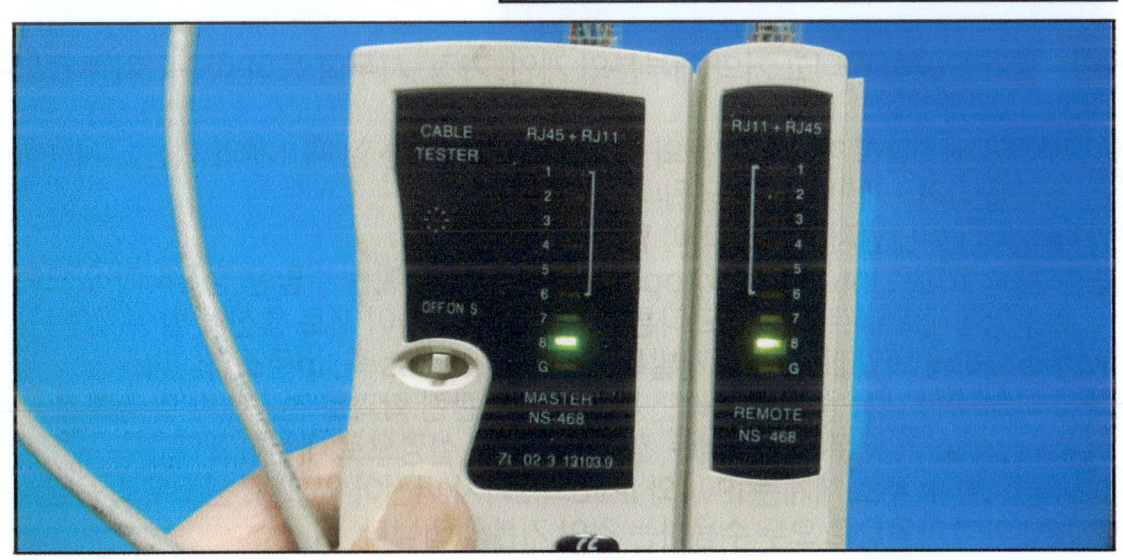

랜툴 세트를 구입할 때 여기 보이는 테스터도 들어 있는 것으로 구입을 해야 하고요, 테스터기에는 9V 사각형 전지가 들어 있고요, 양쪽이 분리 및 조립 가능하고요, 좌측과 우측의 RJ-45커넥터에 맞는 곳에 끼우고 스위치를 ON으로 하면 양쪽 각각 1~8까지의 LED가 계속하여 번갈아가면서 점등됩니다.

만일 기가비트 작업을 했다면 테스터기의 1~8번 밑에 있는 G까지 불이 들어와서 계속하여 1~G까지 번갈아가면서 불이 들어오면 랜선이 제대로 제작된 것입니다만, 지금 UTP케이블로 작업을 한 것이기 때문에 1~8까지만 불이 들어오면 제대로 작업이 된 것입니다.

1-20. 공유기(ip공유기), 허브(Hub), 스위칭허브

이제 컴퓨터 조립을 위한 준비는 거의 다 되었습니다만, 컴퓨터 조립을 완료하고 운영체제 인스톨까지 한다면, 인터넷과 네트워크에 연결을 해야 하며, 요즘은 대부분 공유기를 사용하지 않는 곳이 없으므로 공유기에 연결해야 합니다.
또한 여러분은 이제 컴퓨터 및 네트워크의 전문가의 길로 들어섰으므로 공유기 설정이나 네트워크 구축 또한 여러분 스스로 해야 합니다.
일단 이번 설명은 간단히 하고요, 실제로 공유기 설치 및 허브, 스위칭허브 등을 설치하는 것은 조립을 완료한 이후에 윈도우즈 운영체제를 인스톨을 해야 가능하므로 그 때 가서 자세한 설명을 하도록 하겠습니다.
필자의 경우 한국통신에서 제공하는 인터넷망을 사용하며 한국통신과 계약할 때는 인터넷 회선 1개(ip 1개)를 사용하는 조건으로 계약을 하였습니다.

이는 필자 뿐만이 아니고 거의 대부분의 개인, 가정, 사무실 등이 마찬가지일 것입니다.
여기서 필자와 같이 한국통신 등의 망 사업자와 계약을 할 때 1개의 회선을 사용하는 계약을 하며 1개의 ip가 할당됩니다.
따라서 ip가 무엇인지 먼저 알아야 합니다.
ip란 문자 그대로 internet protopol의 약자로, 세상에는 수많은 컴퓨터가 있으며 서로 운영체제도 다르고 사양도 다른 수많은 컴퓨터들이 서로 통신을 할 수 있는 규약이 필요하게 되었고, 그래서 개발된 것이 ip address 즉, ip주소입니다.
사실 이에 관한 내용을 다 다루려면 대학교에서 관련 학과를 전공해야 할 정도로 너무나도 방대하기 때문에 여기서는 간단히 이렇게 설명으로 대신하고요..
방금 설명한 ip 주소 체계는 IPv4와 IPv6의 2가지 버전이 있으며, 윈도우즈 운영체제에서 이미 자동으로 모두 수용하는 것이 기본 값입니다.

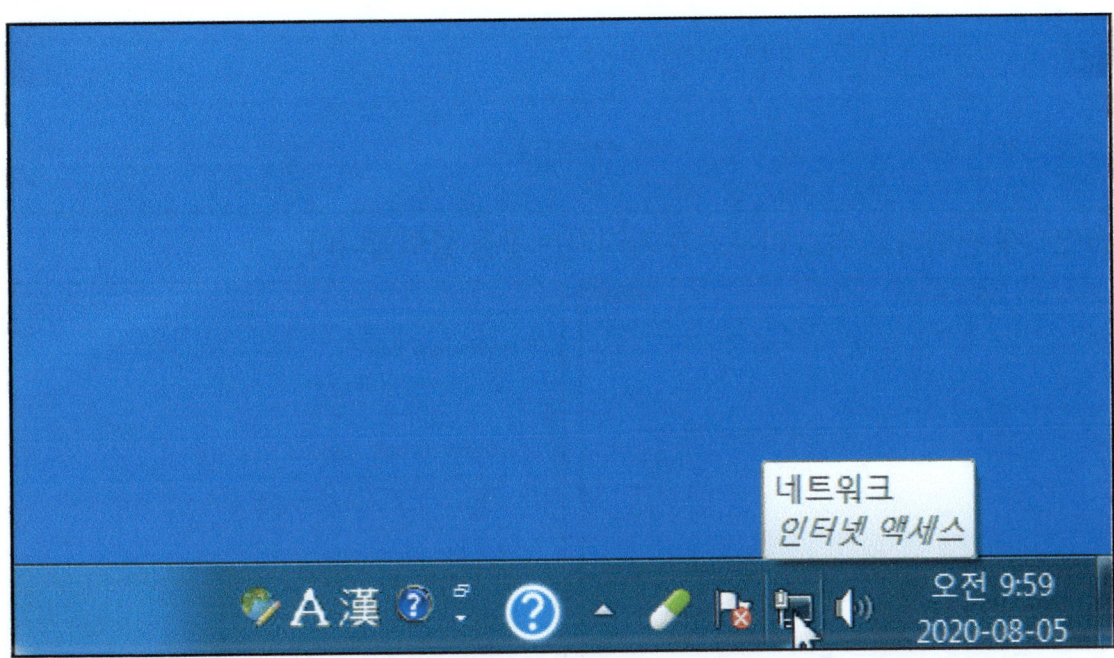

윈도우즈 바탕화면 우측 하단, 위의 화면 마우스가 가리키는 곳(인터넷 연결)을 클릭하고 [네트워크 및 인터넷 설정]을 클릭하면 아래 화면이 나타납니다.

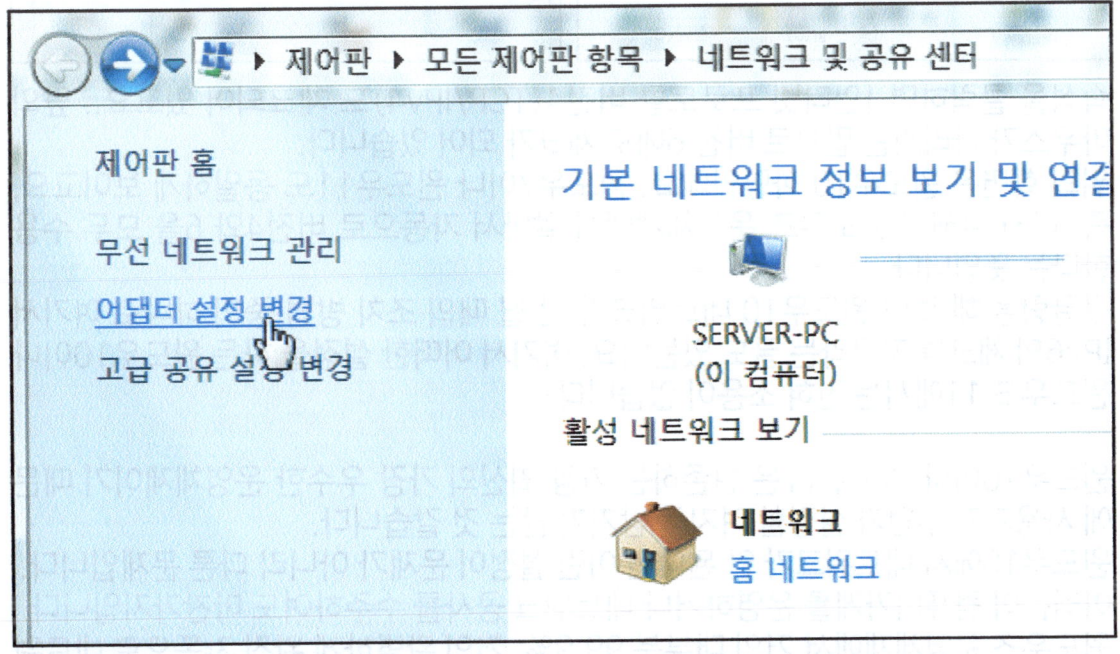

위의 화면에서 마우스가 가리키는 [어뎁터 설정 변경]을 클릭합니다.
어뎁터란 랜카드를 말하는 것입니다.

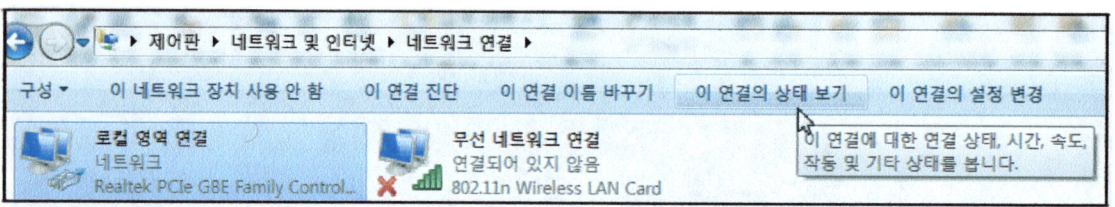

어댑터를 선택하고 위의 마우스가 가리키는 곳을 클릭합니다.

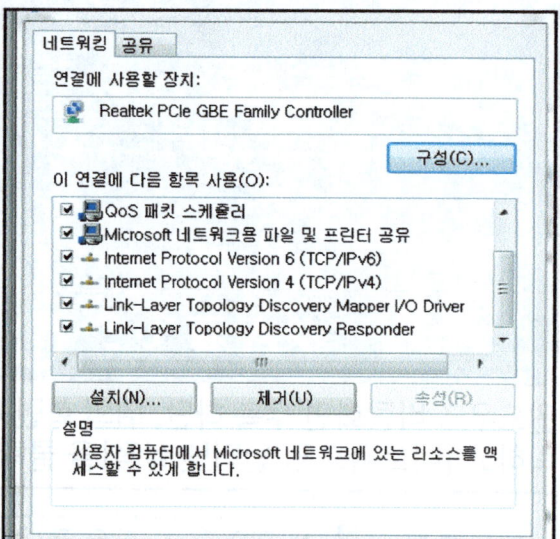

속성을 클릭하면 [인터넷 프로토콜 버전4(TCP/IPv4)도 체크되어 있고요.. 앞의 마우스가 가리키는 밑으로 버전 6에도 체크가 되어 있습니다.
위의 화면은 윈도우10 화면인데요, 윈도우7이나 윈도우11도 동일하게 보이고요, 즉, 다시 말해서 윈도우즈 운영체제에서 알아서 자동으로 버전4와 6을 모두 수용한다는 뜻입니다.
구글링을 해 보면 윈도우10 네트워크가 안 될 때의 조치 방법 중의 하나로 여기서 IPv6의 체크를 지우라는 글도 있는데요, 여기서 어떠한 설정을 하든 윈도우10이나 윈도우즈 11에서는 전혀 소용이 없습니다.

윈도우10이나 윈도우11은 현존하는 가장 최신의 가장 우수한 운영체제이기 때문에 사용자가 무언가 설정할 여지를 남지기 않는 것 같습니다.
윈도우10에서 네트워크가 안 된다면 이런 설정이 문제가 아니라 다른 문제입니다.
여러분이 컴퓨터가게를 운영하거나 네트워크 공사를 수주하여도 마찬가지입니다.
윈도우즈 운영체제에서 거의 대부분 99.9%, 거의 완벽하게 완전 자동으로 네트워킹이 되기 때문입니다.
따라서 네트워크가 안 되는 것을 위에 보이는 여러 가지 설정을 수정해서 고치는 것은 그야말로 아무런 쓸모가 없는 헛일입니다.
만일 네트워크가 안 되면 시스템을 점검하여 어딘가 이상이 있어서 안 되는 것이므로 네트워크를 고치려고 하는 것 보다는 시스템의 이상을 먼저 점검하는 것이 우선이며, 시스템이 이상이 없다면 네트워크를 초기화시키면 대부분 간단히 해결됩니다.

물론 결코, 절대로 간단하지는 않습니다.
특히 윈도우10이나 Win 11 운영체제는 현존하는 가장 강력한 보안이 강화된 운영체제이기 때문에 아직 서툰 사람은 네트워크 때문에 무척 고생을 합니다만, 알고 나면 정말 쉽고 윈도우10이나 Win 11이야말로 완전자동으로 네트워킹이 가능한 운영체제라는 것을 알게 됩니다.
이에 관한 자세한 내용 역시 이 책의 앞 부분에 있는 '필자의 네이버 블로그에 오시는 방법' 참조하여 필자의 블로그에 오셔서 관련 포스트를 읽어보시기 바랍니다.

또한 이 책에서 조립을 완료하고 윈도우즈 운영체제를 인스톨 한 다음, 공유기 설정, 허브, 스위칭허브 설정, 네트워크 설정 등에 대한 자세한 내용을 다루도록 하겠습니다.

1-21. CD-ROM, DVD-ROM, CD-RW, DVD-RW

지금은 usb와 외장 하드가 발달하여 CD-ROM, DVD-ROM, DVD-RAM, CD-RW, DVD-RW등은 거의 사용하지 않습니다만, 아직도 이런 기기를 사용하는 곳도 있으며 특별히 일부러 이런 기기를 사용할 수도 있기 때문에 간단히 설명을 하고 넘어가겠습니다.

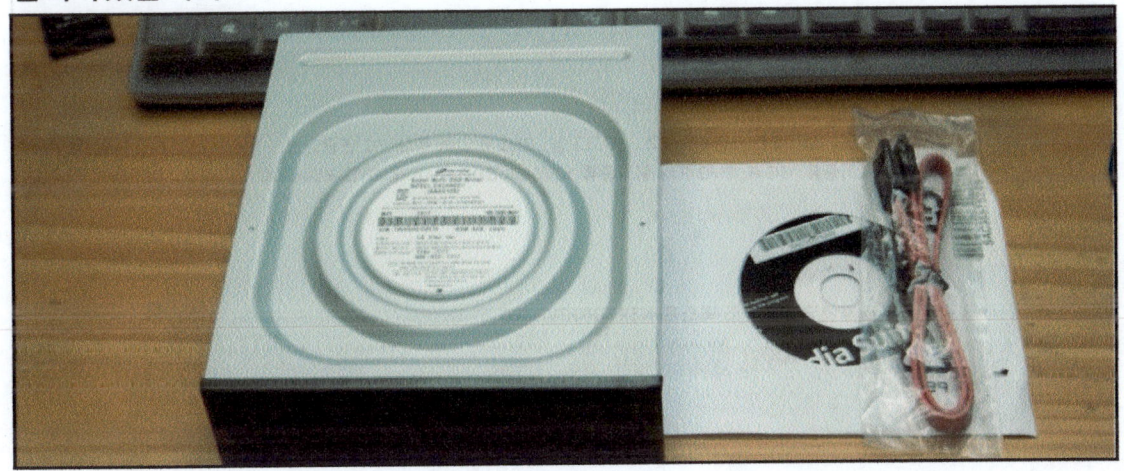

여기 보이는 화면은 필자의 블로그에서 인용한 것이고요, 필자의 블로그에는 CD-ROM, DVD-ROM, DVD-RAM, CD-RW, DVD-RW등에 관한 포스트가 여러 개 있으므로 관심 있는 분들은 이 책의 앞 부분에 있는 '네이버에 있는 필자의 블로그에 오시는 방법' 참조하여 필자의 블로그에 오셔서 읽어보시고요..

아직도 구형 컴퓨터에 CD-ROM, DVD-ROM, DVD-RAM, CD-RW, DVD-RW등이 달려 있다면 PATA방식, 즉, IDE나 EIDE 방식의 넓은 데이터 케이블을 사용하는 기기가 있을 수도 있고요, 그렇지 않으면 CD-ROM, DVD-ROM, DVD-RAM, CD-RW, DVD-RW등도 위와 같이 대부분 SATA방식이고요..

CD-ROM, DVD-ROM, DVD-RAM, CD-RW, DVD-RW등의 모습은 위의 사진과 똑같이 생겼습니다.

위는 네이버에서 검색한 결과이고요..
PATA방식이라면 점퍼가 있어서 점퍼를 슬레이브로 지정을 해야 하며, SATA방식은 포트에 상관없이 어디에 꽂아도 되고요..

CD-ROM은 640Mb 용량이기 때문에 오늘날에는 거의 사용할 곳이 없어서 각종 번들시디 정도나 사용되는 것이 고작이고요..

CD-RW는 읽기만 할 수 있는 시디롬과 달리 CD-RW 미디어를 사용하여 CD-RW에 기록할 수 있는 기기이지만, 지금은 거의 자취를 감추었고요..

DVD-ROM은 역시 읽을 수만 있는 기기이며 시디롬과 달리 4.7Gb 용량이므로 지금도 사용 가능하기는 하지만, 요즘은 usb도 4G, 8Gb, 16Gb, 32Gb.. 등이 주류를 이루기 때문에 DVD-ROM이나 DVD-RW역시 거의 자취를 감추었습니다.

그래서 혹시 이런 기기를 사용해보고 싶다면 새것도 아주 싼 가격으로 구입할 수 있습니다.

지금은 거의 사용하는 사람이 없기 때문에 재고떨이, 땡처리 수준이기 때문입니다. usb도 용량이 크지만, 외장하드는 보통 2Tb 혹은 이보다 훨씬 큰 용량을 사용하는 사람도 많은데 이런 구닥다리 CD-ROM, DVD-ROM, DVD-RAM, CD-RW, DVD-RW등을 사용하는 사람은 거의 없습니다.

그러나 필자는 옛날에 CD 혹은 DVD로 백업을 해 둔 자료가 아주 많은데요, 아마도 1,000개는 아니더라도 최소한 수 백개의 미디어가 있고요, 옛날에는 HDD 기술이 부족하여 저절로 못 쓰게 되는 경우가 많았기 때문에 필자의 일생의 모든 자료를 일찍이 백업을 해 두었지만, 실제로는 남아 있는 것이 별로 없습니다.

그러나 필자가 이렇게 CD, DVD로 백업을 해 둔 수 백개의 미디어는 영구적으로 저장되는 매체이므로 지금도 옛날 자료를 찾다가 없을 때는 옛날에 백업을 해 둔 CD, DVD를 검색하여 복사를 해서 쓰곤 합니다.

따라서 지금도 전혀 쓸모가 없는 것은 아니라는 것을 아시기 바랍니다.

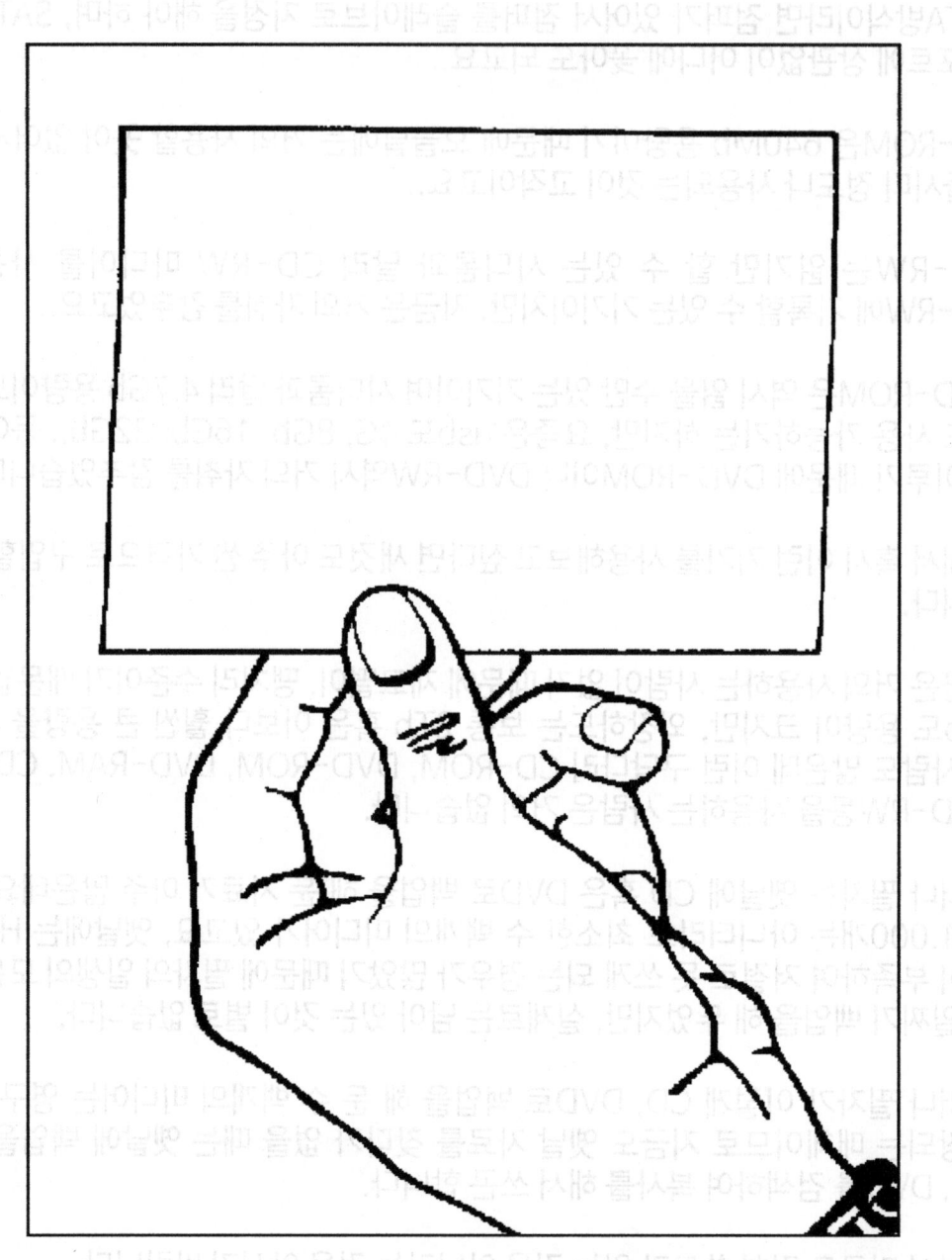

제 2 장
조립 및 업그레이드

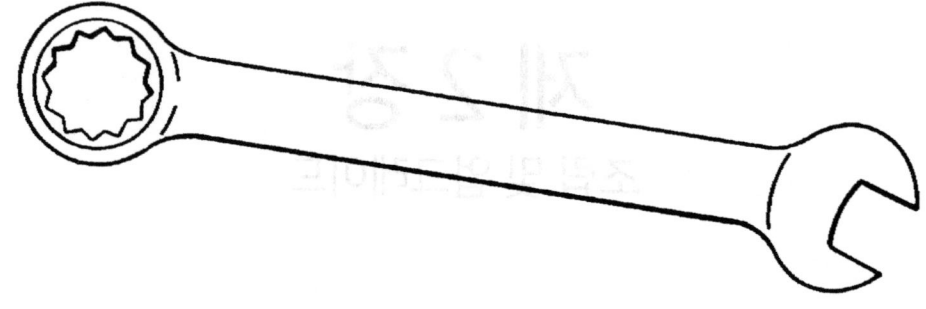

2-1. 준비 작업

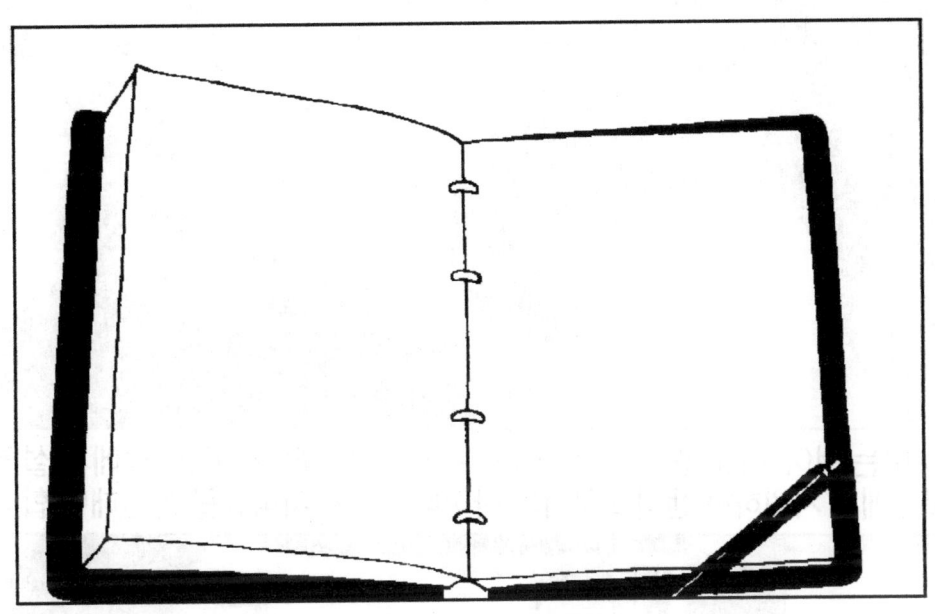

이제 메인보드, 시피유, 램, 하드디스크, 랜 및 사운드 등등을 모두 알아보았으므로 지금까지 설명한 부품을 모두 구입하였으면 본격적으로 조립을 시작하는데요, 본격적인 조립에 앞서 먼저 메인보드에 시피유와 메모리를 끼우고 파워를 연결하여 모니터에 화면이 뜨는지 확인을 하고 조립을 해야 시행착오를 겪지 않는다고 앞에서 설명을 하였습니다.

다음은 책상 위에 두꺼운 나무 판자를 올려놓고 그 위에 메인보드를 올려놓은 모습인데요, 이렇게 전기가 통하지 않는 두꺼운 널빤지 등을 놓고 그 위에 메인보드를 올려놓고 작업을 해야 메인보드 밑에 있는 수 많은 납땜 회로가 쇼트가 일어나서 메인보드가 망가지는 것을 방지할 수 있습니다.

이렇게 절연판 위에 메인보드를 올려놓고 다음 화면의 손가락이 가리키는 시피유 고정 레버 역할을 하는 강철 철사를 누르면서 잡아당겨서 화면에 보이는 방향에서서 우측으로 제껴줍니다.
이제부터는 어떠한 작업을 하든지 우격다짐으로 하면 안 되고요, 무엇이든지 먼저 살펴보고, 확인하지 않으면 실행하면 안 되고요, 확실하다는 판단이 섰을 때 살살 달래면서 작업을 해야 합니다.

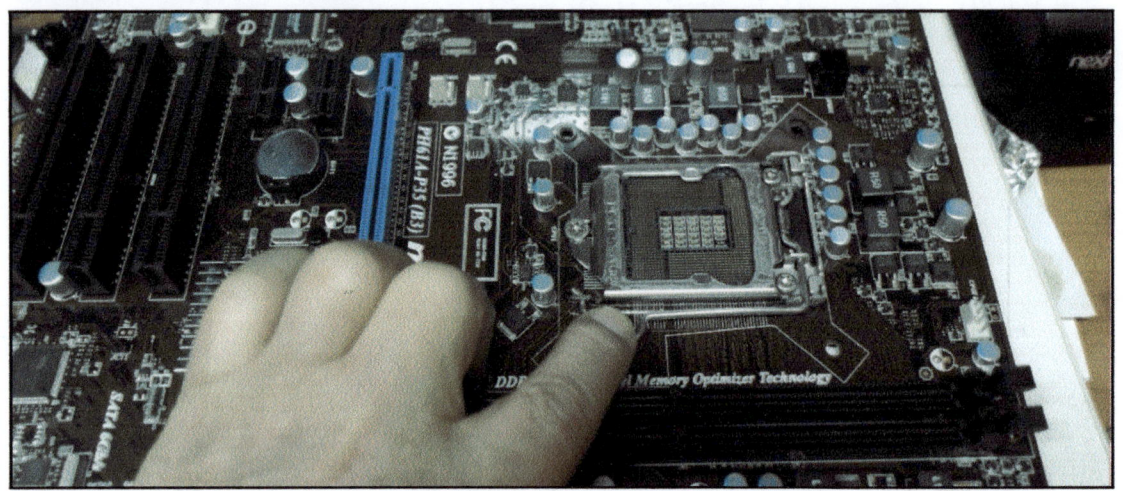

위에 보이는 것이 1155핀 소켓입니다. 여기에 1155핀 시피유, 앞에서 설명한, 이 메인보드에서 지원하는 샌디브릿지와 아이비브릿지 시피유를 삽입해야 합니다.

앞에서 설명했던, 이 책에서 실습에 사용하기 위하여 필자도 메인보드와 시피유, 메모리 등을 대부분 네이버 중고나라에서 중고로 구입한 부품들 중에서 위에 보이는 것은 아이브릿지 시피유 중에서 최대 지원 시피유인 i7-3세대 E3-1270 서버용 시피유이며 다른 이유가 있는 것은 아니고요, 가격이 저렴하기 때문입니다.

필자는 앞에서 자세하게 설명한 바와 같이 게임을 하기 위한 컴퓨터가 아니고요, 이 책을 집필하면서 실습용으로 조립을 하지만, 조립 후에는 필자가 사용할 컴퓨터이고요, 이렇게 가격이 저렴한 1155 메인보드를 사용하더라도 최대 아이브릿지를 지원하므로 인텔 i7-3세대 시피유를 끼울 수 있고요, 인텔 정품 i7-3세대 시피유는 아직도 가격이 비싸므로 상대적으로 가격이 저렴한 E3-1270 시피유를 구입한 것입니다.
여기서 사용하는 메인보드는 아이브비릿지 까지 지원을 하므로 앞으로 시피유 가격이 더 하락하게 되면 다음 시피유 중에서 골라서 업그레이드를 하면 됩니다.
아이비브릿지는 인텔 I시리즈 3세대 시피유이며, 3세대는 인텔 i3, i5, i7 모두 있으며 i3-3, 5세대는 높은 세대가 아니면 소용이 없고 높은 세대는 지원되지 않으므로 제외하고요, i7-3세대 시피유에서 찾아보아야 하는데요, 3세대 시피유는 몇 가지 종류가 있으므로 자신의 주머니 사정을 고려하여 구입하면 됩니다.

앞의 화면에 보이는 시피유 사진은 필자의 블로그에서 인용한 것이고요, 더 자세한 것은 필자의 블로그에 오셔서 해당 포스트를 읽어보시기 바랍니다.
중요한 것은 현재 실습에 사용하는 1155보드는 최대 인텔 i7-3770 시피유를 지원하지만, 인텔 정품 시피유는 아직도 가격이 상당히 비싸기 때문에 상대적으로 가격이 저렴한 서버용 시피유인 E3-1270 시피유를 사용한 것이고요, 사실 체감적으로는 별 차이가 없습니다.

2-2. 메인보드에 시피유(CPU) 끼우는 법

지금은 인텔 E3-1270시피유를 다음과 같이 삽입하는데요..
앞에서 본 시피유 확대 사진을 보면 손으로 잡은 위쪽에 양쪽으로 홈이 나 있습니다.
이 홈을 다음과 같이 메인보드 소켓의 돌출부에 일치시켜서 끼워야 합니다.

시피유가 들어가는 방향을 잘 보고 이렇게 삽입한 다음, 레버를 내리면 시피유 커버가 씌워지고요..

시피유를 제대로 삽입을 했으면 위와 같이 우선 시피유를 눌러주는 뚜껑 역할을 하는 강철판을 먼저 내려서 앞부분의 U자형 홈을 나사에 먼저 끼우고 다음과 같이 락이 되는 구부러진 철사를 꾹 눌러서 딸깍하고 락을 걸어줘야 합니다.

위와 같이 락을 걸어야 시피유 장착이 완료되는데요, 앞에서도 설명했습니다만, 이런 식으로 제대로만 장착을 하면, 컴퓨터 부품은 100년이 가도 끄떡 없습니다. 컴퓨터 조립은 누구나 할 수 있지만, 우격다짐으로 하지 않고 이렇게 정교하고 완벽하게 조립을 해야 합니다.

2-3. 메모리(RAM) 끼우는 법

이제 램을 끼워야 하는데요, 이 책에서 실습으로 조립하는 컴퓨터는 DDR-3 램 4Gb * 2개 = 총 8Gb의 램을 장착한다고 했고요, 여기 보이는 것이 삼성 4Gb RAM입니다.

먼저 램 슬롯의 양쪽 레버를 양쪽으로 완전히 제끼고 위는 한 손만 보이지만, 양손으로 양쪽에서 잡고 꾹 눌러서 끼우면 양쪽에 있는 플라스틱 레버가 램을 꽉 물게 됩니다.

제대로 끼우면 이런 식으로 양쪽으로 완전히 발려 놓았던 램 슬롯의 양쪽에 있는 락 부분이 딸깍하고 올라오면서 램을 움직이지 못하게 꽉 무는 형태가 됩니다.

시피유는 앞에서 끼운 것과 같이 한 번 끼우면 끝입니다.
사용자는 더 이상 만질 것이 없습니다.

만진다는 것은 시피유를 다시 뺐다가 끼우는 것 밖에는 없고요, 다만, 잠시 후에 설명하게 될 쿨러를 장착하지 않았거나 잘 못 장착하여 시피유 열을 제대로 식혀주지 못하여 다운되는 것 외에는 고장 날 일이 없습니다.

그러나 램은 한 마디로 악의 축입니다.

이 정도로 컴퓨터 고장의 대부분은 램의 접촉 불량에서 비롯됩니다.

우선 램이 없거나 램의 접촉 불량이면 당장에 부팅부터 안 됩니다.
부저가 계속하여 삑, 삑, 삑, 삑, 램의 에러 경고음만 들리면서 부팅이 안 됩니다.

이 때에는 램을 빼서 램 슬롯 안에 먼지 등이 들어가서 접속 불량이 있지는 않은지 살펴본 다음, 램의 금속 슬롯 부분을 지우개 등으로 문질러서 혹시 때가 끼어 접속 불량이 있을 수도 있는 부분을 청소를 하고 다시 앞에서 설명한 방법대로 램 슬롯의 양쪽 날개를 양쪽으로 완전히 제낀 다음, 램을 올바른 방향으로 양손으로 잡고 양손으로 약간 강하지만, 무지막지하지 않은 부드럽고 강한 힘으로 눌러서 딸깍하고 끼워줍니다.

앞에서 두꺼운 나무판 위에서는 꾹 눌렀지만, 일단 케이스에 메인보드를 조립한 후에는 나무판 위에 메인보드를 올려놓고 누를 때와 같이 무자비하게 눌렀다가는 당장에 메인보드와 램 모두 못쓰게 될 수도 있으므로 절대로 무지막지하게 힘을 써서는 절대로 안 됩니다.

다음은 램을 2개 모두 제대로 끼운 모습입니다.

이렇게 멋진 모습이 되도록 끼워야 합니다.

앞에서 램에서 접촉 불량 등 에러가 가장 많이 난다고 했는데요, 이렇게 제대로만 정확하게 장착하면 반영구적으로 이상이 없습니다.

다음은 위와 같이 시피유 위에 쿨러를 제대로 끼우지는 말고 살짝 얹어만 놓는데요, 테스트로 잠깐 화면이 뜨는지 확인만 하는 것이라도 쿨러를 장착하고 테스트를 해야 합니다.

쿨러는 정식으로 끼우는 것과 같이 올려놓으면 쿨러의 가장자리 사방으로 4개의 핀이 메인보드의 시피유 주변 4개의 홈에 딱 들어맞습니다.
그리고 메인보드에 끼우는 시피유 쿨러 팬의 전원을 끼우는 전원 잭의 방향도 고려해야 합니다.

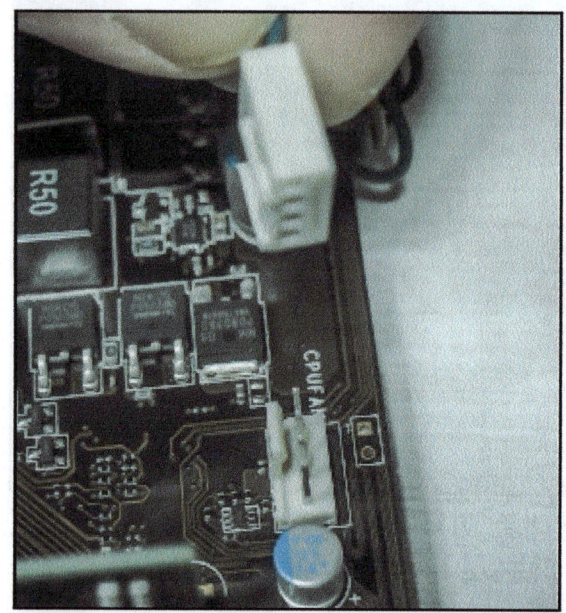

쿨링 팬의 전원 핀은 방향을 잘 보고 꽂아야 합니다. 거꾸로는 들어가지 않지만, 이것도 강제로 거꾸로 끼워서 전원 핀만 부러지는 것이 아니라 메인보드를 망가뜨리는 사람도 있다는 것을 아시고요, 여러분은 절대로 그러하지 않으시기 바랍니다.

시피유 쿨러를 아직 완전히 장착한 것은 아니고요, 잠시 후에 테스트만 하고 다시 제거를 한 다음, 케이스에 조립할 때 고정할 것입니다.

지금 하는 작업은 단지 모니터에 화면이 나오는지 확인만 하는 용도입니다. 따라서 모니터 케이블을 끼워야 하는데요, 여기서 주의할 점은 필자의 경우 현재 사용 중인 컴퓨터가 켜져 있는 상태에서 이 컴퓨터에 연결된 모니터를 잠시 사용하는 것이고요, 이 때 컴퓨터는 켜져 있더라도 모니터의 전원을 먼저 끄고 모니터 케이블을 분리를 하고 위에 보이는 것과 같이 테스트용 메인보드의 모니터 단자에 모니터를 연결하고 이후 테스트시 모니터의 전원을 켜야 합니다.

2-4. 메인보드에 전원 연결하는 방법

이제 파워를 연결해야 하는데요, 앞에서 소개한 파워서플라이의 메인보드 연결 커넥터 모습입니다.
여기 보이는 방향으로 삽입을 해야 하고요, 나중에 뺄 때는 락이 되는 키 부분을 꾹 누르고 잡아 빼야 하는데요, 한 번 들어가면 좀처럼 빠지지 않습니다.
따라서 나중에 잡아 뺄 때 역시 우격다짐으로 하다가는 당장에 메인보드를 망가뜨리게 되므로 살살 달래면서 조금씩 움직여서 빼 내야 합니다. 명심, 또 명심해야 합니다.

위의 사진은 파워 커넥터를 제대로 연결한 모습입니다.

우측에 보이는 파워 커넥터뿐만이 아니라 컴퓨터에 연결하는 모든 커넥터는 거꾸로는 들어가지 않게 만들어져 있습니다.

메인보드에는 파워커넥터만 끼워서 되는 것이 아닙니다.

코어2 듀오 이전의 시스템은 대개 파워커넥터만 끼우면 되었습니다만, 지금은 모든 보드에 위와 같은 메인보드 보조 전원 커넥터에 파워서플라이의 해당 전원 커텍터를 끼워야 합니다.
앞에서 설명한 바와 같이 컴퓨터의 모든 커넥터는 거꾸로는 들어가지 않으며 맞지 않는 커넥터는 들어가지 않으며 맞는 커넥터만 들어간다고 했습니다.

현재 조립에 사용하는 메인보드에는 그래픽이 내장되어 있어서 앞에서 메인보드에 내장된 그래픽 포트에 모니터의 DVI 단자를 연결했는데요, 만일 내장형 그래픽 카드를 따로 구입하여 장착할 경우 요즘 나오는 대부분의 그래픽 카드들은 위의 메인보드 보조 전원과 같이 그래픽 카드에도 보조 전원이 들어가는 모델이 대부분입니다.

이 때 그래픽 카드에 들어가는 보조 전원과 위의 메인보드에 들어가는 보조 전원은 비슷하지만, 틀립니다. 헷갈리면 안 되고요, 맞지 않으면 들어가지 않으므로 사실 헷갈릴 것도 없습니다.

이제 파워서플라이에 전원을 넣을 차례입니다.
즉, 메인보드에는 최소한 시피유와 램이 장착된 상태에서(물론 모니터도 연결된 상태에서) 전원을 넣어야 화면이 뜹니다.
이제 파워를 연결했으므로 전원 콘센트에 꽂고 파워서플라이 전원을 켠 다음, 다음 사진에 보이는 것과 같이 파워를 쇼트시켜서 부팅을 합니다.

앞에서 메인보드 설명을 할 때 파워 핀이 어떤 핀이라는 설명을 했고요, 헷갈리시는 분은 목차를 뒤져서 메인보드 편을 찾아서 파워 핀을 확인하시고요..

2-5. 파워핀 쇼트시켜서 부팅하는 방법

화살표가 가리키는 2개의 핀이 전원 핀이고요 케이스에 조립할 때는 케이스 전면 전원 스위치를 누르면 컴퓨터가 켜지도록 Power 핀 2개를 여기에 꽂으면 되고요,

지금은 앞의 사진에 보이는 것과 같이 드라이버로 쇼트만 시키면 바로 부팅이 됩니다.

제대로 조립을 했다면 모니터에 화면이 나오기 전에 먼저 시피유 팬이 가장 먼저 회전을 시작합니다.

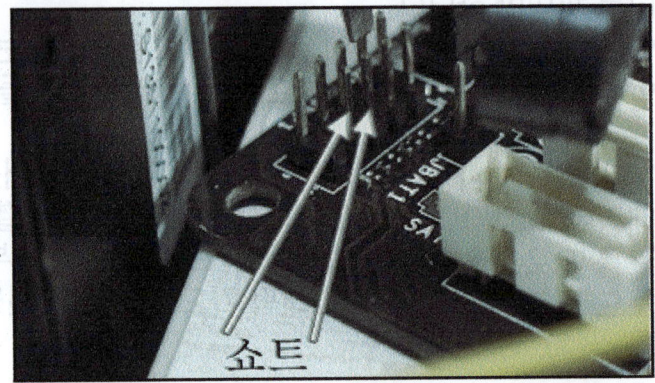

모니터에 화면이 떴습니다.

에구 필자가 촬영하는 모습까지 찍혔네요..

이제 메인보드와 시피유, 메모리, 파워서플라이는 이상이 없다는 것이 확인되었습니다.

2-6. 케이스 준비

중고 부품을 사용하더라도 새 케이스를 사용하고 싶으면 새 케이스를 구입하면 됩니다만, 빈 케이스라도 새것은 가격이 부담스럽다면 주저없이 동네 컴퓨터가게에 가서 중고 케이스를 달라고 하면 파워서플라이 포함된 것이라도 아마 1만원~2만원 정도면 상태 좋은 것으로 구입할 수 있을 것입니다.

아래는 필자가 예전에 사용하다 버리지 않고 그냥 한쪽 구석에 놓아 두었던 컴퓨터인데요, 인텔 E8400 시스템입니다.

당시는 이 정도 시스템으로도 충분히 사용했지만, 지금은 이런 구형 시스템을 사용하는 사람은 거의 없으므로 여기서는 이 컴퓨터의 메인보드를 탈거를 하고 업그레이드를 해 보겠습니다.

컴퓨터를 업그레이드를 하는 것은 시피유만 업그레이드 혹은 메모리만 업그레이드를 하는 경우도 있지만, 이런 경우에는 새로 조립하는 것과 거의 동일한 업그레이드입니다.

왜냐하면 이 컴퓨터는 메인보드 타입도 틀리고 시피유 타입도 틀리고 메모리 타입도 틀리기 때문에 업그레이드라는 것이 빈 케이스만 재활용하는 것일 뿐 모든 부품을 교체하는 것이기 때문입니다.

2-7. 시스템 업그레이드

컴퓨터 조립과 업그레이드는 거의 같은 과정이라고 볼 수 있습니다.

일단 구형 컴퓨터에서 우선 메인보드를 탈거를 해야 합니다.

우측 사진 참조하여 컴퓨터 케이스의 뚜껑 부분을 열어야 하는데요, 케이스마다 약간씩 틀리므로 잘 살펴보고 우측과 같이 뚜껑을 벗깁니다.

컴퓨터 케이스의 뚜껑을 여는 방법은 천차만별이기 때문에 케이스를 잘 보고 작업을 해야 하며 여러분은 이제 컴퓨터 하드웨어 및 네트워크의 전문가의 길로 들어섰기 때문에 이 정도는 누가 알려주지 않아도 스스로 알아서 해결해야 합니다만..
이런 단순하고 간단한 컴퓨터 케이스의 뚜껑을 열거나 특히 컴퓨터 앞 부분 플라스틱 케이스 부분을 벗기는 일은 결코 간단하지가 않습니다.
대개 겉에서는 아무 표시가 나지 않게 만들기 위하여 컴퓨터 속으로 플라스틱 지지대 혹은 락 부분이 들어가 있기 때문에 면밀히 살펴보고 탈거를 해야 합니다.

가장 먼저 해야 할 일은 메인보드에 연결되어 있는 각종 케이블을 빼야 합니다.
우측은 컴퓨터에서 소리가 나게 하는 사운드 커넥터이고요, 케이스 속에 들어 있는 메인보드를 제거하고 새로 집어넣는 메인보드의 해당 커넥터에 끼워야 합니다.

이것은 USB 커넥터인데요, 앞에서 보았던 메인보드의 뒷 부분 백패널을 끼우는 부분에 USB 포트가 4개 있었고요, 여기 보이는 것은 컴퓨터 케이스의 앞 부분에 있는 USB 단자를 사용할 수 있게 해 주는 커넥터이고요, 새로 집어넣는 메인보드의 USB 표시된 부분에 끼워야 합니다.

핀이 들어가는 부분은 메인보드에 있는 핀의 수와 동일하고요, 컴퓨터의 모든 커넥터는 거꾸로는 들어가지 않기 때문에 금방 알 수 있습니다.

리셋 스위치는 단순히 쇼트를 시켜서 컴퓨터를 재부팅하는 기능을 하는 것이기 때문에 +, - 구분이 없습니다만, 위에 보이는 HDD LED는 직류 전원을 사용하는 LED에 불이 들어와야 하므로 +, - 구분이 있습니다.
우측 사진에 보이는 것과 같이 +, - 구분이 있는 커넥터는 선의 색상이 틀립니다.
대부분의 디지털 기기에서 빨간색은 +를 나타냅니다만, +, - 구분할 것 없이 일단 살짝 끼워보고 컴퓨터 케이스 전면 HDD LED에 불이 들어오지 않으면 돌려서 끼우면 됩니다.

이 뿐만이 아닙니다.
앞으로 컴퓨터 하드웨어 및 네트워크의 전문가가 되어 컴퓨터 가게를 운영하거나 PC119 등을 하게 될 경우 수많은 난관에 부딪치게 됩니다만, 어떠한 경우에도 컴퓨터는 콕 집어서 쪽집게처럼 고장을 단숨에 알아내고 단숨에 고칠 수 있는 경우가 거의 없습니다.

예를 들어 앞에서 실습했던 것과 같이 컴퓨터의 화면이 뜨지 않을 경우 우선 시피유, 메모리, 그래픽카드 등을 차례로 점검하여.. 점검한다는 것이 고작 접촉 불량이 있는지 확인하는 정도, 그리고 새로운 메모리, 새로운 그래픽카드를 끼워보는 것이 전부입니다.

물론 경륜이 쌓여서 경험이 많아지면 간단한 증상 정도는 척하면 알아볼 수 있습니다만, 기본적으로 눈썰미가 있는 사람이라야 한다는 뜻입니다.

앞에서 보았던 HDD LED와 달리 여기 보이는 것은 파워 LED입니다.

즉, HDD의 작동 여부와는 상관없이 컴퓨터의 전원을 켜면, 컴퓨터에 전원이 들어와 있음을 알리는 용도로 컴퓨터 전면 패널에 작은 빨간 불이 들어오는 용도입니다.
직류 전원을 사용하는 LED 전원이기 때문에 +, - 구분이 있고요, 여기 보이는 것은 아예 +, - 커넥터가 한 가닥씩 따로 따로 만들어져 있고요, 이것 역시 일단 메인보드의 PW 핀에 꽂아서 메인보드 전면 파워 LED에 불이 들어오지 않으면 다시 빼서 서로 바꾸어 끼워주면 간단히 해결됩니다.

문제는 메인보드를 케이스에 조립하고 나면 이런 작은 커넥터를 끼우기가 몹시 어렵습니다.
최악의 경우 손이 들어가지 않으면 로스플라이어 혹은 롱로즈플라이어를 이용하여 플래시를 비추어 가면서 간신히 끼워야 할 경우도 있습니다.

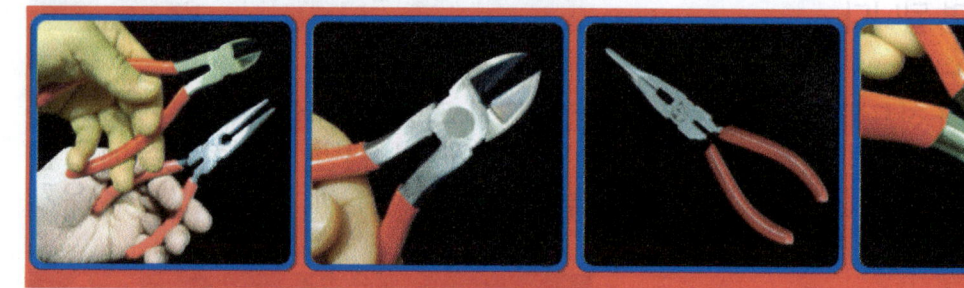

여기 보이는 것은 필자가 판매하던 로즈플라이어와 니퍼인데요, 컴퓨터 조립 및 업그레이드 등을 하기 위해서는 반드시 필요한 공구이고요, 예전에는 필자가 판매하던 제품들입니다만, 지금은 판매하지 않고 있고요, 혹시 다시 판매할 수도 있으므로 인터넷창, 웹브라우저 주소표시줄에 '가나출판사.kr' 혹은 '가나출판사.com' 입력하고 엔터를 쳐서 필자의 홈에 오셔서 확인해 보시기 바랍니다.

다음에 보이는 것은 파워 스위치인데요, 파워는 단지 2 선을 쇼트만 시켜주면 되는 것이기 때문에 +, - 표시가 없습니다.

즉 거꾸로 끼우든, 바로 끼우든 상관이 없습니다.
만일 케이스의 누름 버튼이 고장이 나서 케이스 외부에서 전원을 눌러도 컴퓨터가 켜지지 않는다면 아래 파워 선을 컴퓨터 바깥으로 빼 내서 두 선을 눌러만 주면 부팅이 됩니다.
그냥 선을 눌러도 되고요, 작은 스위치에 납땜을 해서 사용하면 됩니다.

그러나 여기는 그냥 사진으로 크게 보이지만, 실제 컴퓨터 내부에 메인보드를 장착하고 여기 보이는 파워를 끼울 때는 매우 애를 먹게 됩니다.

특히 필자는 손가락이 상당히 굵은데요, 필자와 같이 손가락이 굵은 사람은 메인보드를 케이스에 조립한 상태에서는 거의 손으로 끼우는 것은 불가능합니다.

이 때는 로스플라이어 혹은 롱로즈 플라이어 등으로 커넥터를 끼워야 합니다.

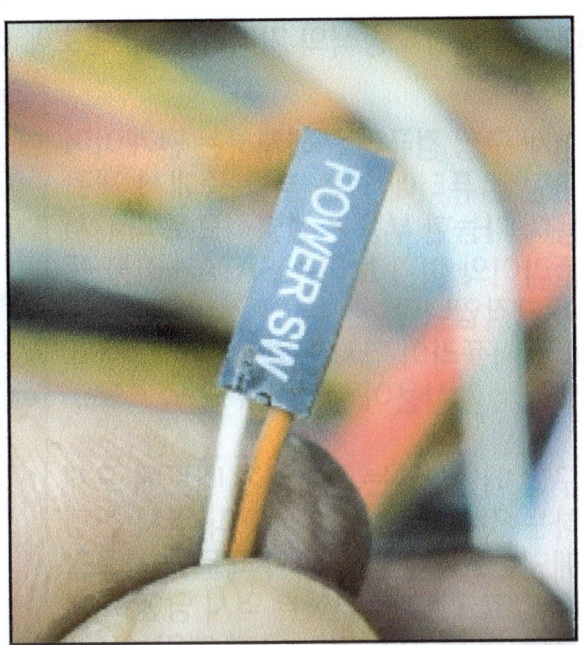

2-8. SATA케이블

SATA 케이블도 SATA 버전에 따라 약간씩 틀릴 수도 있고요, 또 메이커에 따라 약간씩 틀릴 수도 있지만, 어떠한 케이블을 사용해도 상관이 없고요, 이론상 속도 차이가 나지만, 실제로 체감 속도는 거의 느낄 수 없습니다.

또한 옛날의 구형 IDE, EIDE 방식은 반드시 점퍼를 조절해야 했습니다만, SATA 방식의 기기들은 점퍼를 조절할 필요가 없습니다.

또한 메인보드에는 SATA1, SATA2, SATA3, SATA4, SATA5, SATA6.. 이런 식으로 내장되어 있으며 이론상 부팅되는 HDD, 혹은 SSD 등을 SATA1 포트에 꽂는 것이 원칙이지만, 실제로는 어떠한 포트에 꽂든지 처음 부팅을 하면 부팅할 때 사용한 드라이브로 계속 부팅이 됩니다.

따라서 SATA 방식의 기기는 포트 번호에 상관없이 어떤 포트에 꽂아도 상관이 없습니다.

현재 구형 컴퓨터를 해체하는 단계이며 구형 컴퓨터에 있는 부품 중에서 재활용이 가능한 부품은 선별적으로 파워서플라이와 여기 보이는 SATA케이블 등이 고작입니다.
파워서플라이 역시 용량이나 상태 등을 보아서 재사용이 불가할 수도 있고요..

구형 메인보드는 구형이기 때문에 교체하는 것이고요, 구형 메모리 역시 신형 메인보드에는 맞지 않기 때문에 사용할 수 없고요, 구형 시피유 역시 당연히 사용할 수 없고요, 기타 구형 메인보드에 딸린 부품들은 거의 대부분 재활용 불가입니다.

간혹 공익 단체 등에서 이런 구형 컴퓨터를 모아서 아프리카 후진국 등에 원조를 하기도 합니다만, 우리나라에서는 이런 컴퓨터를 사용하는 곳은 이제는 거의 없기 때문에 결국 구형 컴퓨터에서 나오는 부품은 대부분 폐기 처분하게 됩니다만, 여러분은 이제 컴퓨터 및 하드웨어의 전문가이므로 나중에 혹시 사용할지 모르므로 버리지 말고 보관하는 것도 좋다고 하겠습니다.
지금 이 책에서 실습으로 조립하는 구형 컴퓨터는 인텔 E8400 시스템이고요, 아직도 필자의 사업장 지하실에는 이와 동일한 사양의 컴퓨터에 윈도우7을 인스톨하여 지하실에 있는 수많은 상품들의 목록이 저장되어 지금도 지하실에서는 이 컴퓨터를 켜서 확인을 하곤 하는데요..

따라서 이 컴퓨터도 아직 사용할만한 컴퓨터입니다만, 이 책에서 새로 조립하려고 실습에 사용하는 메인보드 및 아이브릿지 시피유, 인텔 E3-1270 cpu, 그리고 DDR3 8Mb RAM 등을 모두 합쳐도 불과 10 만원 정도, 이렇게 적은 돈이므로 이런 구형 컴퓨터를 사용하는 불편을 쉽게 해소할 수 있는 것입니다.

물론 세계 최고, 세계 최강의 IT국가인 우리나라이기 때문에 가능한 일이라는 것을 알고 다소 불만이 있더라도 세계 최고의 IT국가에서 살고 있다는 자부심으로 웬만

하면 참고 삽시다요..

SATA케이블은 여기 보이는 것과 같이 철판이 붙어있는 eSATA 케이블도 있고요, 철판을 꾹 누르고 끼우거나 빼야 하는 타입도 있고요, 더 진보된 SATA 케이블이지만, 체감적으로는 전혀 느낄 수 없으므로 어떠한 SATA케이블이라도 상관이 없고요, 여기 보이는 것과 같이 SATA 케이블 단자에는 기역자 홈이 있습니다.

SATA 기기에 연결할 때 이 홈을 잘 보고 홈에 맞게 끼워야 합니다.

그리고 여기 보이는 커넥터가 달린 케이블을 용수철처럼 빙빙 감아서 사용하는 사람이 있는데요, 컴퓨터 가게에서도 이렇게 사용하는 곳이 있는데요, 참으로 할말이 없습니다.

여러분은 절대로 그렇게 하지 마시기 바랍니다.
필자는 컴퓨터 책상 아래에 지저분하게 늘어져 있는 각종 전선을 그냥 자연스럽게 늘어진채로 놓아두고 사용하는데요, 물론 깔끔한 매장이나 백화점이나 사무실 등에서는 미관상 이렇게 하는 곳은 없겠지요..

그러나 필자는 개방된 사무실도 아니고요, 필자의 사업장에 손님이 오는 것도 아니므로 그냥 각종 전선이 늘어진채로 그대로 두고 사용합니다.
사실 이렇게 사용하는 것이 가장 좋기 때문입니다.

전기는 용수철처럼 꼬여있는 곳을 통과를 하면서 열을 발생합니다.
대표적으로 전열기는 전기의 이런 성질을 이용하는 것입니다.
그런데 전선, 케이블 등을 이렇게 용수철처럼 꼬아서 사용하면 불이 나라고 고사를 지내는 것이나 다름이 없습니다.

불은 나지 않더라도 제발 빨리 고장이 나라고 비는 것과 같습니다.

아래 파워 커넥터도 마찬가지입니다.
SATA 전원 커넥터 역시 이렇게 기역자 홈이 있고요, 홈에 맞게 끼우면 됩니다.

우측에 보이는 것은 구형 전원 커넥터입니다.

오늘날에는 거의 사용하지 않은 커넥터이기 때문에 만일 사용하는 파워서플라이에 이런 구형 전원 커넥터가 달려 있고, SATA 전원 커넥터가 모자랄 경우 여기에 끼워서 구형 전원 커넥터를 SATA 전원 커넥터로 변환시켜주는 어뎁터가 있으므로 이런 어뎁터를 구입해서 끼워서 사용하면 됩니다.

인터넷으로 구입해도 되고요, 동네 컴퓨터가게를 잘 사귀어 놓으면 급할 때 급히 가서 한 개 정도 얻어올 수도 있습니다.

이것은 지금은 전혀 사용하지 않는 플로피 디스크 드라이브(FDD) 전원입니다. 잘라내 벼려도 상관이 없습니다만, 자칫 쇼트가 날 우려가 있기 때문에 그냥 두는 것이 좋고요, 어차피 지금 보니 파워 용량이 400W입니다.

따라서 500W짜리, 앞에서 테스트로 부팅 시험을 할 때 사용한 파워서플라이로 교체를 하겠습니다.

일단 메인보드를 탈거를 해야 하므로 아래 사진에 보이는 것과 같이 케이스에 나사로 고정되어 있는 메인보드의 나사를 모두 풀어야 합니다.

아래 사진 참고하여 드라이버 끝이 자석 기능이 있는 길고 짧은 십자 드라이버가 반드시 필요하고요, 어떠한 나사이든지 절대로 무리하게 잠그면 안 됩니다.

아래쪽에서 다시 자세하게 설명을 합니다만, 메인보드가 케이스에 고정되는 원리는 케이스의 바닥면에 나사로 잠글 수 있는 나사 기둥이 있습니다.

여기에 나사를 세게 잠그면 나중에 나사를 풀 때 나사가 풀어지는 것이 아니라 케이스 밑면에 박아놓은 나사 기둥이 빠지게 되어 그야말로 메인보드도, 케이스도 못 쓰게 될 수가 있습니다.

모든 전원 커넥터를 제거를 한 다음에는 메인보드를 케이스에 고정시켜 놓은 나사를 풀어야 하는데요, 아래 확대 사진을 보세요.

이런 식으로 메인보드에 있는 구멍은 전세계의 모든 케이스에 맞도록 되어 있습니다.

지금은 PC의 거의 모든 부품의 규격이 전세계적으로 대부분 통일이 되어 있기 때문입니다.

다만, 여기 보이는 메인보드는 중간 크기의 ATX보드이고요, 보드 크기가 완전히 다를 경우 케이스에 있는 메인보드 나사 구멍에 맞는 지지대가 메인보드 가장자리고 나오거나, 아니면 반대로 메인보드가 클 경우에는 케이스에 들어가지 않거나 들어가더라도 메인보드가 커서 메인보드 가장자리를 받쳐주는 지지대가 없을 수가 있습니다.

이 경우 아래쪽 설명 참조하여 필자는 나무젓가락을 집어 넣었습니다.

앞의 화면 참조하여 메인보드를 케이스에 고정시키는 나사를 풀어야 하는데요, 메인보드에는 여러개의 나사가 조여져 있으므로 세심하게 살펴서 모두 나사를 풀어야 메인보드를 케이스에서 탈거를 할 수가 있습니다.

만일 컴퓨터가게를 운영하거나 PC119 등을 할 생각이라면 기역자로 구부릴 수도 있고, 일자로 사용할 수도 있는 전동 드라이버를 갖추면 좋습니다.

이런 종류의 전동 드라이버는 끝에 물리는 드릴 드라이버를 교체할 수가 있으므로 길이가 긴 드릴드라이버와 짧은 드릴드라이버를 적절히 활용하여 효과적으로 컴퓨터를 정비할 수 있습니다.

또한 드릴드라이버가 트랜스포머에 나오는 것과 같이 마음대로 구부러진 상태에서도 회전을 하는 괴상한 전동 드라이버도 있는데요, 손도 들어가지 않고 드릴드라이버도 들어가지 않는 구석진 곳에 있는 나사를 풀거나 잠글 때 아주 좋습니다.
이러한 사진들은 모두 저작권이 있으므로 여기서는 올리지 않습니다만, 인터넷에서 '전동드라이버'로 검색해 보시기 바랍니다.

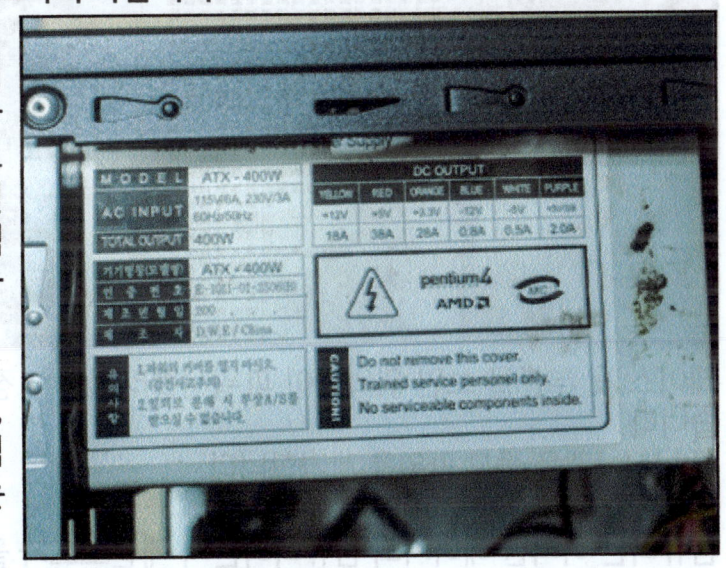

현재 필자가 재활용하려는 케이스는 방금 메인보드 나사를 모두 제거한 케이스이고요, 위에 보이는 것처럼 이전에 사용하던 E8400 시스템에 사용하던 파워서플라이라서 400W 용량입니다.

지금도 이른바 메이커 PC, 그 중에서는 LP타입(슬림 타입의 컴퓨터)의 컴퓨터는 200W~250W 용량의 파워를 사용하는 경우도 있는데요,...

이런 컴퓨터는 업그레이드는 거의 불가능합니다.

따라서 이른바 소위 메이커 PC라 하더라도 조립 PC와 비슷한 크기의 케이스를 사용한 컴퓨터라야 업그레이드하기가 쉽습니다.

만일 크기가 작은 케이스라면 조립 및 업그레이드가 불가능할 정도로 어렵기 때문에 이런 컴퓨터 케이스는 아예 버리고 새 케이스를 구입하든지 동네 컴퓨터 가게에 가서 중고 컴퓨터 케이스를 구입하는 것이 좋습니다.

2-9. 파워 서플라이 교체

아무래도 필자는 주변기기를 많이 사용하므로 앞에서 임시로 조립하여 화면이 뜨는지 확인할 때 사용했던 500W 짜리 파워로 교체를 하려고 합니다.

케이스 뒷 부분을 보면 위와같이 파워서플라이를 고정하는 나사 4개가 잠가져 있습니다.
이 나사 4개를 풀고 파워를 제거합니다.

컴퓨터는 어떠한 메이커의 컴퓨터이든지 메인보드가 들어가는 부분과 파워가 들어가는 부분들은 모두 통일되어 있으므로 어떠한 규격의 제품이라도 들어맞지만, 메인보드의 경우 동일한 ATX 보드라 하더라도 크기가 다를 수 있으므로 반드시 메인보드의 크기를 꼼꼼하게 확인을 해야 합니다.

특히 가격이 저렴한 미니 ATX 메인보드는 보드가 작기 때문에 여러모로 성능이 떨어집니다.

미니 메인보드는 그래서 가격이 저렴한 것이므로 가능하면 미들타워 케이스에 조립이 수월하도록 미들 사이즈의 메인보드를 사용하는 것이 좋습니다.

이 외에 서버 컴퓨터나 중형 워크스테이션 시스템에 사용하는 빅타워형 케이스도 있으므로 케이스가 정도 이상 크다면 반드시 메인보드와 비교를 해 보아야 합니다.

파워서플라이를 분리했더니 위와 같이 케이스 내부의 열을 식혀주는 쿨러에 전원이 연결되어 있네요..

케이스에 따라 케이스 자체에 쿨러가 달려 있는 케이스도 있고요, 케이스에는 쿨러가 없는 케이스도 있습니다.

위의 케이스는 케이스에 쿨러가 달려 있는 모델이므로 나중에 컴퓨터의 내부 열을 식히기에 좋은 케이스라고 할 수 있습니다.

컴퓨터가 일단 작동하면 열이 많이 나므로 가능하면 컴퓨터 내부의 열을 식혀주는 쿨러가 작동하는 것이 좋으므로 새로 메인보드를 교체하더라도 케이스에 있는 쿨러는 그대로 사용하기로 하고 전원 커넥터만 분리를 합니다.

어떤 때는 손으로는 거의 빠지지 않을 정도로 뻑뻑한 것도 있는데요, 이 때는 자칫 손을 다칠 수 있으므로 커넥터가 망가지지 않도록 조심해서 뺀치 등으로 양쪽

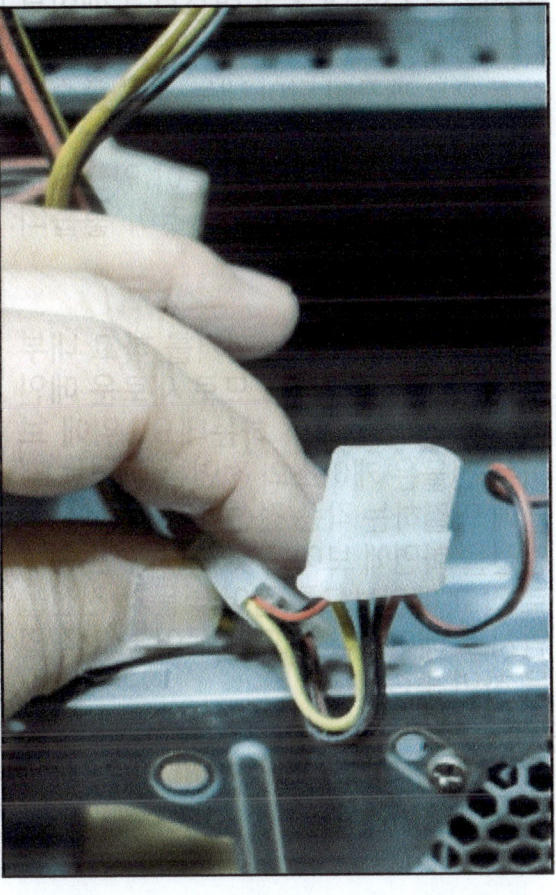

을 물고 강제로 잡아 당겨서 전원 커넥터를 빼야 하는 수도 있습니다.

컴퓨터는 아무리 깨끗한 환경에서 사용했다 하더라도 여기 보이는 컴퓨터와 같이 사용하던 컴퓨터를 분해하여 업그레이드를 하는 경우 내부에 먼지가 많이 쌓여 있습니다.
이 때는 손으로 꾹 꾹 눌러서 바람이 나오게 하는 블로어로 불거나, 먼지가 날리므로 진공청소기로 먼지를 빨아들이면 매우 효과적입니다.

이제 조립을 하면 아마 거의 반영구적으로 먼지를 닦아낼 수가 없으므로 메인보드를 탈거한 후에는 내부의 먼지를 물티슈 등으로 깨끗이 닦아 내는 것이 좋습니다.
또한 내부는 날카로운 부분이 있으므로 장갑을 끼고 작업을 하는 것이 좋습니다.

이제 파워서플라이도 제거를 하고 내부의 먼지도 제거를 했으므로 새로운 메인보드를 집어 넣어야 하는데요, 위에 보이는 선들은 케이스의 전면부에 있는 패널에 연결하는 각종 전선들입니다.
전선을 화면에 보이는 것과 같이 한 손으로 잡고 메인보드를 집어 넣든지 전선을 임시로 테이프나 끈으로 묶어놓고 작업을 하면 좋습니다.

2-10. 케이스 안에 메인보드 장착하기

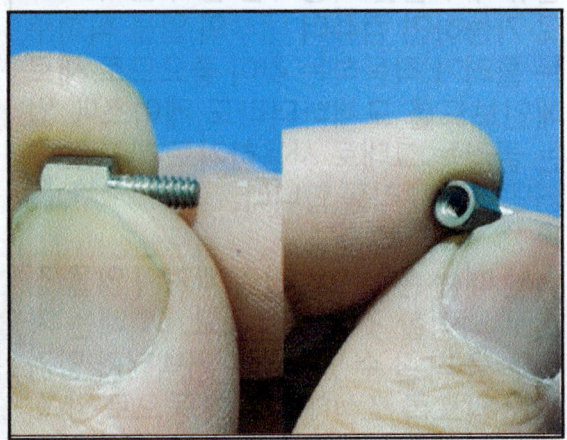

이 때 케이스의 바닥을 보면 메인보드를 올리고 메인보드의 여러 곳에 나 있는 구멍을 통하여 메인보드를 고정시키는 나사를 조일 수 있는 작은 나사 기둥이 있습니다.

앞쪽의 사진, 손으로 들고 있는 사진에 보이는 나사인데요, 컴퓨터 케이스의 밑 바닥, 메인보드를 조이는 부분에 여러 개가 박혀 있고요, 컴퓨터 뒤의 각종 커넥터, 특히 모니터 RGB 혹은 DVI 단자를 끼우고 움직이지 못하게 조이는 부분 역시 모두 이런 나사가 잠가져 있는 것입니다.

따라서 혹시 이 위에 메인보드 혹은 커넥터 등을 끼우고 나사를 무리하게 잠그면 나중에 나사를 풀 때 나사가 풀리는 것이 아니라 위에 보이는 기둥이 빠지거나 위에서 아무리 드라이버로 나사를 돌려도 헛돌아서 나사가 풀리지 않는 일이 발생할 수 있습니다.

만일 이런 사태를 촉발하는 사람이라면 애당초 컴퓨터 하드웨어 취급에는 부적합한 사람이므로 다른 일을 하는 것이 좋습니다.

물론 기둥이 되는, 위에 보이는 나사는 무리하지 않을 정도로 가능한 세게 잠겨 있어야 합니다. 만일 헐겁다면 로스플라이어 등으로 세게 잠가야 합니다.

이 역시 자신이 컴퓨터가게를 운영하거나 PC119 등을 운영할 계획이라면 이런 나사 기둥을 조일 수 있는 전용 복스형 드라이버를 구입하는 것도 좋은 방법입니다.

어떤 공구를 사용하든 무리하지 않게 하면서도 쉽게 풀어지지 않게 조이는 요령이 필요합니다.
우측은 새로운 메인보드(앞에서 화면이 뜨는지 확인 테스트를 마친 메인보드)를 집어넣은 모습입니다.

무리하게 작업하면 안 되고요, 조심스럽

게, 여기 저기 닿는 부분이 많으므로 살살 달래면서 여기 사진에 보이는 것과 같이 파워서플라이를 조립하기 전에 메인보드를 집어넣어야 작업이 수월합니다.

메인보드를 케이스에 집어넣으면 앞에서 메인보드 설명을 할 때 메인보드 뒷 부분에 들어가는 백패널을 보았을 것입니다.

메인보드를 살짝 뒤쪽으로 물리고 백패널을 먼저 끼워야 하는데요, 백패널과 케이스 내부는 다소 날카로운 부분들이 있기 때문에 작업용 반코팅 면장갑 등을 착용하고 작업을 하는 것이 안전합니다.

2-11. 백패널 끼우는 방법

백패널은 약간씩 다르지만 대개 케이스 내부에서 밀어 넣거나 가장자리를 잘 보아서 딸깍 하고 맞도록 끼워야 하는데요, 이 또한 여러분의 재능에 달려 있습니다.

백패널을 끼우지 않으면 우측과 같이 허전하고요, 단지 허접하기만 한 것이 아닙니다.

백패널은 메인보드마다 다르므로 해당 메인보드 규격과 같아야 하며, 비슷하지만, 틀리기 때문에 딱 맞는 백패널이 아니면 맞지 않습니다.

또한 메인보드 종류에 따라 백패널의 모습 및 구조 등은 비슷하지만, 조금씩 모두 다르기 때문에 잘 살펴보고 끼워야 하고요, 자칫 끼우는 방법을 몰라서 구부러지기라도 하면 매우 보기 싫고 잘 맞지도 않으므로 잘 살펴보고 가장자리 딸깍 끼우는 곳을 제대로 처리해야 합니다.

여기 보이는 백패널은 위의 사진과 같이 뒤에서는 들어가지 않습니다. 다음 사진과 같이 안에서 끼워야 합니다.

백패널도 날카롭고 케이스도 날가로운 부분이 있기 때문에 앞의 사진과 같이 작업용 반코팅 면장갑을 끼고 케이스 안에서 밀어넣으면 딸깍하고 딱 맞게 되어 있습니다.

각종 케이스는 디자인도 다르고 모델도 다르지만, 대부분 구조는 비슷합니다.

옛날에는 규격이 통일되지 않아서 조립시 매우 애를 먹기도 했습니다만, 이제는 대부분의 규격이 통일되어 케이스도 어떤 케이스를 사용하든지 여기 보이는 것과 같이 서로 다른 케이스에 서로 다른 메인보드를 집어넣어도 메인보드를 고정시키는 나사 구멍과 케이스의 나사 지주대, 그리고 백패널 등이 모두 맞게 되어 있습니다.

위의 사진은 백패널을 제대로 끼운 모습입니다.

백패널을 이렇게 제대로 끼워야 이곳으로 먼지도 들어가지 않고 미관상 이렇게 멋지고 예쁜 모습이 됩니다.
이제 메인보드 고정용 나사를 조여야 하는데요, 컴퓨터에 사용하는 나사는 약간 큰 나사와 약간 작은 나사, 이렇게 2종류가 있고요, 컴퓨터에 사용하는 나사는 일반 철물점 등에서는 구할 수 없습니다.

반드시 용산 전자 상가나 인터넷으로 컴퓨터용 나사를 검색하여 구매하셔야 합니다.
여러분은 이제 컴퓨터 하드웨어 전문가이므로 컴퓨터 나사도 2종류 모두 구입하는 것이 좋습니다.
예전에 필자가 컴퓨터 사업을 할 때는 한 봉지에 1,000개씩 들어 있는 나사를 구입해서 사용했는데요, 요즘은 조립 컴퓨터를 많이 조립할 일이 별로 없으므로 소량으로 100여개씩 판매하는 곳을 물색하여 2종류의 나사를 구입하면 됩니다.

위의 사진은 위에서 내려다 본 모습인데요, 메인보드에 있는 여러 개의 구멍에 케이스 밑에 박혀 있는 나사와 맞는 것이 보입니다.

다음 확대 사진을 보세요.

위와 같이 메인보드에 있는 구멍과 케이스 밑에 있는 나사 구멍과 일치하는 것이 보입니다.
이런 식으로 어떠한 케이스를 사용하든 메인보드가 대부분 맞게 되어 있습니다.
그러나 보편적인 케이스가 아닌 빅타워형 케이스라든지 매우 작은 미니 ATX 보드 등은 잘 맞지 않을 수도 있으므로 보편적인 것이 아닌 모델들은 잘 알아보고 구입 및 작업을 해야 합니다.

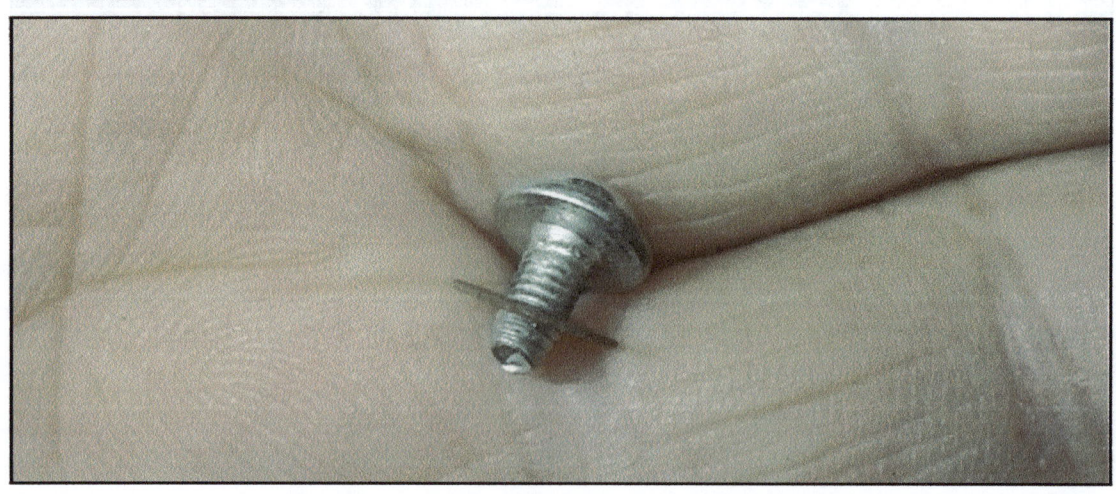

이제 메인보드를 고정시키는 나사를 조여야 하는데요, 앞에서 컴퓨터에 사용되는 나사는 대개 약간 크고, 약간 작은 2가지 나사를 사용한다고 했는데요, 필자와 같은 전문가는 척 보면 알 수 있지만, 초보자는 직접 두 개의 나사를 비교해 보는 수 밖에 없고요, 메인보드에 조이는 나사는 위와 같이 절연용 와샤를 나사에 끼우고 조이는 것이 좋습니다.

2-12. 메인보드 나사 조이는 방법

쇼트를 예방하기 위한 조치인데요, 없으면 그냥 조여도 됩니다만, 쇼트의 위험이 있다는 것을 알아야 합니다.

컴퓨터 내부는 어둡기 때문에 메인보드 나사 구멍 등이 잘 보이지 않으므로 위와 같이 후레쉬 등은 필수이고요, 자바라 스탠드 등의 전등이 있어도 좋습니다.

이 때 위의 사진을 잘 보세요.
메인보드 나사는 절대로 한꺼번에 꽉 잠그면 안 되고요 일단 모든 나사를 살짝만 조여 놓고요, 위의 사진 손으로 만지고 있는 메인보드의 뒷 부분은 현재 밑에 받침이 없이 허공에 붕 떠 있는 상태입니다.

메인보드가 더 큰 사이즈의 메인보드였다면 케이스의 뒤쪽 나사 구멍에 메인보드 지주대 나사를 잠가서 사용할 수 있었겠지만, 지금은 손으로 만지고 있는 부분이 떠 있는 상태이고요, 이곳이 가장 힘을 많이 받는 부분입니다.

우선 파워커넥터를 끼우려면 가장 강한 힘을 주어 세게 눌러야 하며 메모리(램-RAM)도 끼웠다 뺏다 하는 부분이기 때문에 이곳 역시 힘을 많이 받는 부분입니다.
그런데 지금과 같이 그냥 허공인 상태에서 그냥 걍.. 눌렀다가는 메인보드 박살이

납니다.
메인보드가 박살은 나지 않더라도 살짝 금이라도 가는 날에는 원인 모를 고장으로 결국 컴퓨터를 바꿔야 하는 최악의 사태가 올 수도 있습니다.

여기서 여러분의 기지를 유감없이 발휘해야 합니다.

필자는 이곳에 나무젓가락을 집어 넣었습니다.

나무젓가락도 무턱대고 집어 넣는 것이 아니고요, 다음 사진과 같이 효과적으로 집어 넣었습니다.

이런 것은 어디에도,.. 책에 나와 있는 내용도 아닙니다.

오로지 현장에서 맞딱뜨리는 상황에 따라 임기응변(臨機應變)이 이루어져야 하는 것입니다.

이런 부분에서 여러분이 컴퓨터 하드웨어 전문가로 성공할 수 있는지 아닌지 금방 판가름이 나게 되는 것입니다.

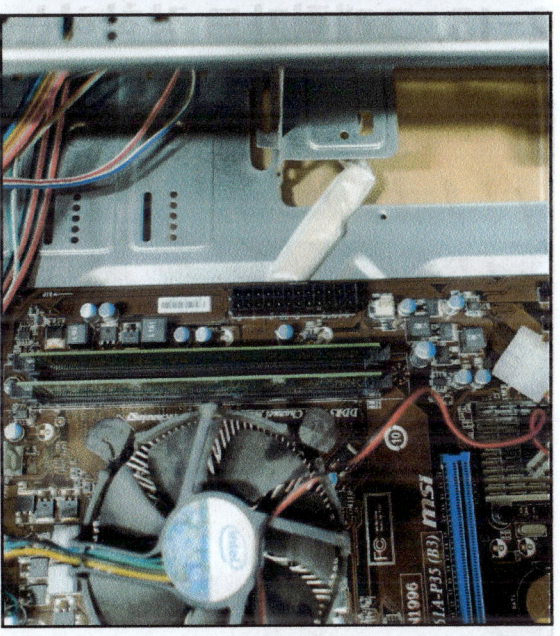

필자는 나무젓가락에 씌워져 있는 비닐까지 절연이 잘 되도록 그냥 넣었고요, 위와 같이 가장 힘을 많이 받는 파워 커넥터 부분에서부터 램의 밑 부분 깊숙이 약간 비스듬히 집어 넣었습니다.

나머지 부분은 메인보드 나사를 조이는 밑에 케이스에 박혀 있는 메인보드 지주대 역할을 하는 나사 기둥이 있기 때문에 이곳만 보강을 하면 됩니다.

다음에 또 한가지 유의할 점은 현재 메인보드에는 여러 개의 나사를 살짝만 잠가놓은 상태인데요, 물론 단단히 잠글 수도 있지만, 이는 참으로 어리석은 행동입니다.

메인보드에 있는 구멍과 밑에 있는 케이스에 박혀 있는 나사 기둥은 거의 유격이 없을 정도로 정밀하게 들어맞습니다만, 다음 사진에 보이는 그래픽 카드 등을 끼울 때는 그야말로 1mm 미만의 작은 유격만으로도 설치하는 것도 어렵고 자칫 작동을 제대로 되는지 보장을 할 수 없습니다.

메인보드를 너무나 유격없이 꽉 조여 놓았기 때문입니다.
따라서 메인보드 나사를 꽉 조이기 전에 반드시 이렇게 그래픽카드 혹은 다른 PCI 카드 등을 끼워놓고 메인보드 나사를 조인 후에 필요 없는 그래픽카드 혹은 다른 PCI 카드를 분리해 놓으면 나중에 컴퓨터 조립을 완료한 이후에 언제라도 필요시 확장 카드를 쉽게 설치할 수가 있는 것입니다. 꼬옥 명심하시기 바랍니다.

2-13. 그래픽카드 장착하는 방법

또한 그래픽카드는 나중에 설치해도 되지만, 나중에 다른 확장 카드를 설치할 때 애를 먹지 않도록 지금 그래픽카드를 조립하고 메인보드를 조이는 것이 좋습니다.

필자는 여기 보이는 그래픽카드는 사용하지 않을 것입니다만, 여기 보이는 그래픽카드는 DVI 단자가 2개나 있는 듀얼 그래픽카드입니다.

즉, 모니터 2개를 연결하여 동시에 화면이 나오게 하려면 이렇게 듀얼 모니터 기능이 있는 그래픽카드를 사용하면 됩니다.

여기 보이는 그래픽카드를 포함한 각종 확장 카드는 이런식으로 끼우는데요, 메인 보드에는 확장 카드를 끼울 수 있는 슬롯이 있습니다.

1 : PCI-E 슬롯 즉, 요즘 나오는 그래픽카드를 꽂을 수 있는 PCI-E1 슬롯입니다.
2 : 방금 꽂은 그래픽카드입니다.
3 : 구식 PCI 방식의 확장 카드를 꽂을 수 있는 슬롯입니다. - 구식이지만, 아직도 PCI 방식은 아주 많이 사용하는 방식입니다.

이런 식으로 조심해서, 그러면서도 접촉 불량이 나지 않도록 딸깍 하고 눌러서 쏙 들어가게 삽입을 해야 합니다.

누르다가 잘 못하여 그래픽카드가 살짝이라도 옆으로 누운 상태로 삽입하다가는 그래픽카드는 물론 메인보드까지 못쓰게 되므로 조심하면서도 완벽하게 설치하는 것이 요령입니다.

제대로 들어간 모습입니다.
케이스 바깥에서 보면 다음과 같은 모습입니다.
실제 그래픽카드를 사용한다면 위의 화면에 보이는 나사를 풀고 그래픽카드가 움직이지 않게 나사를 잠가야 합니다.

이제 메인보드 나사를 잠가도 됩니다.
빠진 곳이 없는지 잘 살펴서 모든 메인보드 나사를 잠그되 앞에서 설명한 바와 같이 너무 세게 잠가서 밑에 케이스에 박혀 있는 나사 기둥이 돌아가거나 빠질 정도로 조이는 사람은 자질이 없는 것이므로 적당한 힘으로 조여야 합니다.

2-14. 쿨러 장착

이제 시피유의 열을 식혀주는 시피유 쿨러를 재활용해야 하는데요, 쿨러의 가장자리 4개의 푸쉬핀이 모두 망가진 상태입니다.

일단 이런 작업이 처음이신 분은 이 책의 앞부분에 있는 '필자의 네이버 블로그에 오시는 방법' 참조하여 필자의 블로그에 오셔서 시피유 쿨러 푸쉬핀 교체하는 포스트를 자세하게 읽어보시고요, 여기서는 푸쉬핀 교체하는 설명은 생략하겠습니다.

아래 사진은 필자의 블로그에 있는 설명과 같이 재활용하는 쿨러의 푸쉬핀 4개를 모두 교체한 모습입니다.

이렇게 푸쉬핀을 모두 교체를 했더라도 살살 달래서 끼워야 합니다.

어떠한 부품이든지 우격다짐으로 하다가 망가지거나 파손되지는 않더라도 메인보드에 살짝 금이라도 가는 날에는 알 수 없는 에러가 지속적으로 발생하여 결국 컴퓨터를 교체해야 하는 사태가 올 수도 있기 때문입니다.

이제 푸쉬핀 4개를 모두 교체한 쿨러를 시피유 위에 장착을 해야 하는데요, 우선 다음 화면, 위에서 바라본 모습을 보세요.

위와 같이 시피유 주변으로 열십자 모양의 사각형 모습이 보이며 4개의 구멍이 있습니다.

이곳에 시피유 쿨러, 방금 교체한 푸쉬핀 4개를 삽입하는 것인데요, 푸쉬핀 끝에는 구멍 속으로 들어가면 끝 부분이 벌어져서 다시 빠지지 않는 구조로 되어 있고요, 이렇게 메인보드 속으로 푸쉬핀 4개를 집어넣고 푸쉬핀 위에 있는 홈을 드라이버로 딸깍 돌려주면 고정됩니다.
푸쉬핀 교체하는 자세한 내용은 이 책의 앞 부분에 있는 '네이버에 있는 필자의 블로그'에 오셔서 읽어보시기 바랍니다.

2-15. 서멀그리스 도포

위의 손으로 들고 있는 것은 서멀그리스 라는 것인데요, 옛날에는 시피유 열이 너무 많이 나서 서멀그리스를 시피유 위에도 도포하고 쿨러 밑 부분에도 도포를 해서 시피유와 쿨러 사이를 없애는 용도로 사용하는, 일종의 액체 금속이며 아교풀과 같이 생겼습니다.

옛날에는 서멀그리스를 많이 사용했습니다만, 필자의 경험상 인텔 i 시리즈 시피유는 서멀그리스를 거의 사용하지 않습니다만, 만일 열이 많이 나서 자꾸 다운된다면 서멀그리스를 도포해야 할 수도 있습니다. 이때는 서멀그리스는 일종의 액체 금속이기 때문에 시피유 속으로 들어가서 쇼트가 나지 않도록 세심한 주의가 필요합니다.(서멀그리스는 인체에 극히 해로운 맹독극성 물질이므로 손에 묻지 않게 조심하는 것이 좋습니다.)

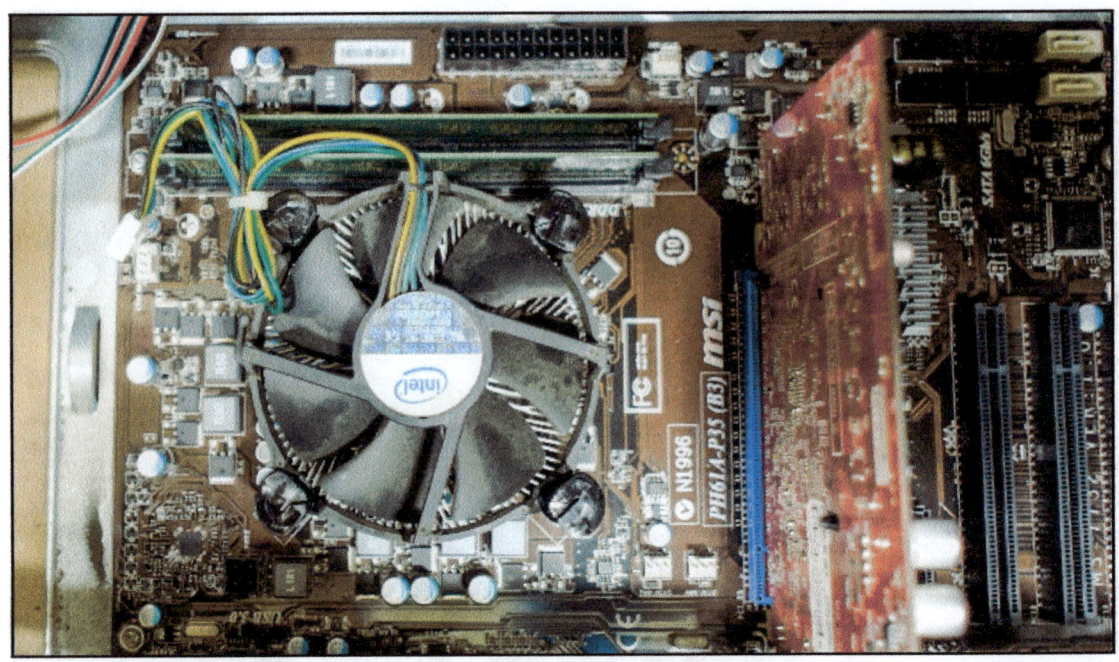

또한 쿨러에 달려 있는 전원 핀을 꽂는 곳과, 위의 화면 좌측에는 파워서플라이가 들어가는 부분이므로 다른 곳에 전원선이 걸리지 않게 쿨러가 위치하도록 장착하는 요령도 필요합니다.

위의 화면에 보이는 각종 전선들은 컴퓨터 케이스 전면 패널에 나타나는 LED와 USB 커넥터, 사운드 커넥터 등인데요, 앞에서 지루할 정도로 자세하게 설명했으므로 앞의 설명 참조하여 각각 해당 핀에 꽂아 줘야 합니다.

그리고 컴퓨터가 부팅이 되면 사용하게 될 윈도우즈 운영체제를 인스톨할 HDD를 연결해야 하는데요, 필자의 경우 컴퓨터 1대당 보통 HDD를 2개~6개 정도를 사용합니다.

이렇게 HDD가 많을 때는 윈도우즈 운영체제를 인스톨 할 때 어떤 HDD에 인스톨을 해야 할지 알 수가 없습니다.

그래서 이렇게 필자와 같이 컴퓨터에 HDD가 여러개 설치되어 있을 때는 모든 HDD의 케이블을 탈거하고 SSD 1개만 달고 운영체제를 인스톨하는 것이 좋습니다.

SSD를 사용하는 이유는, HDD는 제아무리 최신의 엄청나게 비싼 HDD라 하더라도 물리적으로 HDD 안에 들어 있는 스핀들 모터가 회전을 하면서 플래터를 회전시키고 이것을 엑세스 암이 읽어들이는 구조이기 때문에 초속 30만 Km의 속도로 작동하는 램(RAM)의 속도와는 근본적으로 비교가 되지 않기 때문입니다.

2-16. SSD(Solid State Drive)

그래서 SSD를 사용하는 것이며, SSD는 Solid State Drive의 약자로 쉽게 말해서 물리적으로 모터가 회전하는 HDD와 달리 앞에서 조립할 때 끼운 램.. 삼성 DDR3 4Gb x 2개 = 8Gb의 용량으로 끼운 램과 같은 속도로 작동하는 램(쓰고 지울 수 있는 플래시 램)이기 때문입니다.

따라서 HDD를 사용하지 않고 SSD만 사용하면 당연히 좋지만, 아직은 SSD의 가격이 HDD보다 훨씬 비싸기 때문에 부팅을 할 때만 SSD를 사용하고 일단 부팅이 된 이후에는 RAM에서 작업을 하는 것이기 때문에 데이터를 저장할 때만 HDD를 이용하는 것입니다.

이렇게 가격 차이가 많이 나기 때문에 아직은 SSD를 HDD를 대체하여 사용하기에는 역부족이고요, 앞으로 SSD의 가격이 하락하여 지금의 HDD와 비슷한 가격이 된다면 당연히 SSD가 HDD를 대체할 것이고요, 그래서 SSD를 차세대 HDD라고 부르는 것입니다.

우측은 여러 메이커의 SSD 인데요..

앞에서 보았던 화면이고요, 위키백과에서 인용한 사진이고요, SSD는 이렇게 생겼고요, 규격은 노트북 HDD

와 같은 크기인 2.5인치 규격이고요, SSD 역시 우리나라의 삼성 제품이 가장 좋지만, 가장 비싸고요, 삼성 외에도 전 세계의 수많은 메이커가 있고요, 필자는 현재 약 10개 이상의 SSD를 사용하며 전 세계의 거의 모든 메이커의 SSD를 사용하고 있는데요, 어떠한 메이커의 SSD이든지 이론상의 차이는 있을지언정 실제 사용상의 차이는, 다시 말해서 체감 속도는 거의 없다고 보아도 무방합니다.
따라서 필자의 경험상 SSD는 삼성이 가장 좋지만, 삼성 외의 어떠한 메이커의 제품을 사용하더라도 전혀 문제가 없다고 보면 되겠습니다.

또한 SSD은 아주 가볍기 때문에 우측과 같이 HDD 가이드나 HDD 케이스에 조일 필요없이 그냥 케이블을 꽂은 채로 케이스 안에서 쿨러의 회전을 방해하지 않게 놓아두기만 하여도 됩니다.

SSD는 위와 같이 설치해도 아무런 문제가 없습니다.
이제 모든 조립이 마무리 되었습니다.

앞에서 가조립할 때 끼웠던 메인 파워선과 보조 파워선을 끼우고 이제는 조립을 완료했으므로 가조립할 때와 달리 컴퓨터 케이스 뒤에 보이는 파워서플라이 전원 입력 부에 220V 전원 코드를 끼우고 부팅을 하면 됩니다만, 사실 이제부터가 시작입니다.

우리가 흔히 알고 있듯이 컴퓨터는 빈 깡통에 불과하기 때문입니다.

이렇게 빈 깡통인 컴퓨터를 살아있는 컴퓨터로, 사용할 수 있는 컴퓨터로 만들기 위해서 가장 먼저 해야 할 일은 윈도우즈 운영체제를 인스톨하는 일이며 이렇게 하기 위해서는 먼저 메인보드 셋업부터 시작해야 합니다.

이에 앞서서 바이오스 셋업을 한 이후에 윈도우즈 운영체제 인스톨을 위하여 미리 윈도우7, 혹은 윈도우10이나 윈도우11 usb 설치 디스크를 먼저 만들어야 합니다.

그래야 셋업과 동시에 윈도우즈 운영체제 인스톨을 할 수 있기 때문입니다.

이전에 집필한 원고에서는 윈도우10을 설치하는 방법을 올렸습니다만, 이번에는 현재 가장 최신의 운영체제인 Win 11 을 인스톨하는 과정을 통해서 전문 PC정비사는 물론 일반 개인이라도 전문가처럼 사용할 수 있는 방법을 알아보도록 하겠습니다.

참고로 윈도우11은 가장 최신의 운영체제로 필자가 현재 인텔 정품 시피유도 아닌, 인텔 G2140 셀러룬 시피유를 장착하고 역시 8Gb의 램을 장착한 PC, 그리고 그래픽 카드도 없이 메인보드에 내장된 내장 그래픽을 사용하는 미니 메인보드를 사용하여 조립한 PC에 설치해서 사용중인데요, 한 마디로 띠리링하고 시작하여 부팅되는데 7초 밖에 걸리지 않습니다.

윈도우11은 32비트가 없고요, 오로지 64비트 운영체제로만 설치되며, 마이크로소프트사의 제한 규정에 따르면 인텔 i7-6세대, 혹은 7세대 이후의 고사양 PC에만 설치할 수 있게 만들어져 있습니다.

그러나 필자가 여러가지 우회하는 방법을 사용하여 마이크로소프트의 바리게이트를 치우고 방금 설명한 셀러룬 시피유를 사용하는 저사양 PC에 설치했어도 아주 잘 됩니다.

따라서 저사양 PC라도 아주 오래 된 PC만 아니라면 오히려 윈도우11을 사용하는 것이 훨씬 이득이라는 결론입니다.(그래픽 카드 등이 구형이면 윈도우 10이 더 낫습니다.)

물론 다음에 설명하는 여러가지 요건을 충족해야 합니다.
어차피 이 책으로 PC정비 공부를 하시는 분이라면 당연히 이렇게 할 수 있어야 합니다.

제 3 장
운영체제 인스톨(Win 11 설치)

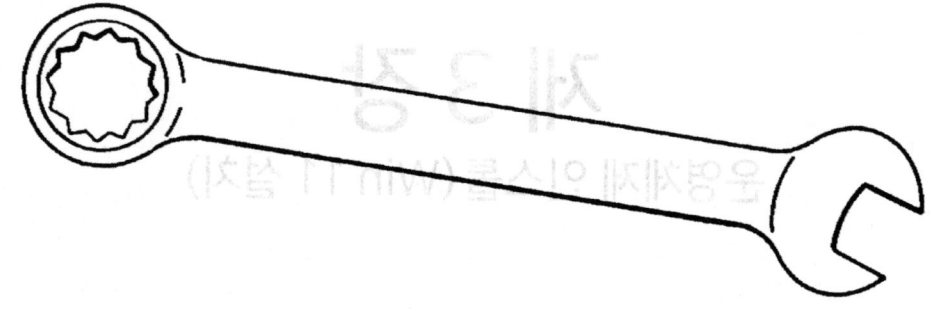

3-1. Win 11 설치 전 사전 지식

옛날에는 시디 형태로 제공되는 운영체제 파일을 시디롬에 집어넣고 인스톨을 하던 시절도 있었습니다만, 윈도우7, 윈도우10., 윈도우11 모두 USB 설치 디스크를 만들어서 인스톨 할 수 있습니다.

이 부분은 조금 더 뒤에 가서 자세하게 설명을 하겠습니다만, 윈7 제외, 윈도우 10 이나 윈도우 11을 사용하기 위해서는 윈7과는 완전히 다른 운영체제이므로 사전 지식을 반드시 익혀야 합니다.

3-2. MBR, GPT, UEFI

컴퓨터는 그냥 빈 깡통이라고 앞에서 설명을 했고요, 이렇게 빈 깡통인 PC를 사용할 수 있는 컴퓨터로 만들어주는 것이 바로 운영체제이고요, 이 중에서 이 책에서 다루는 것은 가장 최신의 운영체제인 윈도우 11 이고요,..

옛날 방식, 즉, 레거시 방식을 MBR 이라고 합니다.
MBR은 마스터 부트 레코더의 약자로 여기서 자세하게 설명할 수는 없고요, 그냥 옛날 방식이라고 알아두면 됩니다.

이에 비하여 최신의 방식은 레거시, 즉, MBR이 아닌 UEFI 방식이며 이렇게 최신 펌웨어인 UEFI는 파일 시스템은 GPT 디스크로 사용해야 합니다.

레거시인 MBR과 최신식인 UEFI의 가장 큰 차이점은 2Tb 이상의 대용량 HDD를 인식하는가 못하는가 하는 차이입니다.(정확히는 2.2Tb 입니다.)

최신식인 UEFI가 나오기 이전에는 2Tb만 해도 어마어마한 양이었기 때문에 레거시 즉, 옛날 방식인 MBR 시스템에서는 최대 2Tb 용량까지만 인식됩니다.

만일 MBR 방식에서 2Tb 이상의 HDD를 장착해도 PC에서 2Tb로 인식을 해 버리기 때문에 예를 들어 4Tb HDD를 설치하더라도 2Tb 밖에는 사용할 수 없습니다.

그래서 생겨난 것이 2Tb 이상의 대용량 디스크를 인식할 수 있는 GPT파일 시스템이고요, 여기에 맞게 개발된 것이 UEFI 펌웨어이고요, 이렇게 최신의 UEFI 시스템에서는 MBR은 사용할 수 없고 디스크를 GPT 방식으로 변경해야 합니다.

참고로 옛날 방식인 *MBR방식으로 운영체제를 인스톨했다 하더라도 2tb 이상의 고용량 디스크만 GPT로 변환하면 MBR 시스템에서도 고용량 HDD를 사용할 수 있습니다.*

지금으로부터 대략 10년~13년 전 쯤 인텔 코어 2 듀오가 나올 무렵에 UEFI 시스템이 개발되었으므로 이 때 나온 메인보드는 MBR과 UEFI를 동시에 지원을 합니다.

그래서 필자가 사용하는 컴퓨터는 모두 이 시기에 나온 메인보드들이기 때문에 MBR과 UEFI를 동시에 지원을 하고요, MBR과 UEFI 중에서 선택해서 설치할 수 있습니다.

그 이전에 나온 더 오래 된 PC는 아직 UEFI가 개발되기 이전이므로 오로지 MBR만 사용하고요, 그 이후에 나온 PC는 과도기를 거쳤으므로 최신 PC는 모두 UEFI만 지원을 합니다.

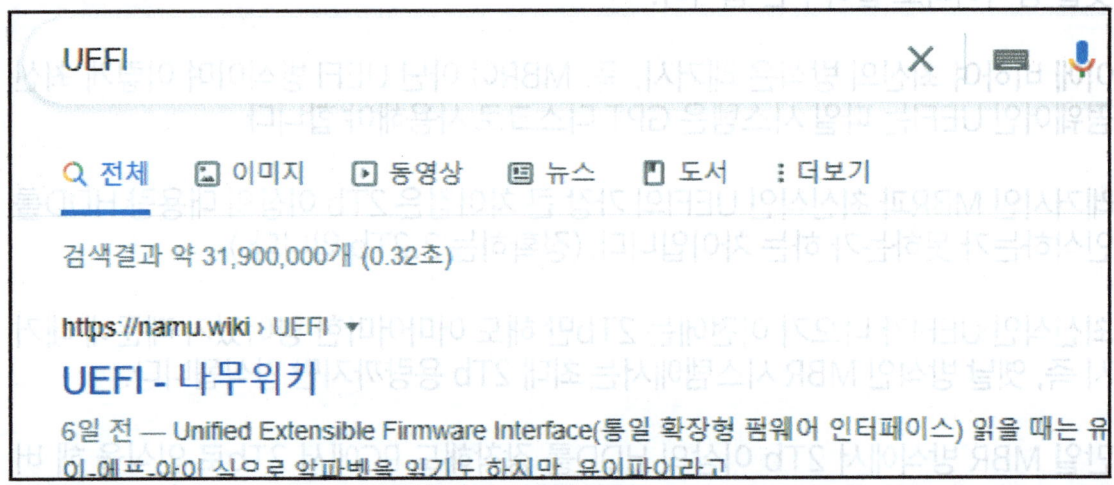

위는 나무위키에서 인용한 것이고요, 위의 화면에 보이는 것과 같이 UEFI는 통합 확장형 펌웨어 인터페이스(Unified Extensible Firmware Interface)이고요, 번역어에서 알 수 있듯이 통합 확장 방식입니다.

우측 화면 역시 위키 백과에서 인용한 것이고요,..

우측 위키 백과에 나온 것과 같이 통합 확장 펌웨어 인터페이스는 운영체제와 플랫폼 펌웨어(바이오스와 비슷한 개념) 사이의 소프트웨어 인터페이스 규격입니다.

앞에서도 설명했습니다만, 우리가 사용하는 대부분의 PC는 IBM PC이며 IBM PC에서 옛날 레거시 방식의 MBR을 대체할 목적으로 개발된 규격으로 최초에 인텔에서 개발한 EFI 규격이 개발의 시초였습니다.

3. GPT

BIOS 시절부터 사용한 MBR(Master Boot Record) 기반 파티션 테이블은 주 파티션을 최대 4개까지밖에 잡한다. 운영 체제와 부트로더가 지원하지 않으면 주 파티션에 설치된 운영 체제로만 부팅 가능하며, 전체 디스크다.

또한 MBR 부트로더의 크기가 **512** 바이트이므로 MS-DOS와 같이 간단한 운영 체제가 아니면 MBR 부트로더 부트로더를 실행시키는 것으로 크기 제한을 우회한다.

GPT(GUID Partition Table)는 파티션 정보를 기록하는 방식을 변경하여 주 파티션과 논리 파티션의 구분을 없사용할 수 있게 되었다. GPT의 파티션 테이블에 기록되는 정보가 더 많기 때문에 MBR을 GPT로 변환할 수 있

GPT 디스크로 부팅하려면 EFI가 필요하지만 반대로 EFI는 GPT뿐만 아니라 MBR 디스크도 부팅할 수 있다. MBR 파티션 테이블을 사용한다.

반대로 BIOS에서 GPT 디스크 부팅은 리눅스의 경우에만 할 수 있다.[5] 다만 이건 BIOS에 디스크가 MBR이야 하는 디스크 인식 같은 귀찮은 일을 대신 해주니까 가능한 것이다. 편법은 엄연히 편법이고, 사양으로는 안 되

앞의 설명 역시 위키 백과에서 인용한 것이고요,..

특히 PC 정비사라면 기본적으로 알고 있어야 하며, 일반인이라도 이 정도 사전 지식을 가지고 있어야 지금부터 만들게 될 Win 11 USB 설치 디스크를 만들 수 있습니다.

3-3. Win 11 설치 디스크 준비

옛날에는 시디 형태로 제공되는 운영체제 파일(그 이전 도스 시절에는 플로피 디스크)로 운영체제를 설치했습니다만,..

지금은 시디롬을 쓰는 사람이 없으므로, 윈도우7, 윈도우10, 윈도우11은 USB 설치 디스크로 설치합니다.

따라서 윈도우7, 윈도우10, 윈도우11은 공히 8Gb 이상의 메모리 카드가 필요하고요, 특히 윈도우11의 경우 가능하면 16Gb의 메모리 카드 사용이 필요할 수 있습니다.

요즘 16Gb의 메모리 카드라도 가격이 매우 저렴하므로 가능하면 8Gb 보다는 16Gb의 메모리 카드가 있으면 좋고요, 없으면 8Gb 용량의 메모리 카드가 있으면 됩니다.

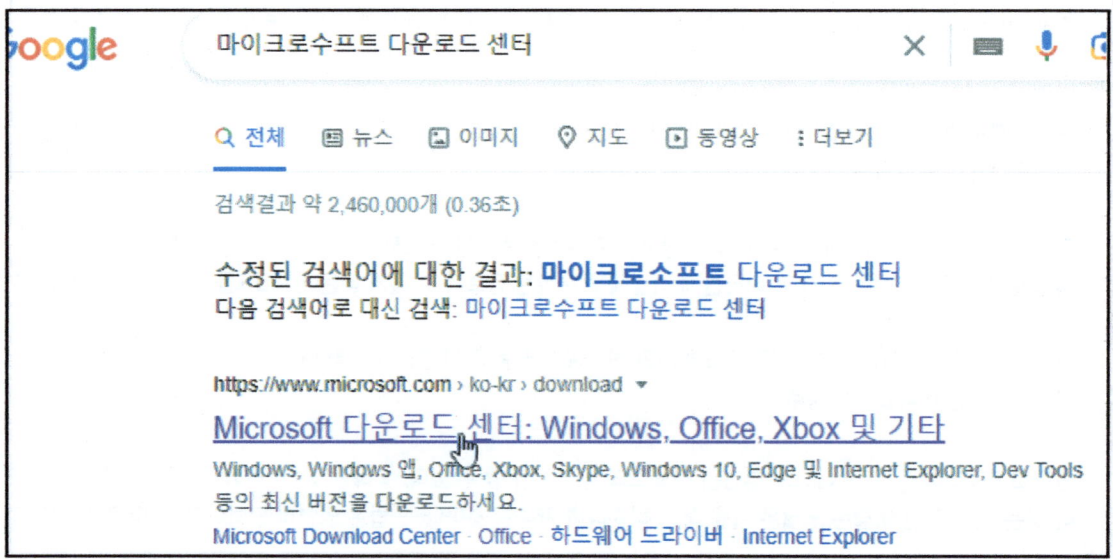

8Gb 이상의 메모리 카드가 준비되었으면 앞의 마이크로소프트 다운로드 센터에서 만들 수도 있고요, 인터넷창, 웹브라우저 주소표시줄에 '가나출판사.kr' 입력하고 엔터를 쳐서 필자의 홈에 오셔서 필자의 블로그에 오셔서 관련 포스트를 보시면 정확하게 다운로드 링크가 있습니다.

그리고 한 가지 먼저 알아야 할 사항이 있습니다.
앞에서도 잠깐 설명했습니다만, Win 11은 기본적으로 인텔 i7-6세대 혹은 7세대 이상의 고사양 PC에만 설치되도록 만들어져 있습니다.

따라서 앞에서 본 마이크로소프트 다운로드 센터에서 Win 11 USB 설치 디스크를 만들면 이보다 사양이 낮은 컴퓨터에는 Win 11을 설치할 수 없습니다.

3-4. Win 11을 실행할 수 없습니다

기본적으로 마이크로소프트사의 요구 사항을 충족하지 않는 저사양 PC에 Win 11 설치를 시도하면 이렇게 '이 PC는 Windows 11을 실행할 수 없습니다.' 라는 메시지가 뜨면서 더 이상 진행할 수 없는 상황에 부딪힙니다.
아래는 방금 구글 크롬에서 검색한 결과이므로 참고만 해 주시고요,..

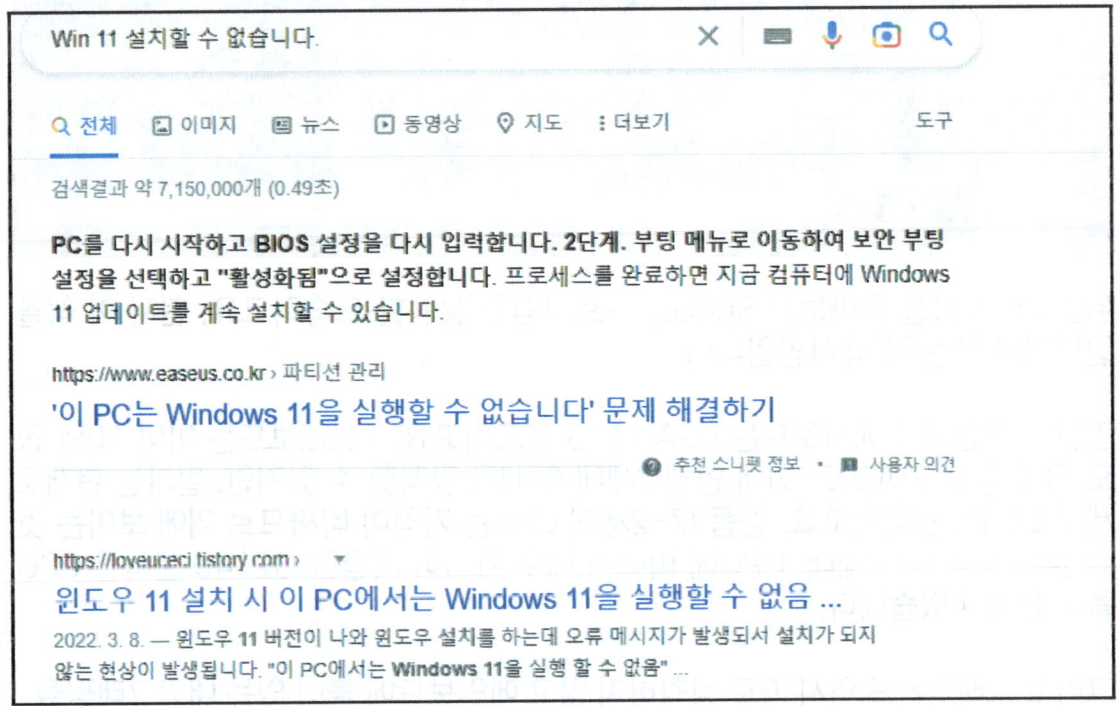

그래서 위와 같이 인터넷 검색해 보면 여러가지 해결책들이 나와 있는데요, 필자 역시 작년 년말부터 무려 20 번 이상 Win 11 설치를 시도했지만, 모조리 실패를 하다가 필자 역시 이렇게 검색하여 얻은 정보들을 취합하여 해결책을 찾았고요, 결국 지금 이 글을 쓰고 있는 PC에 Win 11 을 설치하고 이 책을 집필하고 있는 것입니다.

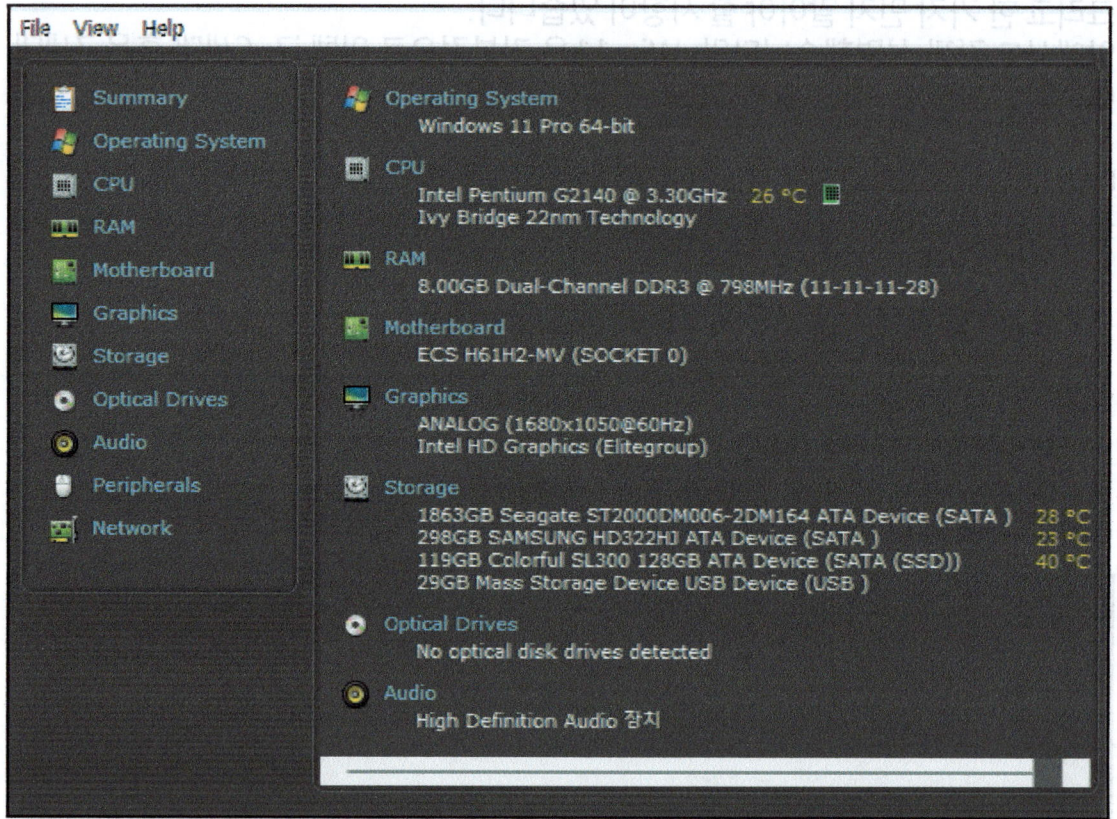

위는 PC 사양을 알아보는 Speccy 프로그램을 실행한 모습이고요, 현재 이 책을 집필하고 있는 PC의 사양입니다.

간단히 표현해서 메인보드는 LGA 1155 보드이고요, 1155보드는 이미 10년 정도 된 구형 보드이고요, 최대 인텔 3세대 CPU를 장착할 수 있지만, 필자는 현재 2세대 CPU를 장착했고요, 정품 i7-2세대 CPU는 가격이 비싸므로 위에 보이는 것과 같이 정품 i7-2세대 CPU에 비해서 매우 가격이 저렴한 G2140 셀러론 CPU를 사용하고 있습니다.

그리고 그래픽카드 역시 따로 장착하지 않고 메인보드에 붙어 있는 내장그래픽을을 사용하며 램(RAM)은 8Gb로 지금 관점에서 본다면 보잘것 없는 작은 양의 램을 장착하고 사용하고 있는 비교적 저사양 PC이고요, 이런 PC에 Win 11 을 설치했어도 고사양 게임만 하지 않는다면 웬만한 그래픽 프로그램도 무리없이 돌릴 수 있는 정도입니다.

물론 이보다 더 높은 사양의 PC에 비해서는 당연히 성능이 떨어지지만, 필자는 지금 이 나이가 되도록 평생을 게임이라고는 단 한 번도 해 본 적이 없는 사람이기 때문에 이렇게 사용할 수 있는 것이고요, 고사양 게임을 즐기는 사람이라면 가능한 PC사양도 매우 높아야 하며, 특히 그래픽카드 한 개에 100만원에 육박하는 제품을 사용하기도 합니다.

위는 방금 구글 크롬에서 검색한 결과이므로 참고만 해 주시고요, 필자는 컴퓨터 자격증도 여러 개 가지고 있고요, 관련 서적을 수십권 집필하고, 조립 PC를 무려 수 천 대를 조립한 경험이 있지만, 필자 스스로는 이렇게 고사양 PC는 사용해 본 적이 없습니다.
그런데 필자가 책을 하도 많이 쓰기 때문에 필자가 쓴 수 많은 책 속에는 책이 두껍

지 않기 때문에 책 속에 많은 내용을 담을 수가 없어서, 책 속에서 자세하게 설명하지 못한 부분이나 수록하지 못한 내용들은 필자의 블로그나 필자의 [유튜브 채널]에 올려 놓겠습니다,.. 라는 글이 수록되어 있습니다.

그래서 필자의 수 많은 저서들을 구입하신 분들을 위하여 필자의 블로그에는 무려 약 6,000 여 개의 어마어마한 포스트가 있고요, 필자의 [유튜브 채널]에도 천 개 하고도 몇 백개나 더 되는 역시 엄청난 수의 동영상이 올라가 있는데요,..

간혹 자칭 컴퓨터의 도사라는 사람들이 이 영상을 보고, '이런 저급한 실력으로 무슨 이런 강좌를 올리느냐, 지금이 어느 때인데 10여 년 전 PC를 가지고 나와서 강좌를 한다고 웃긴다'고 필자를 조롱하는 댓글을 다는 사람들이 있습니다.

그리고 필자의 실력을 테스트 한다고 최신의 그래픽 카드 이름을 올려 놓고 이것을 어떻게 생각하느냐고 문의글을 올리고 필자는 게임을 하지 않으며 최신 정보는 필자도 잘 모르므로 검색을 해 보니 수냉식 그래픽카드인 것으로 나왔습니다.

그래서 수냉식과 공냉식에 대해서 설명을 했더니 이런 저급한 보잘것 없는 옛날 실력으로 무슨 이런 강좌를 하느냐고, 다른 사람이 올려 놓은 동영상을 좀 보라는 둥, 유튜브에 고인물이 얼마나 많은데 이런 실력으로 이런 강좌를 올린다고 필자를 조롱하고 비하하는 인신공격성 댓글을 다는 사람들이 있습니다.

아니 최신의 그래픽카드를 모른다고 실력이 없는 것입니까?

그래서 이후에 올리는 동영상에는 이러한 내용을 담고 자막으로도 이러한 내용을 담아서 올리곤 하는데요, 아무리 서로 얼굴을 마주보고 대화를 하지 않는다 하여 다른 사람이 힘들여 제작해서 올려놓은 동영상을 보고 그렇게 무례하게 인신공격성 댓글을 다는 사람들 심정을 알 수는 없습니다만, 그래서는 안 됩니다.

따라서 여러분은 혹시 필자의 블로그나 필자의 [유튜브 채널]에 오셔서 필자가 올린 포스트나 동영상 댓글에 이런 이상한 댓글이 있어도 그냥 무시하시기 바랍니다.

필자가 비록 최신 정보는 잘 모르더라도 최신 PC라고 어디 외게에서 온 것도 아니고 필자가 집필한 'PC 정비사 교본' 혹은 이 책으로 공부를 하여 최신 정보는 스스로 익히면 됩니다.

어차피 컴퓨터의 기본은 동일하므로 기초만 있으면 최신 정보는 저절로 익힐 수 있는 것입니다.

그리고 Win 11 인스톨 과정을 설명하다가 잠시 다른 설명을 했는데요, 필자가 현재 이 책을 집필하는 PC는 앞에서 설명한 것과 같이 인텔 i7-2세대 G2140 셀러론 시피유를 장착했고요, 램은 8Gb, 그래픽 카드는 따로 장착하지 않고 내장 그래픽을 사용하고 있고요, 지금 중고 시세로 돈으로 따지면 10만원도 되지 않는 사양입니다.

그러나 아직도 이런 필자가 이 책을 집필하는 PC보다 더 낮은 사양의 PC를 사용하는 사람들도 많이 있는 것으로 알고 있습니다.

이렇게 필자보다 더 낮은 사양의 PC를 사용하는 사람들은 Win 11 혹은 Win 10을 인스톨한다 하여도 속도가 느려서 PC 사용이 어렵습니다.

그런 분들은 차라리 윈도우7을 설치해서 사용하는 것이 좋습니다.
윈도우7은 필자가 지금 이 책을 집필하는 PC보다 더 낮은 PC에도 무리 없이 설치가 되며, 윈도우7은 지금은 마이크로소프트사에서 지원을 중단했기 때문에 설치를 한다 해도 실질적으로는 사용할 수 없는 운영체제입니다.

그러나 요즘은 무언가 많은 사람들이 검색하는 대상을 만들어서 자신의 사이트에 올리고 많은 사람들이 검색해서 찾아오도록 하고 이렇게 방문자를 많이 늘린 후에 자신의 사이트에 광고를 유치해서 광고 수익을 창출하는 것,.. 이것이 요즘은 사업이기 때문에 인터넷 검색 해 보면 윈도우7 최종 업데이트팩이라는 것을 찾을 수 있습니다.

이렇게 윈도우7은 마이크로소프트사에서 지원을 중단해서 실질적으로는 사용할 수 없는 운영체제이지만, 인터넷 검색하여 윈도우7 최종 업데이트팩을 다운로드하여 설치를 하면 아마도 앞으로도 몇 년간은 윈10이나 윈11과 동일하게 사용할 수 있을 것이며, 아마도 그 이후에는 또 다시 새로운 업데이트팩이 나올 것이 분명합니다.

윈도우7 설치 등에 관한 자세한 내용도 필자의 블로그 및 [유튜브 채널]에 올려 놓았으므로 이에 해당되시는 분이라면 인터넷창 웹브라우저에서 검색어 입력하는 곳 말고요, 주소표시줄에 '가나출판사.kr' 입력하고 엔터를 쳐서 필자의 홈에 오셔서 관련 동영상이나 포스트를 보시기 바랍니다.

위는 필자의 [유튜브 채널]이고요, 필자는 우리나라 컴퓨터 1세대로서 유튜브도 일찍부터 시작했으나 서울에서 사업을 할 때는 사업을 비교적 크게 했기 때문에 사업이 너무 바빠서 유튜브를 하지 못했고요, 지금은 시골에 와 있습니다만, 이곳에 와서도 처음 1년간은 이전을 했으므로 너무 바빠서 유튜브를 하지 못했고요, 작년부터 본격적으로 매달려서 얼마 전에 구독자 1,000명을 넘어서서 위의 화면에 보이는 것과 같이 오늘 현재 1,041명의 구독자가 있습니다.

요즘 유튜버에 관심이 있는 분들이 많은데요, 아직 PC 사용에 서투신 분이라도 이 책에서는 단순히 Win 11을 설치하는 방법 뿐만이 아니라 PC 활용에 관한 많은 내용을 다룰 것이므로 PC 파워 유저로 가는 지름길이 될 수 있습니다.

아울러 필자가 집필한 수 많은 저서들을 모두 보실 수 있으므로 이 책으로 공부를 하시는 분들은 반드시 오셔야 하는 채널입니다.

위는 필자가 필자의 [유튜브 채널]에 최근에 올린 동영상 목록인데요..

지금 이 책에서 다루고 있는 Win 11 설치하는 방법 및 네트워크 관련 기타 컴퓨터에 관한 많은 내용이 있습니다.

이 밖에도 필자의 수 많은 저서들 가운데는 '카메라 교본' 책도 있고요, 그래서 카메라 관련 및 사진 관련 동영상 및 포스트도 매우 많고요, 렌즈에 관한 내용도 많이 있습니다.

따라서 이 책으로 공부를 하시는 분이라면 꼭 오셔서 보셔야 하는 정보들이고요, 그렇다면 이 책을 볼 것이 아니라 이런 동영상이나 포스트를 보면서 공부를 하면 될 것이 아닌가 할 수도 있습니다.

그러나 인터넷에서 얻는 정보들은 대개 단편적인 정보들이 대부분이기 때문에 인터넷에서 유료 강좌 등을 보기 전에는 그냥 인터넷 검색하여 얻는 정보로는 급할 때 해결하는 용도는 가능하지만, 그런 정보로 공부를 하기에는 역부족입니다.

그래서 이런 책을 보시면서 공부를 하셔야 제대로 된 기초를 쌓을 수 있고요, 기초가 튼튼해야 한다는 것은 누구나 알고 있는 상식입니다.

3-5. Win 11 설치 파일 다운로드

Win 11을 설치하기 위해서는 가장 먼저 Win 11 설치 파일을 다운로드해야 합니다.

앞에서도 잠깐 설명을 했습니다만, 마이크로소프트 다운로드 센터에서 직접 Win 11 usb 설치 디스크를 만들 수도 있습니다.

그러나 이렇게 만든 Win 11 USB 설치 디스크는 인텔 i7-6세대 이후의 고사양 최신 PC에만 설치가 가능합니다.

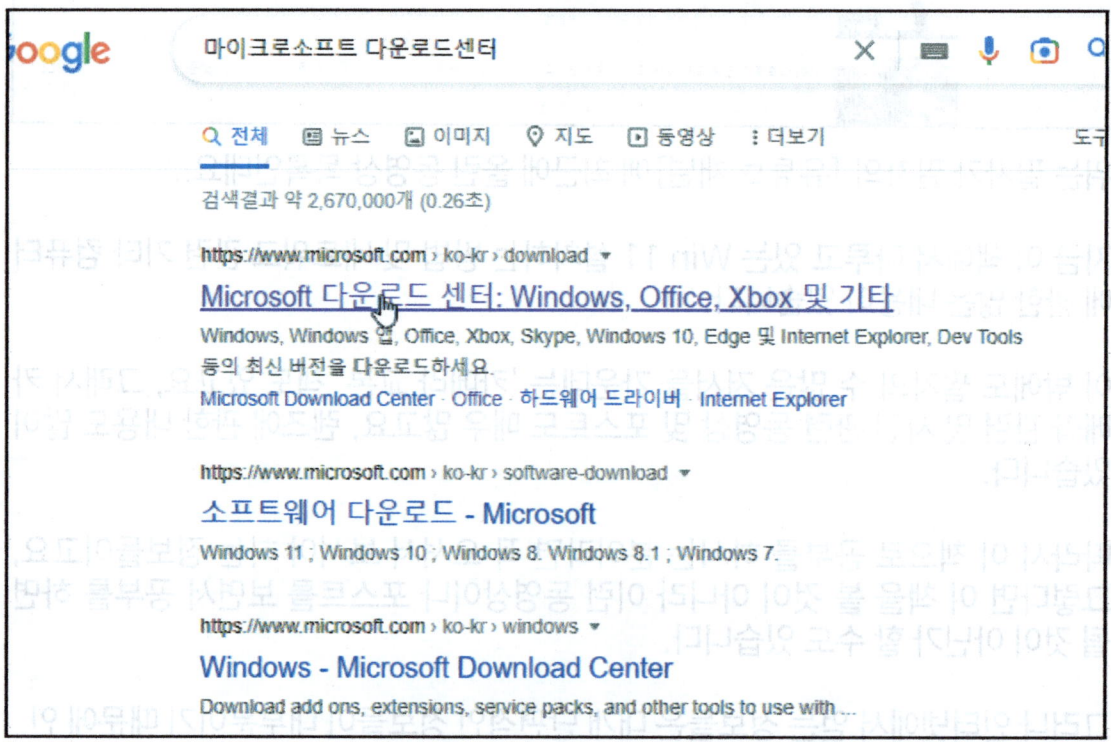

그러나 필자는 인텔 정품 시피유도 아닌 셀러룬 시피유인 G2140 시피유를 장착한 저사양 PC에 윈도우11을 설치하여 아주 잘 사용하고 있으므로 참고하여 주시기 바랍니다.

앞의 마이크로소프트 다운로드센터 검색하여 마이크로소프트 다운로드센터에 접속합니다.

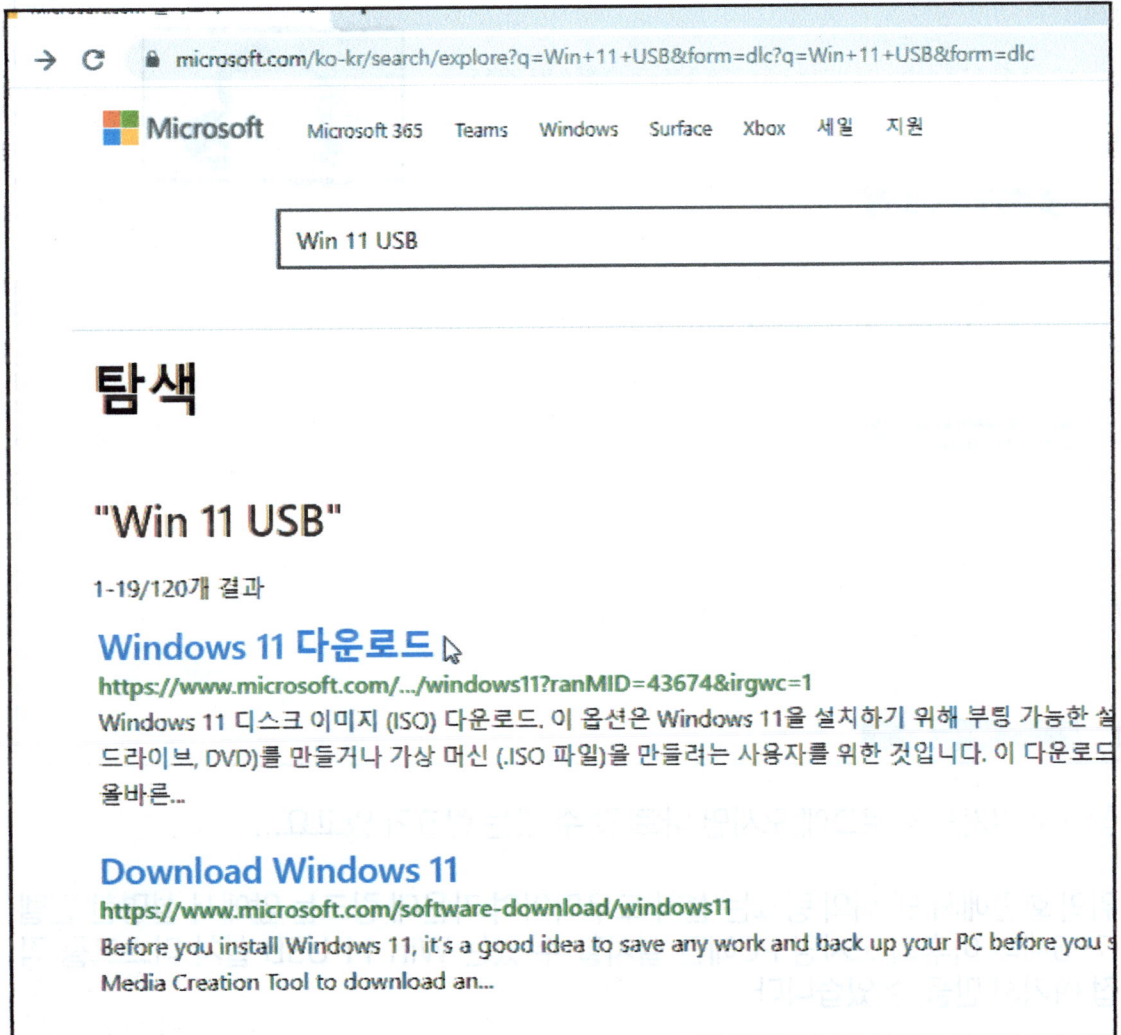

위의 마이크로소프트 다운로드센터에서 돋보기를 누르고 위와 같이 검색어 Win 11 usb 로 검색하여 나타닌 김색 결과에서 위의 마우스가 가리키는 링크를 클릭합니다.

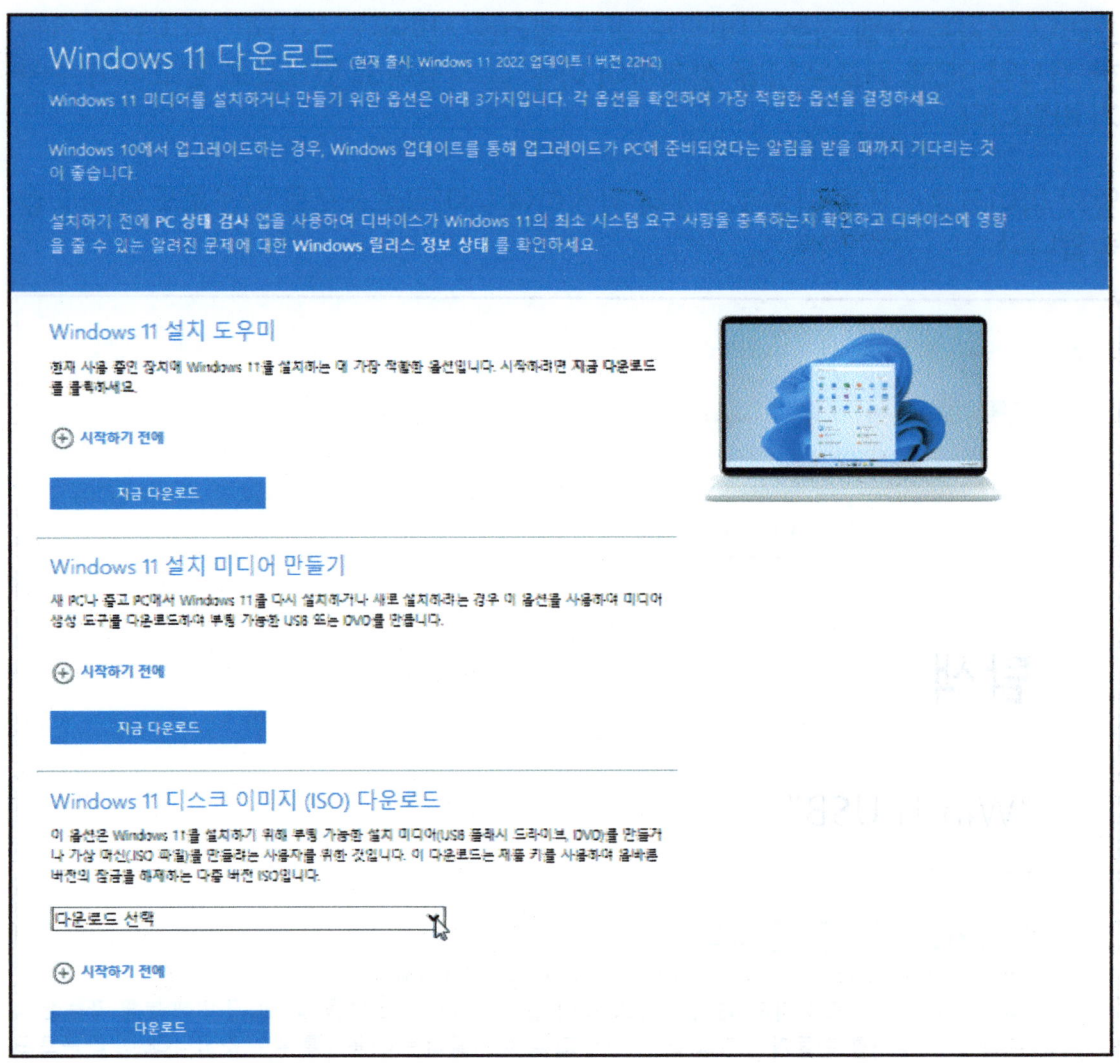

참고로 필자의 블로그에 오시면 바로 갈 수 있는 링크가 있고요,..

위의 화면에서 맨 위의 링크는 설치 도우미이며 가운데 링크는 앞에서 설명한 인텔 i7-6세대 이후의 고사양 PC에만 설치할 수 있는 Win 11 USB 설치 디스크를 직접 여기서 만들 수 있습니다.

그러나 고사양 PC라도 위의 마우스가 가리키는 곳을 클릭하여 iso 파일을 다운로드하는 것이 좋다고 앞에서 설명을 했고요, 특히 저사양 PC,.. 너무 오래 된 저사양 PC는 윈도우 7을 설치하는 것이 좋다고 앞에서 설명했고요, 적어도 필자가 지금

이 책을 집필하는 정도의 사양, 인텔 i7-2세대 시피유를 장착하고 8Gb의 램을 끼운 정도의 사양이라야 Win 11을 원활하게 사용할 수 있습니다.

꼭 PC정비사가 아니더라도 최소한 자신의 PC 정도는 마음대로 주무를 수 있어야 하는 이유가 여기에 있습니다.

필자의 책으로 PC 정비사 공부를 하여 기술을 습득하면 필자가 현재 이 책을 집필하는 PC 정도의 컴퓨터는 단돈 10만원이면 뒤집어 쓸 정도입니다.

그리고 소소한 고장은 컴퓨터 전문가를 부를 필요 없이 스스로 고칠 수도 있는 것입니다.

앞의 화면의 마우스가 가리키는 곳을 클릭하고 아래 화면에 보이는 Windows 11 (multi-edition ISO) 를 선택하고 다운로드를 클릭하여 자신의 PC에 이 파일을 다운로드합니다.

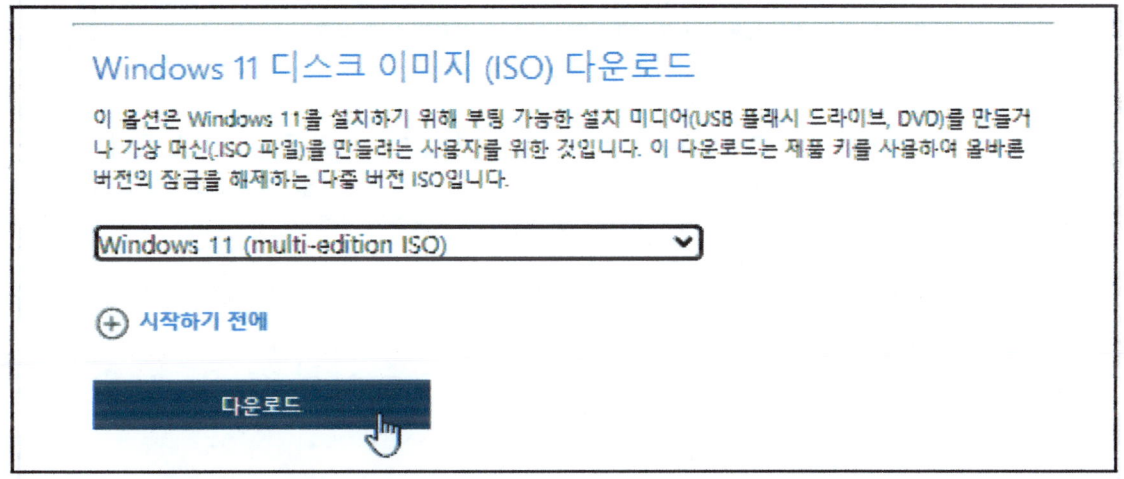

위의 손가락이 가리키는 곳을 클릭하여 파일을 다운로드하면 다음 화면에 보이는 파일이 다운로드 되는데요,..

이 파일은 또 다시 Rufus 라는 프로그램이 있어야 Win 11 USB 설치 디스크를 만들 수 있습니다.

그러나 이렇게 간단하면 필자가 윈도우 11 설치를 20번이나 실패할 리가 없죠..

3-6. Rufus 프로그램

앞의 설명에 따라 마이크로소프트 다운로드 센터에서 Windows 11 ISO 파일을 다운로드 했다면 이제는 Rufus라는 프로그램이 있어야 합니다.

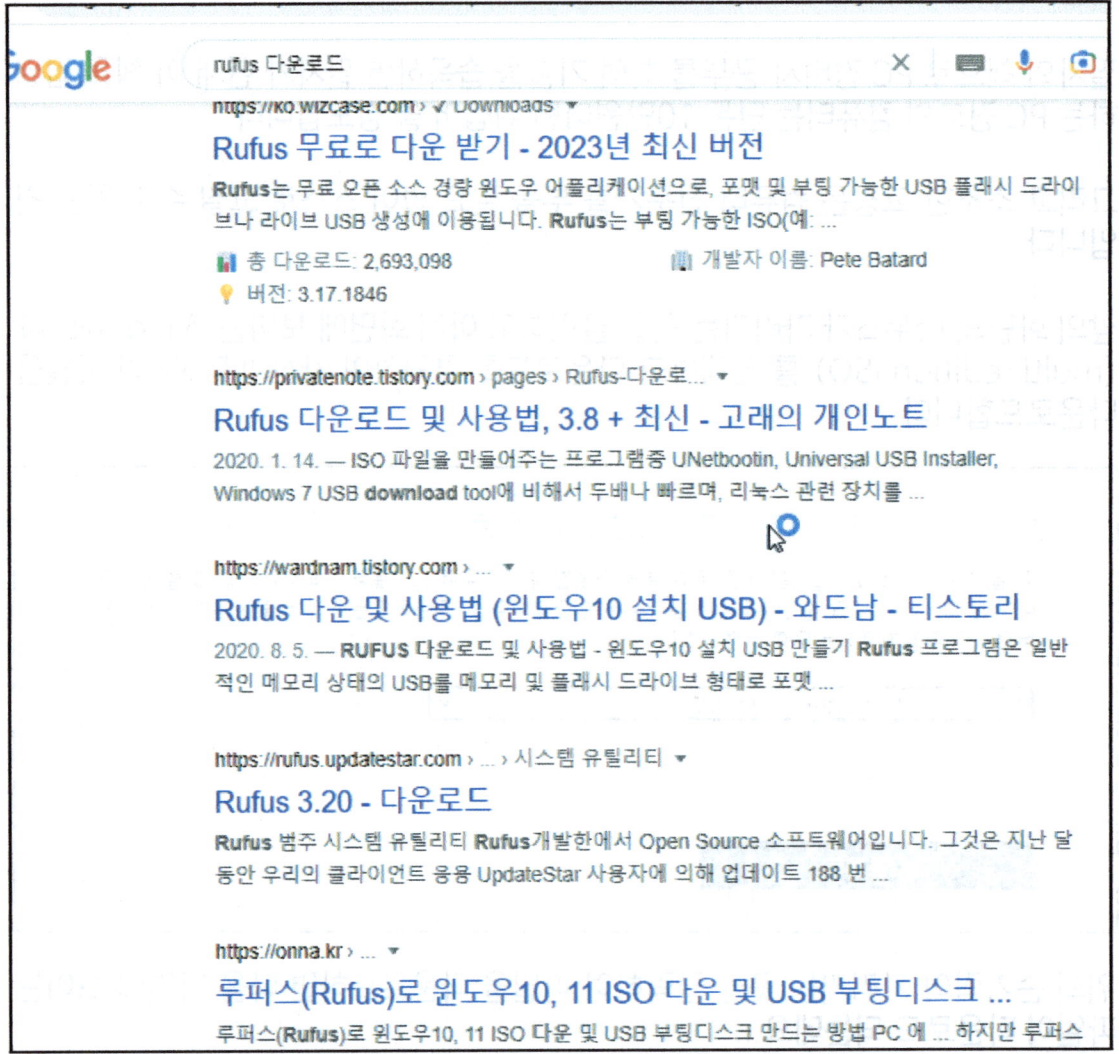

위와 같이 인터넷 검색하면 수 많은 Rufus 프로그램이 검색되는데요, 필자는 Rufus 버전 3.8에서 실패했고요, 3.2버전 및 3.21 버전에서도 모두 실패를 했습니다.

결국 나중에 Rufus 3.16 버전을 다운로드하여 지금 이 책을 쓰고 있는 구형 PC에

Win 11 설치 성공하여 지금 이 책을 쓰고 있고요,..

그러나 컴퓨터라는 것은 워낙 생각지도 않은 일이 비일비재하게 일어나는 요물이기 때문에 필자와 다른 사람들도 있을 것입니다.

따라서 혹시 필자의 설명대로 되지 않는다 하여 필자의 설명이 틀린 것이 아니라는 것을 아시고요, 일단 아래 Rufus 프로그램 사용법부터 알아보겠습니다.

필자의 경우 Rufus 버전 3.2, 3.21, 3.8에서 모두 실패를 했습니다만, 이것은 오로지 필자의 경우에 해당되는 내용일 수 있으므로 여러분은 될 수도 있고요, 필자의 경우 Rufus 3.16 버전으로 성공을 했습니다만, 일단 이보다 높은 버전을 먼저 설명을 하겠습니다. 사용법은 모두 거의 동일합니다.

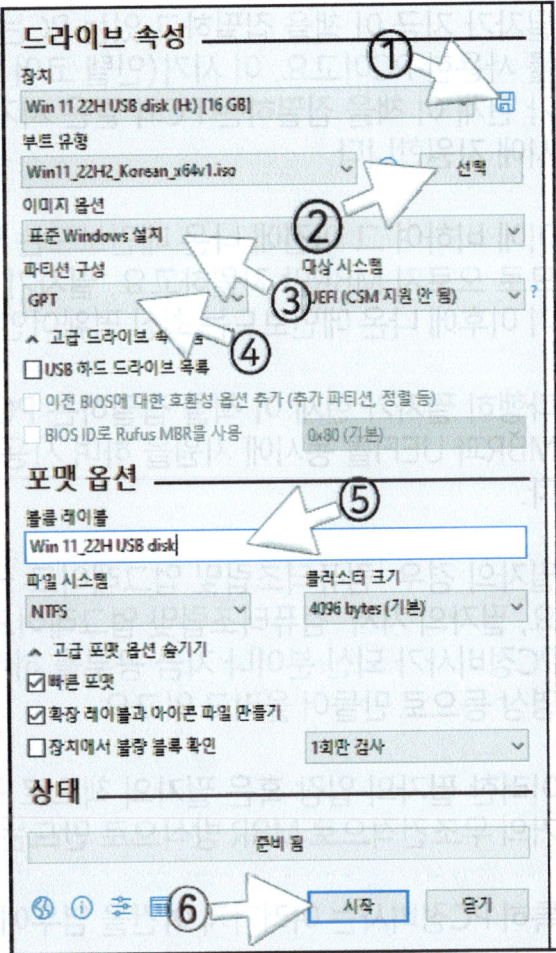

인터넷에서 다운로드 하거나 필자의 블로그에 오시면 바로 갈 수 있는 링크가 있으므로 필자의 블로그에서 다운로드를 하여 Rufus를 실행시키면 우측 화면이 나타납니다.

우측은 Rufus 3.21 버전인데요, 3.2 이후 버전은 모두 동일합니다.

우측 [1]은 자신의 컴퓨터에 미리 꽂아 놓은 8Gb 이상의 usb 드라이브가 나타나는 것입니다.

[2]를 클릭하여 앞쪽에서 설명한 방법대로 마이크로소프트 다운로드 센터에서 다운로드한 Win 11 IOS 파일을 선택합니다.

[3]은 어떤 항목을 선택하든 결과는 동일하고요,..

[4]는 다음과 같은 약간 복잡한 설명이

필요합니다.

3-7. GPT, MBR, UEFI

여기서 MBR, GPT 에 대한 자세한 설명은 생략하겠습니다.

다만, MBR은 레거시, 즉, 옛날 방식입니다.
이에 비하여 GPT 방식은 최신의 방식이며 GPT는 최신의 UEFI 펌웨에서 사용하는 파일 시스템입니다.

(참고 MBR에서도 GPT 를 만들 수 있고, 인식도 됩니다.)

필자가 지금 이 책을 집필하고 있는 PC는 약 10년 ~ 13년 전에 생산된 메인보드를 사용한 PC이고요, 이 시기(인텔 코어 2 듀오 시절)는 과도기이기 때문에 필자가 현재 이 책을 집필하는 PC와 같은 시기에 나온 메인보드는 MBR과 UEFI를 동시에 지원합니다.

이에 비하여 그 이전에 나온 메인보드는 당시에는 아직 UEFI가 개발되기 이전이므로 오로지 MBR만 지원하고요, 필자가 현재 이 책을 집필하는 PC와 비슷한 시기 이후에 나온 메인보드는 최신 펌웨어인 UEFI만 지원을 합니다.

다행히 필자가 현재 이 책을 집필하는 PC는 과도기에 나온 메인보드이기 때문에 MBR과 UEFI를 동시에 지원을 하며 사용자가 원하는 방식으로 설치할 수 있습니다.

필자의 경우 '컴퓨터조립및 업그레이드 - PC정비사 교본' 책을 집필한 사람이고요, 필자의 저서 '컴퓨터조립및 업그레이드 - PC정비사 교본' 책으로 공부를 하여 PC정비사가 되신 분이나 지금 공부를 하시는 분들을 위한 보충 설명을 수시로 동영상 등으로 만들어 올리고 있고요,..

이러한 필자의 입장 혹은 필자의 책으로 공부를 하셔서 PC정비사가 되신 분들은 거의 무조건적으로 MBR 방식으로 만드는 것이 좋습니다.

특히 PC정비사는 여러가지 여건을 염두에 두어야 하며 아직도 저사양 PC를 사용하는 사람들과의 호환을 위하여 MBR 방식으로 설치하는 것이 좋고요, 특히 필자가 현재 이 책을 집필하는 PC와 같이 MBR과 UEFI를 동시에 지원하는 메인보드의 경우, 그 이전에 나온 MBR만 지원하는 구형 보드와 마찬가지로 MBR로 설치하는 것이 좋습니다.

물론 최신의 보드는 아예 MBR은 없고요, 오로지 최신의 펌웨어인 UEFI만 있으므로 이 경우에는 UEFI로 설치를 해야 하지만, Win 11 USB 설치 디스크 자체는 MBR로 만들어도 됩니다.

앞의 Rufus 프로그램에서 UEFI를 선택하면 오로지 UEFI에서만 Win 11을 설치할 수 있고요, 그 이전에 나온 PC에는 Win 11을 설치할 수 없습니다.

따라서 PC정비사라면 무조건적으로 MBR로 설치를 해야 하고요, 일반인도 필자의 설명을 이해를 했다면 Win 11 UBS 설치 디스크는 MBR로 하는 것이 좋다는 것을 알았을 것입니다.

MBR과 UEFI의 가장 큰 차이점은 2Tb 이상의 HDD를 인식할 수 있는가 없는가의 차이입니다만, MBR로 설치한다고 2Tb 이상의 HDD를 인식하지 못하는 것이 아닙니다. (정확히는 2.2Tb입니다.)

MBR 방식으로 설치하더라도 2Tb 이상의 HDD만 GPT로 변환하면 되고요, MBR 방식으로 만든 Win 11 USB 설치 디스크라 하더라도 UEFI 방식으로 Win 11 설치를 할 수 있습니다.

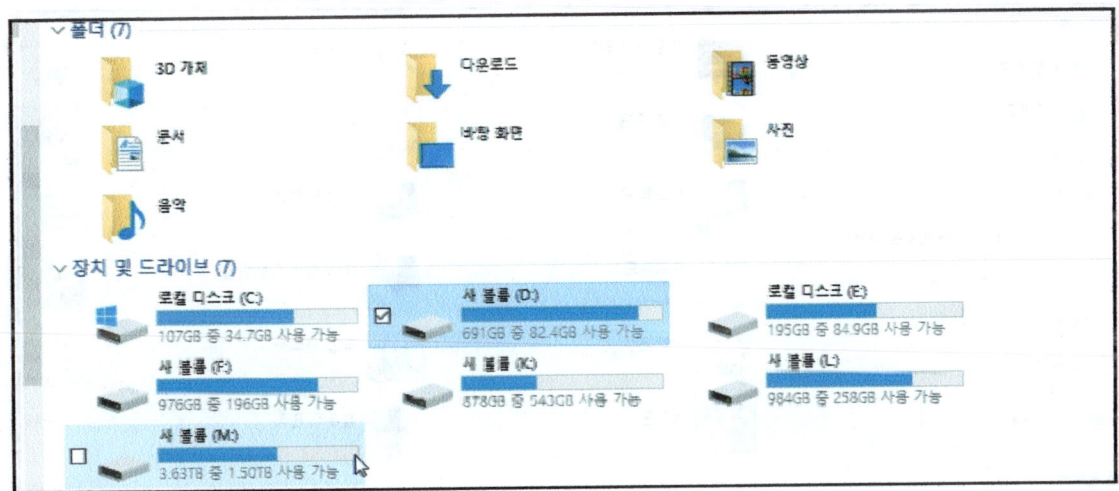

앞의 화면은 MBR로 설치를 했지만, 앞의 화면 마우스가 가리키는 드라이브는 4Tb 용량인데요, 이 HDD만 GPT로 변환을 해서 MBR로 설치했어도 2Tb 이상의 HDD를 정상적으로 사용하는 모습입니다.

다음은 디스크를 MBR 혹은 GPT로 변환하는 방법입니다.

3-8. GPT 디스크로 변환하는 방법

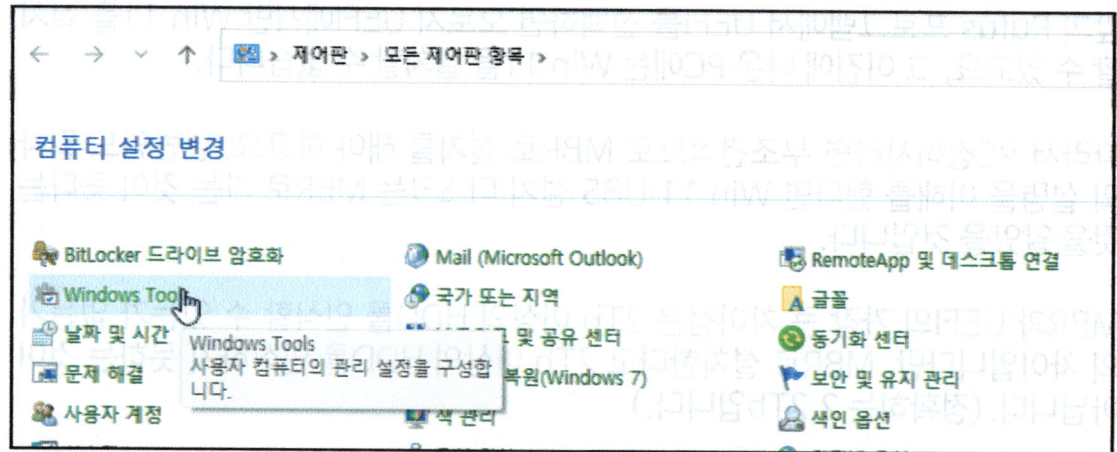

위의 화면 참조하여 위의 손가락이 가리키는 [Windows Tools]를 클릭합니다. 위의 화면은 Win 11 화면이므로 Win 10과 다릅니다만, 디스크 관리 화면은 동일합니다.

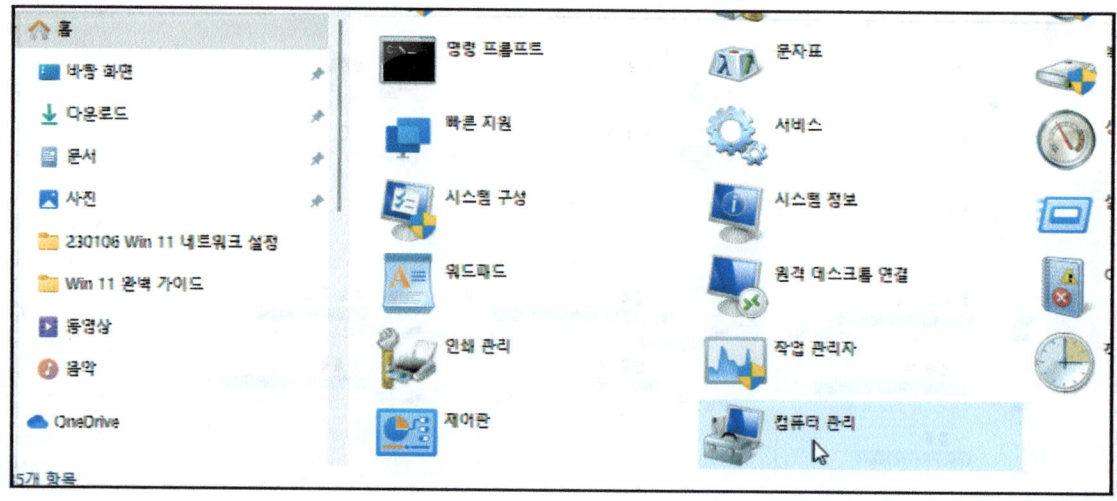

앞의 화면에서 마우스가 가리키는 [컴퓨터 관리]를 클릭하면 다음 화면이 나타납니다.

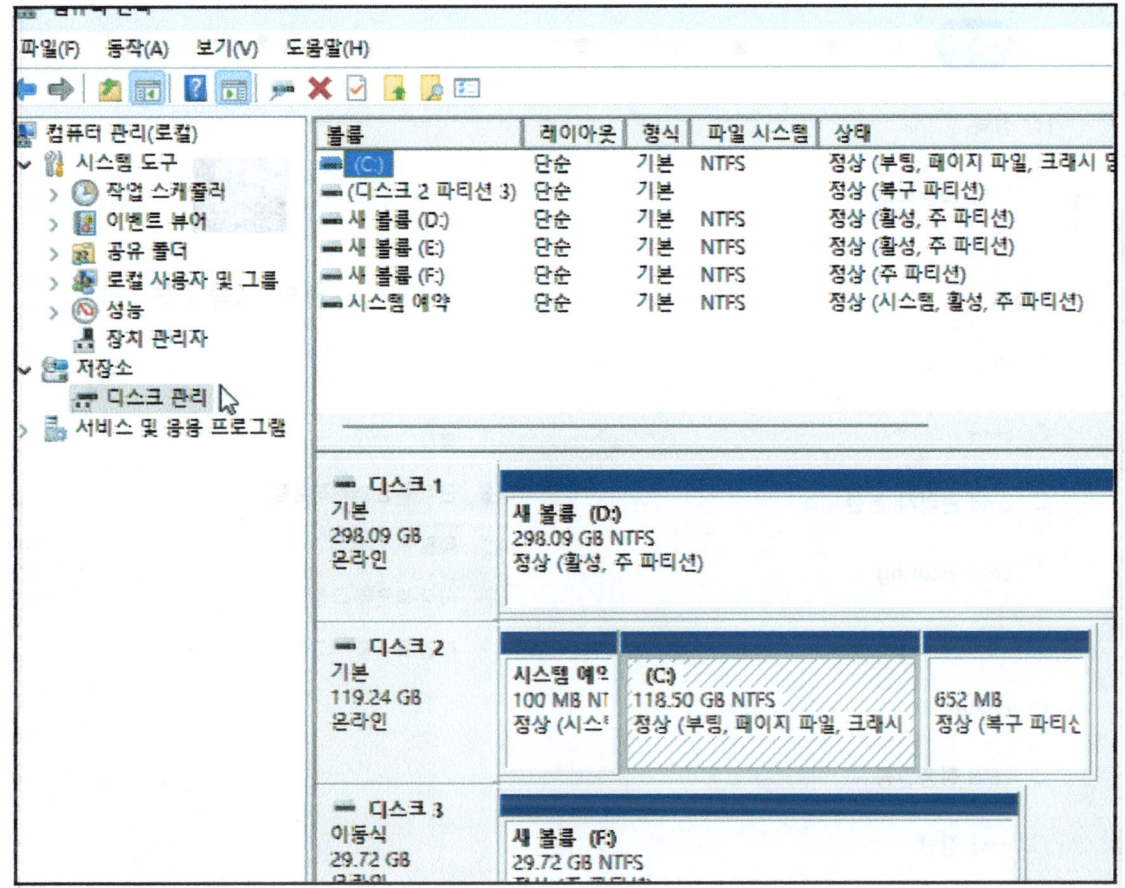

위의 화면에서 마우스가 가리키는 [디스크 관리]를 클릭하면 위의 화면에 보이는 것과 같이 자신이 사용하는 PC에 설치된 디스크를 모두 보여줍니다.

위에서 중요한 것은 디스크1, 디스크2, 디스크3 등으로 표시되어 있는 이름이 중요합니다.

디스크 관리는 위의 화면에서 윈도우 방식으로 할 수도 있지만, 컴퓨터를 조금이라도 다룰 줄 안다면 다음 CMD 창을 띄우고 도스 명령을 사용하는 것이 좋습니다.

다음 화면 참조하여 [시작]-[cmd] 입력하고 반드시 [관리자 권한으로 실행]을 클릭해야 합니다.

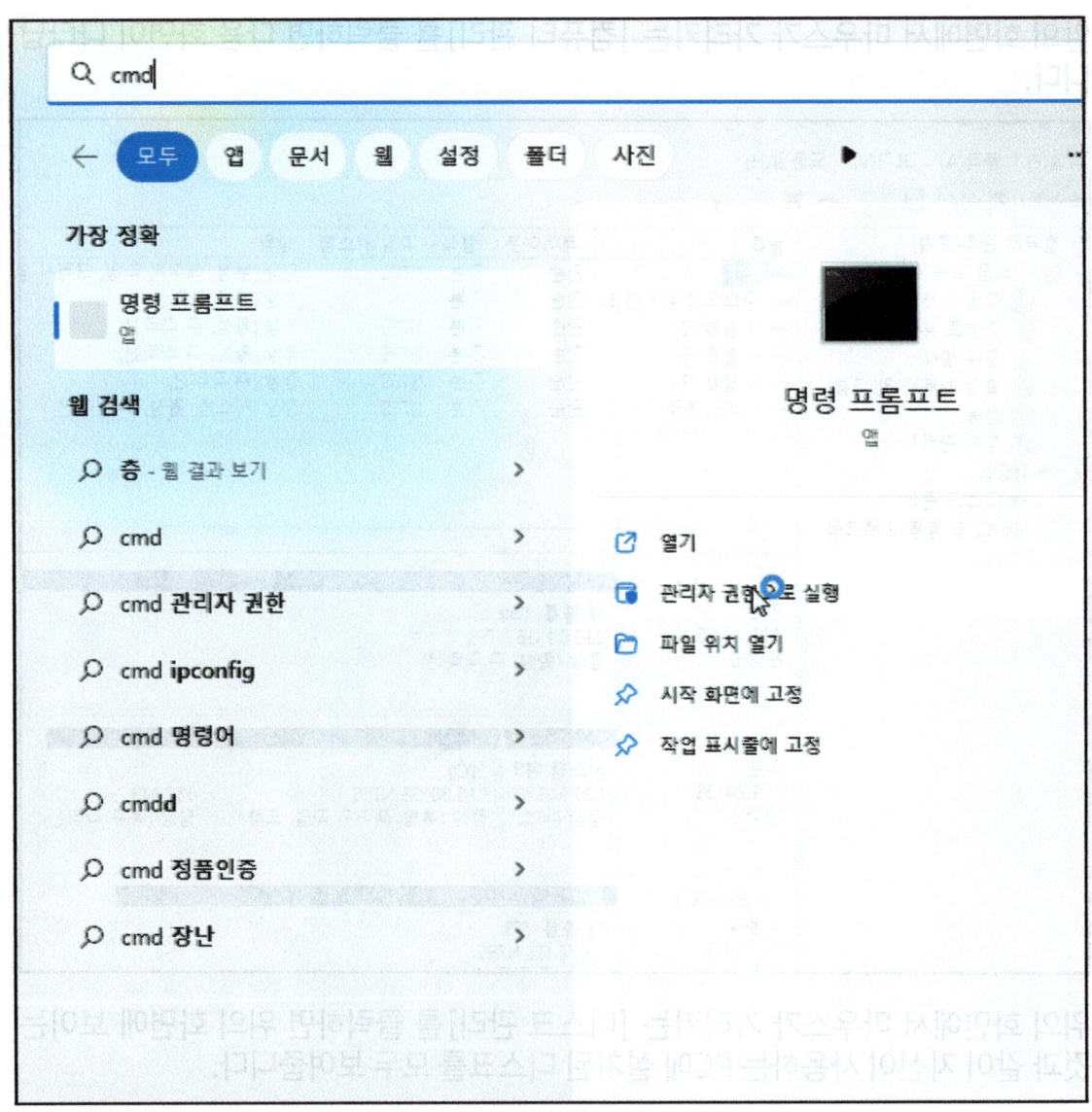

위와 같이 [시작] - [cmd 입력] - [관리자 권한으로 실행]을 클릭하면 다음 화면에 보이는 도스 창이 나타나는데요..

이 명령어는 시스템 파일이 들어 있는 디스크 등도 무자비하게 초기화를 시킬 수 있는 강력한 명령어를 사용하기 때문에 위의 화면에서 반드시 [관리자 권한으로 실행]을 클릭해야 합니다.

권한이 부족하면 명령이 실행되지 않을 수도 있기 때문입니다.

```
관리자: 명령 프롬프트

Microsoft Windows [Version 10.0.22621.525]
(c) Microsoft Corporation. All rights reserved.

C:\Windows\System32>diskpart_
```

위의 화면에 보이는 것과 같이 'diskpart' 를 입력하고 엔터를 칩니다.

```
관리자: 명령 프롬프트 - diskpart

Microsoft Windows [Version 10.0.22621.525]
(c) Microsoft Corporation. All rights reserved.

C:\Windows\System32>diskpart

Microsoft DiskPart 버전 10.0.22621.1

Copyright (C) Microsoft Corporation.
컴퓨터: DESKTOP-M4U06L9

DISKPART> list disk_
```

위의 화면에 보이는 것과 같이 'list disk' 를 입력하고 엔터를 칩니다.

```
Copyright (C) Microsoft Corporation.
컴퓨터: DESKTOP-M4U06L9

DISKPART> list disk

  디스크 ###  상태           크기     사용 가능   Dyn  Gpt
  ----------  -------------  -------  ----------  ---  ---
  디스크 0    온라인         1863 GB       0 B
  디스크 1    온라인          298 GB       0 B
  디스크 2    온라인          119 GB    1024 KB
  디스크 3    온라인           29 GB       0 B

DISKPART>
```

아까 앞에서 보았던 윈도우 제어판 디스크 관리에서 보았던 디스크 넘버가 보입니다.

앞의 화면에 보이는 0, 1, 2, 3.. 이 현재 이 PC에 연결된 디스크들이고요, 용량을 보면 어떤 디스크인지 알아보아야 하며 헷갈릴 수 있으므로 앞에서 보았던 윈도으즈 제어판의 [디스크 관리]화면을 같이 띄워놓고 확인하면서 작업을 해야 합니다.

앞의 화면을 보면 맨 우측 GPT 표시가 하나도 없습니다.
즉, 이 글을 쓰고 있는 Win 11 운영체제를 설치한 PC도 MBR로 설치를 했고요, 디스크도 하나도 GPT로 변환된 디스크가 없습니다.

그러나 위의 화면에 보이는 디스크는 모두 2Tb 이하의 디스크이기 때문에 그냥 MBR로 사용해도 되는 것이고요, 만일 2Tb보다 큰 디스크를 장착한다면 반드시 GPT로 변환을 해야 합니다.

2Tb 이상의 고용량 디스크를 장착했다 하더라도 디스크 방식이 MBR 방식이면 2Tb이상은 인식하지 못하기 때문에 예를 들어 6Tb 이상의 디스크를 연결했다 하더라도 MBR 방식의 시스템에서는 2Tb로 인식을 하며 최대 2Tb만 사용할 수 있으며 나머지 4Tb는 사용할 수 없습니다.

그래서 MBR 방식으로 Win 11 을 설치했다 하더라도 2Tb보다 용량이 큰 디스크를 설치했다면 해당 디스크는 GPT로 변환을 해야 하는 것입니다.

```
Microsoft DiskPart 버전 10.0.22621.1

Copyright (C) Microsoft Corporation.
컴퓨터: DESKTOP-M4U06L9

DISKPART> list disk

  디스크 ###  상태       크기      사용 가능  Dyn  Gpt
  ----------  --------   -------   --------  ---  ---
  디스크 0    온라인     1863 GB      0 B
  디스크 1    온라인      298 GB      0 B
  디스크 2    온라인      119 GB   1024 KB
  디스크 3    온라인       29 GB      0 B

DISKPART> select disk 0
```

앞의 화면에 보이는 디스크 0 은 2Tb용량의 HDD인데요, 만일 이 디스크를 GPT로 변환을 하고 싶다면 앞의 화면에 보이는 'select disk 0' 을 입력하고 엔터를 치면 다음 화면이 나타납니다.

주의 : 여기서는 디스크 이름을 영어로 써야 하며 dksk 다음에 한 칸 띄우고 디스크 넘버를 입력해야 합니다.

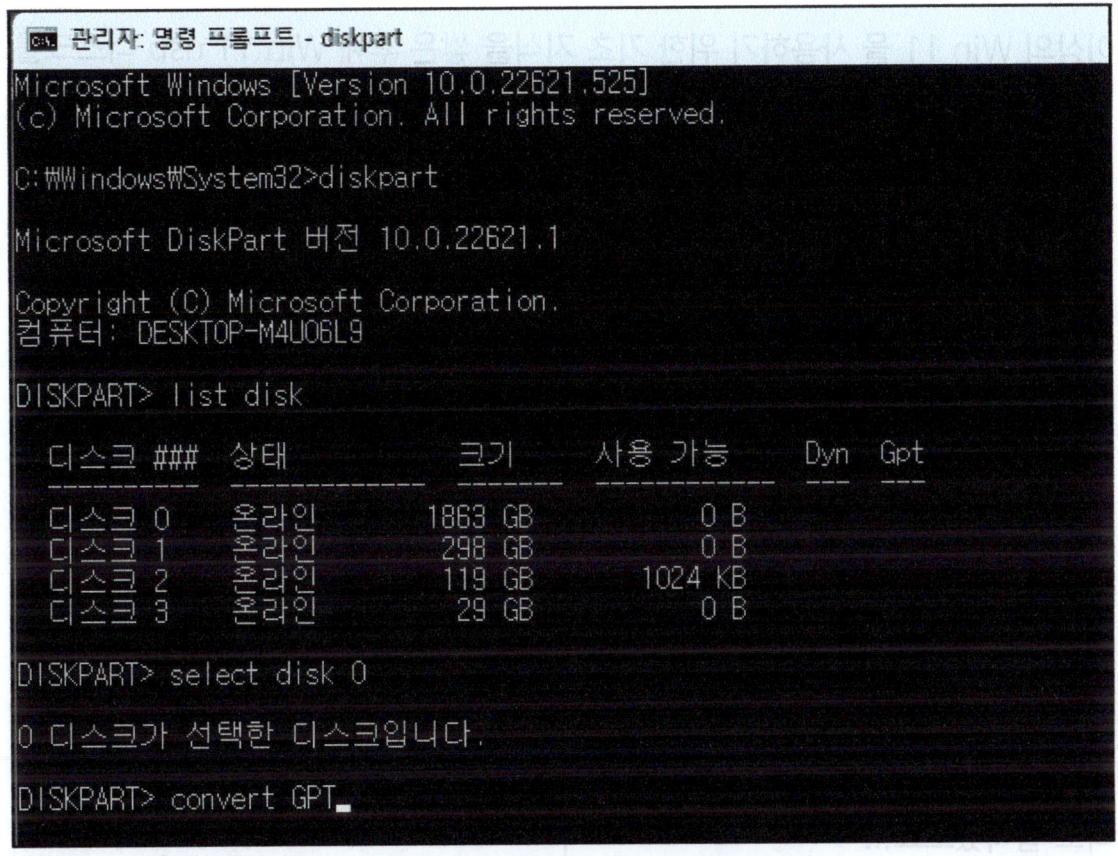

위와 같이 현재 선택한 디스크가 디스크 0이라고 나옵니다.

이 상태에서 위와 같이 'convert GPT' 를 입력하고 엔터를 치면 해당 디스크가 GPT로 변환이 됩니다.

만일 GPT를 다시 MBR로 바꾸는 것은 것은 가능하지만, 2Tb 이상의 디스크를 사용하기 위하여 GPT로 바꾸었던 것을 다시 MBR로 바꾸면 디스크의 모든 자료를 잃을 수 있습니다.

여러분이 만일 초보자라면 지금 설명은 어려울 수 있습니다만, 이 부분을 충분히 이해를 하고 넘어가야 Win 11을 원활하게 사용할 수 있습니다.

이 밖에 CMD 명령으로 할 수 있는 디스크 검사, 초기화 등 많은 유용한 기능이 있습니다만, 지금은 도스를 사용하는 시대가 아니고요, 윈도우즈 운영체제를 사용하는 시대이므로 더 자세한 설명을 생략하도록 하겠습니다.

이상의 Win 11 을 사용하기 위한 기초 지식을 쌓은 후에 Win 11 usb 디스크를 만들 수 있으며 아울러 Win 11 설치를 할 수 있습니다.

다시 앞에서 보았던 Rufus 화면을 다시 보겠습니다.

지금까지의 보충 설명과 같이 우측에 보이는 Rufus 화면에서 [4]는 GPT가 아닌 MBR로 선택을 합니다.

우측 화면의 [3]은 어떤 선택을 해도 결과는 마찬가지이므로 그냥 둡니다.

우측 화면의 [5]는 볼륨 레이블로 탐색기에 나타나는 디스크 이름입니다.

그냥 자동으로 나타나는 이름을 사용해도 되지만, 필자는 우측에 보이는 것과 같이 Win 11_22H USB MBR dksk 라고 입력했고요,..

즉, Win 11 최종 버전이며 MBR 방식으로 만든 Win 11 usb 설치 디스크라는 것을 나중에라도 알아보기 위해서 일부러 이렇게 한 것입니다.

이 책으로 공부를 하시는 분이라면 전문 PC정비사이든 개인이든 지금 인스

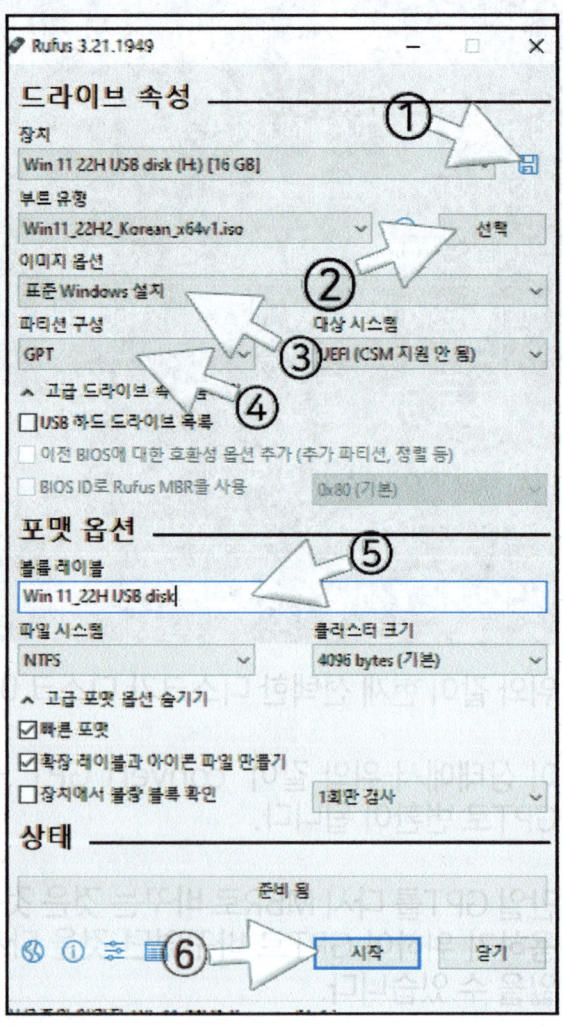

톨한 윈도우11을 이미지 형태로 만들어서 저장을 해 두었다가 필요시 다시 SSD에 풀어서 사용할 수 있도록 조치를 해 두어야 합니다.

이왕 설명이 나왔으므로 이렇게 하는 방법을 알려 드리겠습니다.

지금 인스톨한 윈도우11 뿐만이 아니라 윈도우7, 윈도우10 등 모든 운영체제를 이렇게 이미지로 저장해 두었다가 나중에 PC에 문제가 생겼을 때 SSD에 그대로 복원을 해서 PC를 복구할 수 있습니다.

이렇게 하는 프로그램은 필자가 함부로 올릴 수 없으므로 필자의 블로그에 오시면 해당 파일을 다운로드할 수 있는 링크가 있습니다.

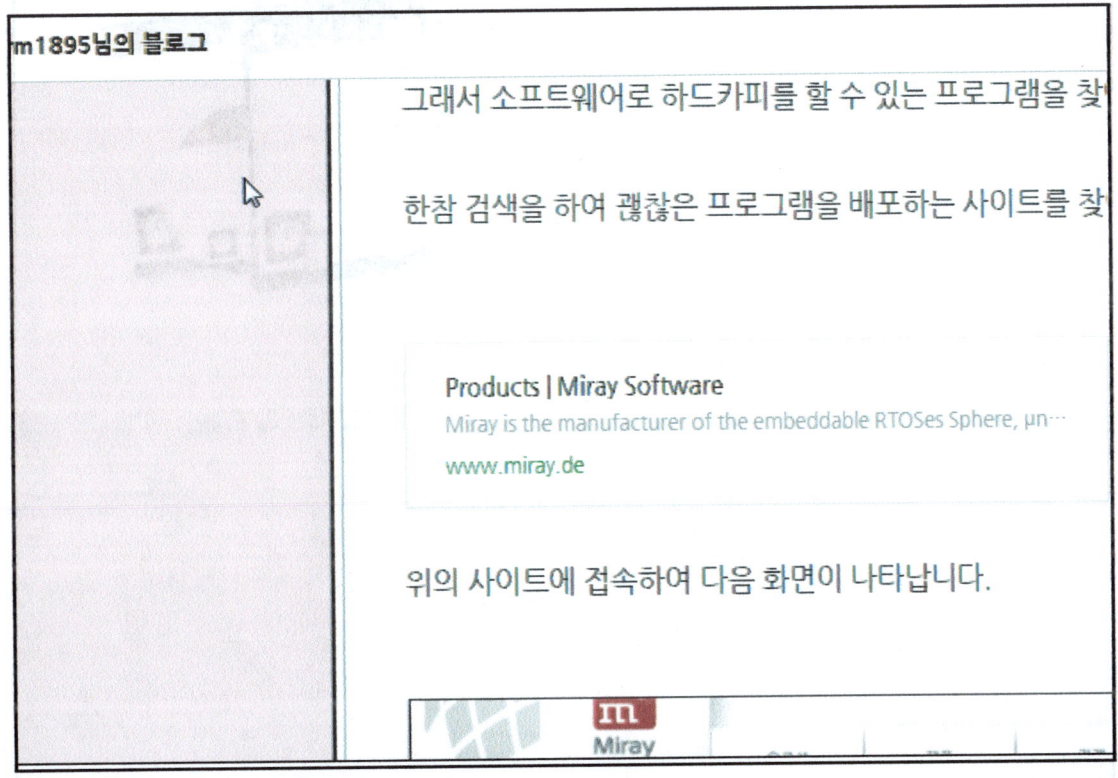

필자의 책으로 공부를 하시는 분이라면 필자의 인터넷창 웹브라우저 주소표시줄에 '가나출판사.kr' 입력하고 엔터를 쳐서 필자의 홈에 오셔서 [네이버 블로그]를 클릭하여 맨 하단 검색어 입력란에 '하드카피소프트웨어' 검색하여 위의 포스트를

를 보시면 앞의 화면에 보이는 링크가 있고요, 이 링크를 클릭하면 다음 화면이 나타납니다.

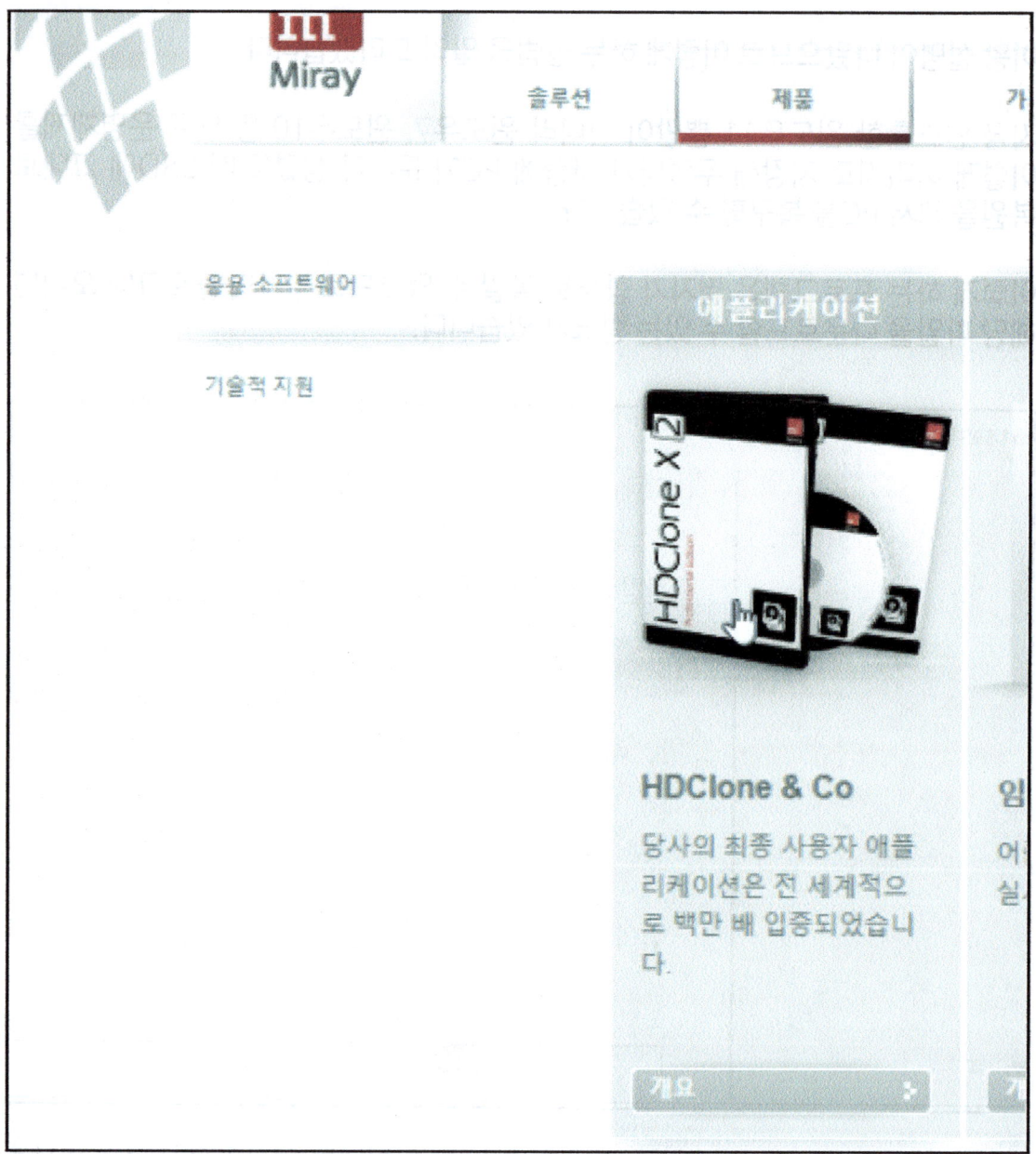

위의 화면에서 손가락이 가리키는 HDClone & Co 를 클릭하면 다음 하면이 나타납니다.

위의 화면에서 손가락이 가리키는 링크를 클릭하면 다음 화면이 나타납니다.

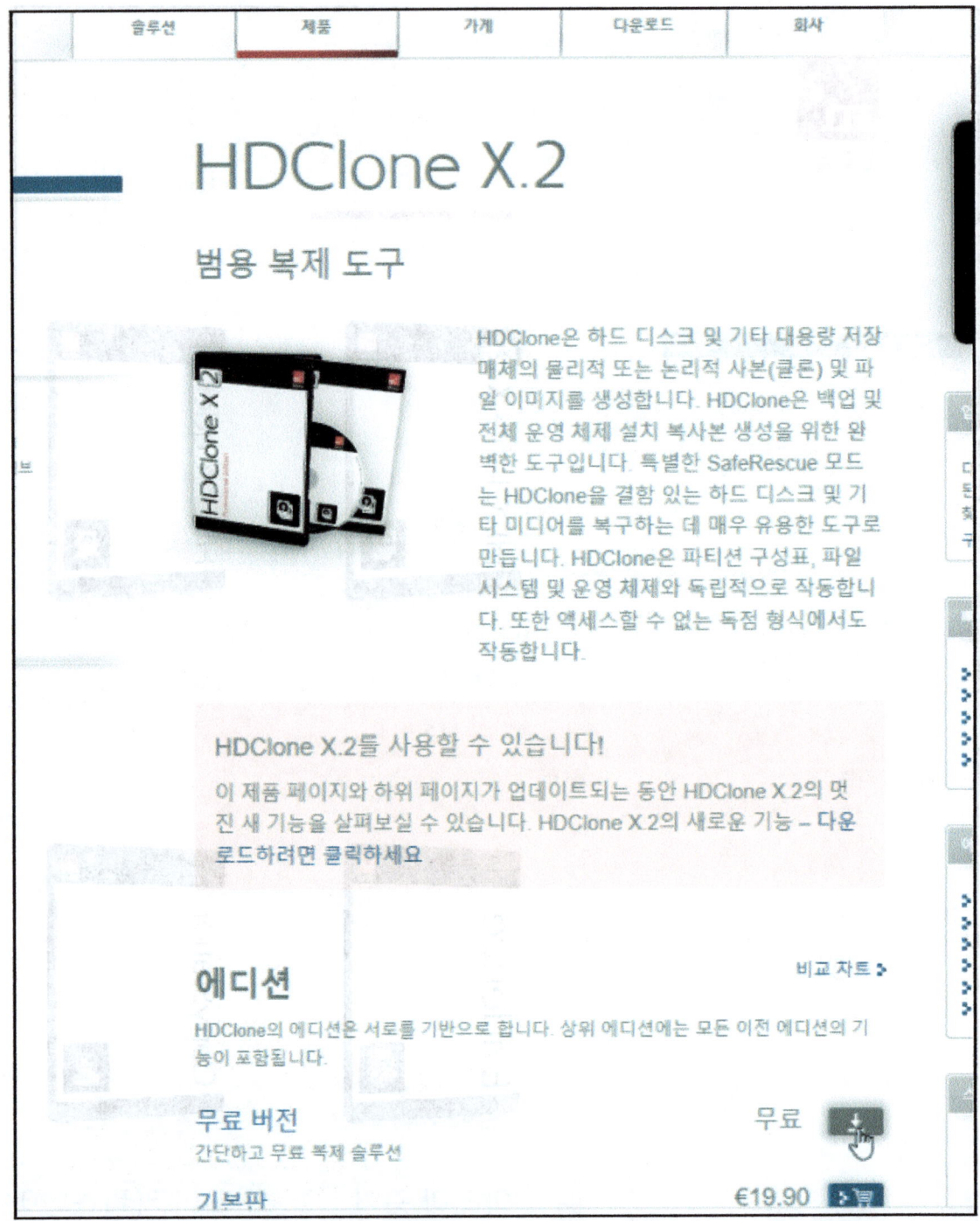

위의 화면에서 손가락이 가리키는 다운로드 버튼을 클릭하여 해당 파일을 다운로드하여 실행시켜서 프로그램을 설치하고 실행시킵니다.

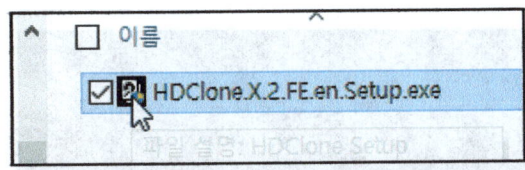

좌측 화면에 보이는 것이 해당 파일입니다.

이 프로그램을 더블 클릭하여 화면의 안내에 따라 설치를 하면 좌측 화면에 보이는 아이콘이 생성됩니다.

좌측에 보이는 아이콘 중에서 밑에 있는 아이콘은 32비트용이고요, 위에 있는 아이콘이 64비트입니다.

자신이 사용하는 운영체제의 비트수에 맞는 아이콘을 클릭해야 하는데요, 윈10 이상이라면 대부분 64비트를 사용하므로 좌측 아이콘 중에서 위에 있는 64비트 아이콘을 더블 클릭하여 실행 시키면 다음 화면이 나타납니다.

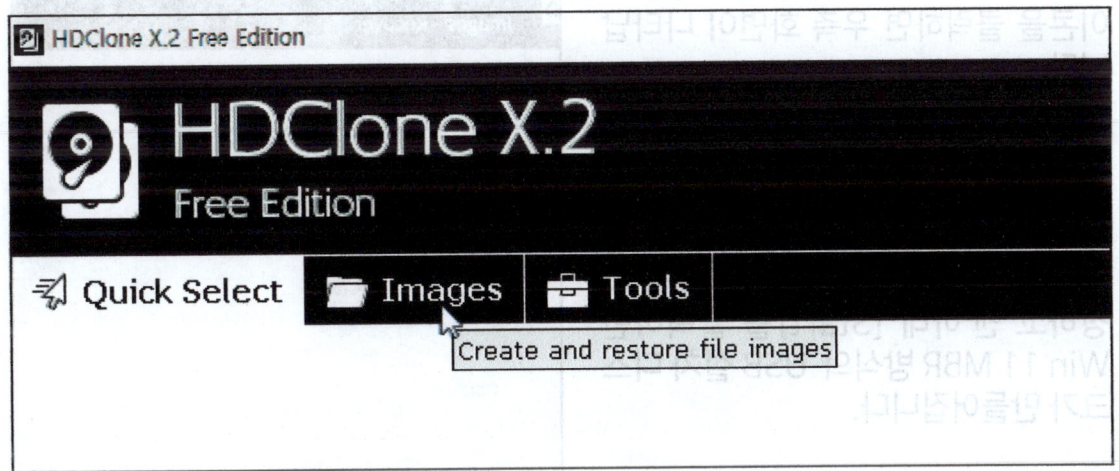

이 프로그램 하드 카피 프로그램입니다만, 지금은 이미지를 풀어야 하므로 위의 화면에서 마우스가 가리키는 Images를 클릭합니다.

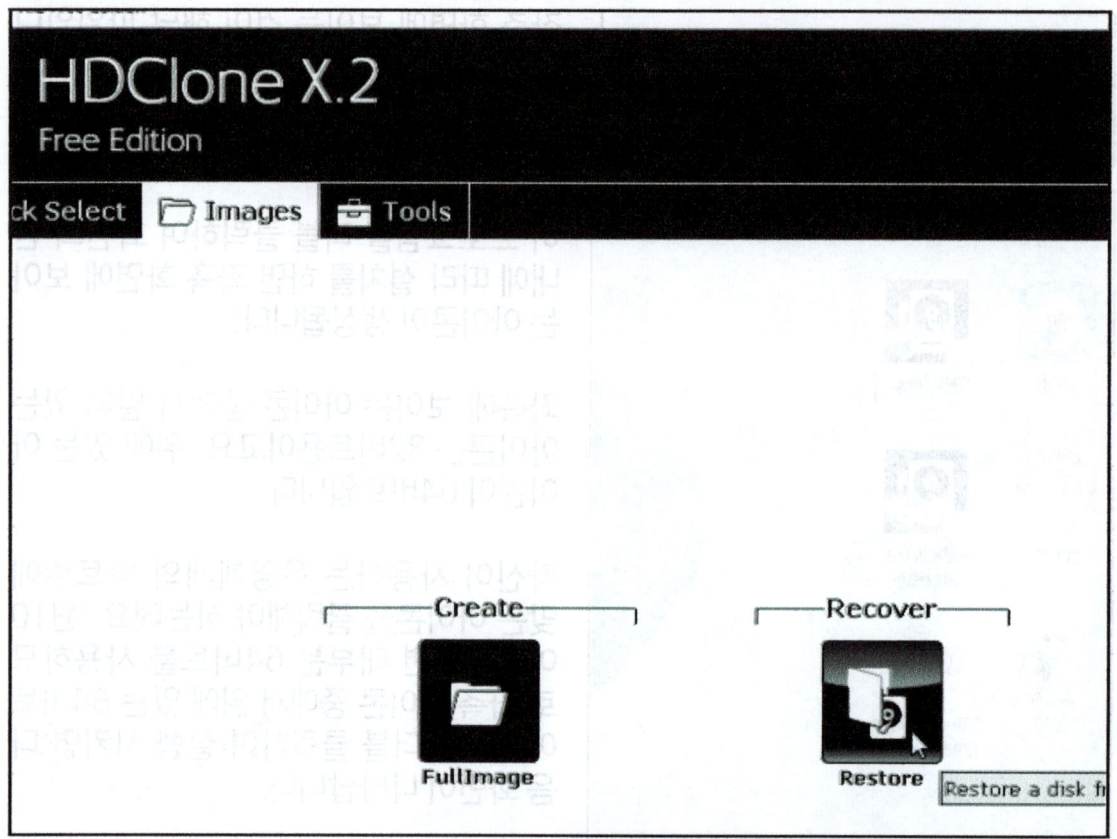

위의 화면에서 마우스가 가리키는 아이콘을 클릭하면 우측 화면이 나타납니다.

우측 화면의 [images] 항목을 클릭하고 필자가 보내드리는 이미지 파일을 선택하고 [Target]에는 8Gb 이상의 메모리 카드가 들어 있는 경로를 지정하고 맨 아래 [Start]를 클릭하면 Win 11 MBR 방식의 USB 설치 디스크가 만들어집니다.

주의 : 반드시 타켓 디스크의 용량이 같거나 조금이라도 커야 합니다.

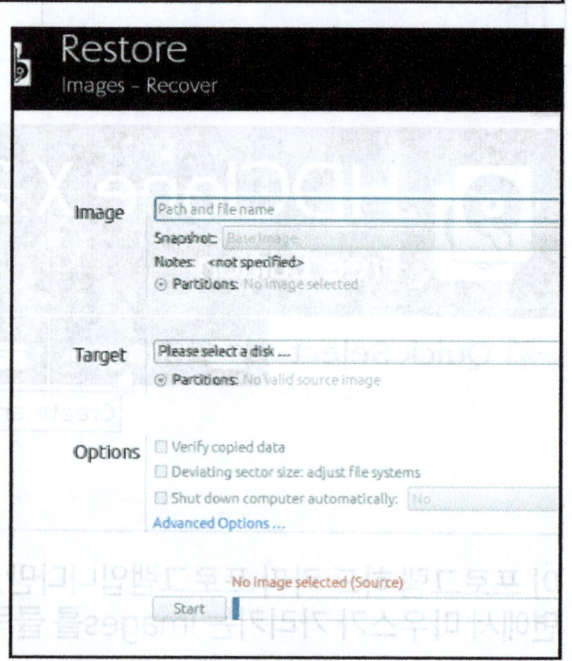

3-9. TPM 우회

앞에서 Win 11은 대체로 인텔 i7-6 세대 이후의 고사양 PC에만 설치가 되도록 만들어진 운영체제라고 설명을 했습니다.

그래서 마이크로소프트 다운로드센터에서 직접 Win 11 USB 설치 디스크를 만들면 이보다 사양이 낮은 PC에서는 '이 컴퓨터는 Windows 11을 설치할 수 없습니다.' 라는 메시지가 나오며 더 이상 진행이 되지 않습니다.

그래서 마이크로소프트 다운로드 센터에서 직접 Win11 USB 설치 디스크를 만들지 않고 Rufus 프로그램으로 만드는 것인데요, 앞에서 Rufus 프로그램 설명을 하던 것을 이어 가겠습니다.

앞쪽의 Rufus 프로그램 설정을 하고 진행을 하면 다음 화면이 나타납니다.

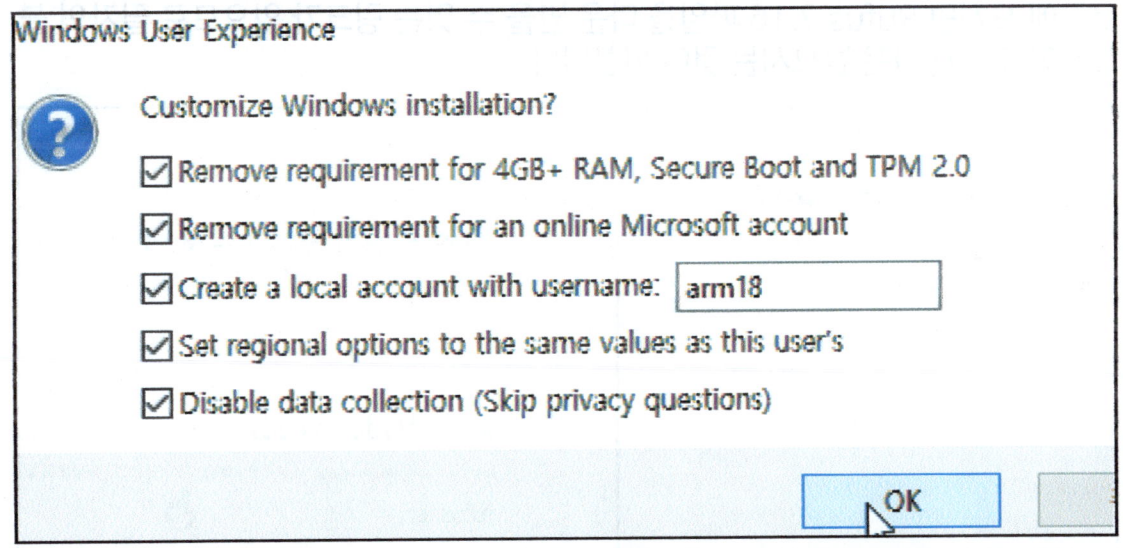

필자는 Rufus 버전 3.0, 3.2, 3.8, 이렇게 3가지 버전에서 실행하여 위의 화면이 나타났고요, 위의 화면은 모두 체크를 했지만, 위쪽의 2개만 체크를 하면 되고요, 위의 체크의 뜻은 마이크로소프트사에서 저사양 PC에는 윈도우 11을 설치할 수 없습니다 하고 더 이상 진행되지 않는 것을 제거하는 메뉴입니다.

그러나 필자는 필자가 시도한 Rufus 버전 3.0, 3.2, 3.8, 이렇게 3가지 버전에서는 위와 같이 분명히 체크를 하고 진행을 했는데도 Win 11 설치를 실패했습니다.

그래서 필자가 무려 20번 이상 Win 11 설치를 시도하여 모두 실패를 했고요, 그러다가 우연한 기회에 Rufus 3.16 버전으로 Win 11 USB 설치 디스크를 만들어서 지금 이 책을 집필하고 있는 PC에 윈도우 11을 인스톨하여 지금 이 글을 쓰고 있는 것입니다.

물론 필자에게만 일어난 일 일 수 있고요, PC는 어떠한 PC라도 똑같은 증상은 단 한 가지도 없습니다.

모든 PC가 독특한 증상이 서로 다르므로 필자와 다른 환경에서는 될 지도 모릅니다.

그러나 일단 필자가 이렇게 여러 번 실패를 하다가 성공한 버전이 Rufus 3.16 버전이므로 가능하면 필자가 성공한 버전으로 만드시기를 권장합니다.

실력이 있으신 분들은 직접 RuFus 3.16 프로그램을 다운 받으시고요, 필자의 블로그에 오시면 Rufus 3.16 파일을 다운 받을 수 있는 링크가 있으므로 필자의 블로그에 오셔서 다운 받으시는 것이 편합니다.

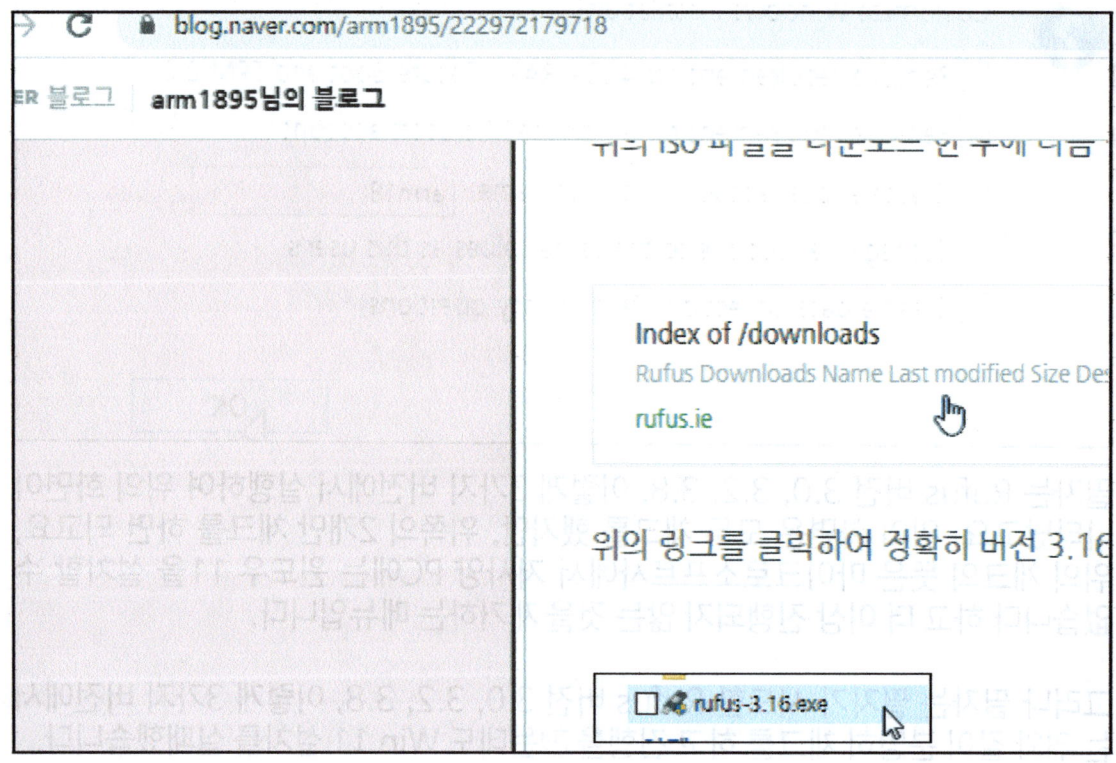

앞의 화면은 필자의 블로그에 있는 링크를 화면 캡쳐한 것이고요, 앞의 화면에 보이는 것과 같이 필자의 블로그에서 해당 링크를 클릭하면 아래 화면이 열립니다.

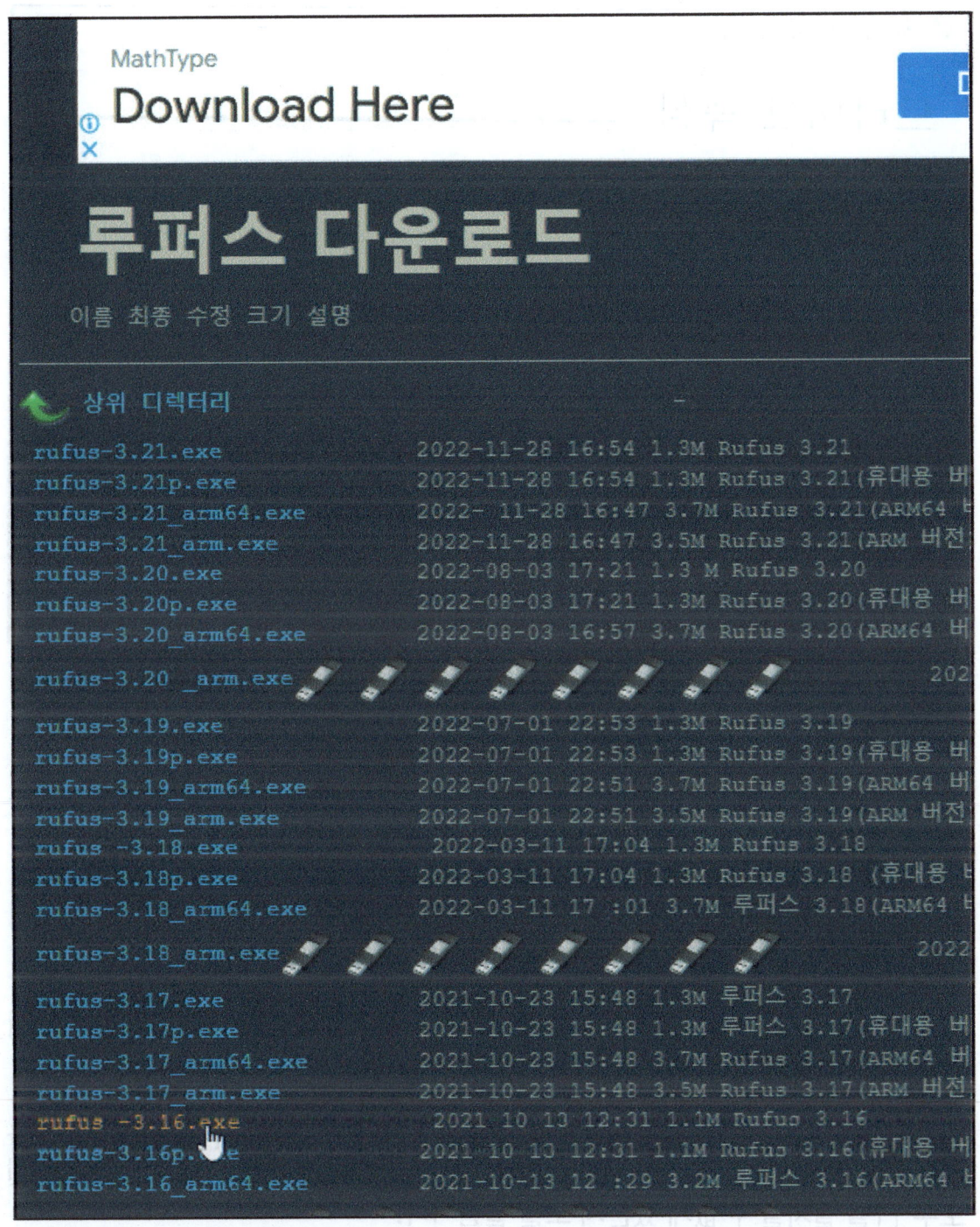

앞의 화면에서 손가락이 가리키는 링크를 클릭하여 정확하게 Rufus 3.16 버전을 다운로드하여 실행시키면 다음 화면이 나타납니다.

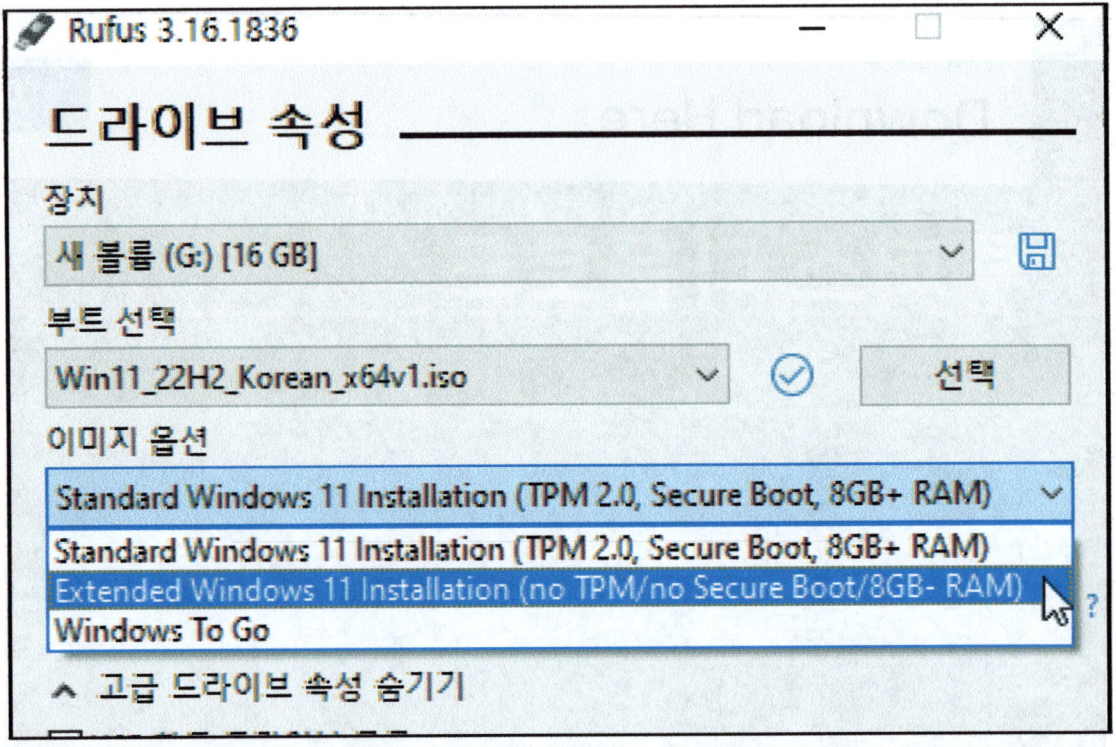

앞에서 보았던 Rufus 버전 3.0, 3.2, 3.8 버전과 거의 같은 인터페이스이지만, 메뉴가 다릅니다.

위의 화면에서 맨 위는 자신의 PC에 꽂혀 있는 8Gb 이상의 메모리 카드 경로가 나타나는 것이고요,..

부트 선택은 마이크로소프트 다운로드 센터에서 다운로드한 Win 11 ISO 파일이고요,.. 위에서 중요한 것은 위의 마우스가 가리키는 메뉴입니다.

위의 마우스가 가리키는 메뉴를 보면 저사양 PC에서는 Win 11을 설치할 수 없게 하는 TPM 보안 부팅을 제거하는 기능을 하는 메뉴입니다.

필자가 사용해보니 마이크로소프트사의 요구 사항보다 낮은 사양의, 지금 이 글을 쓰고 있는 PC에 윈도우 11을 설치해 보니 빠르고 아주 좋은데 왜 이런 PC에는 윈도우 11을 설치할 수 없게 했는지 모를 일입니다.

앞의 화면에서 마우스가 가리키는 보안 부팅 제거 옵션을 선택하고 그리고 다음 화면을 잘 보세요..

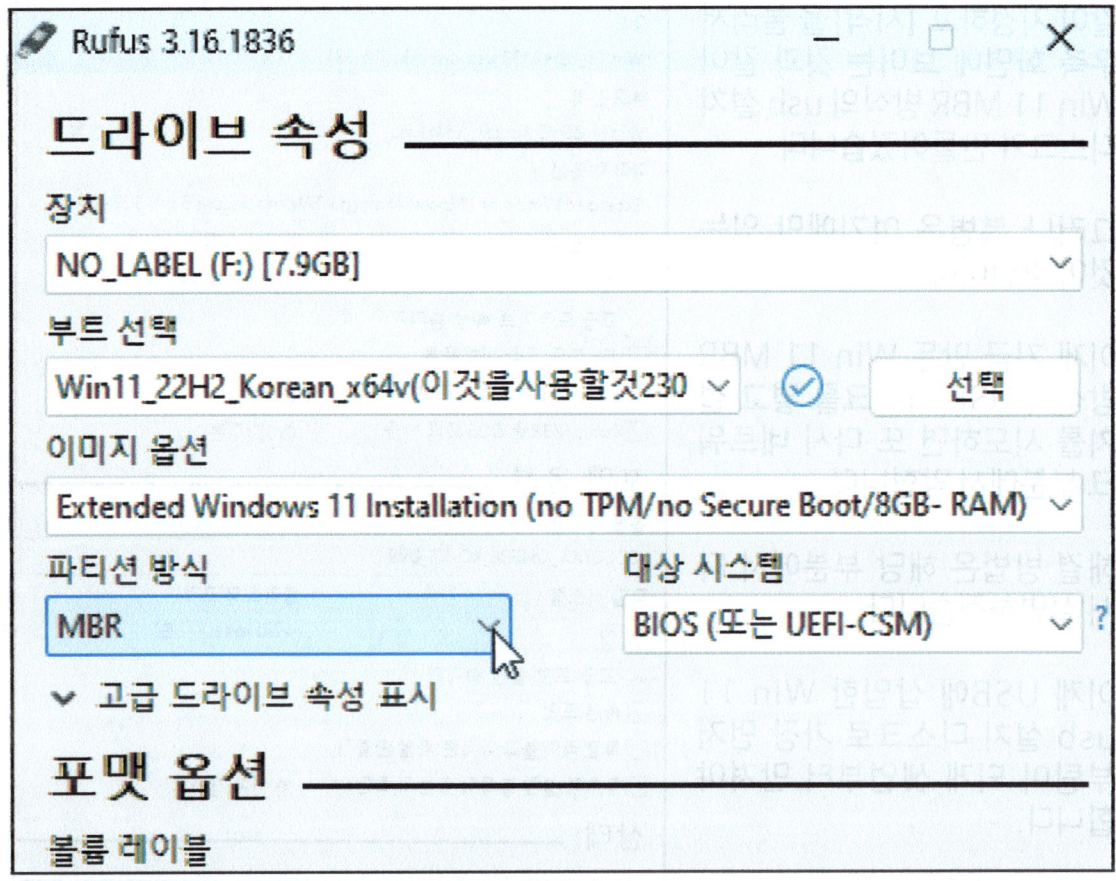

앞에서 여러 번 설명한 것과 같이 위에서 중요한 것은 마우스가 가리키는 곳을 클릭하여 MBR로 선택을 하는 것입니다.

그러면 우측에 BIOS(또는 UEFI) 옵션이 나타나서, MBR 혹은 UEFI로 선택해서 설치할 수 있다는 것을 알 수 있습니다.

위의 화면에 보이는 [이미지 옵션]에는 반드시 위에 보이는 Extended Windows 11 installation(noTPM/no Secure Boot/8Gb - RAM)을 선택하고 설치를 해야 '이 PC는 Windows 11 을 설치할 수 없습니다' 를 우회할 수 있습니다.

앞의 화면에서 Standard Windows 11 Installation... 을 선택하면 안 됩니다. 반드시 no TPM을 선택해야 합니다.

앞의 설명과 우측 화면 옵션을 잘 살펴보시고요, 우측 화면과 같이 지정하고 [시작]을 눌러서 우측 화면에 보이는 것과 같이 Win 11 MBR 방식의 usb 설치 디스크가 만들어졌습니다.

그러나 복병은 여기에만 있는 것이 아닙니다.

이제 지금 만든 Win 11 MBR 방식의 USB 디스크를 넣고 설치를 시도하면 또 다시 네트워크 부분에서 막힙니다.

해결 방법은 해당 부분에서 다시 설명하겠습니다.

이제 USB에 삽입한 Win 11 usb 설치 디스크로 가장 먼저 부팅이 되게 셋업부터 만져야 합니다.

메인보드마다 천차만별이므로 여기 설명과 다른 분은 연구를 조금 하셔야 합니다.

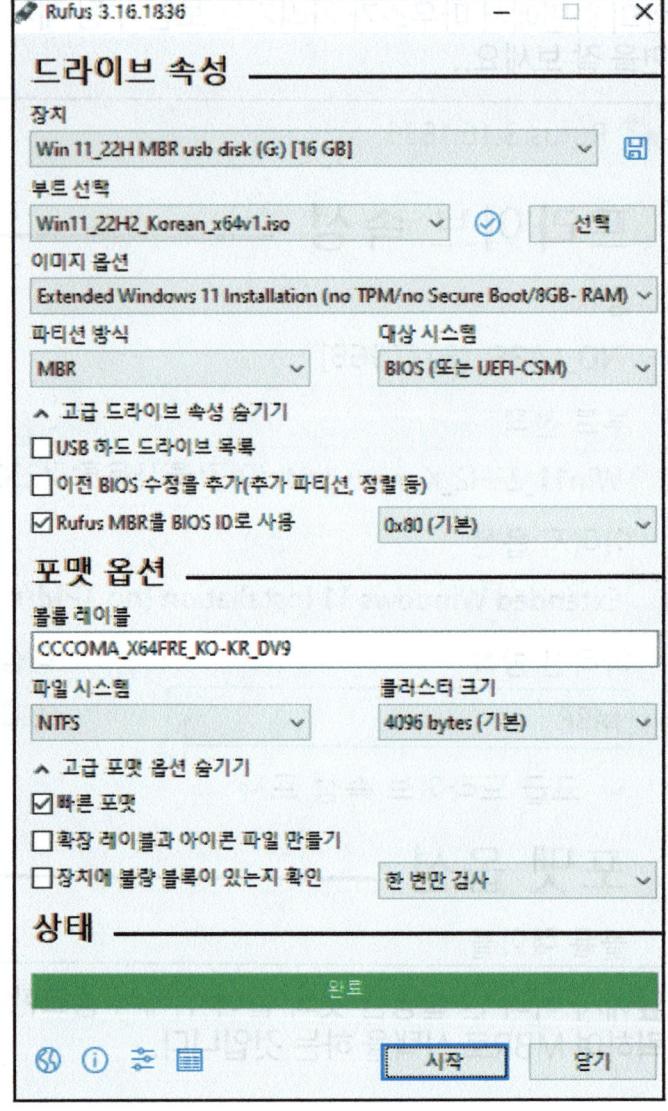

혹시 지금까지의 설명대로 진행을 해도 Win 11 MBR 방식의 usb 설치 디스크가 만들어지지 않는 분은 요청하시면 필자가 만든 Win 11 MBR 방식의 usb 설치 이미지를 보내 드리므로 앞에서 설명한 하드클론 프로그램에서 이미지를 풀어서 자신의 PC에 8Gb 이상의 메모리 카드를 꽂고 만들면 됩니다만,..

앞쪽의 설명 및 화면 참조하여 필자가 현재 이 책을 집필하고 있는 PC보다도 더 사양이 낮은 컴퓨터를 사용하시는 분은 윈도우11은 어려울 수도 있습니다. 이 경우 앞쪽의 설명 참조하여 차라리 윈도우7을 사용하기기 바랍니다.

3-10. 셋업에서 USB로 가장 먼저 부팅되게 하는 방법

이제 Win 11 MBR 방식의 usb 설치 디스크를 자신의 PC의 usb 에 꽂았다면 해당 PC가 usb로 가장 먼저 부팅이 되게 해야 합니다.

이것을 셋업에서 변경할 수 있는데요, 셋업으로 진입하는 방법은 천차 만별이지만, 대부분 컴퓨터의 전원을 켜고 화면에 무언가 나타났을 때 키보드의 Del 키를 한 번, 두 번, 혹은 서 너 번, 약간의 텀을 두고 눌러주면 셋업으로 진입됩니다.

이 밖에 F2, F9, F10, F12 등을 눌러서 셋업으로 진입하는 경우도 있는데요, 처음 PC에 전원을 켜면 화면에 어떤 키를 눌러야 셋업으로 진입한다는 메시지가 나옵니다만, 바로 사라집니다.

따라서 잘 모르시는 분은 스마트폰으로 영상 녹화를 하든지 화면을 잘 응시하고 있다가 화면에 나타나는 메시지를 재빨리 읽어들이고요, 그렇지 않으면 대부분 키보드의 Del 키를 연타하면 셋업으로 들어가므로 이렇게 하시고요, 그래도 안 되면 다시 재부팅을 하면서 F2, F9, F10, F12 등을 눌러보는 것도 하나의 방법입니다.

앞의 화면은 셋업으로 진입한 예를 보여드린 것이고요, 앞의 화면에 보이는 것과 같이 초기 화면에 하단 좌측에 Del키를 누르면 셋업으로 진입한다는 메시지가 보입니다.
이 때 Del 키를 누르면 다음과 같이 셋업으로 들어갈 수 있습니다.

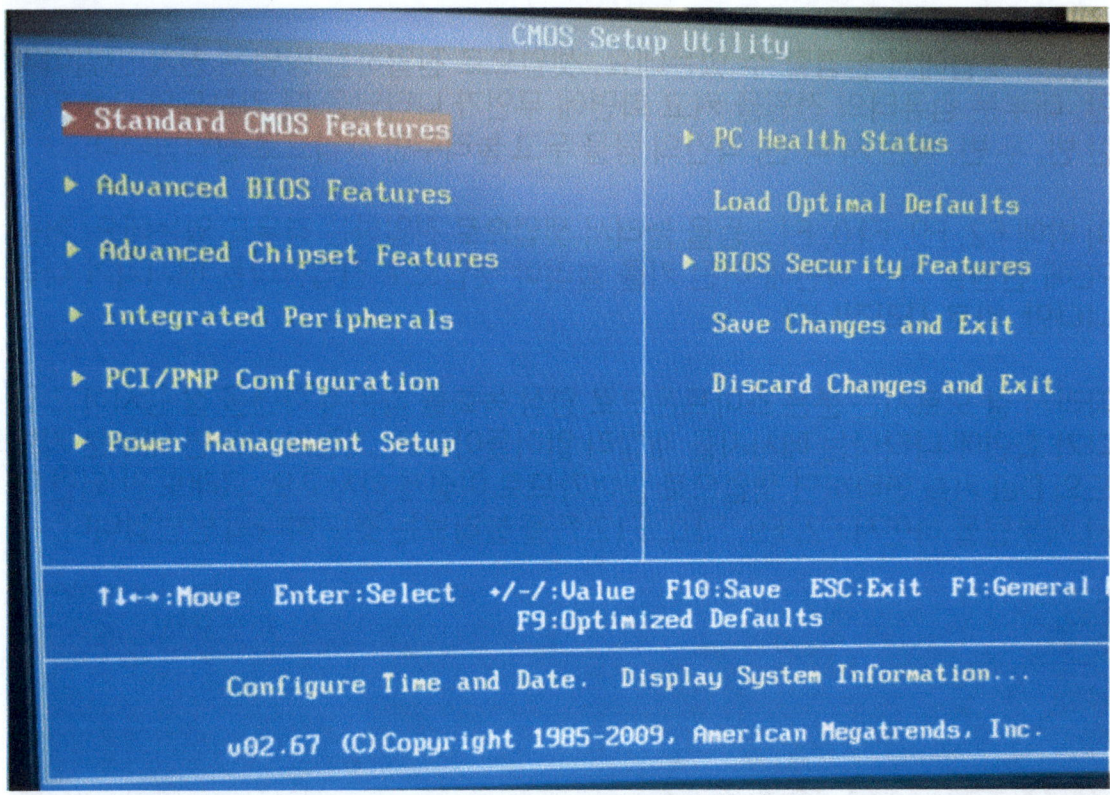

위의 셋업 화면은 가장 쉽고 유명하고 보편적인 어워드 바이오스 화면인데요, 다른 종류의 바이오스도 기능은 동일하지만, 메뉴 이름이나 배치 등이 천차만별이고요, 특별히 셋업을 만져야 하는 특수한 경우를 제외하고는 위의 셋업은 일반적으로 디폴트값, 즉, 기본값으로 하는 것이 무난합니다.

자신이 특수한 게임을 한다든지 특수한 프로그램을 사용할 경우 해당 프로그램에서 요구하는 조건을 충족하기 위하여 셋업을 수정하기도 합니다만, 이는 상당한 고수급 실력이 있는 사람만 이렇게 하는 것이고요, 셋업을 잘 못 만지면 부팅조차 되지 않기 때문에,.. 부팅이 안 되면 화면에 정보가 나타나지 않아서 어떠한 조치도 취할 수가 없습니다.
그래서 잘 모르면 무조건 디폴트, 즉, 기본값으로 하는 것이 무난한 것입니다.

지금 셋업으로 들어온 목적은 Win 11 USB 설치 디스크가 들어 있는 USB로 가장 먼저 부팅이 되게 하려고 들어온 것이므로,..

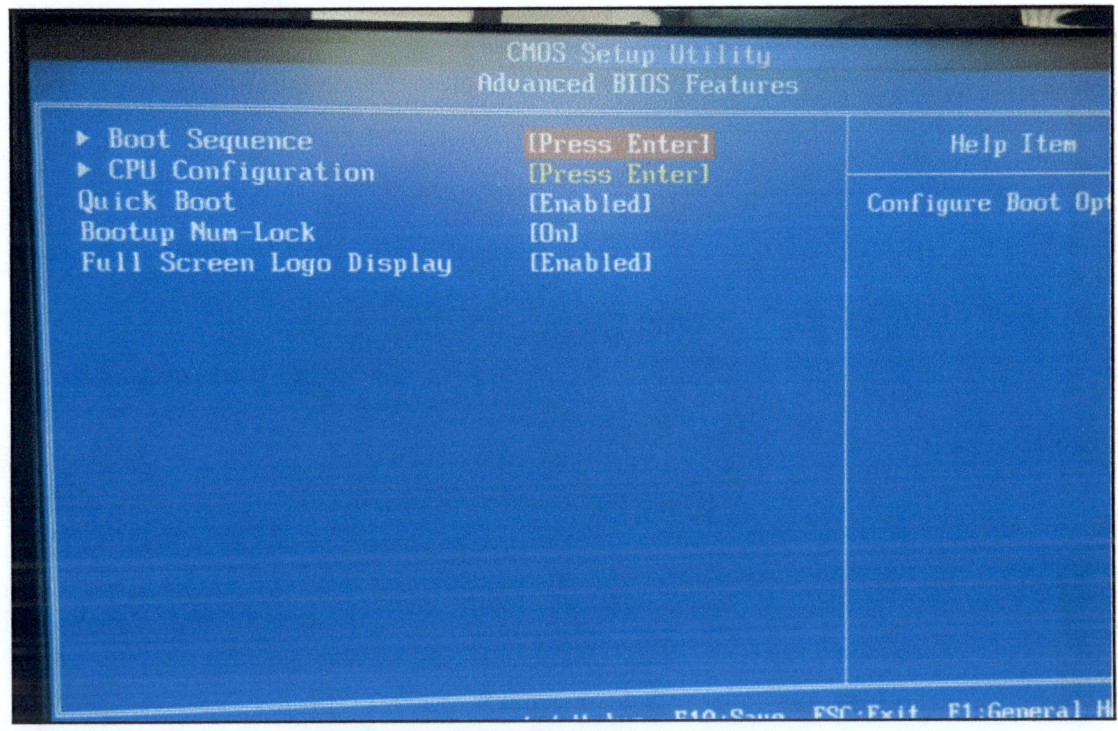

위의 화면에서 부팅 관련 메뉴(보통 Boot로 표시되어 있습니다.)를 선택하여 자신의 USB 로 가장 먼저 부팅이 되게 해야 하는데요,..

위의 화면은 위의 화면을 예로 든 컴퓨터에 있는 셋업 화면일 뿐 바이오스 종류도 천차만별, 같은 바이오스라 하더라도 메인보드 제조사에 따라 틀리고요, 특히 여기 보이는 바이오스는 이른바 메이커 PC인 엘지 컴퓨터이고요, 이런 메이커 PC는 일반인이 잘 모르는 무언가 조작을 해 놓기 때문에 PC정비사가 골탕을 먹는 일이 잦은 골치 아픈 컴퓨터입니다.

그리고 여기 설명과 같이 셋업에서 usb로 가장 먼저 부팅이 되게 한다.. 라는 말을 모를 사람이 어디 있겠어요..??

그러나 실제 PC를 다루다보면 그야말로 혀를 내두를 정도로 기가 막히게 북한 괴뢰군 간첩 암호보다 복잡한 암호를 풀어야 겨우 usb로 부팅이 되게 만든 괴상한 PC도 있으므로 쉽게 생각하면 절대로 안 됩니다.

다행히 지금 설명하는 셋업 화면은 앞의 화면에서 [Boot Sequence(부팅 순서)] 항목을 선택하고 엔터를 쳐서 다음 화면이 열렸습니다.

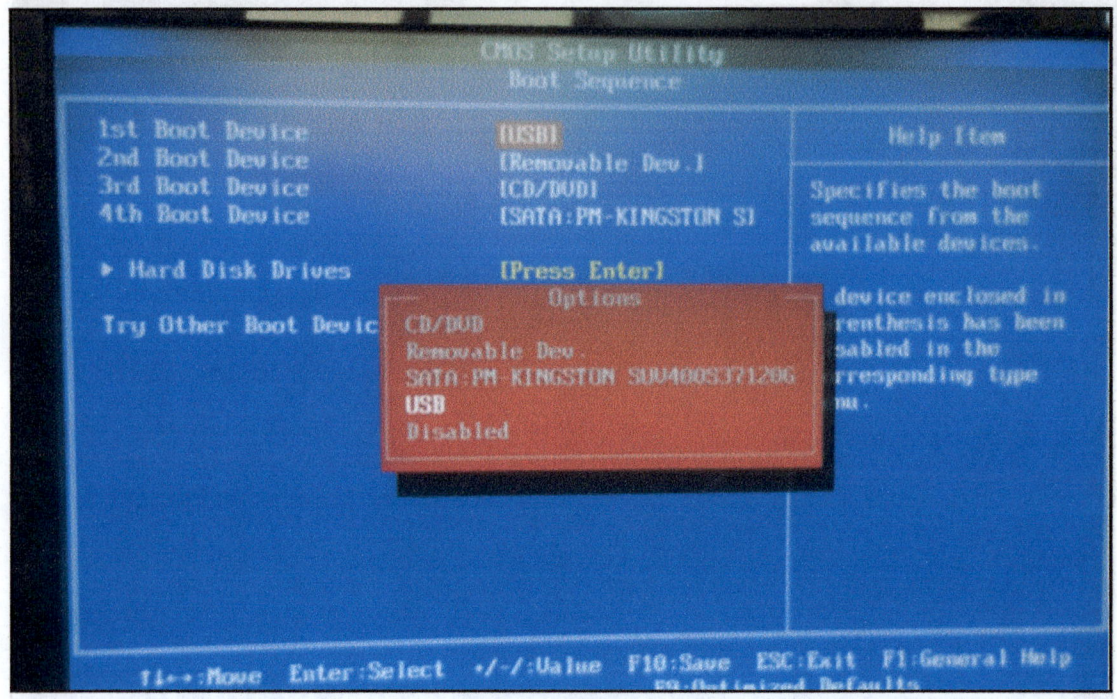

위의 화면에서 키보드의 화살표 키를 이용하여 USB 혹은 다른 경우 Generic STORAGER DEVICES USB Device 라고 나오는 경우도 있고요, 기타 다른 명칭으로 나오는 수도 있으므로 헷갈리면 안 됩니다.

위의 화면에서 usb를 선택하고, 셋업은 반드시 저장 메뉴..이 역시 셋업마다 다르고요, 특히 메이커 PC는 전문가도 잘 모르는 괴상한 방법을 사용하므로 잘 보고 저장을 하고 재부팅을 해야 usb로 가장 먼저 부팅이 됩니다.

USB에 Win 11 USB 설치 디스크를 넣고 Win 11 을 설치하는 것이기 때문에 USB로 가장 먼저 부팅이 되게 하는 것이고요,..

이렇게 설정하고 부팅을 하면 잠시 후에 화면에 'Press Any Key To Continue.. 라는 메지시가 뜹니다.

이 때 키보드의 아무 키나 누르면 Win 11설치가 진행됩니다.

그리고 중요한 설명을 한 가지 빠뜨렸습니다만, 지금 USB에 Win 11 USB 설치 디스크는 넣었지만 Win 11 을 어디에 설치할 것인지 보충 설명을 하겠습니다.

3-11. SSD(Solid State Drive)

앞에서 잠깐 설명을 했습니다만, 다시 보충 설명을 하는 것이므로 중복되는 내용이 있더라도 보시기 바랍니다.

컴퓨터는 전원을 켜면 끌 때까지의 모든 작업은 램(RAM - Random Access Memory)에서 이루어집니다.

램은 아주 빠르기 때문에 이렇게 하는 것이고요, 10억분의 몇 초라는 엄청난 속도로 연산을 하기 때문에 단순 계산기로 본다면 이 세상에서 가장 빠른 계산기인 셈입니다.

그래서 오늘날 컴퓨터로 거의 만능으로 일을 할 수 있는 것인데요, 그러나 이렇게 빠르고 정확한 램이지만, 전원을 끄면 기억하고 있던 모든 것을 잊어버리는 휘발성 메모리입니다.

그래서 컴퓨터로 무언가 작업을 한다면 중간 중간 저장을 하는 것이며 컴퓨터를 끄기 전에 작업하던 문서가 있다면 반드시 저장을 해야 합니다.

그렇다면 이렇게 저장은 어디에 하는 것일가요?

컴퓨터는 크게 주기억장치와 보조기억장치가 있습니다.

원래의 큰 뜻은 컴퓨터의 심장으로 불리는 CPU안에 들어 있는 일반 램보다 훨씬 더 빠른 초고속 램이 들어 있고요, 이것을 주기억장치로 부르는 것이 맞지만, 일반적으로는 시스템에 설치된 램을 주기억장치로 부르기도 합니다.

필자의 경우 앞에서 램은 8Gb 용량이라고 소개를 했습니다.
그러나 램, 즉, 주기억장치는 전원을 끄면 기억하고 있던 모든 것을 잊어버리는 휘발성 메모리이기 때문에 영구 저장 장치인 보조기억장치에 저장을 해야 하는데요,..

이것을 지금도 많은 사람들이 사용하는 HDD(Hard Disk Drive), 즉 하드디스크에 저장을 합니다.

그러나 HDD는 물리적으로 하드 디스크 안에 들어 있는 스테핑 모터가 플래터를 회전시켜서 레코드판 바늘이 움직이는 것과 같이 플래터에 기록되어 있는 정보를 읽어들이는 것이고요, 모터가 회전을 하는 방식이기 때문에 전자적으로 작동하는 램과는 속도 차이가 비교도 되지 않습니다.

즉 매우 느립니다.

그러나 과거에는 램의 가격이 금값보다 비쌌으므로(지금도 CPU 내부에 있는 주기억장치 - 캐시메모리는 금값보다 비쌉니다.) 램을 크게 할 수 없으므로 느려도 어쩔 수없이 HDD에 운영체제를 인스톨해서 사용했습니다.

아주 먼 옛날에는 HDD라는 것도 없어서 플로피 디스크를 사용했고요,..

앞의 화면에 보이는 것이 지금도 많은 사람들이 사용하는 HDD 모습인데요, HDD 역시 우리나라의 삼성전자에서 세계를 제패하여 지금은 HDD 불량률이 거의 제로입니다만, 과거에는 HDD불량이 매우 많았습니다.

그래서 필자는 우리나라 컴퓨터 1세대로서 우리나라에 처음 컴퓨터가 들어왔을 때부터 컴퓨터를 해 왔지만, 필자에게는 옛날 자료가 남아 있는 것이 거의 없습니다.

과거에는 HDD 제조 기술이 부족하여 용량도 작고 고장이 잦아서 HDD에 저장한 데이터가 소실되는 경우가 아주 많았습니다.

그러다가 우리나라의 삼성전자에서 HDD 제조에 뛰어들어 삼성 HDD가 나온 후로는 HDD의 불량률이 거의 제로이고요, 급기야 지금은 무려 100Tb의 하늘도 놀라도 땅도 놀랄 제품이 판매되기에 이르렀습니다.

다시 말해서 오늘날 전세계인이 PC를 불편없이 사용하는 것도 사실 따지고보면 삼성전자 때문이라는 것을 알아야 합니다.

그러나 삼성은 이제 너무나 큰 거대 글로벌 기업이 되어 HDD같은 것은 만들지 않고요, 삼성에서 만들던 설비를 시게이트에서 인수를 하여 지금 나오는 시게이트 하드는 삼성 하드라고 보셔도 됩니다.

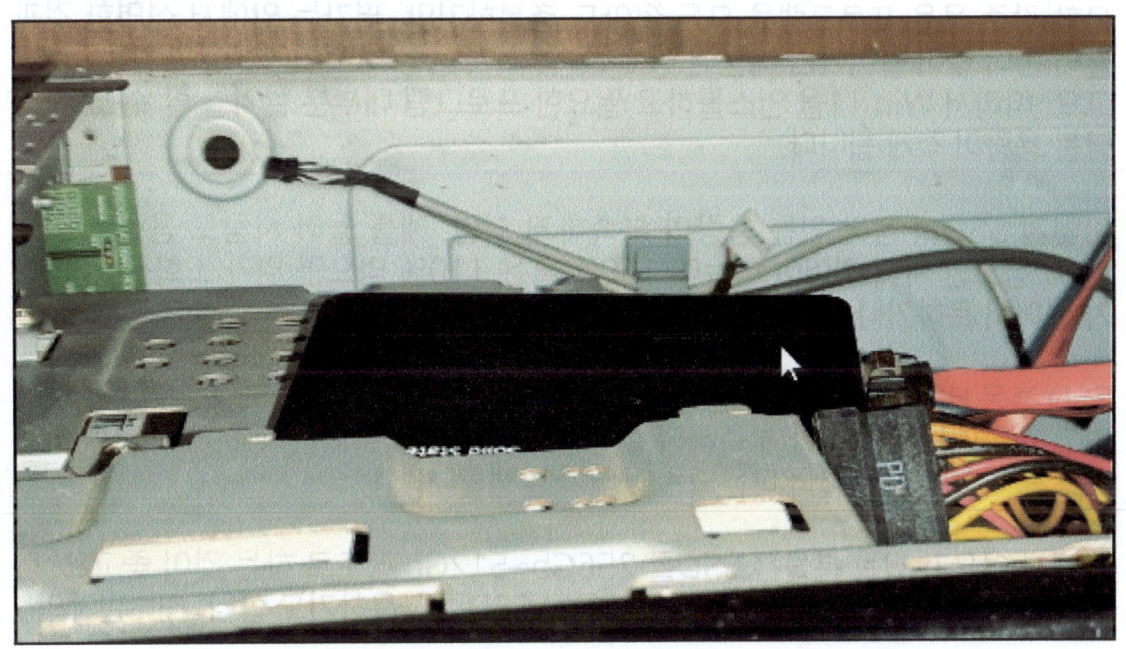

앞의 화면에 보이는 것이 지금 이 책을 집필하고 있는 PC이고요, 앞의 화면 마우스가 가리키는 것이 SSD이고요,..

SSD는 다른 종류도 있지만, 대체로 앞의 화면에 보이는 SSD(2.5인치)가 가장 많이 사용되고요, 필자는 가능하면 삼성 제품을 사용하는 사람이지만, 필자가 서울에서 사업을 할 때는 비교적 사업을 크게 했기 때문에 PC가 여러 대 있었고요, 당시에는 삼성 SSD는 품귀 현상이어서 구할 수도 없었고요, 그래서 세계 여러 나라의 수많은 메이커의 SSD를 사용했지만, 어떤 메이커이든 체감적으로는 속도든 뭐든 동일하고요,..

그리고 중요한 것은 앞의 화면에 보이는 필자가 현재 사용하는 SSD는 120Gb 용량입니다.

보통 PC에 운영체제를 인스톨하는 것은 마스터 드라이브, 즉, C 드라이브에 운영체제를 인스톨하는 것이고요, 앞에서 설명한 것과 같이 HDD는 램에 비하여 현저하게 속도가 느리므로 램과 같은 속도로 작동하는 아주 빠른 HDD, 즉, 램디스크를 마스터 드라이브, 즉, 부팅 드라이브로 사용하는 것이고요, 이것이 바로 SSD이고요,..

정상적이라면 SSD 용량이 256Gb~500Gb 정도 되면 운영체제를 인스톨하고 필요한 각종 응용 프로그램을 모두 깔아도 충분하지만, 필자는 앞에서 설명한 것과 같이 돈이 많이 들어가기 때문에 120Gb 의 최저 용량의 SSD에 Win 11을 설치했고요, 따라서 Win 11을 인스톨하고 필요한 프로그램 대부분 설치를 할 수 있지만, 남는 용량이 적게 됩니다.

이렇게 SSD의 남아 있는 용량이 부족하게 되면, 예를 들어 사람도 음식을 위의 80% 정도만 차게 먹어야 하는데 100% 혹은 110% 먹으면 위가 소화를 시킬 수가 없어서 토하거나 심한 고통을 맛보게 되는데요,..

SSD 혹은 HDD의 잔량이 적당량 이하로 작아지면 컴퓨터의 속도가 현저하게 떨어지고 종국에는 메모리가 부족하여 실행할 수 없습니다.. 라는 메시지와 함께 마우스도 움직이지 않고 결국 다운되는 사태가 발생합니다.

그래서 여유가 있는 분들은 SSD를 256Gb~512Gb 정도로 하는 것이 좋고요, 너넉넉하신 분들은 1Tb~2Tb 정도의 대용량 SSD를 사용하기도 합니다만, 필자의 경험상, 필자와 같이 수 많은 프로그램을 사용하는 사람도 극히 드문데요, 이렇게 필자와 같이 수 많은 프로그램을 사용하는 사람도 120Gb 용량의 SSD를 장착해도 전혀 문제 없이 PC를 사용할 수 있습니다.

이렇게 하는 방법은 일단 Win 11을 인스톨한 후에 차차 설명하기로 하고요, 지금은 SSD가 있다는 가정하게 설치를 진행하겠습니다.

즉, Win 11 USB 설치 디스크 이전에 이미 PC에 SSD가 설치되어 있어야 합니다.

3-12. Win 11 설치

지금까지의 설명을 이해하시고 잘 따라오신 분은 이제 Win 11 MBR 방식의 usb 설치 디스크를 넣고 부팅을 하면 다음 화면이 나타납니다.

필자가 20번 이상 Win 11 설치를 시도하면서 위의 메시지가 나타나지 않는 경우도 있지만, 윈7이든, 윈10이든, 윈11이든 위의 메시지가 나타나며, 위의 메시지가 나타났을 때 키보드의 아무 키나 누르면 다음 화면이 나타납니다.

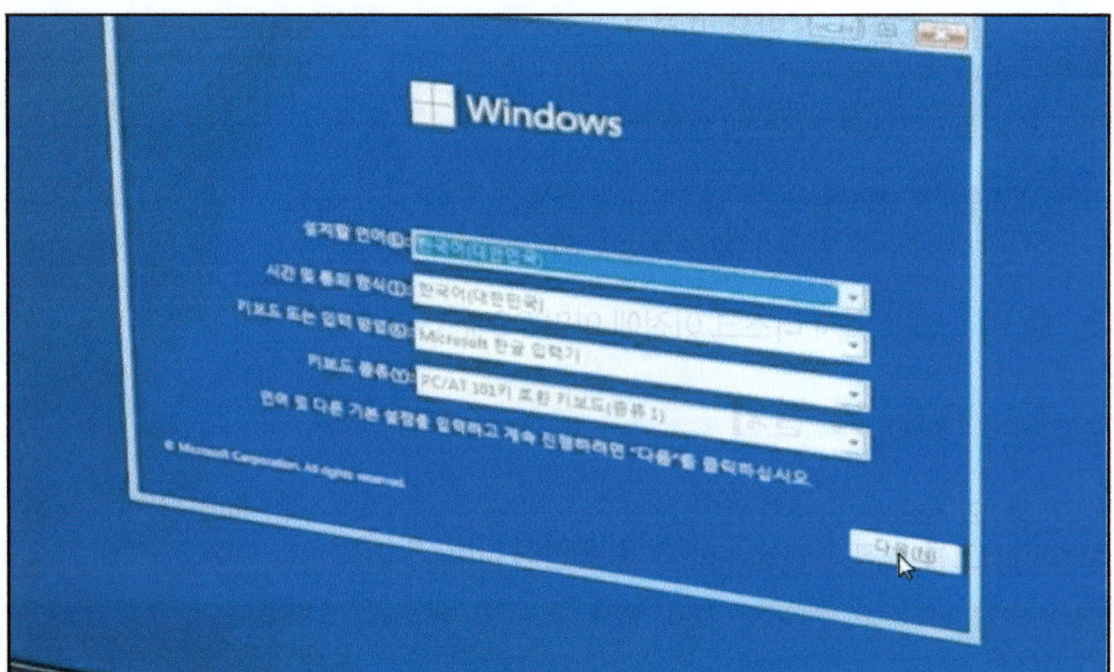

위의 화면에서는 그냥 다음을 클릭하면 다음 화면이 나타납니다.

필자가 윈도우 11 을 설치하면서 필자 옆 뒤쪽에서 촬영하여 화면이 이렇게 보이는 것이고요, 앞의 화면에서 [지금 설치]를 클릭합니다.

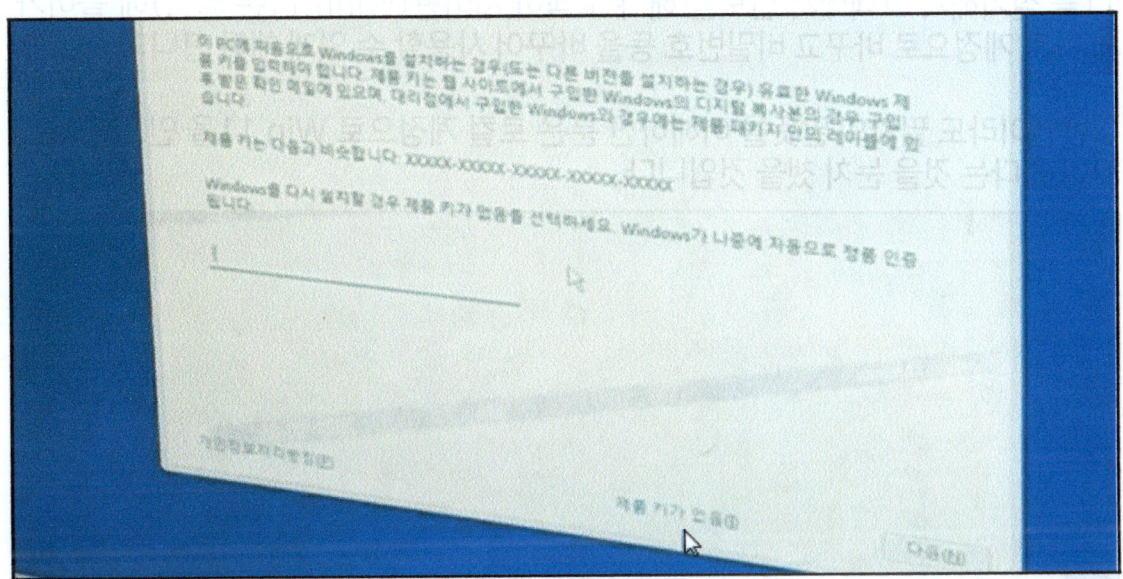

[참고] 현재 랜선을 빼고 설치하는 것입니다.
정품 사용자이고 시스템의 사양이 높다면 랜선을 끼우고 설치하는 것이 정석이지만, 특히 PC정비사라면 고객의 PC에 운영체제를 설치하는 것이므로 랜선을 빼고 설치를 하면서 로컬 계정으로 Win 11을 인스톨해야 합니다.

위의 화면에서는 라이센스 키를 입력하는 화면인데요, 어차피 랜선을 빼고 설치하는 것이므로 정품 사용자라 하더라도 지금은 라이센스 키를 입력할 수 없고요, 모든 설치를 완료하고 랜선을 꽂고 그 때 인증하면 됩니다.

따라서 위의 화면에서는 [제품 키 없음]을 눌러서 일단 진행을 합니다.

여담입니다만, 마이크로소프트사에서 이렇게 만들어 놓았기 때문에 이 방법을 사용하는 것이고요, 예를 들어 PC정비사의 경우 자신이 사용하는 PC가 아니라 고객들의 PC에 운영체제를 설치해 주는 것이며 경우에 따라서는 여러 대 납품을 하는 경우도 있을 것입니다.

이 경우 자신의 아이디로 마이크로소프트사에 로그인을 하고 인증을 해서 Win 11을 설치해서 고객에게 보낼 경우 고객은 마이크로소프트 계정과 암호를 물어올 것입니다.
그래서 특히 PC 정비사라면 반드시 랜선을 빼고 설치를 하고 로컬 계정으로 Win 11을 설치해서 고객에서 인도를 해야 고객이 제어판(Winn 11은 설정)에 들어가서 자기 계정으로 바꾸고 비밀번호 등을 바꾸어 사용할 수 있게 해야 합니다.

일반인이라도 필자의 말뜻을 이해하신 분은 로컬 계정으로 Win 11을 인스톨 하는 것이 좋다는 것을 눈치 챘을 것입니다.

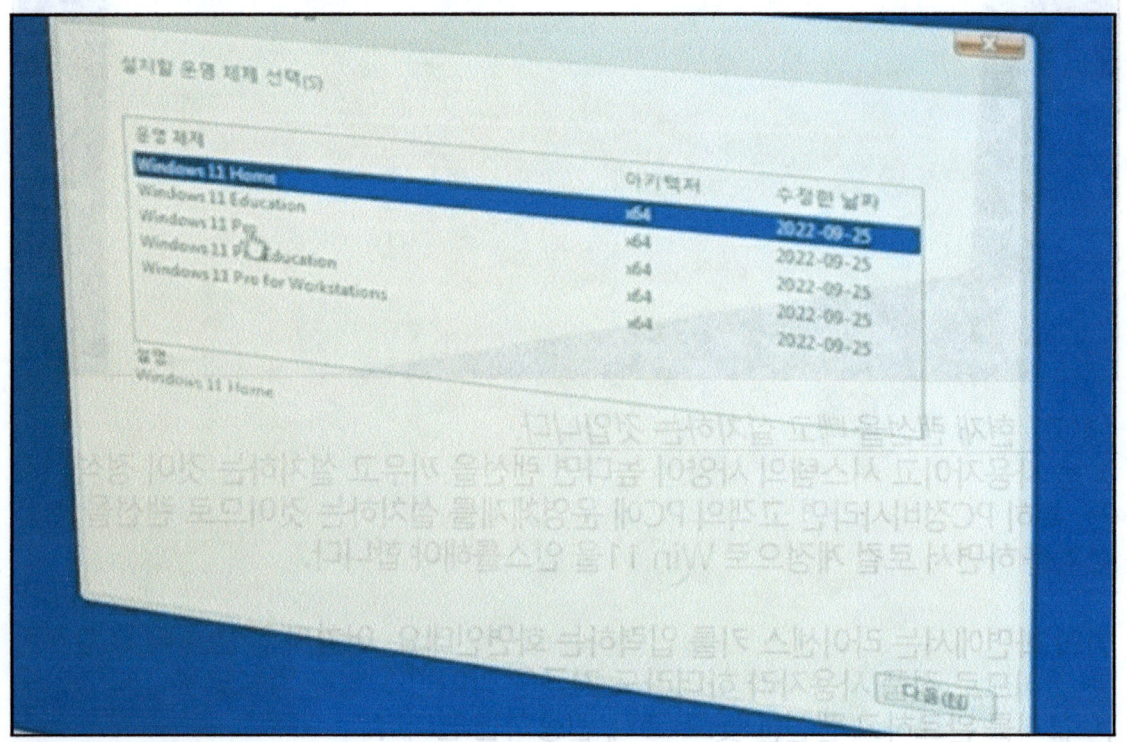

위의 화면에서 Win 11 설치 버전을 선택하는 화면인데요, 개인이라면 HOME 버전을 사용하는 사람도 있을 것이고요,..

학원이나 대학교 등이라면 Education 버전을 선택하면 될 것이고요,..

원칙적으로 위의 화면에서는 자신이 가지고 있는 볼륨 라이센스에 맞는 버전을 선택하는 것입니다만 PC정비스는 여기서 또 기지를 발휘해야 합니다.

일단 여기서는 Windows 11 Pro 버전을 선택해서 진행을 했고요, 나중에 인증을 해 주면 됩니다.

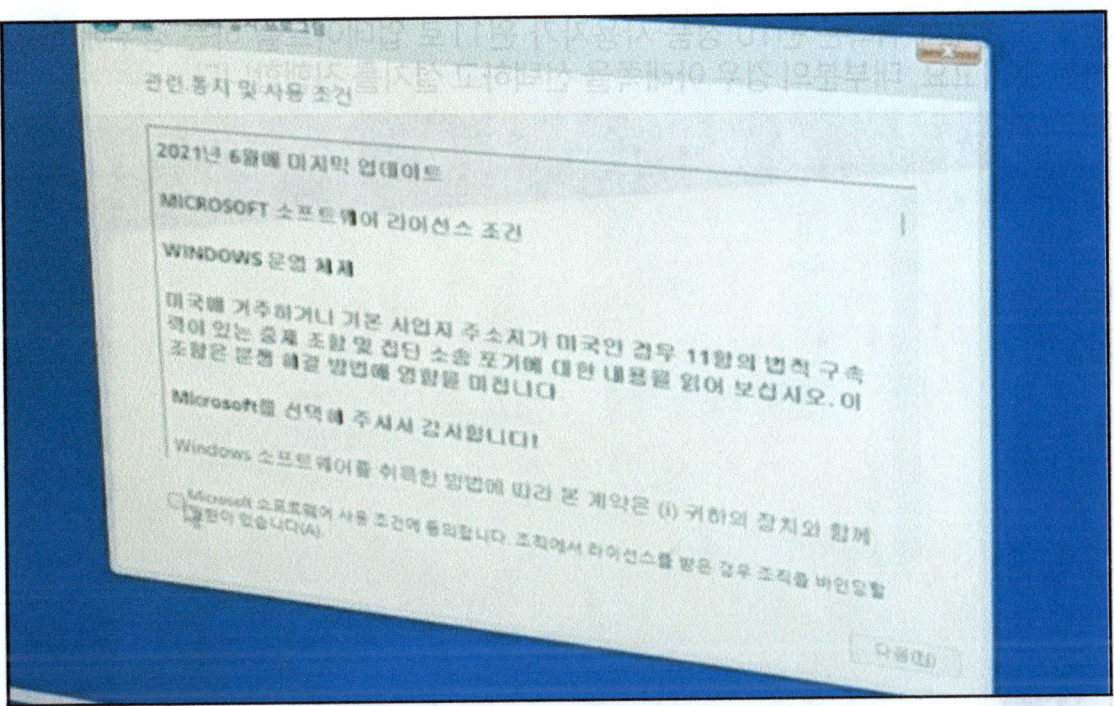

위의 화면은 라이센스에 관한 내용이고요, 수락에 체크를 하지 않으면 다음으로 진행할 수 없으므로 위의 마우스가 가리키는 곳을 클릭하여 수락을 하고 진행..

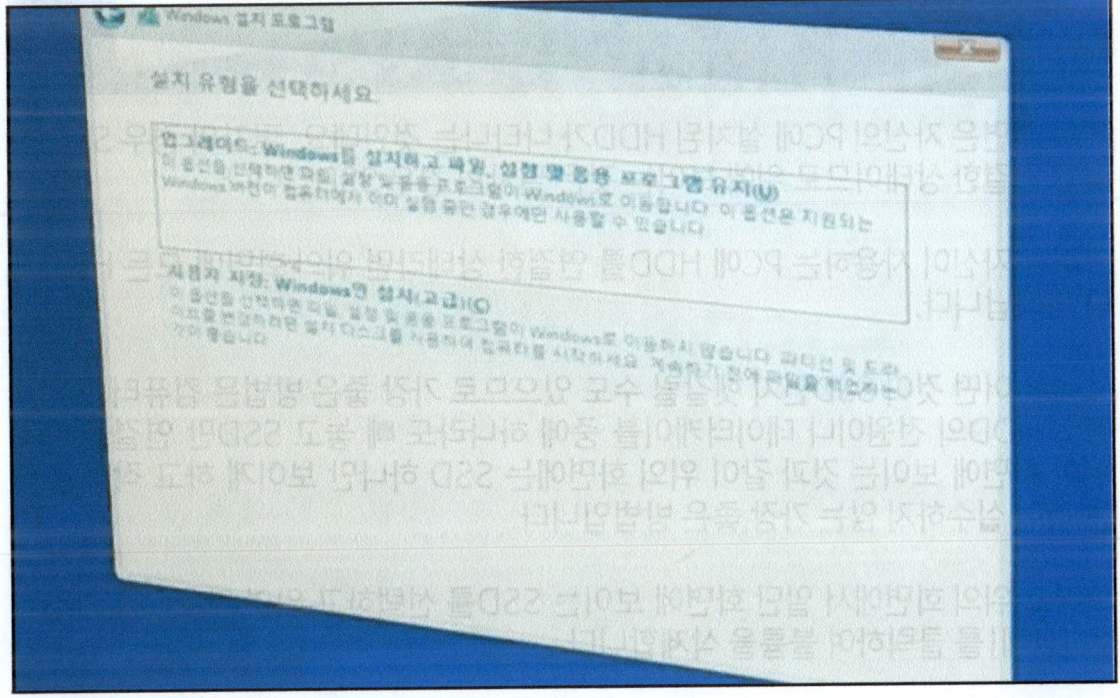

앞의 화면에서 위쪽은 윈10 정품 사용자가 윈11로 업데이트를 하는 경우에 선택하는 것이고요, 대부분의 경우 아래쪽을 선택하고 설치를 진행합니다.

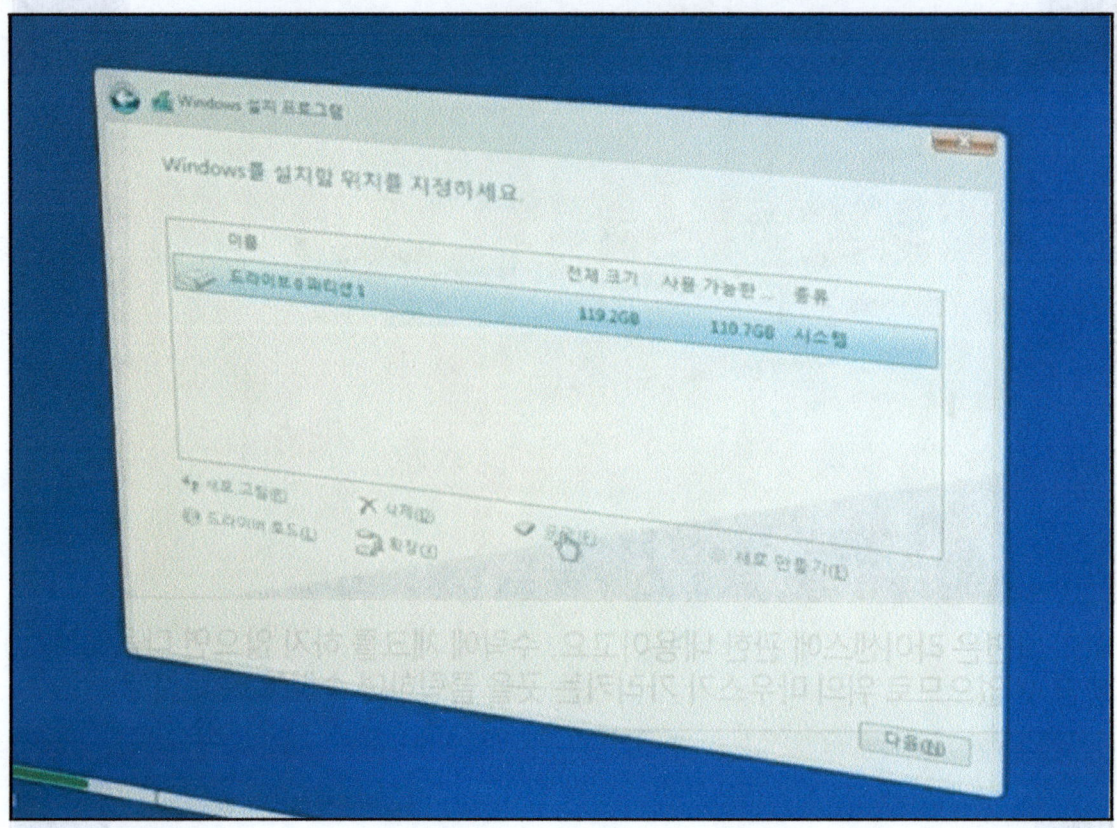

위의 화면은 자신의 PC에 설치된 HDD가 나타나는 것인데요, 필자의 경우 SSD 하나만 연결한 상태이므로 위에 보이는 것은 필자의 경우 SSD입니다.

그러나 자신이 사용하는 PC에 HDD를 연결한 상태라면 위의 화면에 모든 HDD가 다 나타납니다.

그래서 어떤 것이 SSD인지 헷갈릴 수도 있으므로 가장 좋은 방법은 컴퓨터 뚜껑을 열고 HDD의 전원이나 데이터케이블 중에 하나라도 빼 놓고 SSD만 연결을 하여 위의 화면에 보이는 것과 같이 위의 화면에는 SSD 하나만 보이게 하고 작업을 하는 것이 실수하지 않는 가장 좋은 방법입니다.

그리고 위의 화면에서 일단 화면에 보이는 SSD를 선택하고 위의 마우스가 가리키는 [삭제]를 클릭하여 볼륨을 삭제합니다.

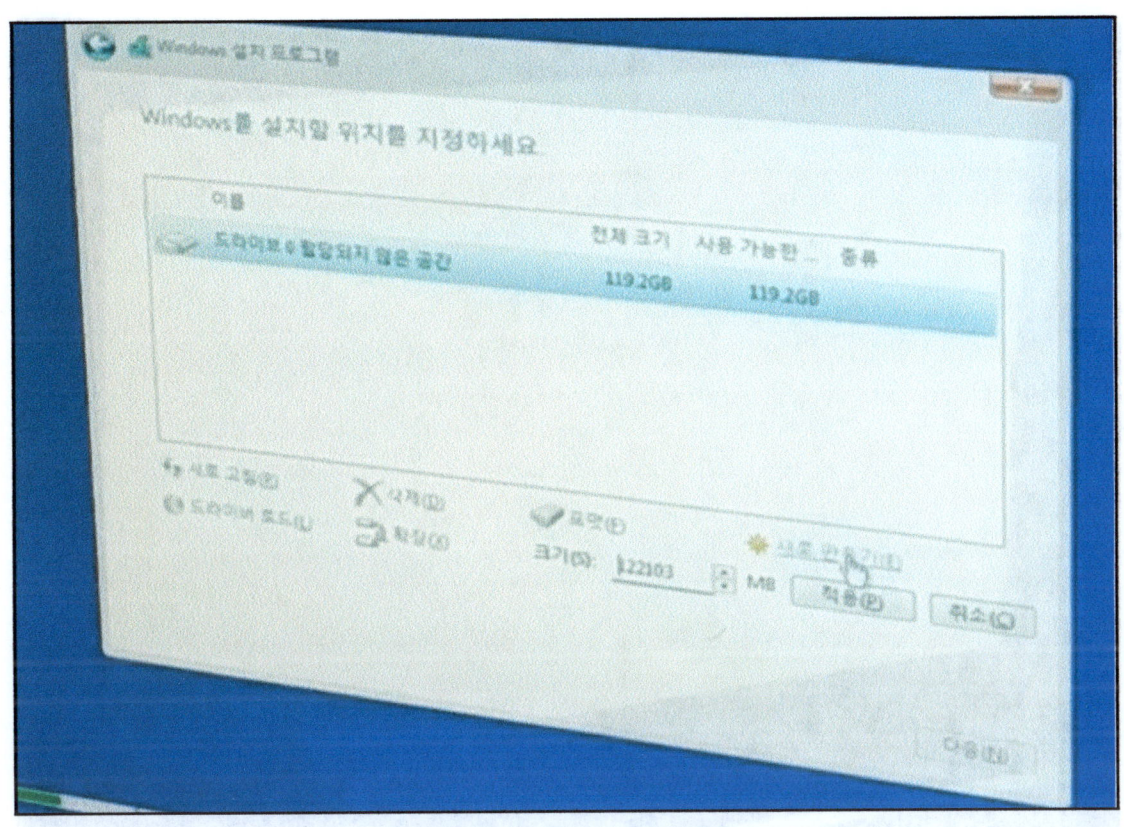

앞쪽의 단계에서 볼륨을 삭제했으므로 공장 초기화가 되어 이 디스크는 현재 사용할 수 없는 상태입니다.

그래서 위의 화면에서 SSD가 선택된 상태에서 위의 마우스가 가리키는 만들기를 클릭하고 모든 용량이 보이는 그대로 [적용]을 클릭하면 위에 보이는 SSD가 하나의 디스크가 되면서 저절로 작은 용량 한 개가 떨어져 나와 작은 파티션이 하나 생기면서 파티션이 분할됩니다.

윈도우 10 시절부터 생겨난 마이크로소프트사의 독특한 방식 때문이고요, 사용자 입장에서는 전혀 필요 없는 작업이지만, Win10 혹은 Win 11을 설치하면서 마이크로소프트사에서 만들어 놓은대로밖에 할 수 없는 노릇이므로 거의 무조건적으로 이렇게 하는 것입니다.

컴퓨터 파워유저가 되면 디스크 관리 혹은 백업 등도 마이크로스프트사에서 만들어놓은 방법을 따르지 않고 각자도생으로 실력이 있는 사람은 기발한 방법으로 디스크 관리 또는 시스템 복원 등을 합니다.

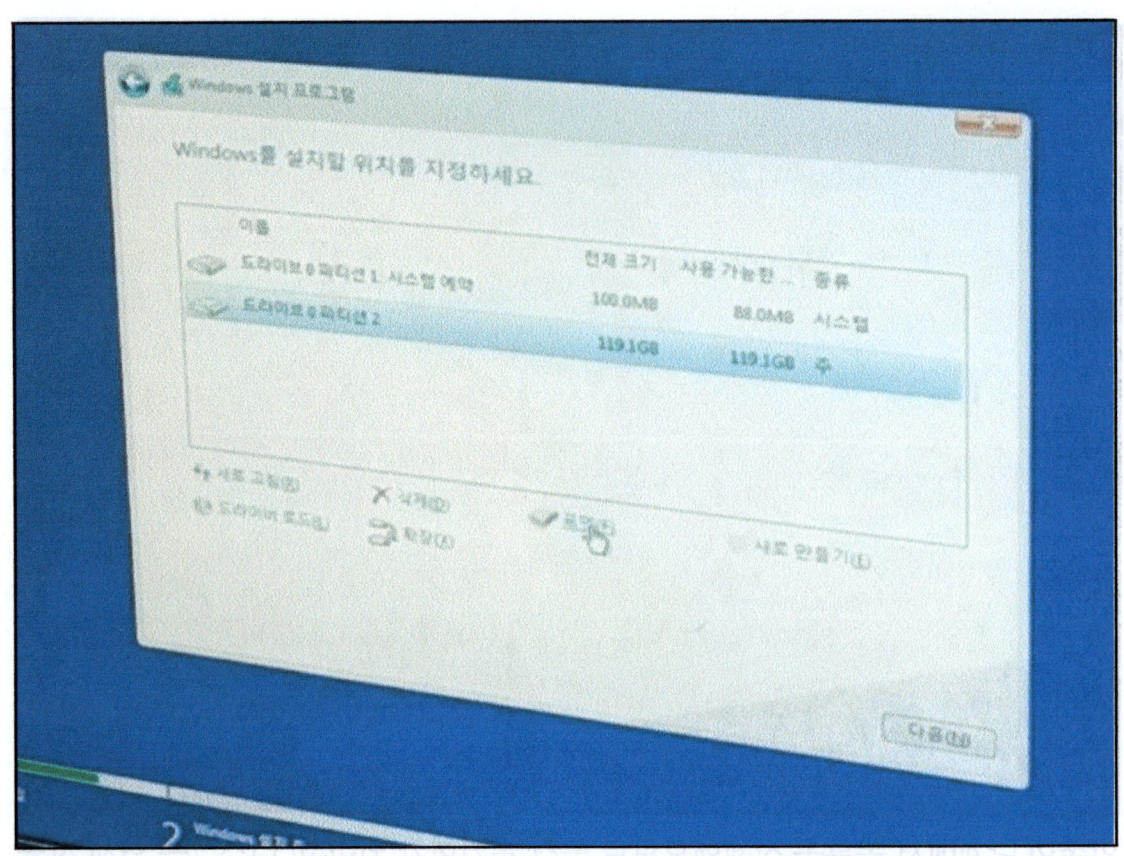

위와 같이 저절로 파티션이 나누어졌고요, 위의 화면 현재 선택된 용량이 큰 파티션을 선택하고 위의 손가락이 가리키는 곳을 클릭하여 포맷을 합니다.

필자는 컴퓨터 자격증도 여러 개 가지고 있고요, 관련 서적도 수십권 집필했고요, 조립 PC를 무려 수 천 대를 조립한 경험이 있는 사람이지만, 이런 필자도 Win 11은 난생 처음 설치를 해서 현재 사용 중이고요,..

이 과정에서 무려 20번 이상 실패를 했고요, 여러가지 원인이 있지만, 가장 큰 원인은 Rufus 버전 3.16을 사용하지 않은 원인이 가장 크고요, 이 과정에서..

위의 화면에서 파티션이 3개로 나누어진 경우도 있었습니다.
현재 MBR로 설치를 하는 중이고요, 혹시 UEFI로 설치하면 파티션이 3개로 나누어지는 것은 아닌지 그것까지는 확인하지 못했습니다.

필자가 실패를 하면서 MBR로 설치를 했다 UEFI로 설치를 했다 여러 번 반복했고요, 이 때 UEFI는 GPT 디스크에만 설치가 되므로 SSD를 GPT로 변환을 했다가 다시 MBR로 설치를 할 때는 또 다시 SSD를 MBR로 변환을 하는 등 여러 번 반복을 하여 에러가 나서 그랬을 수도 있습니다만, 사용자는 상관할 필요는 없습니다.

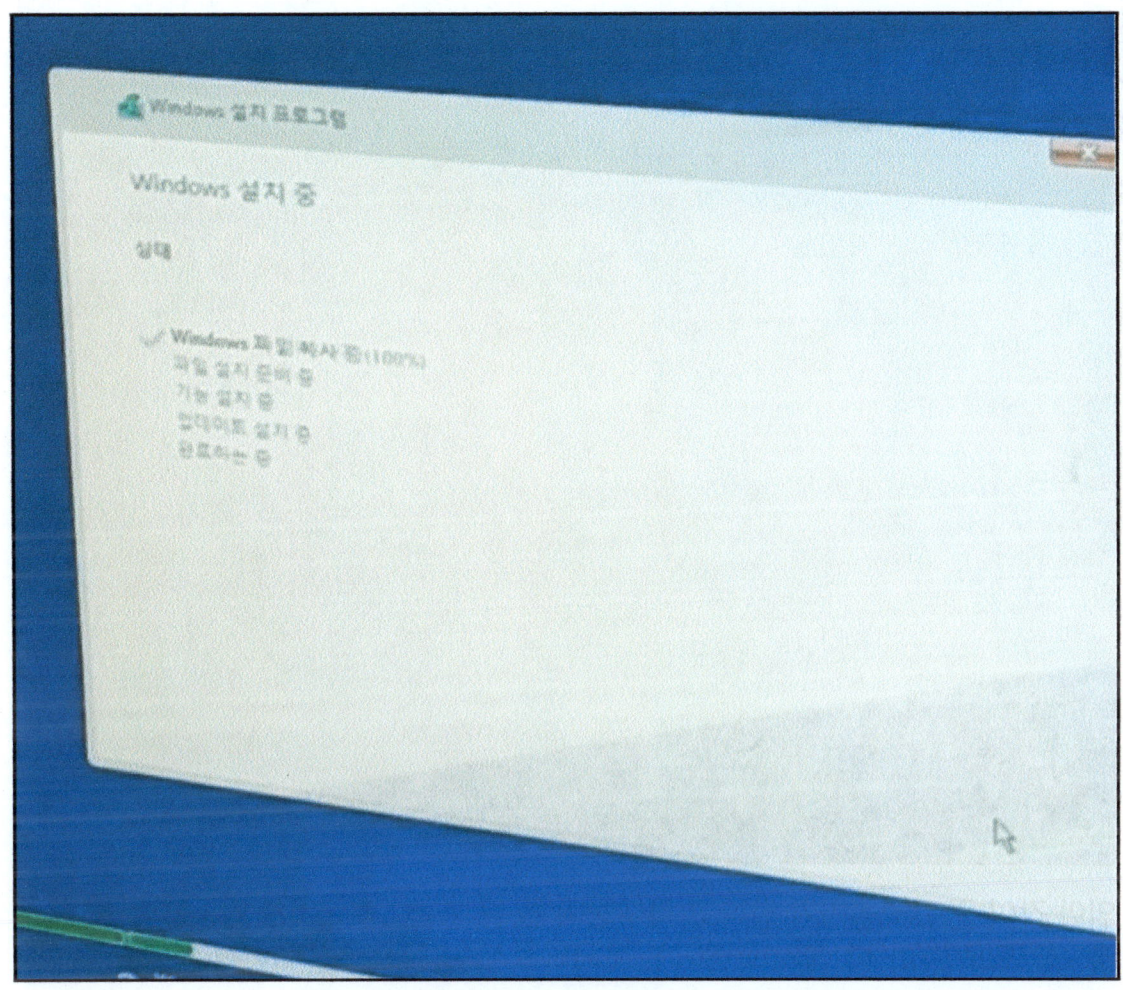

이제 비로서 Win 11 설치가 위와 같이 진행되고요, 위의 과정은 불과 몇 분 아니면 10분 정도 밖에 걸리지 않습니다.

필자의 경우 앞에서 소개한 바와 같이 비교적 저사양 PC인데도 10분이 안 걸렸고요, 이는 윈도우7이나 윈도우10이나 윈도우11이나 동일합니다.

그래서 어디 가지 말고 지켜서서 바라보고 있다가 다음과 같이 재부팅이 될 때 USB에 있는 Win 11 usb 설치 디스크를 빼야 합니다.

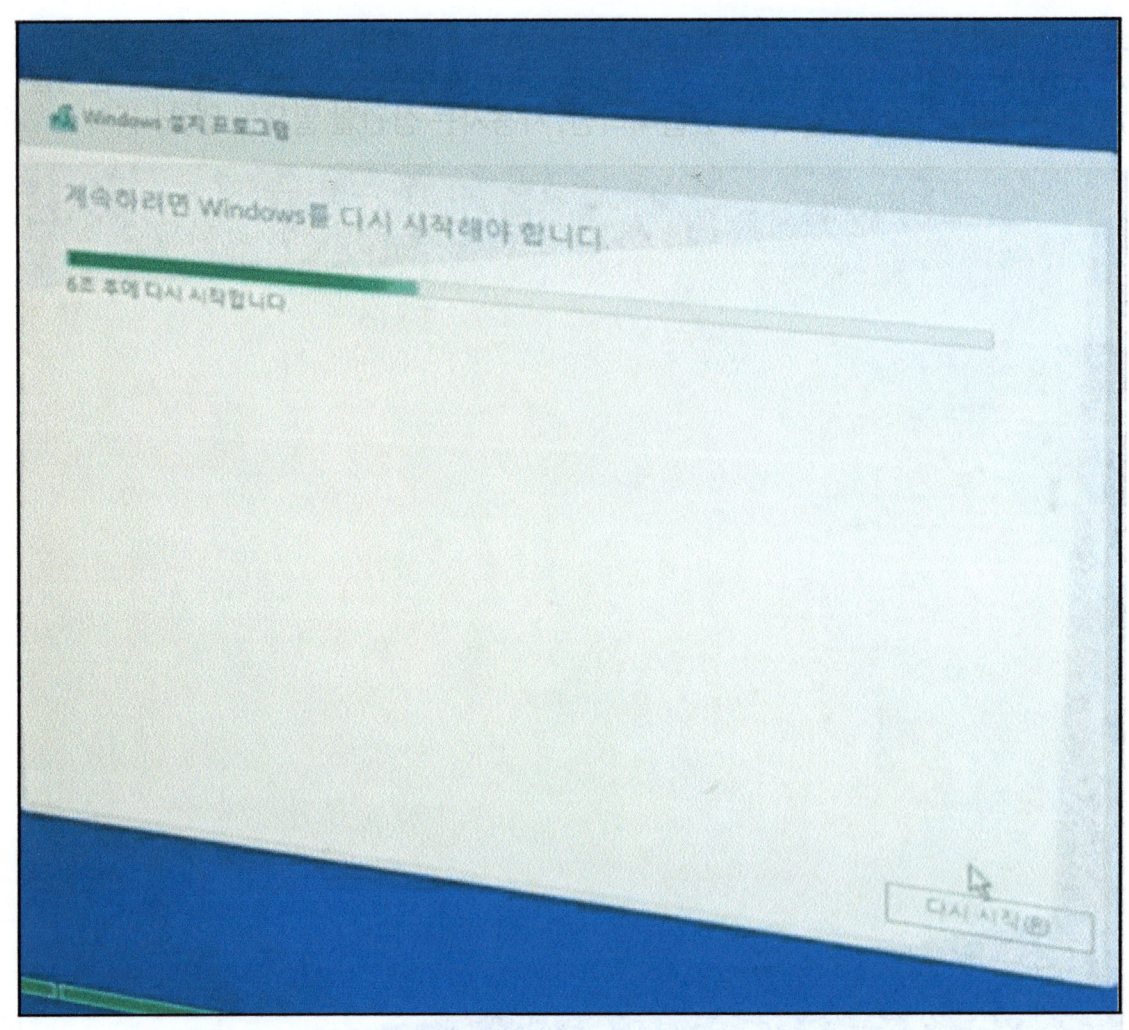

위와 같이 윈도우 설치가 끝나고 재부팅이 될 때 Win 11 usb 설치 디스크를 빼지 않으면 도로 Win 11 설치 화면이 반복되므로 빼야 하고요,..

다른 방법은 재부팅이 될 때 다시 키보드의 Del키를 눌러서 맨 처음 부팅되는 순서를 이제는 SSD로 바꿔주면 됩니다.

중요한 것은 이제부터입니다.

다음과 같이 진행되면서 막히는 부분이 있습니다.
그래서 이 책을 보시거나 필자의 블로그 혹은 [유튜브 채널]에 오셔서 필자가 올린 정보를 보셔야 하는 것입니다.

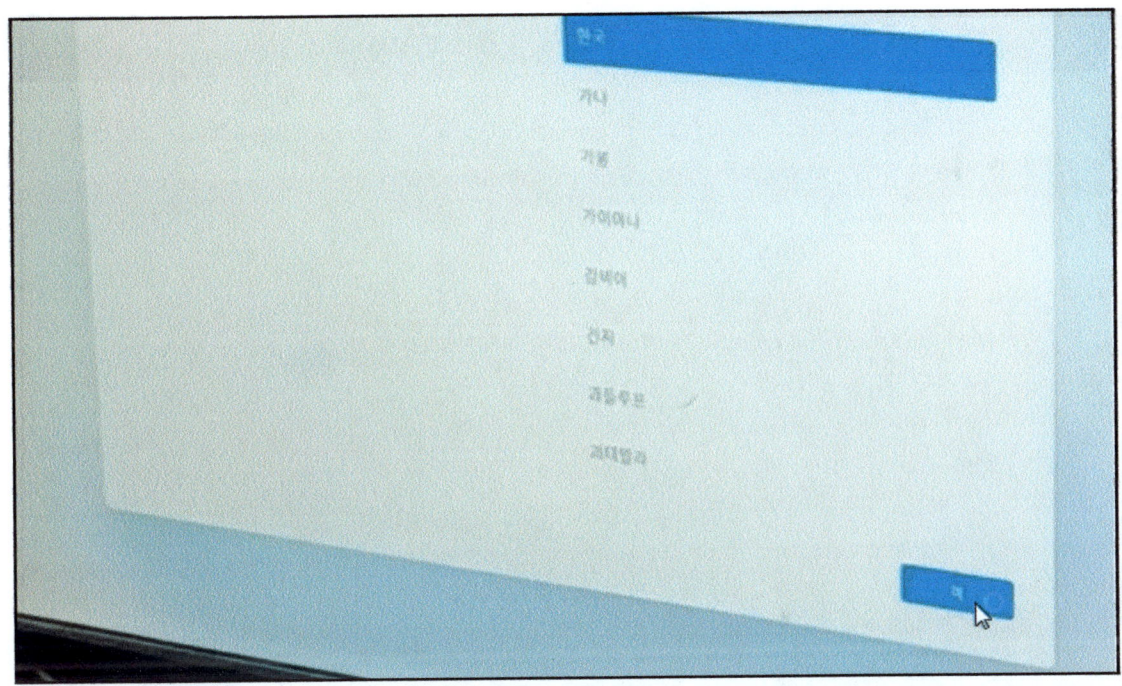

국가를 물어보는 위의 화면에서는 기본 값으로 한국이 선택되어 있고요, [예] 클릭

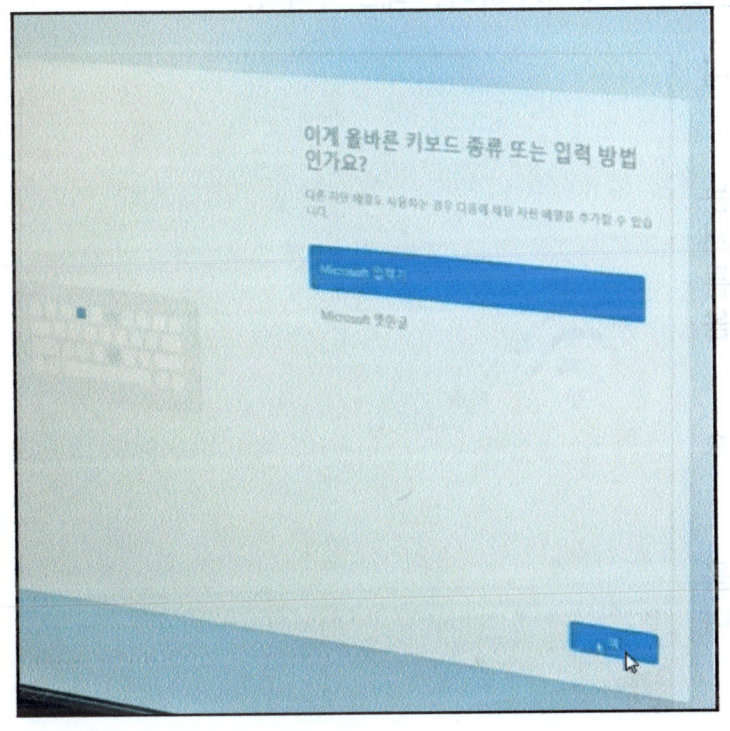

좌측 화면에서도 기본 값으로 선택하고 다음,..

위의 2번째 키보드 레이아웃도 특별한 경우가 아니면 패스합니다.

우측 화면에서 문제에 봉착합니다.

현재 랜선을 빼고 설치를 하는 것이기 때문에 우측 화면에서 건너 뛰어야 하는데 다음 버튼이 활성화가 되지 않아서 다음으로 넘어갈 수가 없습니다.

이 때 다음 방법을 사용하여 우회를 해야 합니다.

[Shift + F10]을 누르면 다음 cmd창, 도스 화면이 나타납니다.

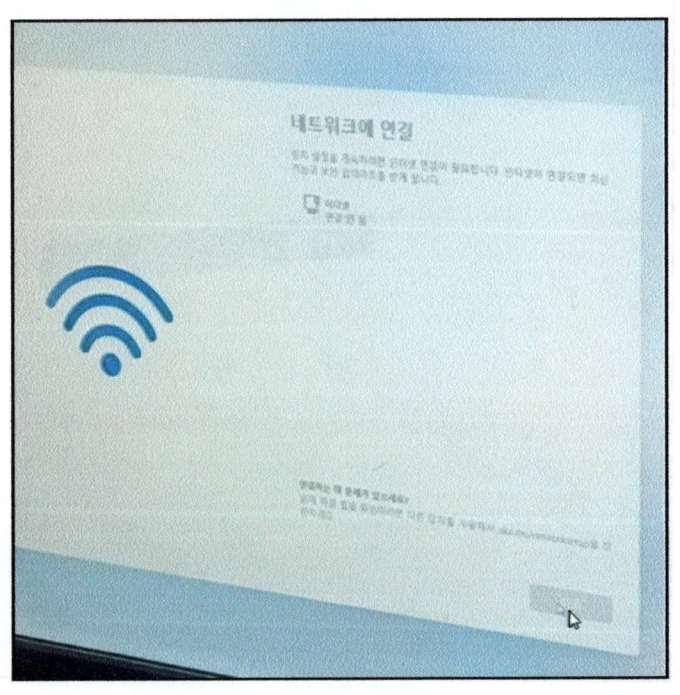

```
C:\Windows\System32>OOBE\BYPASSNOR
```

위와 같이 입력을 해야 하는데요, 실제로는 화면에 'OOBE\BY' 까지만 입력하고 엔터를 치면 뒷 부분 명령어는 저절로 입력되면서 진행됩니다.

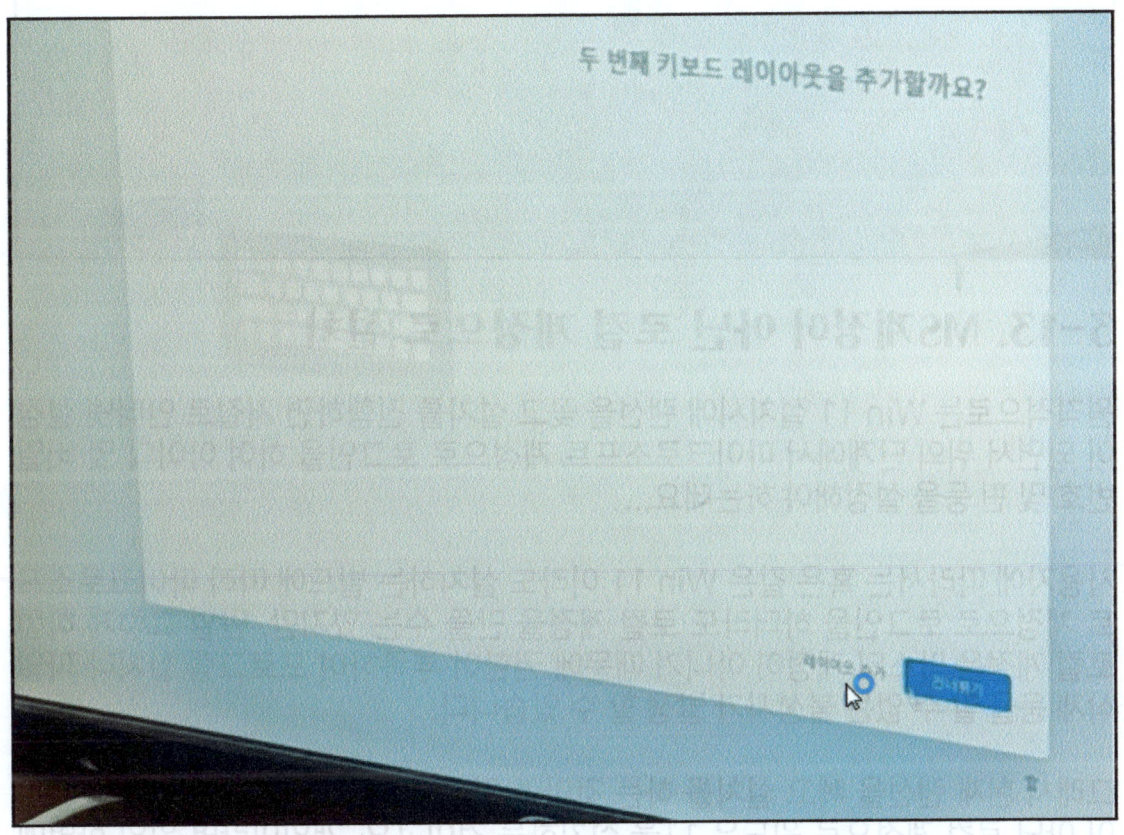

위와 같이 다시 진행이 되면서 이번에는 위의 화면에 보이는, 마우스가 가리키는 이 단계 건너뛰기 메뉴가 나타납니다.

위의 마우스가 가리키는 [이 단계 건너 뛰기]를 클릭하면 다음 화면이 나타납니다.

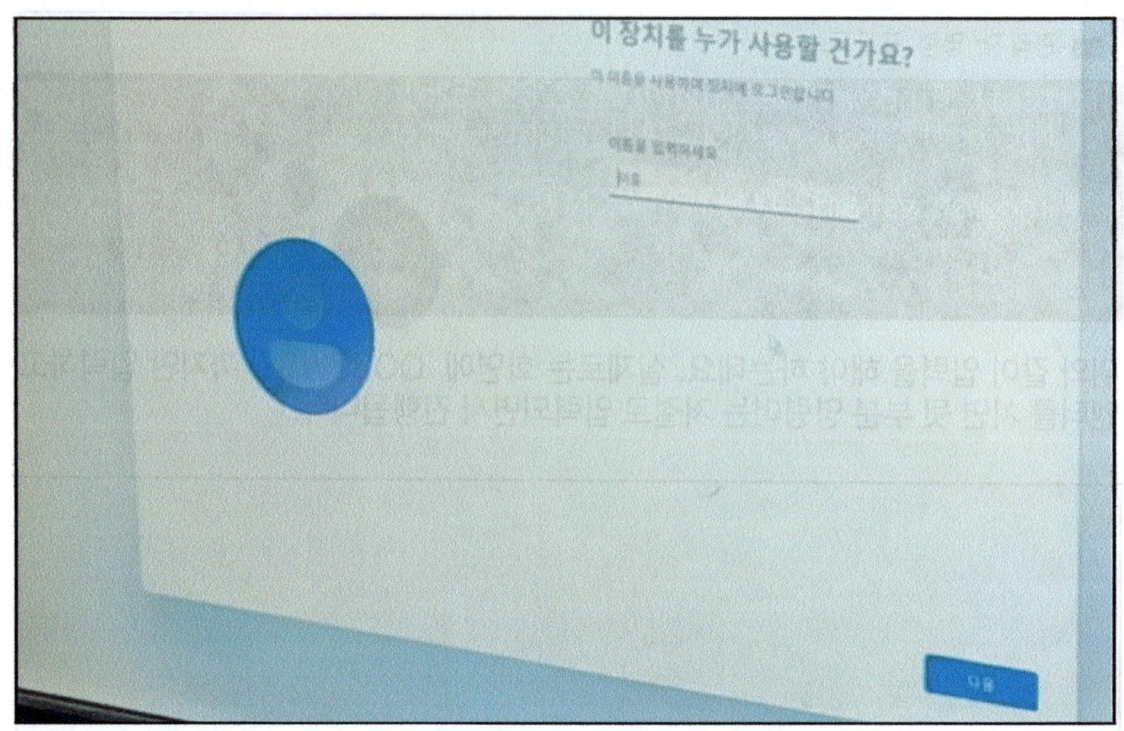

3-13. MS계정이 아닌 로컬 계정으로 설치

원칙적으로는 Win 11 설치시에 랜선을 꽂고 설치를 진행하면 저절로 인터넷 설정이 되면서 위의 단계에서 마이크로소프트 계정으로 로그인을 하여 아이디 및 비밀번호 및 핀 등을 설정해야 하는데요,..

사용자에 따라서는 혹은 같은 Win 11 이라도 설치하는 빌드에 따라 마이크로소프트 계정으로 로그인을 하더라도 로컬 계정을 만들 수는 있지만, 만일 그렇게 하면 로컬 계정은 마스터 계정이 아니기 때문에 권한이 부족하여 프로그램 설치나 파일 삭제 등을 할 수 없는 불상사가 발생 할 수 있습니다.

그래서 현재 랜선을 빼고 설치를 하는 것이며 위의 단계에서 마이크로소프트 계정이 아닌 로컬 계정으로 윈도우 11을 설치하는 것이고요, 개인이라면 위의 화면에서 자신이 사용할 이름을 입력해도 되고요, PC정비사 등 다른 사람의 PC에 Win 11을 설치하는 것이라면 위의 로컬 계정 입력 화면에 영문이든 한글이든 숫자든 어떤 것을 입력해도 되고요, 이것은 나중에 설정에 들어가서 자신의 계정 이름을 바꾸고 비밀번호도 바꿀 수 있으므로 타인의 PC라면 반드시 이렇게 해야 합니다.

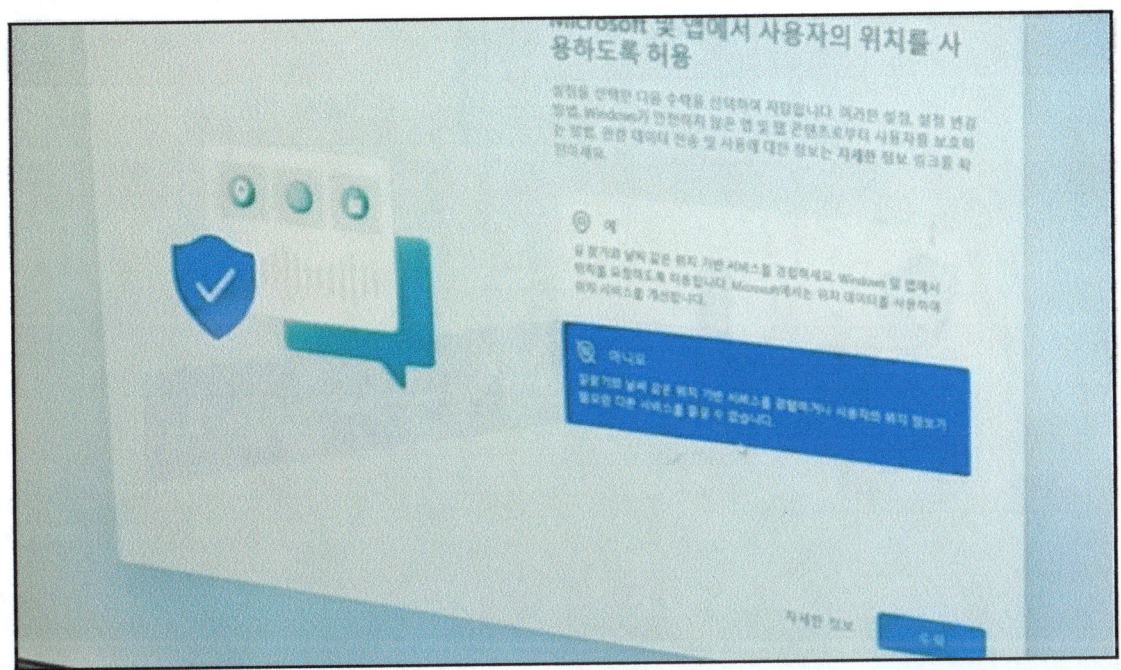

지금부터는 화면의 안내를 잘 읽어보고 답변을 해야 합니다만, 대체로 밑에 있는 항목을 선택하면 무난합니다.

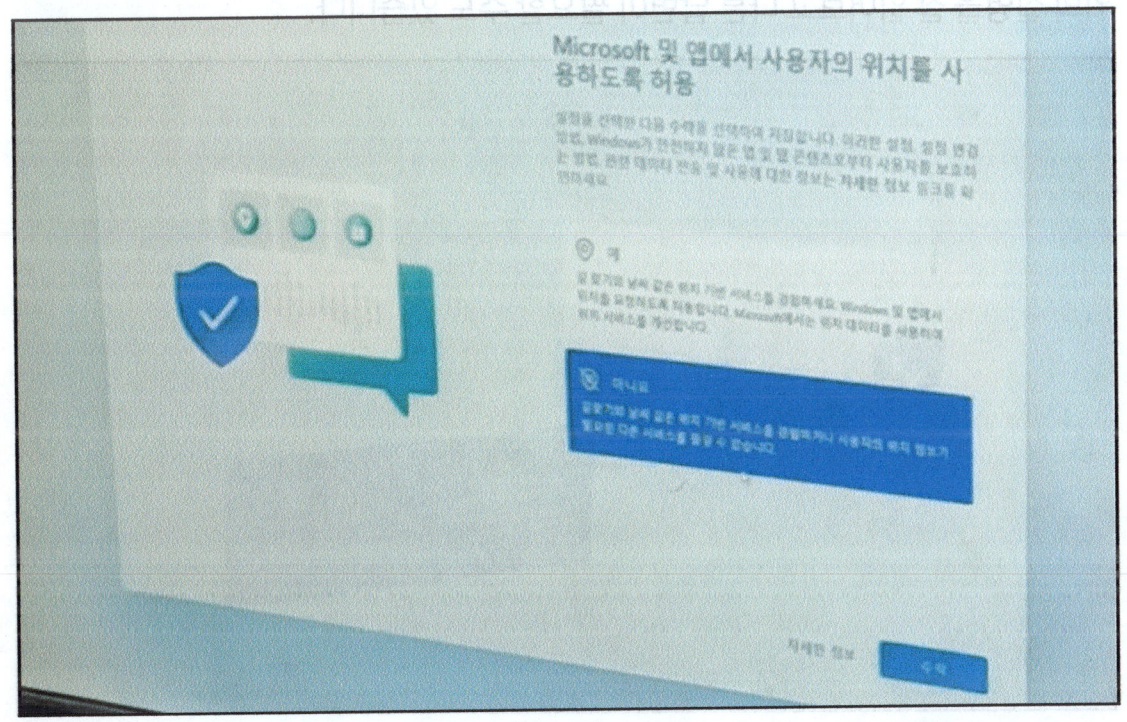

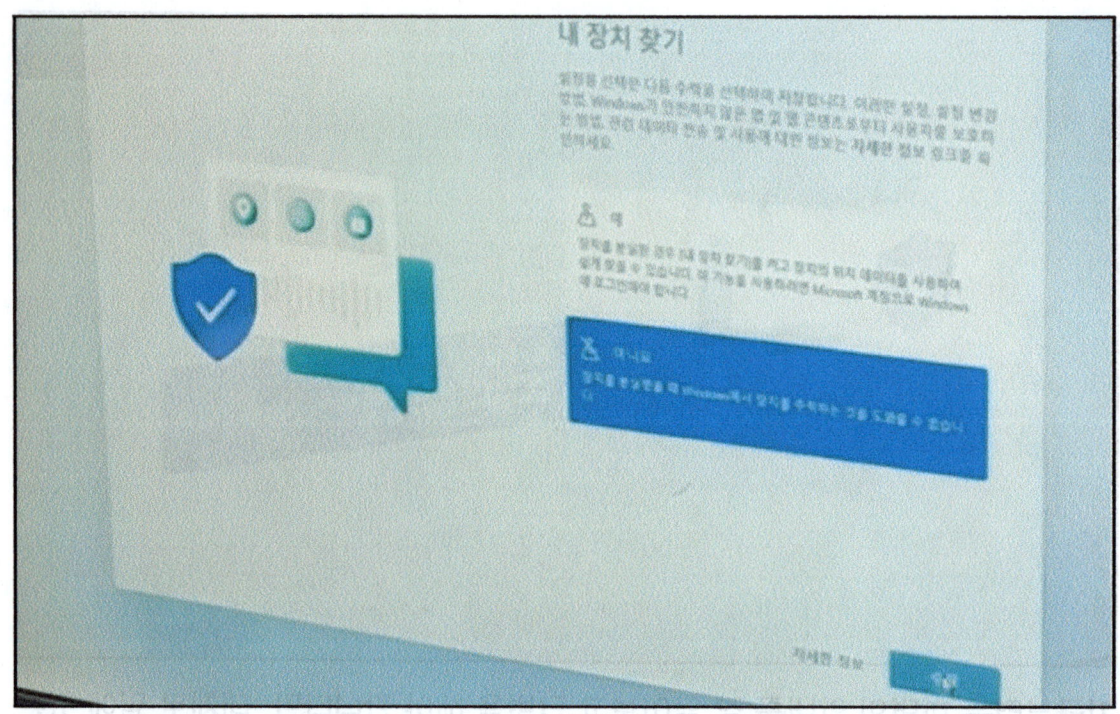

위의 내 장치 찾기도 보편적으로 아래를 선택하면 무난하고요, 그러나 개인이라면 위의 설명을 잘 읽어보고 다른 답변이 필요할 수도 있습니다.

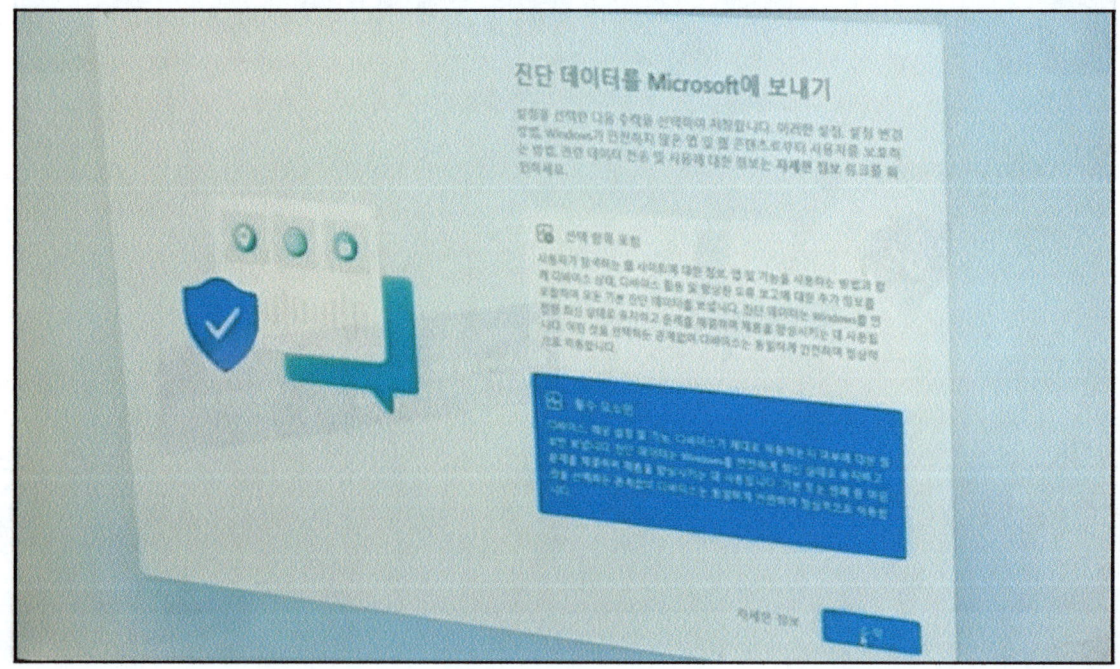

앞의 진단 데이터 보내기도 안함으로 했습니다만, 이 역시 개인이라면 잘 읽어보고 선택을 해야 하고요,...

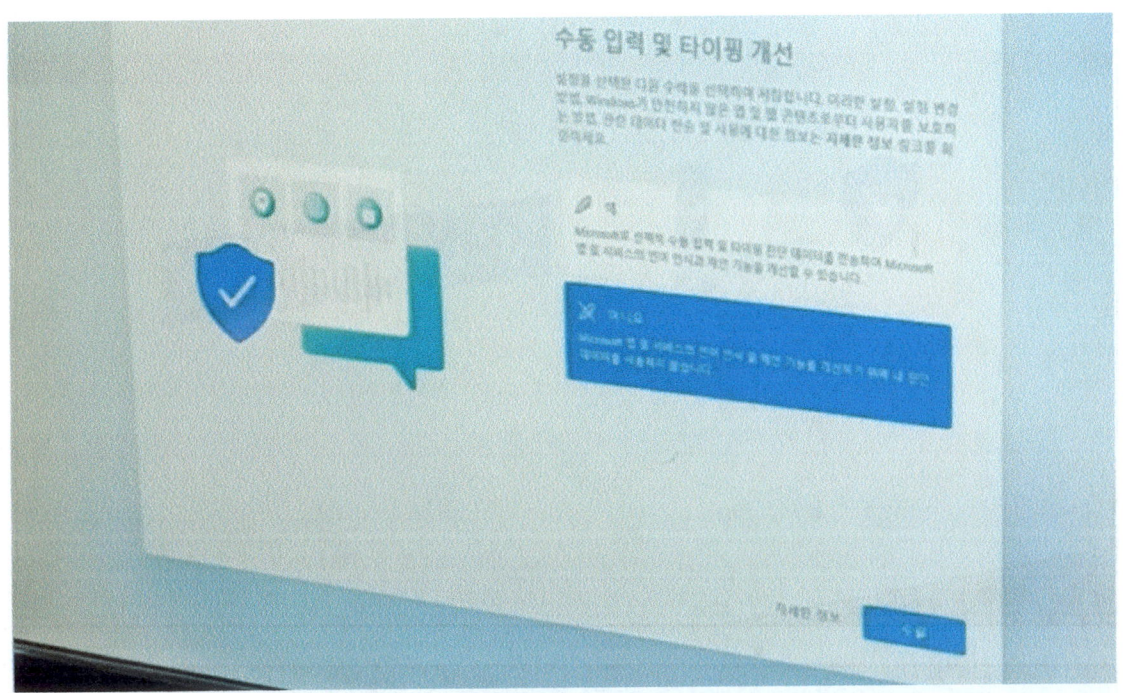

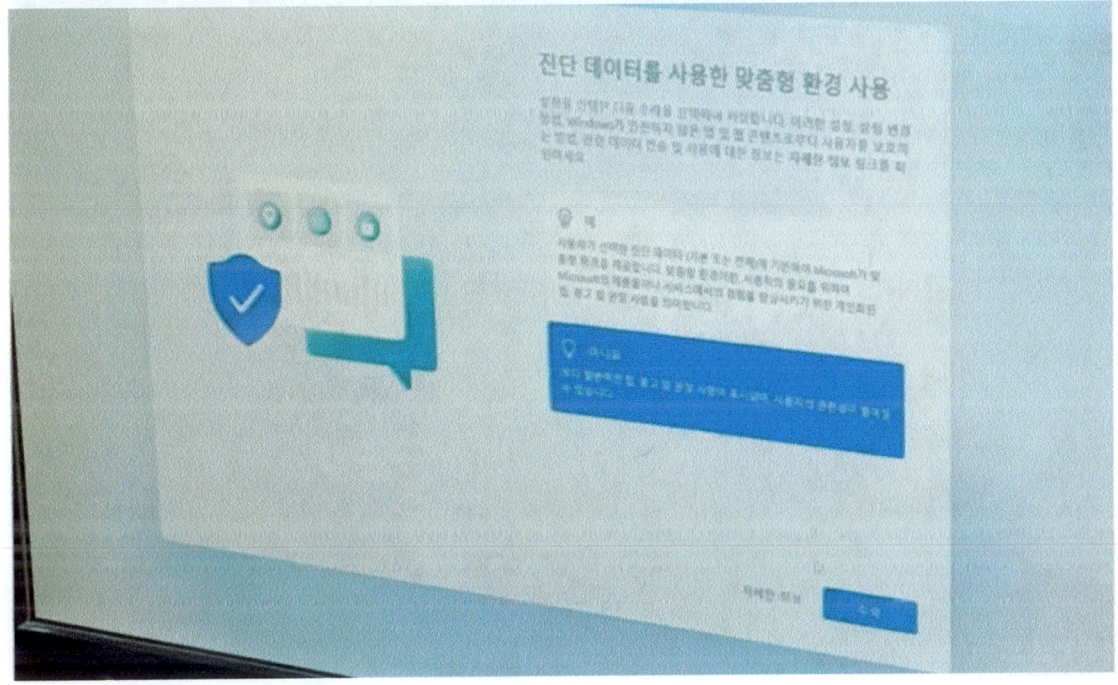

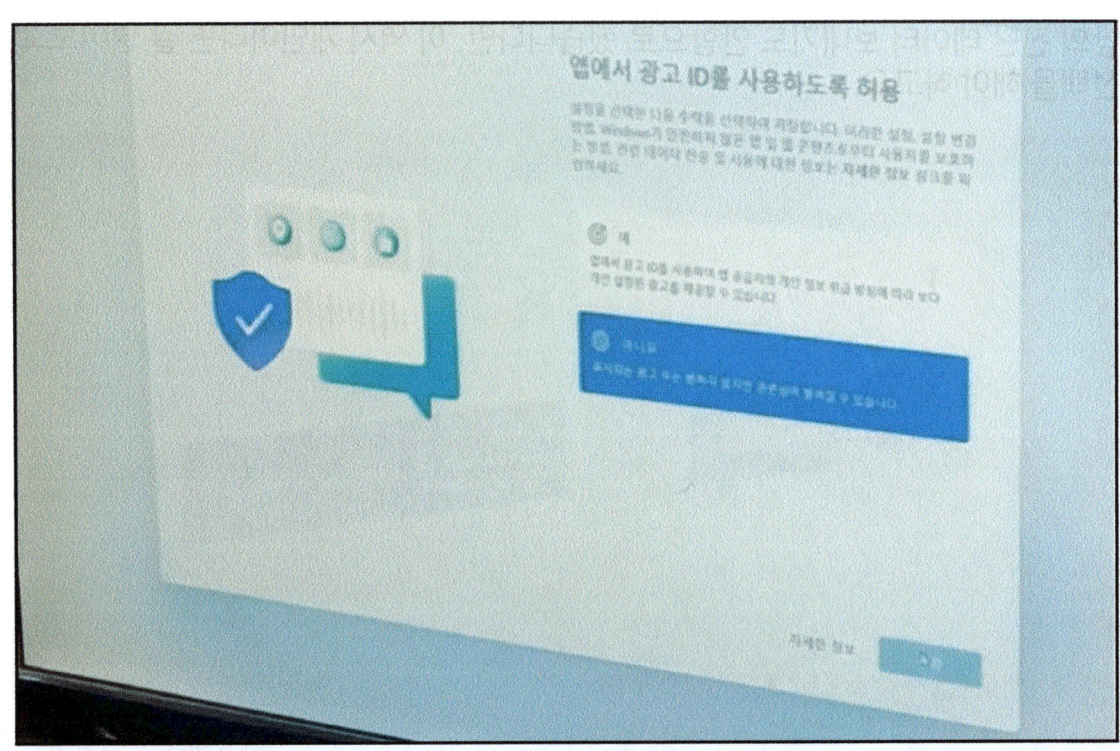
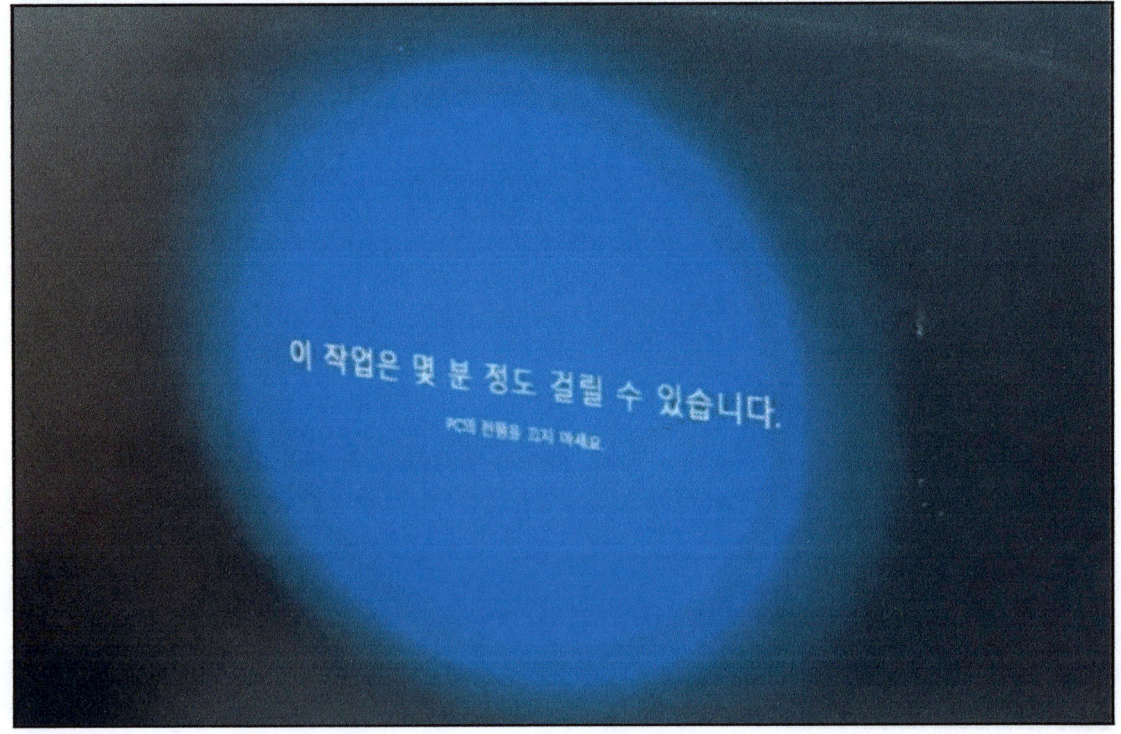

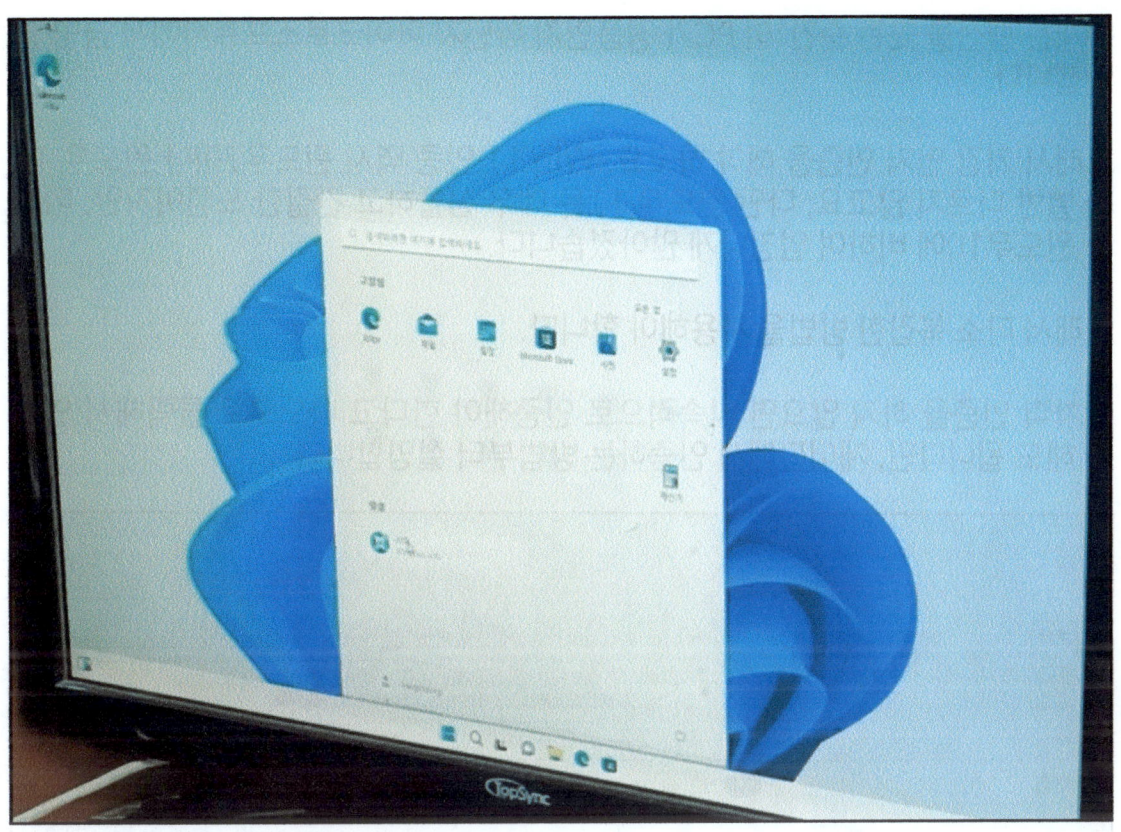

드디어 윈도우 11 설치가 끝이 났습니다.

그러나 끝이 아니라 이제부터 시작입니다.
인터넷을 하기 위해서는 랜선을 꽂아야 하며 랜선을 꽂으면 필연적으로 인증을 해야 합니다.

3-14. Win 11 정품 인증

자신이 산 속에서 세상과 인연을 끊고 혼자 살겠다고 하는 사람이라면 랜선을 꽂지 않아도 되지만, 현대인이라면 인터넷에 연결하지 않으면 안 됩니다.

Win 11은 랜선을 꽂으면 모든 것이 완전 자동으로 인터넷에 연결됩니다.

물론 네트워크 구성은 다른 문제이므로 뒤에 다시 설명을 하고요,..

문제는 랜선을 꽂는 순간 이 PC가 정품인지 아닌지 마이크로소프트사에서 금방 알아챕니다.

그래서 가장 먼저 인증을 해야 하고요, Win 11 인증 역시 윈도우7이나 윈도우 10과 별반 다르지 않고요, 다만 윈도우 11은 매우 심플하고 간결한 느낌이지만, 메뉴가 윈도우10에 비하여 엄청나게 많아졌습니다.

그래서 다소 복잡한 방법을 사용해야 합니다.

어차피 인증을 하지 않으면 지속적으로 인증해야 한다고 나오므로 클릭해서 인증을 해도 됩니다만, 제어판에서 인증하는 방법부터 설명합니다.

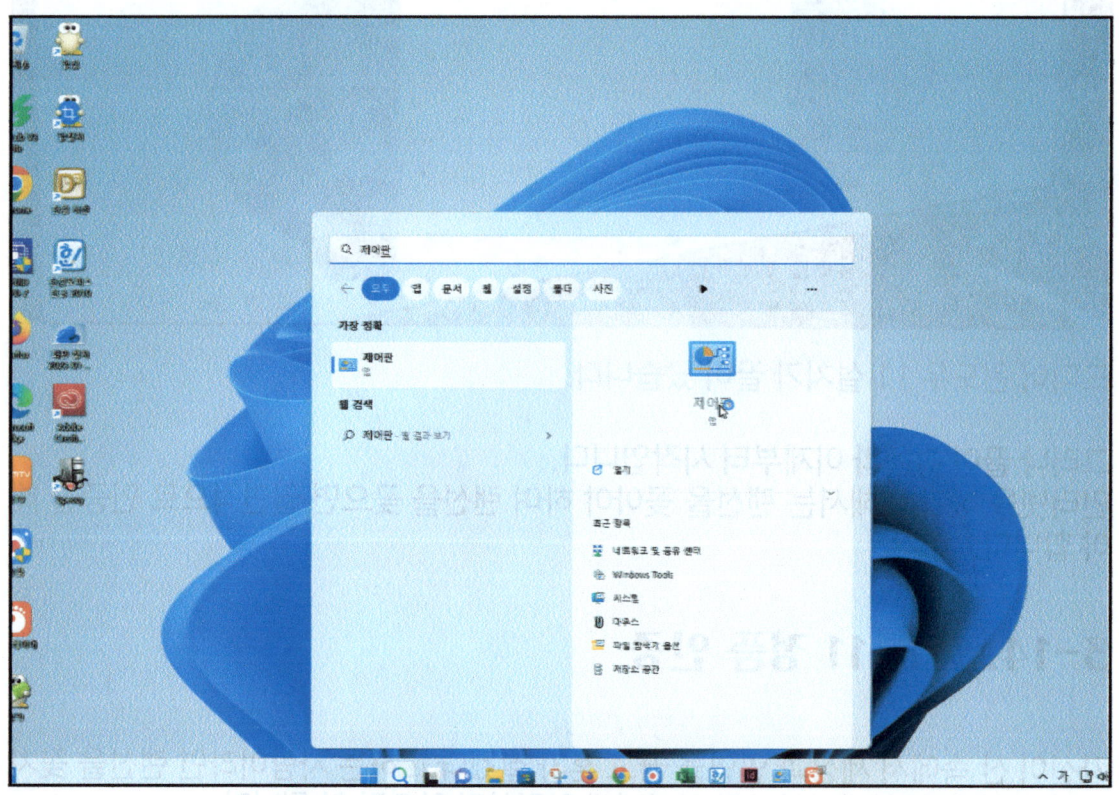

윈도우 11은 위와 같이 매우 간결하고 매우 심플합니다.

메뉴는 엄청나게 많으므로 대부분 검색해서 찾아야 하고요, 시작 버튼도 좌측에 있는 것이 아니라 가운데 있습니다.

그러나 필자의 오랜 경험으로 보아 Win 11 설치 이후 화면이 필자와 다를 수도 있다는 것을 염두에 두시고요, 조금씩 틀리는 부분은 여기 설명 참조하여 찾으면 됩니다.

일단 인증을 하기 위해서는 앞의 화면에 보이는 것과 같이 화면 가운데 쯤에 있는 시작을 누르고 제어판을 입력하여 제어판으로 들어갑니다.

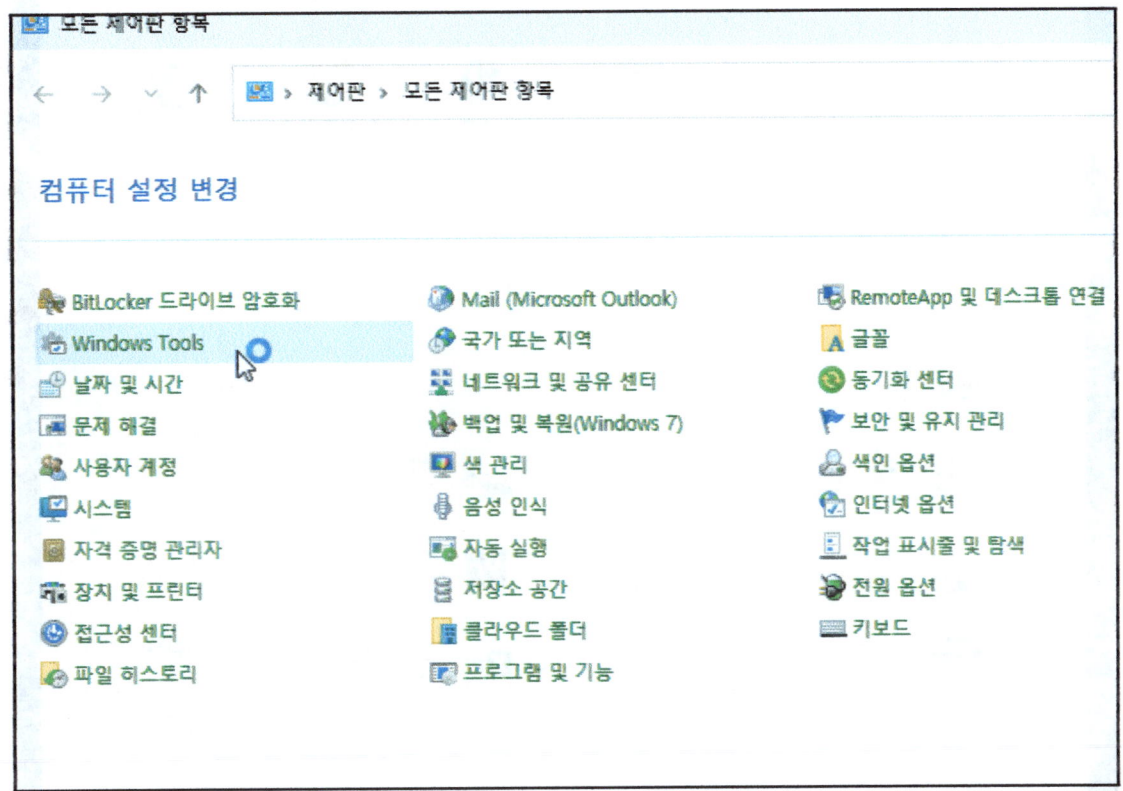

제어판 초기 화면은 윈도우7이나 윈도우10과 별반 다르지 않게 보입니다만, 위의 마우스가 가리키는 [Windows Tools]를 클릭하면 수 많은 메뉴가 들어 있고요,.

그리고 필자가 윈도우 11을 설치하고 맨 처음 제어판을 들어 왔을 때는 제어판에 설정 메뉴가 있었습니다.

그러나 일단 맨 처음 설정 화면에 들어간 후에는 설정 메뉴가 제어판에 나타나지 않고 시작을 누르면 바로 나타납니다.
다음 화면을 보세요..

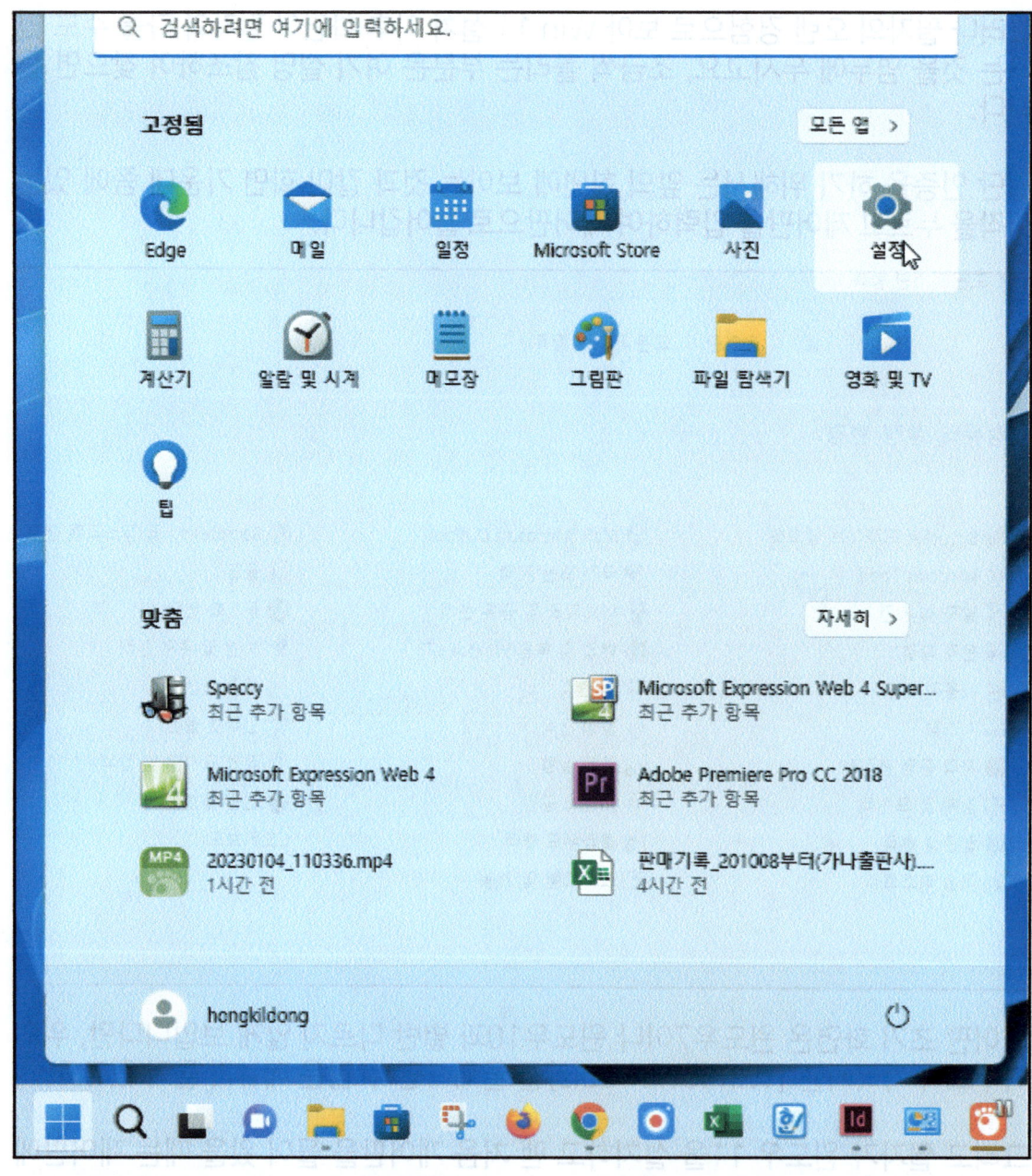

위의 화면 하단 맨 좌측 작은 사각형 4개가 모여 있는 것이 시작 버튼이고요, 이것 역시 필자와 다른 사람이 있을 수도 있고요, 위의 화면 우측 상단 마우스가 가리키는 [설정] 메뉴가 맨 처음에는 제어판에 있었지만, 처음 메뉴를 클릭하여 들어간 후에는 위에 보이는 것과 같이 제어판에는 나타나지 않고요, 시작을 눌러야 나타나고요, 위의 마우스가 가리키는 [설정]을 클릭하면 다음 화면이 나타납니다.

위의 화면에서 마우스가 가리키는 시스템을 다시 한 번 클릭하면 다음 화면이 나타납니다.

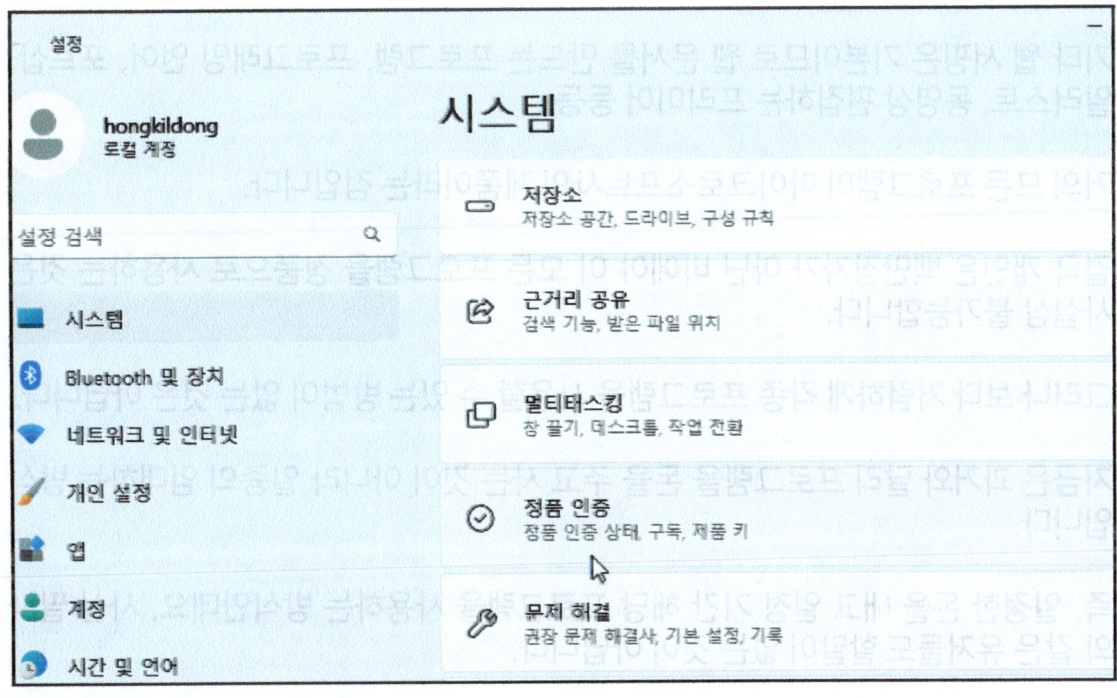

앞의 화면 마우스가 가리키는 정품 인증을 클릭하여 제품 키를 입력하면 정품 인증이 되는데요, 문제는 정품을 사용하지 않는 사용자가 문제입니다.

간혹 정품 인증 크랙 문의를 하시는 분이 있는데요, 필자는 책을 쓰는 작가이며 출판사를 운영하는 공인의 한 사람으로서 그런 방법까지 알려 드릴 수는 없습니다.

개인이 사용하는 것까지 단속을 하는 것은 필자도 불만입니다만, 사실 개인이 사용하는 것까지 단속하는 예는 거의 없습니다.

그러나 무언가 법에 저촉되는 일을 했다면 비 정품 사용자는 나중에 크게 경을 칠수 있다는 것을 아시고요, 원칙적으로 정품을 사용하는 것이 정석이라는 것을 아시기 바랍니다.

그리고 문제는 윈도우즈 운영체제만 정품이어서 되는 것이 아닙니다.
운영체제는 문자 그대로 빈 깡통에 불과한 PC를 무언가 작업을 할 수 있도록 해 주는 운영체제일 뿐입니다.

하다못해 문서를 작성하기 위해서는 MS워드나 한글 프로그램, 수치 계산 프로그램인 엑셀 프로그램을 사용하지 않는 사람이 거의 없고요,..

기타 웹 서핑은 기본이므로 웹 문서를 만드는 프로그램, 프로그래밍 언어, 포토샵, 일러스트, 동영상 편집하는 프리미어 등등..

거의 모든 프로그램이 마이크로소프트사의 제품이라는 점입니다.

결국 개인은 백만장자가 아닌 바에야 이 모든 프로그램을 정품으로 사용하는 것은 사실상 불가능합니다.

그러나 보다 저렴하게 각종 프로그램을 사용할 수 있는 방법이 없는 것은 아닙니다.

지금은 과거와 달리 프로그램을 돈을 주고 사는 것이 아니라 일종의 임대하는 방식입니다.

즉, 일정한 돈을 내고 일정 기간 해당 프로그램을 사용하는 방식인데요, 사실 필자와 같은 유저들도 할말이 없는 것이 아닙니다.

세상에는 알려지지 않는 기인이사가 많기 때문에 전세계 어디에서든지 뛰어난 프로그래머가 나와서 어떠한 프로그램을 개발을 해서 조금만 유명해지면 마이크로소프트사에서는 금액을 불문하고 인수해 버립니다.

장차 자신들의 경쟁 상대를 미리 꺾어 버리는 것인데요, 마이크로소프트와 쌍벽을 이룰 정도로 거대한, 포토샵을 만든 어도비사 역시 마이크로소프트사에서 인수를 하여 지금은 마이크로소프트 어도비가 되었고요,..

웹에디터로 유명한 매크로미디어사의 플래시나 드림위버 등도 마이크로소프트사에서 인수를 하여 사라져 버렸고요, 사실상 전세계에서 가장 큰 독과점 업체가 바로 마이크로소프트사입니다.

우리나라의 한글과 컴퓨터사 역시 마이크로소프트사에 매각될 위기에 처했을 때 한글8.15를 시판하여 필자도 구입했고요, 국민적 성원을 받아서 다행히 우리나라는 전세계 유일의 자국 토종 워드 한글 프로그램이 마이크로소프트사로 넘어가지 않고 지금도 명맥을 유지하고 있고요, 필자는 한글 2020 책을 집필하면서 역시 한글 2020 정품을 구입했고요,..

포토샵 등의 다른 프로그램들도 저렴하게 사용할 수 있는 플랜이 있습니다.

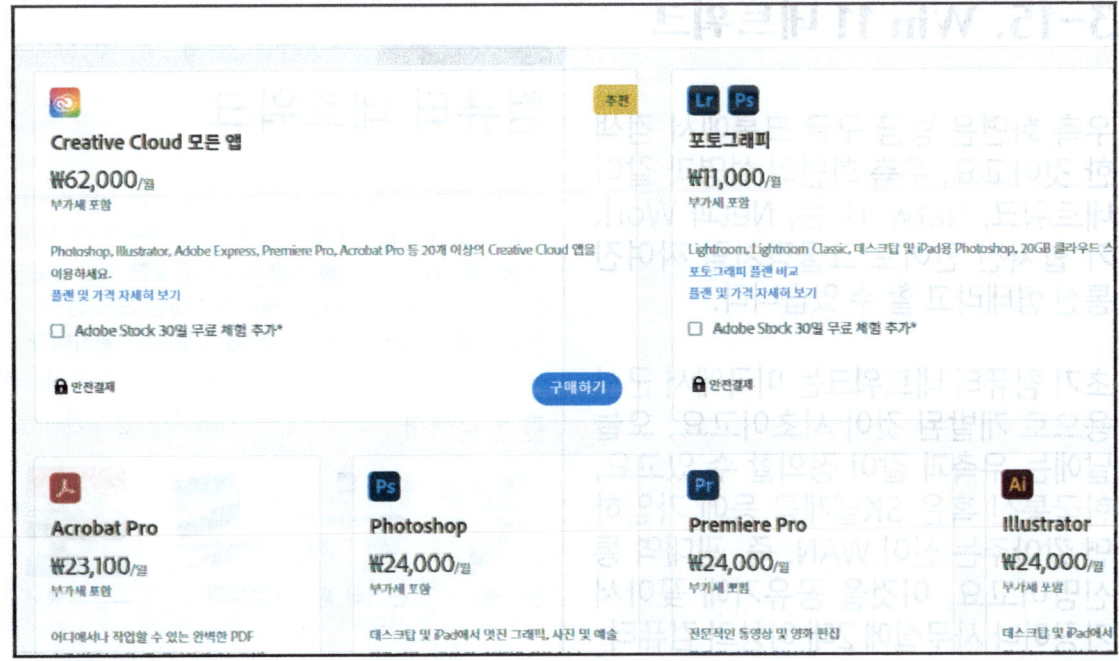

매월 24,000원에서 6,2000원 정도면 원하는 프로그램을 사용할 수 있고요, 가장 저렴한 비용으로 월 11,000원의 플랜도 있습니다.

따라서 정품 구입이 사실상 불가능한 개인의 경우 이런 다양한 어도비 플랜 등을 이용하여 저렴한 가격으로 정품 프로그램을 사용할 수 있는 길이 있으며 대학생의 경우 학생용 플랜을 사용하면 이보다 더 저렴하게 이용할 수 있습니다.

사실 사용자 입장에서 보면 정부 기관, 관공서, 은행, 중소기업 이상 대기업 등에서는 어김없이 정품을 사용하고 있고요, 이러한 기관에서는 정품을 사용하지 않으면 정품 구입 비용보다 더 많은 비용을 지불해야 하기 때문에 정품을 사용할 수 밖에 없고요, 따라서 마이크로소프트사에서는 이렇게 전세계의 모든 국가에서 정품을 사용하는 곳이 많기 때문에 전세계에서 가장 큰 부자이며 따라서 개인에게까지 정품 인증을 요구하는 것은 너무한 것이 사실입니다.

이러한 정품 인증과는 별개로 자사의 프로그램이 일단 널리 펴져서 많은 사람들이 그 프로그램을 익혀서 많은 사람들이 그 프로그램을 사용해야 프로그램 개발사도 이익이므로 사실상 개인이 사용하는 프로그램까지 제한을 하지는 않습니다만, 엄밀하게는 개인도 정품을 사용하는 것이 원칙이라는 것을 알아야 합니다.

3-15. Win 11 네트워크

우측 화면은 방금 구글 크롬에서 검색한 것이고요, 우측 화면의 설명과 같이 네트워크, Network 는, Net과 Work 가 합쳐진 언어로 그물망처럼 짜여진 통신 형태라고 할 수 있습니다.

초기 컴퓨터 네트워크는 미국에서 군사용으로 개발된 것이 시초이고요, 오늘날에는 우측과 같이 정의할 수 있고요, 한국통신 혹은 SK텔레콤 등에 가입하면 깔아주는 선이 WAN, 즉, 광대역 통신망이고요, 이것을 공유기에 꽂아서 가정이나 사무실에 2대 이상의 컴퓨터를 연결하는 것이 바로 LAN, 즉, Local Area Network, 즉, 근거리 통신망이고요, 일부 특수한 사람들 이외에는 네트워크라 하면 바로 이렇게 랜선을 끼우고 옆에 있는 컴퓨터와 연결하는 근거리 통신망, 즉, LAN을 의미한다고 할 수 있습니다.

사실 네트워크는 이렇게 간단히 설명해서 될 일은 아닙니다.
제대로 파고들면 대학교에서 4년간 전공을 해야 할 정도입니다만, 개인이 가정이나 사무실에서 PC를 사용하는 것은 LAN, 즉, 근거리 통신망만 알면 됩니다.

이런 복잡성은 제쳐두고라도 요즘은 가정이라도 PC가 보통 2대 이상이며 소규모 사무실이라도 최소한 PC가 2대 이상입니다.

이렇게 2대 이상의 PC를 랜선을 이용하여 혹은 무선으로 연결하는 것을 네트워크라고 할 수 있으며 Win 11을 설치한 후에 옆에 있는 윈도우10이나 윈도우7을 사용하는 PC와 공유기를 거쳐서 랜선을 꽂아서 서로 네트워크가 돼야 합니다.

그런데 나날이 복잡해지는 사회 구조와 맞물려서 PC 운영체제 역시 새로운 보안 문제가 대두되어 마이크로소프트사에서 새로 나오는 운영체제는 어김없이 개인은 네트워킹을 쉽게 할 수 없도록 갈수록 어렵게 하고 있습니다.

그래서 윈도우11도 윈도우10과 마찬가지로 일반 개인은 네트워크 구성을 쉽게 할 수가 없습니다.

PC설정을 아무리 잘 해도 네트워크가 안 되기 때문입니다.
윈도우7에서는 그토록 쉽던 네트워킹이 윈도우10 이후에는 일반 설정으로는 도저히 네트워킹이 되지 않으며 물론 필자보다 더 훌륭한 고수라면 네트워킹을 쉽게 하는 사람도 있을 것입니다.

그러나 필자 역시 네트워크를 전공한 것은 아니지만, PC간 네트워크 정도는 식은 죽 먹기로 할 수 있는데도 불구하고 그냥 설정을 해서는 좀처럼 네트워킹이 되지 않습니다.

그래서 필자가 나름대로 연구를 하여 알아낸 방법이 있습니다.

윈도우10과 윈도우11은 부팅후 네트워크를 초기화시키고 다시 재부팅을 해서 네트워크를 개인 네트워크로 지정해 주는 방식입니다.

참고 : 윈도우10과 윈도우11 인스톨 후 업데이트가 되면 자동으로 네트워킹이 되지만, 운영체제 설치 직후에는 이렇게 해야 네트워크가 됩니다.

3-16. 네트워크 초기화

그래서 윈도우10과 윈도우11은 일단 부팅 후 네트워크를 초기화 시키고 다시 재부팅을 해서 네트워크를 개인 네트워크로 지정을 해야 하는데요, 네트워크 초기화는 다음 방법으로 합니다.

참고로 윈도우10과 윈도우11은 업데이트가 이루어지면 자동으로 네트워킹이 됩니다.

그러나 지금 윈11을 인스톨한 직후이므로 여기 설명대로 하지 않으면 네트워크가 안 됩니다.

다음 설명대로 해 보세요.

우측 화면에 보이는 것과 같이 [시작]클릭, 우측 화면 마우스가 가리키는 [설정]을 클릭합니다.

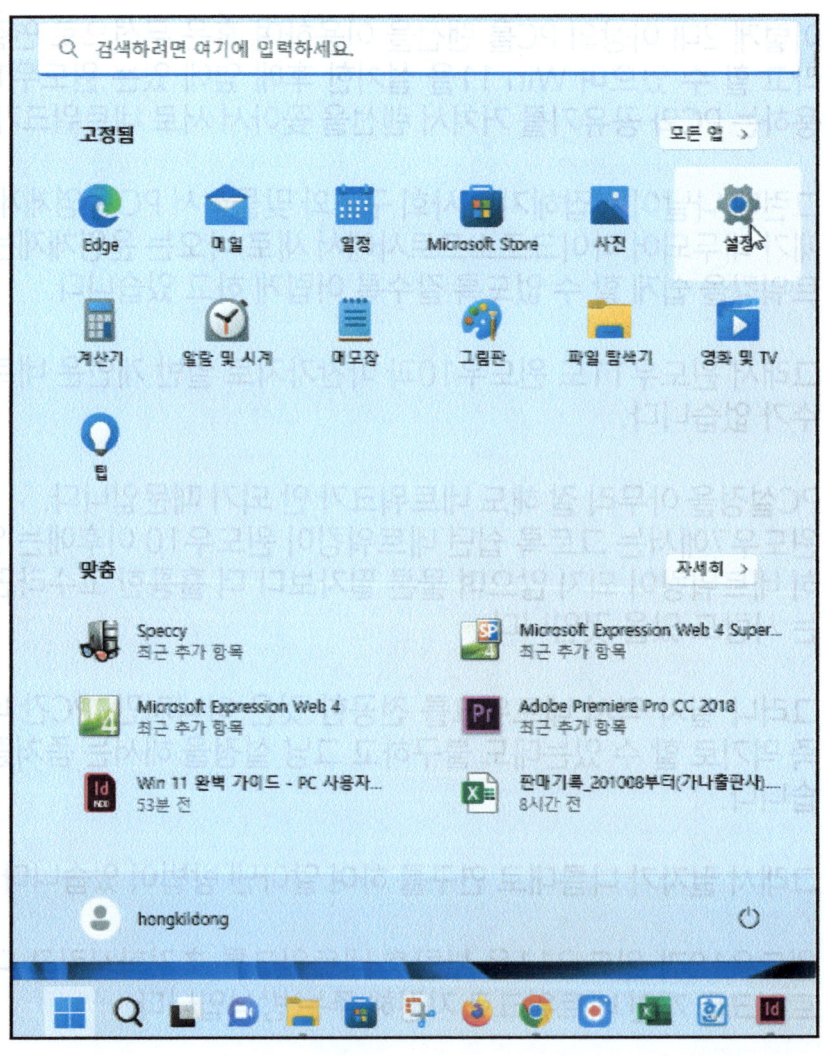

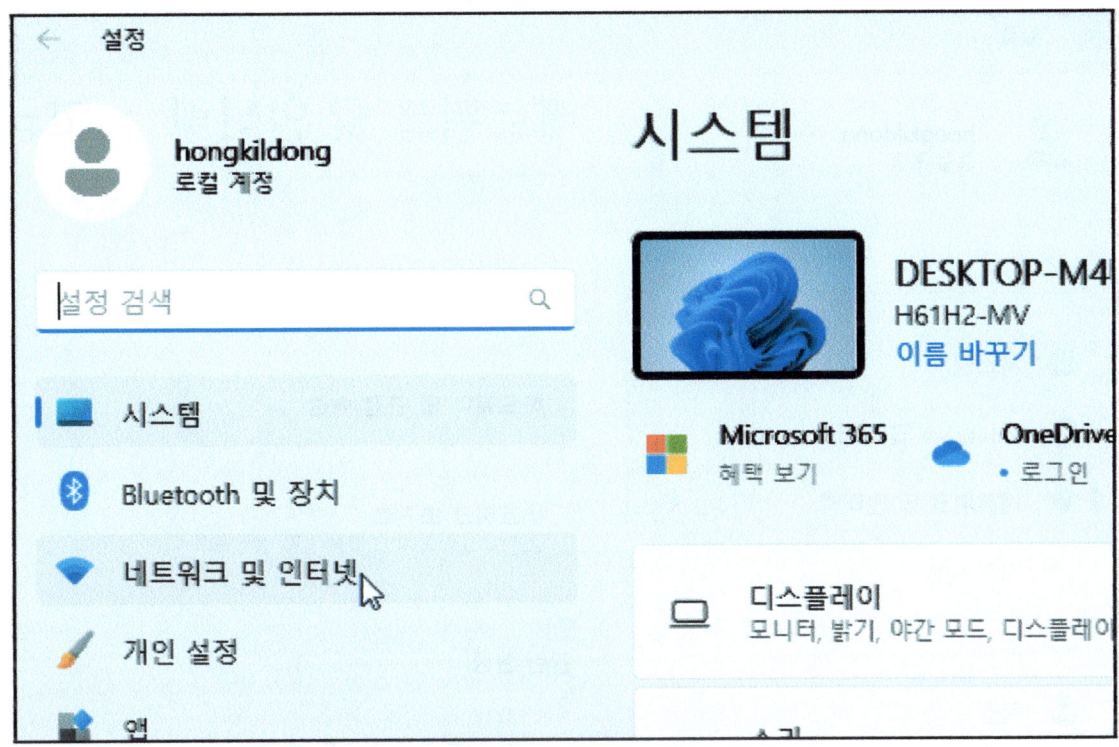

위의 화면 검색어 입력 란에서 검색을 하거나 위의 마우스가 가리키는 [네트워크 및 인터넷]을 클릭하고, 아래 화면에 보이는 창에서, 우측 메뉴를 스크롤하여 밑으로 내려서 아래 화면에 보이는 [고급 네트워크 설정]을 클릭합니다.

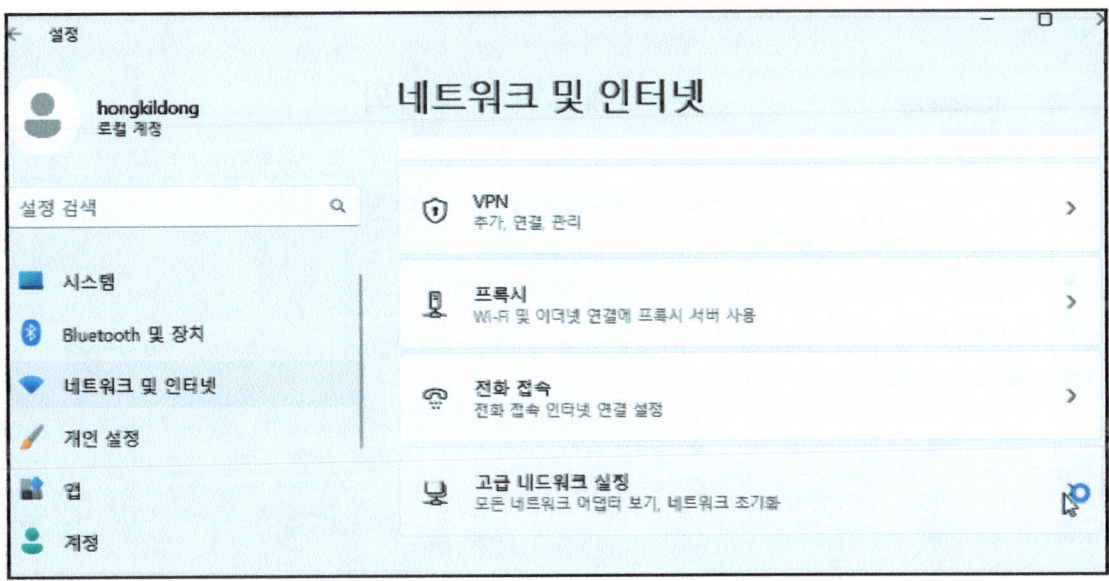

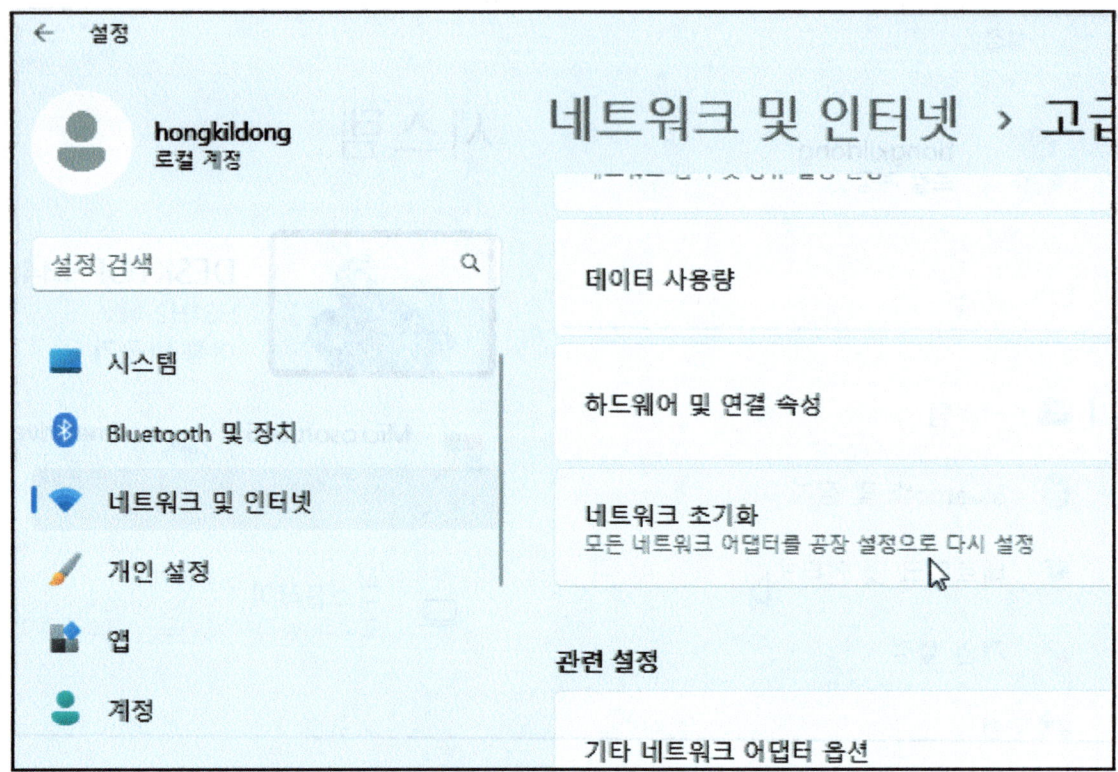

위의 마우스가 가리키는 [네트워크 초기화]를 클릭합니다.
만일 보이지 않으면 마우스 휠로 위 아래로 스크롤하면 나타납니다.

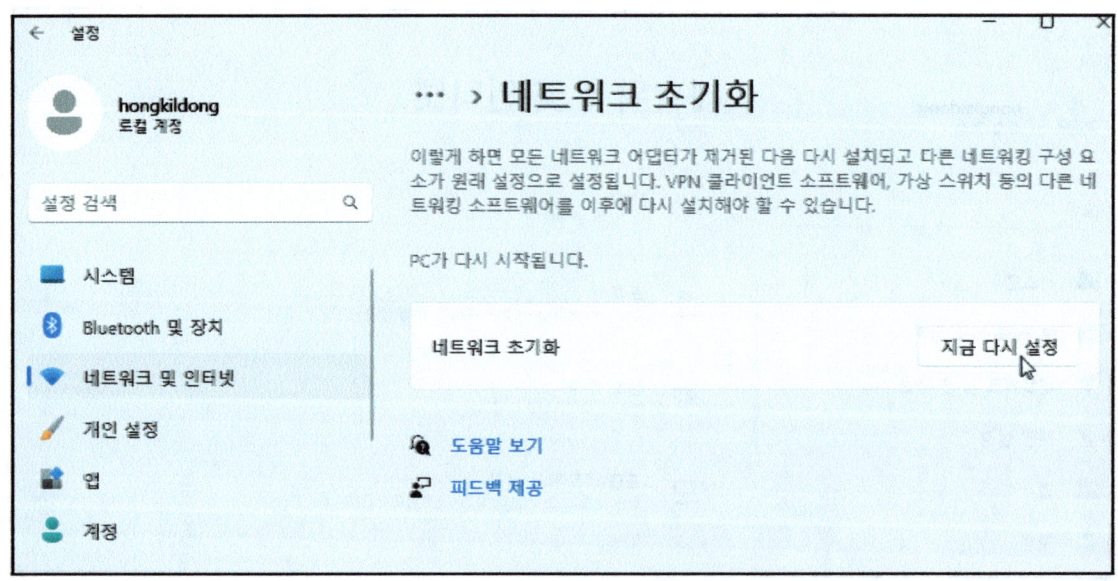

위의 화면에서 [지금 다시 설정]을 클릭하고 나타나는 팝업에서 예를 클릭하고 재부팅을 하는데요, 필자의 경우 필자가 지금 이 책을 집필하는 Win 11을 사용하는 컴퓨터는 시작을 눌러서 종료 버튼이 나오지 않습니다.

대신 시작 버튼을 마우스 우클릭하면 우측 화면에 보이는 메뉴가 나타나서 종료 혹은 재시작 할 수 있고요,..

또 한 가지 방법은 종료 하고 싶을 때 키보드의 [Ctrl + Alt + Del] 키를 누릅니다.

또는 [Ctrl + Alt + Del] 키를 누르면 화면이 까맣게 변하면서 우측에 종료 및 재시작 버튼이 나타납니다.

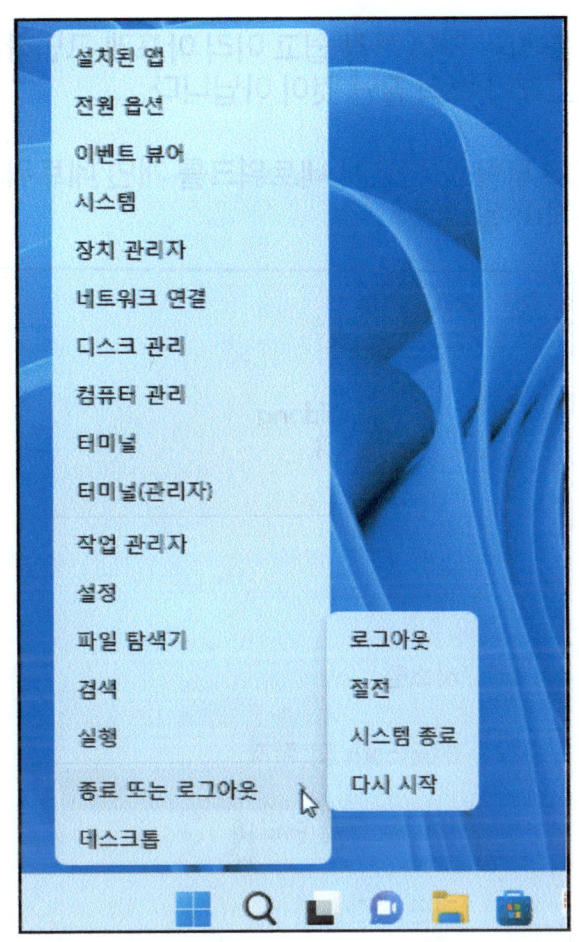

3-17. 재부팅 후 개인 네트워크로 설정

앞에서도 언급했습니다만, 윈도우10과 윈도우11에서는 네트워크 전문가가 아니면 설정으로 네트워킹을 하는 것은 사실상 불가능합니다.

필자도 여러가지 방법으로 시도를 해 보았는데요, 설정에서는 분명히 네트워킹이 되도록 설정을 해도 네트워킹이 되지 않았습니다.

이 또한 필자보다 더 훌륭한 실력을 가진 사람은 설정을 조절해서 네트워킹을 하는 사람도 있을 것입니다.

그러나 필자의 경험상 필자를 포함한 일반인은 지금 설명하는 방법으로 네트워킹을 하는 것이 가장 쉽고 머리 아프게 고민하지 않아도 되는 방법입니다.
그러나 아직 끝난 것이 아닙니다.

재 부팅 후 반드시 네트워크를 개인 네트워크로 설정을 해야 다른 컴퓨터와 네트워킹이 됩니다.

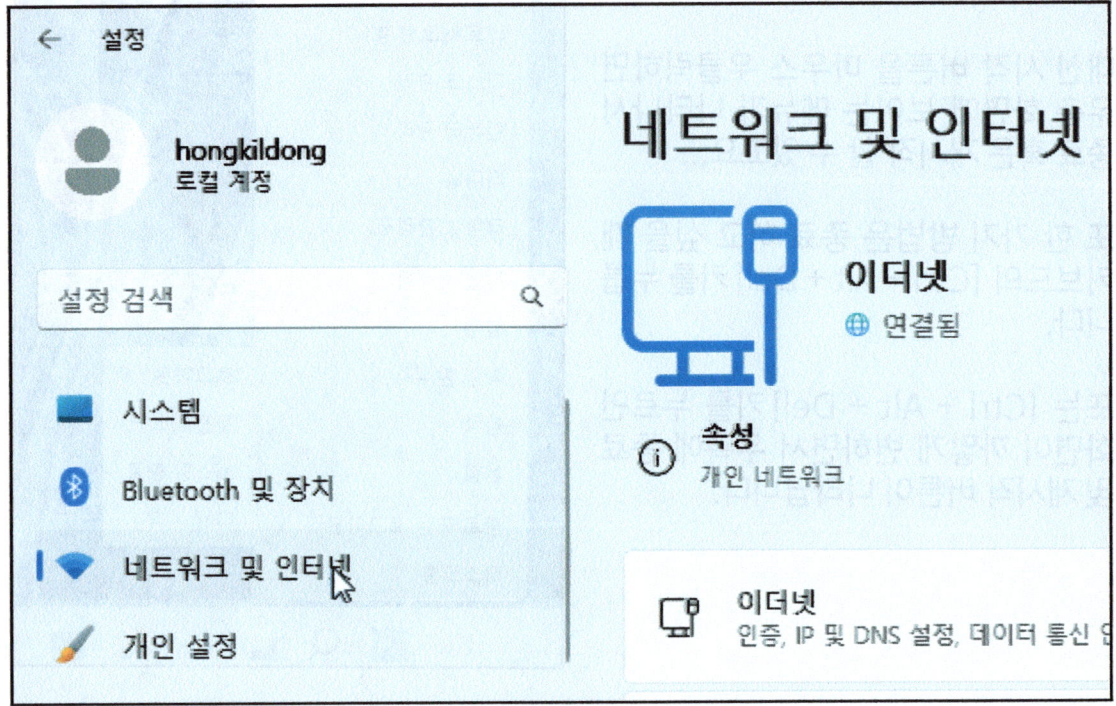

재 부팅 후 다시 [시작] - [설정]을 클릭하여 위의 설정 창을 엽니다.

위의 설정 창에서 마우스가 가리키는 [네트워크 및 인터넷]을 클릭하면 화면 우측에 위에는 [속성 - 개인 네트워크]로 나타나지만, 조금 전에 네트워크를 초기화시키고 재부팅이 된 직후에는 이곳이 공용 네트워크로 되어 잇습니다.

그래서 위의 [속성 개인 네트워크]로 보이는 곳을 클릭하여 공용 네트워크로 되어 있는 것을 개인 네트워크로 클릭 지정해야 하는데요,..

이 메뉴가 그냥은 나타나지 않습니다.
마우스 휠로 스크롤하여 아래 위로 올리면 나타납니다.

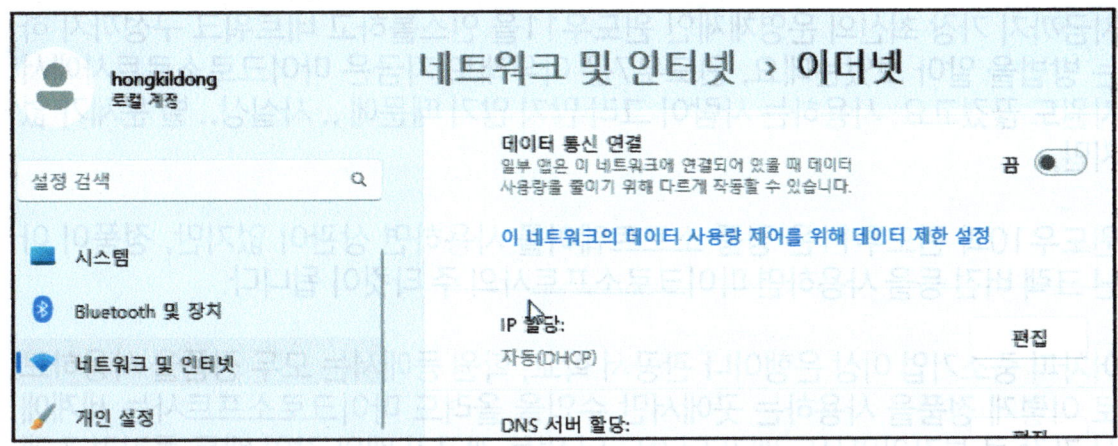

앞의 설명을 참조하여 속성을 클릭해서 들어가도 위에 보이는 것과 같이 공용 네트워크 및 개인 네트워크 설정 메뉴가 나타나지 않습니다.

위의 우측 화면에서 마우스 휠을 스크롤하여 밑으로 내렸다가 다시 올리면 다음과 같이 메뉴가 나타납니다.

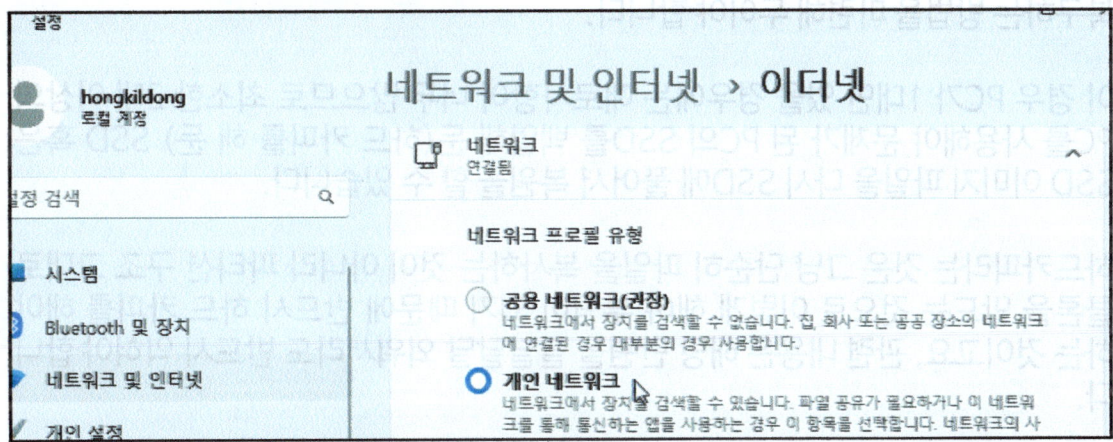

위와 같이 우측 화면을 마우스 휠로 드래그하여 화면을 밑으로 내렸다가 다시 올리면 위에 보이는 것과 같이 나타나고요,..

네트워크를 초기화하고 재부팅을 한 직후에는 위의 화면에 [공용 네트워크]로 되어 있고요, 이렇게 되어 있으면 보안을 이유로 다른 컴퓨터와 네트워킹이 되지 않습니다.

위의 화면에서 [개인 네트워크]를 클릭해야 다른 PC와 네트워킹이 됩니다.

지금까지 가장 최신의 운영체제인 윈도우11을 인스톨하고 네트워크 구성까지 하는 방법을 알아 보았는데요, 윈도우7은 아무래도 지금은 마이크로소르트사에서 지원도 끊겼고요, 사용하는 사람이 그리 많지 않기 때문에 .. 사실상.. 별 문제가 없지만,..

윈도우10과 윈도우11은 정품 소프트웨어를 사용하면 상관이 없지만, 정품이 아닌 크랙 버전 등을 사용하면 마이크로소프트사의 주 타킷이 됩니다.

어차피 중소기업 이상 은행이나 관공서 학교, 학원 등에서는 모두 정품을 사용하므로 이렇게 정품을 사용하는 곳에서만 수입을 올려도 마이크로소프트사는 세계에서 가장 큰 부자이면서도 배가 터져도 더 먹는 개구리 배와 같이 배를 물리려고 개인에게까지 단속을 하는 것은 필자도 불만이지만, 어쨋튼 정품을 사용하는 것이 원칙이므로 딱히 대책을 알려드릴 수는 없습니다.

다만, 이 책에서 여러번 강조하는 하드카피 프로그램을 달달 외우고 숙달하여 SSD를 항상 복제를 해 두거나 이미지로 저장을 해 두었다가 문제가 생기면 즉시 복구하는 방법을 마련해 두어야 합니다.

이 경우 PC가 1대만 있을 경우에는 애로사항이 너무 많으므로 최소한 2대 이상의 PC를 사용해야 문제가 된 PC의 SSD를 백업해 둔(하드 카피를 해 둔) SSD 혹은 SSD 이미지 파일을 다시 SSD에 풀어서 복원을 할 수 있습니다.

하드카피라는 것은 그냥 단순히 파일을 복사하는 것이 아니라 파티션 구조 그대로 클론을 만드는 것으로 이렇게 해야 부팅이 되기 때문에 반드시 하드 카피를 해야 하는 것이고요, 관련 내용은 해당 단원을 달달달달 외워서라도 반드시 익혀야 합니다.

이것이 컴퓨터 파워유저가 PC를 사용하는 방법입니다.

여러분도 이제는 파워 유저라는 자신감을 가지고 단순히 PC 정비를 넘어서 PC를 자유자재로 사용할 수 있는 파워 유틸리티를 두루 섭렵을 해야 합니다.

다행히 지금은 인터넷이 발달하여 인터넷으로 얻지 못하는 정보는 거의 없습니다.

전세계 어디에서든지 인터넷 접속하여 원하는 검색을 하면 어떠한 프로그램이라도 다운로드 할 수 있으므로 이 책에서 거론하지 않은 여타의 프로그램이나 하드웨어 등은 여러분 스스로 익혀야 합니다.

다행히 지구상에는 80억이 넘는 많은 인구가 있으며 알려지지 않은 수 많은 기인이사가 많기 때문에 PC에 관한한 어떠한 문제가 생겨도 근본적으로 해결하지 못할 문제가 없습니다.

단지 원하는 방법, 꼭 맞는 프로그램을 찾지 못할 뿐입니다.

그래서 구글 등에서는 웹 상에 너무 많은 정보 중에서 원하는 정보만 쉽게 찾을 수 있는 인공지능 검색 기능을 제공하기도 합니다만, 아직은 키워드로 검색하는 것이 대세이므로 정밀한 검색을 하는 방법을 연구를 해야 합니다.

사실 PC 정비사.. PC 하드웨어는 일정 수준 이상이 되면 더 이상 배울 것이 없습니다.

앞에서도 언급했습니다만, PC는 어떠한 대기업이라도 만들 수 있는 회사는 없습니다.

오로지 조립을 하는 것이라고 했고요, 그래서 일정 수준 이상이 되면 더 이상 배울 것이 없는 것처럼 느끼지만, 필자는 컴퓨터 자격증도 많고 책도 많이 썼고, 조립 PC도 무려 수 천 대를 조립한 경험이 있지만, 항상 난생 처음 부딪치는 문제로 고민을 하곤 합니다.

이렇게 정석으로 해서 안 되는 것이 PC이며, 어떻게 가든 서울만 가면 된다고 이 때부터는 어떠한 수단 방법을 가리지 말고 스스로 연구하고 터득하든지 인터넷으로 검색하여 해결 방법을 찾아야 합니다.

그래서 경험이 많아야 합니다만, 경험이 아무리 많아도 자신이 알고 있는 지식대로 해도 안 될 때는 상황에 맞는 임기응변을 할 줄 알아야 합니다.

기본적으로 PC 부품은 호환이 안 된다거나 충돌 등의 문제가 발생하면 아무리 정석대로 해도 안 됩니다.

이 때는 이유를 불문하고 해당 부품을 교체를 해야 해결 되는 수가 있습니다.

제 4 장
응용 소프트웨어 설치 및 사용법

4-1. 바이러스 백신 프로그램 설치

바이러스는 악성 프로그램이지만, 사람의 몸에 기생하는 바이러스와 완전 똑같이 작동하는 프로그램이며 운영체제를 설치한 직후에는 아직 바이러스 백신 프로그램이 깔려있지 않은 상태이기 때문에 가장 취약한 상태입니다.

따라서 가장 먼저 해야 할 일은 바이러스 백신을 깔아야 하는 것입니다.
다행히 우리나라는 전 세계인이 우러러보는 세계 최고, 세계 최강의 IT 국가입니다.
세계 최고, 세계 최강의 IT국가답게 바이러스 프로그램의 대표주자 안철수 바이러스 V3와 알약, 이렇게 2가지 바이러스 프로그램은 깔아놓는 것이 좋습니다.
기업은 당연히 정품을 사서 사용해야 하지만, 개인은 무료로, 회원 가입을 하지 않아도 사용할 수 있도록 배포를 하므로 우선 V3 Lite부터 깔아보겠습니다.

윈도우10, 11 인스톨에 성공하면 무조건 인터넷이 되기 때문에 가장 먼저 인터넷 창 - 이것을 웹브라우저라고 부릅니다. - 을 띄우고 검색어 V3를 검색합니다.

위와 같이 인터넷 창을 띄우고 V3를 검색하면 수많은 검색 결과가 나타납니다.

이 중에서 가능하면 위의 손가락이 가리키는 오리지널 안랩 랭크를 클릭하면 다음 화면이 나타납니다.

화면이 리뉴얼 되었네요..

따라서 여러분이 검색하는 시점에는 화면이 다를 수도 있고요, 지금은 위의 화면에서 손가락이 가리키는 곳을 클릭하면 다음과 같이 다운로드가 됩니다.

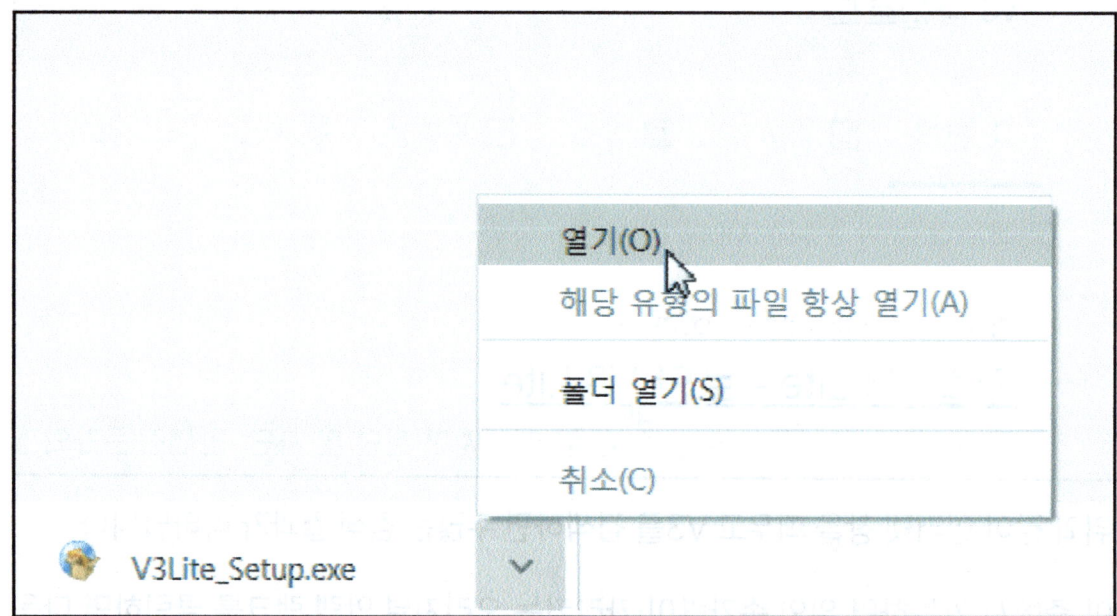

위의 화면 참조하여 이제부터는 화면의 안내에 따라 설치를 합니다.

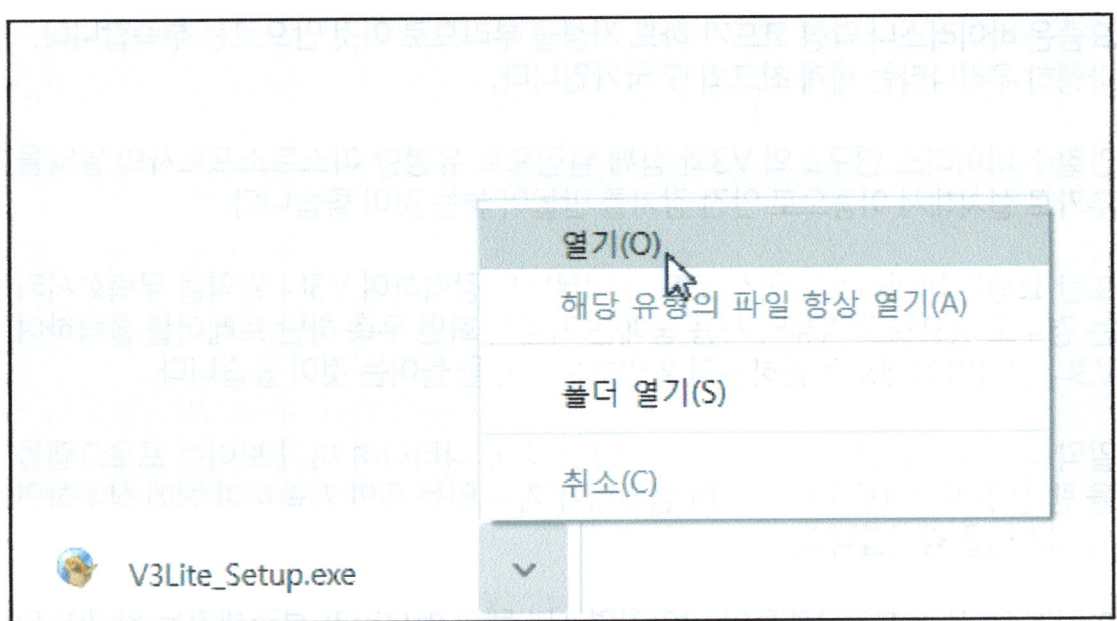

위의 화면 참조하여 이제부터는 화면의 안내에 따라 설치를 합니다.

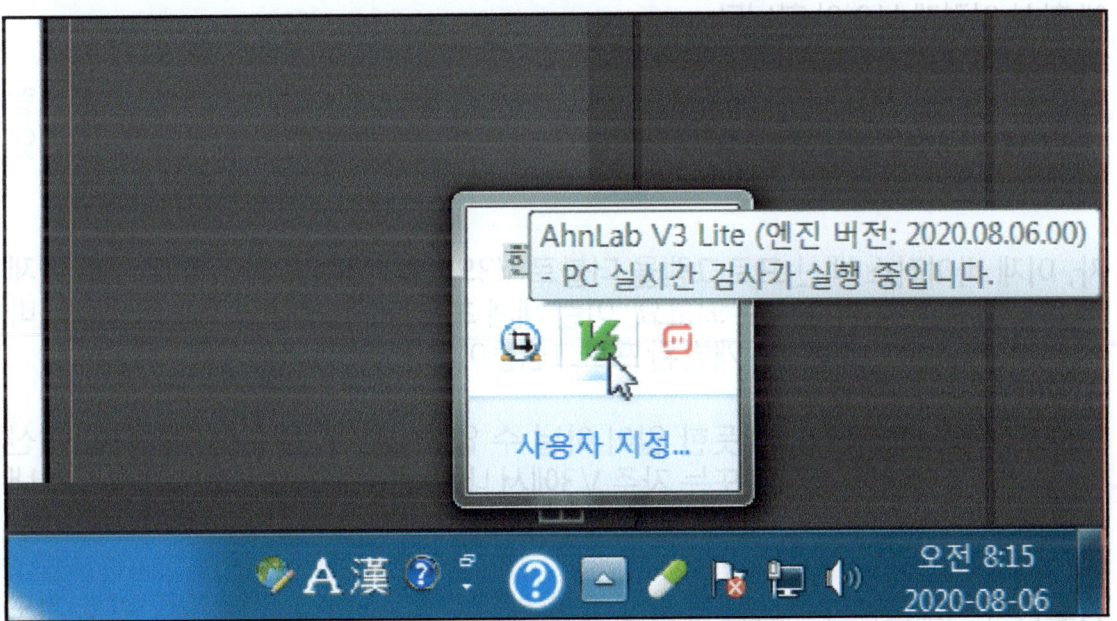

위의 화면은 윈도우즈 바탕화면 우측 하단 트레이의 모습입니다.

위의 화면에 보이는 것과 같이 화면 우측 하단에 항상 V3가 보여야 하며 위에 보이는 것과 같이 항상 실시간 검사가 실행중이어야 합니다.

요즘은 바이러스나 악성 코드가 하도 기성을 부리므로 이것 만으로는 부족합니다. 다행히 우리나라는 세계 최고의 IT 국가입니다.

안철수 바이러스 연구소의 V3와 함께 알집으로 유명한 이스트소프트사의 알약을 추가로 설치해서 이중으로 안전 장치를 만들어 놓는 것이 좋습니다.

또한 요즘은 바이러스나 악성 코드가 너무나도 강력하여 V3나 알약을 무력화시키는 경우도 있으므로 컴퓨터 사용 중에는 가끔씩 화면 우측 하단 트레이를 클릭하여 V3나 알약이 제대로 작동하는지 확인하는 습관을 들이는 것이 좋습니다.

알약 역시 바탕화면 우측 하단 시스템 트레이에 나타나며 여기 보이는 프로그램들을 램 상주 프로그램이라고 하며 컴퓨터가 켜져 있는 동안 계속하여 램에 상주하면서 시스템을 감시합니다.

이렇게 램 상주 프로그램들이 많아지면 시스템의 메모리가 부족해지는 원인이 되는데요, 여기 보이는 정도는 아주 적은 양이고요, 꼭 필요한 프로그램들이기 때문에 항상 이렇게 보여야 합니다.

만일 문제가 생겨서 이곳(바탕화면 우측 하단 트레이)에 바이러스 백신 프로그램이 안 보이는 상태로 컴퓨터를 사용했다가는 자칫 윈도우를 다시 깔아야 할 수도 있습니다.

자, 이제 바이러스 백신 프로그램을 더블로 V3와 알약까지 깔아 두었으므로 이제 한숨 돌리고 한 숨 자고 와도 되고요, 이런 세계 최고, 세계 최강의 프로그램들이 바로 대한민국, 우리나라에서 개발된 프로그램들이라는 점입니다.

참으로 자랑스럽고 가슴 뿌듯한 일이 아닐 수 없습니다만, 무료로 사용하는 대신 화면 우측 트레이에 가끔씩 또는 자주 V3에서 내보내는 광고창과 알약에서 내보내는 광고창이 뜹니다.

광고창이 떠오르면서 시스템이 멈칫 멈칫 하면서 속도가 떨어지는 원인이 되기도 하는데요, 아무리 그래도 악성 프로그램은 아니므로 이 정도는 감수해야 하고요, 이것이 싫다면 당연히 정품을 구입하면 됩니다.

정품이라도 개인이 사용하는 것은 고작 몇 만 원 정도이므로 웬만하면 정품을 구입해서 사용하는 것이 애국심도 발휘하고 우리나라 소프트웨어 산업을 발전시키는 원동력이 된다고 봅니다.

일단 이렇게 바이러스 백신 프로그램을 인스톨 하였지만, 이 또한 튜닝을 해야 합니다.
환경설정을 해 주지 않으면 하루 종일 화면 우측 트레이에 계속하여 팝업이 떠서 하루 종일 메시지가 쉴새없이 연달아 계속하여 나오기 때문입니다.

우측은 알약 환경 설정인데요..

우측 화면과 같이 바탕 화면 우측 하단 트레이를 클릭하고 알약을 선택하고 마우스 우측 버튼을 클릭하여 나타나는 팝업 메뉴에서 [환경 설정]을 클릭하면 다음 화면이 나타납니다.

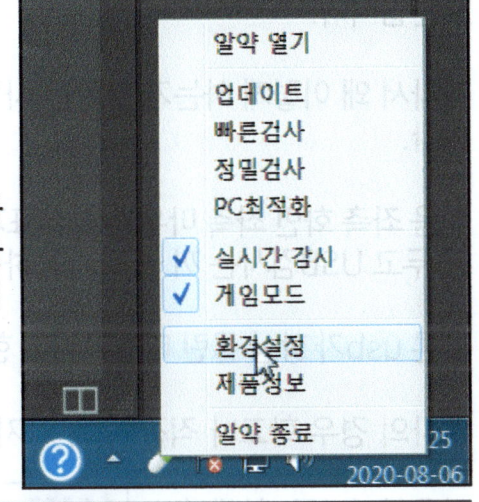

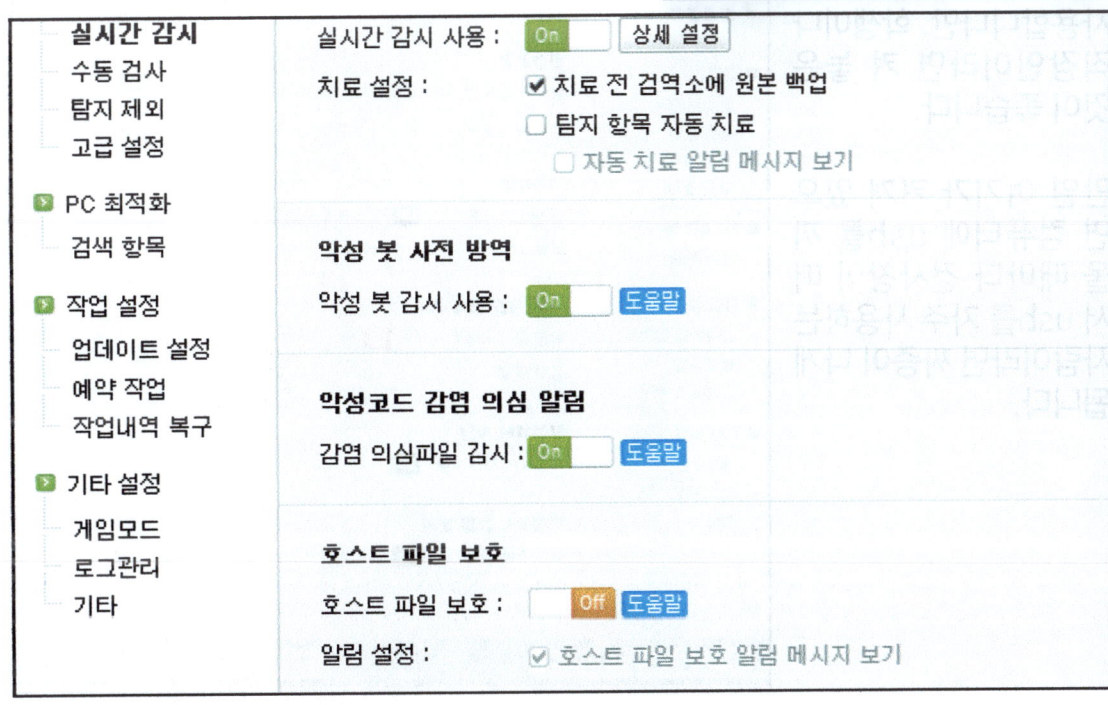

위 화면에서 [실시간 감시], [악성 봇 사전 방역], [악성코드 감염 의심 알림] 등은 켜 놓고 필자의 경우 [호스트 파일 보호]는 꺼 놓습니다.

원래 [호스트 파일 보호]도 켜 놓아야 원칙입니다만, 필자를 포함한 이른바 파워 유저들은 이 부분을 항상 꺼 놓고 사용을 합니다.

이 부분은 여기서 설명하기는 곤란하고요, 여러분이 고수가 되면 저절로 알게 되는 부분입니다.

따라서 왜 이렇게 하는지 모르는 사람은 그냥 두어도 무방하며 보호를 해도 무방합니다.

다음 좌측 화면 좌측 마우스 화살표가 가리키는 [고급 설정] 탭에서 다른 것은 다 그냥 두고 USB검사는 꺼 놓고 사용하는 것이 좋습니다.

물론 usb가 항상 클린 디스크여야 한다는 조건입니다.

필자의 경우 학교나 직장 등에 가지고 다니는 것이 아니기 때문에 이 부분을 끄고 사용합니다만, 학생이나 직장인이라면 켜 놓은 것이 좋습니다.

만일 여기가 켜져 있으면 컴퓨터에 usb를 끼울 때마다 검사창이 떠서 usb를 자주 사용하는 사람이라면 짜증이 나게 됩니다.

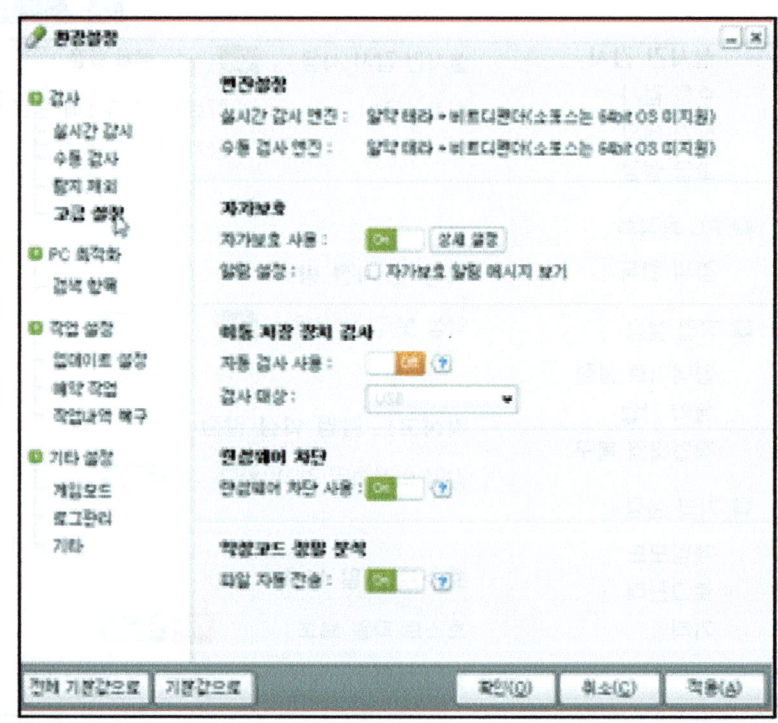

우측 화면 좌측 하단 마우스 화살표가 가리키는 [기타]항목을 보면 좌측 화면에서 모두 선택되는 것이 기본 값이지만, 하루 종일 자꾸 여러 가지 팝업이 떠서 짜증이 날 정도이므로 필자는 좌측 화면과 같이 꼭 필요한 것이 아니면 팝업을 띄우지 않도록 설정합니다.
그러나 이것은 어디까지나 필자 개인의 설정이므로 모두 똑같을 수는 없습니다.

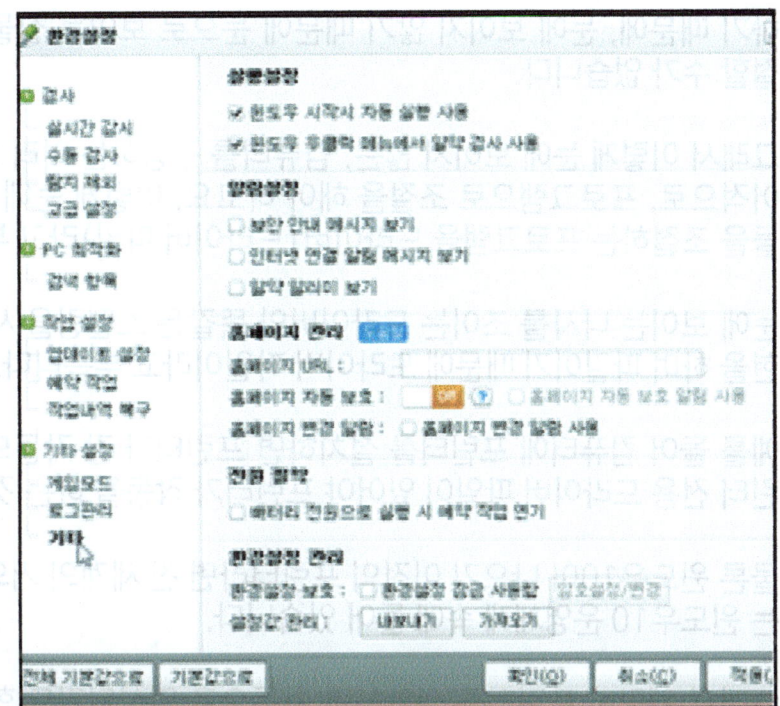

이제 바이러스 백신 프로그램도 설치를 했고, 환경 설정도 했으니 이제부터는 각자 자신의 업무에 맞는 프로그램을 설치해도 됩니다만, 그 이전에 기본 콘솔을 다듬어야 합니다.

콘솔이란 운영체제 프로그램에서 기본으로 사용하는 가장 기본이 되는 하드웨어 사양을 의미하며 IBM에서 컴퓨터를 처음 개발할 당시 기본으로 콘솔을 정해 놓았습니다.

요즘은 하드웨어가 발달하여 많이 개선되었습니다만, 예를 들어 그래픽과 모니터와 마우스와 키보드 등은 무조건 있어야 하는 가장 기본적인 콘솔 장치이며 이더넷 (인터넷이 되도록 하는 네트워크어뎁터) 또는 사운드, usb, HDD 연결 방식 등 콘솔 장치와 더불어 콘솔 프로그램도 정확하게 설치를 해야 컴퓨터가 최상의 성능을 내는 것입니다.

예를 들어 컴퓨터 뚜껑을 열 때는 물론 레버를 젖혀서 여는 컴퓨터도 있지만, 뒤에 나사가 조여져 있으면 드라이버로 나사를 풀고 컴퓨터의 뚜껑을 열어야 합니다.
이렇게 눈에 보이는 나사는 드라이버(Driver)로 돌려서 풀지만, 컴퓨터 하드웨어가 잘 작동하도록 조절을 해야 하지만, 컴퓨터 하드웨어는 소프트웨어적으로 작동하기 때문에, 눈에 보이지 않기 때문에 눈으로 보이는 실물 드라이버로 조여서 조절할 수가 없습니다.

그래서 이렇게 눈에 보이지 않는, 컴퓨터를 구성하는 여러 가지 장치들을 소프트웨어적으로, 프로그램으로 조절을 해야 하고요, 이렇게 눈에 보이지 않는, 각종 장치들을 조절하는 프로그램을 드라이버(드라이버 파일)라고 부르는 것입니다.

눈에 보이는 나사를 조이는 드라이버와 똑같은 스펠링을 사용하여 Driver 라고 표현을 하며 파일이기 때문에 드라이버 파일이라고 부릅니다.

예를 들어 컴퓨터에 프린터를 설치하면 프린터가 잘 작동되도록 만들어진 해당 프린터 전용 드라이버 파일이 있어야 프린터가 작동을 하는 것입니다.

물론 윈도우10이 나오기 이전의 프린터라면 전 세계의 거의 모든 프린터 드라이버는 윈도우10 운영체제 속에 들어 있습니다.

그래서 웬만한 프린터를 설치하면 자동으로 인식되기도 합니다만, 그래도 정확하게 제대로 프린터를 사용하기 위해서는 해당 프린터의 윈도우10 혹은 윈도우11에 맞는 드라이버를 구동시켜야 정상적으로 작동을 하게 됩니다.

현재 이 책을 쓰고 있는 컴퓨터에 운영체제를 설치하고 아직 100% 튜닝을 하지 않은 상태이고요, 현재 화면이 아래와 같이 보입니다.

화면도 꽉 차게 나오지 않고 가장자리는 검정색으로 채워져 있으며 화면도 정확한 와이드 화면이 아니고 약간 찌부러져 나오며, 이 책을 집필하는 화면도 무척 불편합니다만, 이것을 튜닝하는 과정을 보여드리기 위하여 지금까지 꾹 참고 집필을 한 것입니다.

화면이 위와 같이 보이는 것은 화면이 나오게 하는 그래픽카드 설정이 제대로 안 되었기 때문입니다.

윈도우10, 11은 웬만한 그래픽 드라이버는 모두 내장하고 있기 때문에 정상적이라면 위의 화면 역시 정상적으로 나와야 하지만, 제아무리 윈도우10, 11이라고 하더라도 이렇게 비정상적인 경우가 있는 것입니다.

이런 경우 수동으로 조절을 해서 화면이 정상적으로 나오게 만들어야 합니다.
그래서 이 책이 있는 것이고요, 이 책대로 튜닝을 하면 됩니다.
우선 자신의 컴퓨터의 사양과, 어떤 부품으로 만들어져 있는지 아는 것이 중요합니다.
컴퓨터를 꽤 잘 하는 사람도 자신의 컴퓨터에 대해서 거의 모르는 사람들이 많은데요, 아마도 관심이 없어서 그럴 것입니다.
그러나 윈도우10, 11을 제대로 사용하기 위해서 제대로 된 튜닝을 하기 위해서는 자신의 컴퓨터를 아는 것이 첫번째 할 일입니다.
자신의 컴퓨터 역시 분해를 하여 일일이 확인하는 것도 어렵고요, 컴퓨터를 뜯지 않아도 시스템의 사양을 알 수 있는 프로그램이 있습니다.

4-2. CPU-Z 프로그램

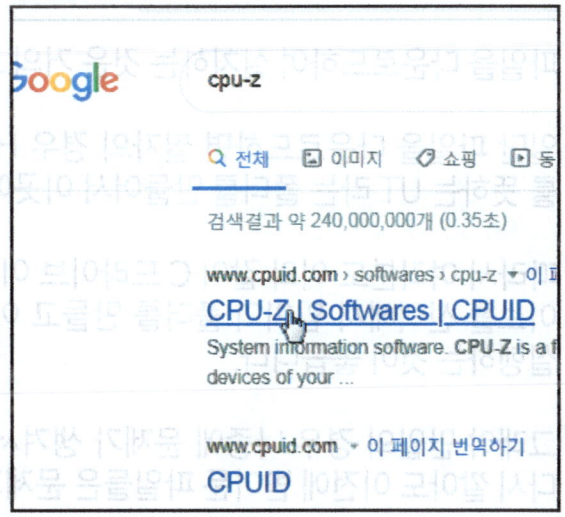

CPU-Z 라는 프로그램이 시스템의 사용을 알아보는 편리한 프로그램입니다.

우측과 같이 구글링을 하여 검색어 CPU-Z로 검색하여 우측 손가락이 가리키는 링크를 클릭하면 다음 화면이 나타납니다.

위의 화면에서 손가락이 가리키는 윈도우즈를 클릭하여 CPU-Z 프로그램을 다운로드하는데요, 위의 화면 역시 리뉴얼된 화면이고요, 수시로 버전업이 되거나 사이트 리뉴얼이 되기 때문에 여러분이 검색하는 시점에서는 화면이 다를 수도 있습니다.

그리고 윈도우10, 11은 반드시 운영체제에 맞는 버전을 다운로드해야 합니다.

파일을 다운로드하여 설치하는 것은 거의 모든 프로그램이 비슷합니다.

일단 파일을 다운로드하면 필자의 경우 HDD의 적당한 공간에 유틸리티(Utlity)를 뜻하는 UT 라는 폴더를 만들어서 이곳에 저장을 해 둡니다.

따라서 여러분도 이와 같이 C 드라이브 이외의 공간이 비교적 많이 남아 있는 드라이브를 선택해서 임의의 폴더를 만들고 이곳에 각종 유틸리티를 넣어두고 여기서 실행하는 것이 좋습니다.

그래야 만일의 경우 나중에 문제가 생겨서 C 드라이브를 포맷을 하고 윈도우즈를 다시 깔아도 이전에 받아둔 파일들은 문제가 없기 때문입니다.

앞의 설명 참조하여 CPU-Z 프로그램을 인스톨하고 실행하면 다음과 같이 나타납니다.

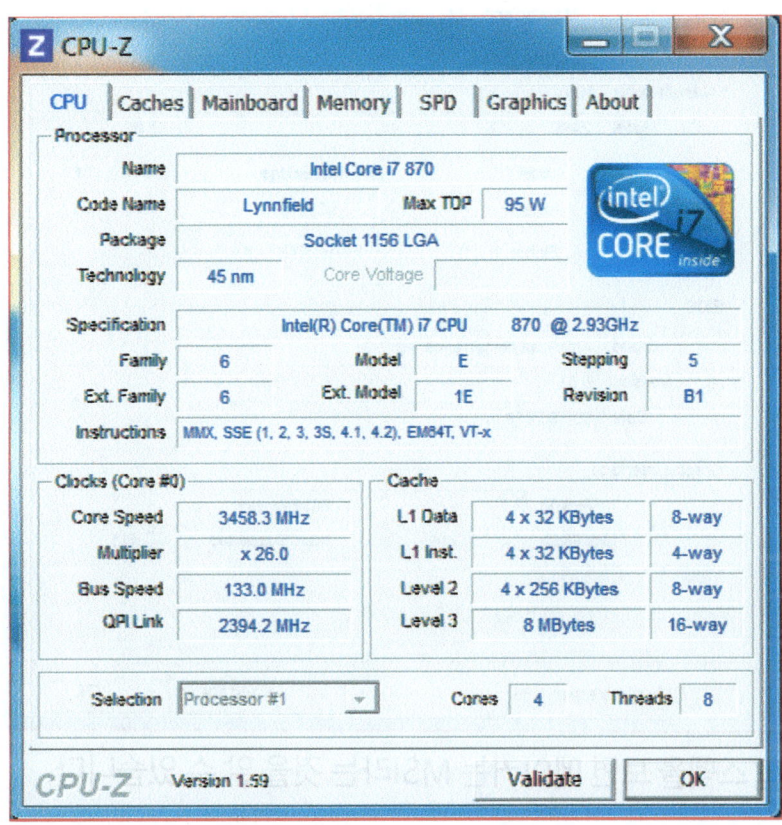

위는 현재 필자가 실습으로 조립한 컴퓨터가 아닌 다른 컴퓨터에서 이 책의 원고를 집필하면서 CPU-Z 프로그램을 실행한 화면인데요..

위의 화면을 보면 이 컴퓨터의 CPU는 인텔 i7-870 이며 메인보드는 LGA 1156 보드라는 것을 알 수 있습니다.

이와 같이 컴퓨터를 뜯지 않고도 금방 메인보드 타입과 시피유를 즉시 알아볼 수 있습니다.

또한 코어 스피드, 클럭, 캐시 등의 정보도 알 수 있습니다만, 사실상 다른 것은 필요가 없고요, 위의 화면에서는 메인보드와 시피유 정보만 알면 됩니다.

계속하여 [MainBoard(메인보드)] 탭을 클릭하면 다음과 같이 보입니다.

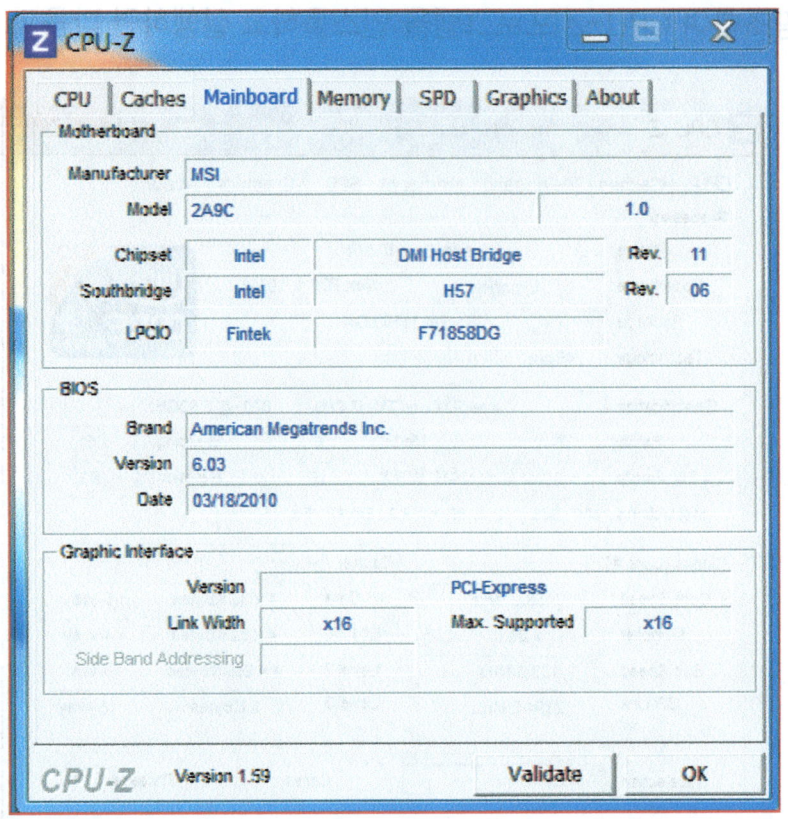

위의 메인보드 스펙을 보면 메이커는 MSI라는 것을 알 수 있습니다.

즉, 다시 말해서 이 책의 앞 부분에서 소개한 메인보드 제조사의 홈페이지에서 메뉴얼을 다운로드하는 방법을 설명을 했는데요, 위의 화면에서 메이커를 알 수 있습니다.

또한 메인보드 모델명은 2A9C 라는 것을 알 수 있고요, 인텔 H57 칩셋을 사용한 메인보드라는 것을 알 수 있습니다.

바이오스는 American Megatrends Inc, 즉, AMI = 아미 바이오스라는 것도 알 수 있습니다.

위의 화면에서 메모리 탭을 클릭하면 다음과같이 나타납니다.

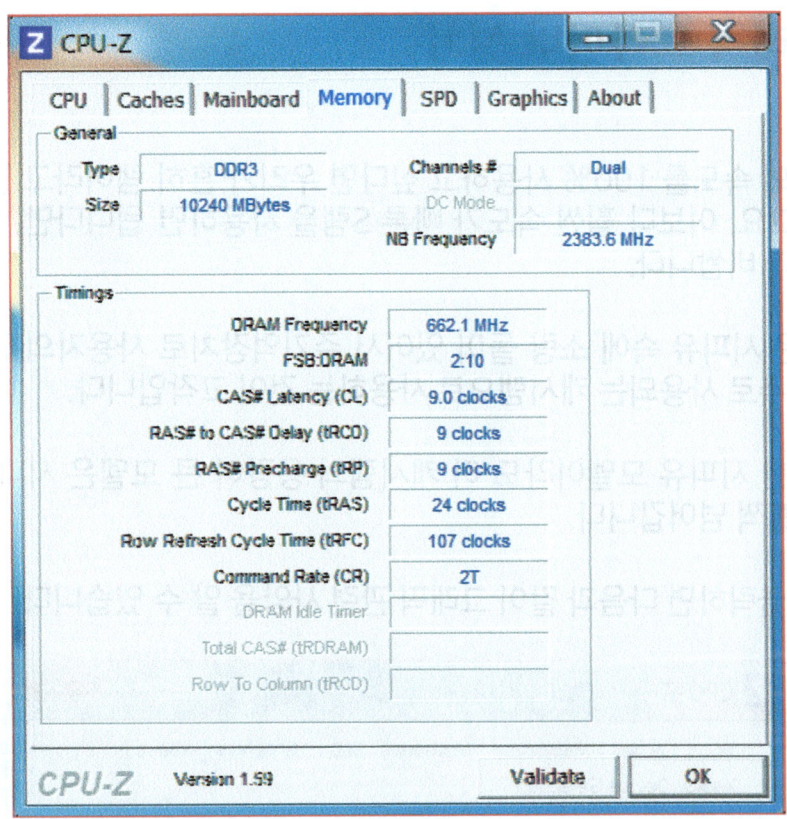

메모리는 DDR-3 램을 사용했으며 채널은 듀얼, 즉 램을 2개를 꽂아서 듀얼 채널을 구성했다는 뜻이고요, 다 그런 것은 아니지만, 대부분의 메인보드는 램을 1개만 꽂는 것보다는 이렇게 듀얼 채널을 구성하는 것이 이론상 속도가 빠릅니다.

또한 램의 총 용량은 위의 화면에서는 10240Mbytes로 나오며, 이것은 10Gb의 램을 장착했다는 뜻입니다.

램의 클럭은 662.1MHz이며, FSB는 Front Side Bus의 약자로서 간단히 말하면 시피유가 메모리간 데이터 버스 즉, 속도를 말한다고 할 수 있고요, 이 수치가 높으면 높을 수록 좋지만, 컴퓨터의 속도라는 것은 모든 부품 중에서 가장 느린 속도가 실제 컴퓨터의 속도이므로 어느 한 부품의 속도만 빨라서는 소용이 없습니다.

위의 화면에서는 FSB와 램은 2:10으로 사실상 FSB의 1/5의 속도입니다.
이것은, 램도 무척 빠르지만, 그래서 물리적으로, 기계적으로 작동하는 HDD보다 훨씬 빠른 SSD라는 것이 생긴 것입니다만, 시피유에서 사용하는 FSB는 이보다 5배나 빠르다는 뜻입니다.

4-3. 그래픽 드라이버 설치

만일 시피유의 속도를 100% 사용하고 싶다면 우리가 흔히 램이라고 말하는 메모리는 D램이고요, 이보다 훨씬 속도가 빠른 S램을 사용하면 됩니다만, 아쉽게도 S램은 금값보다 비쌉니다.

그래서 S램은 시피유 속에 소량 들어 있어서 주기억장치로 사용자의 명령을 저장하는 용도로 주로 사용되는 캐시램으로 사용하는 것이 고작입니다.

그래서 동일한 시피유 모델이라도 이 캐시램의 용량이 큰 모델은 시피유 한 개에 100만원이 훌쩍 넘어갑니다.

그래픽 탭을 클릭하면 다음과 같이 그래픽 관련 사양을 알 수 있습니다.

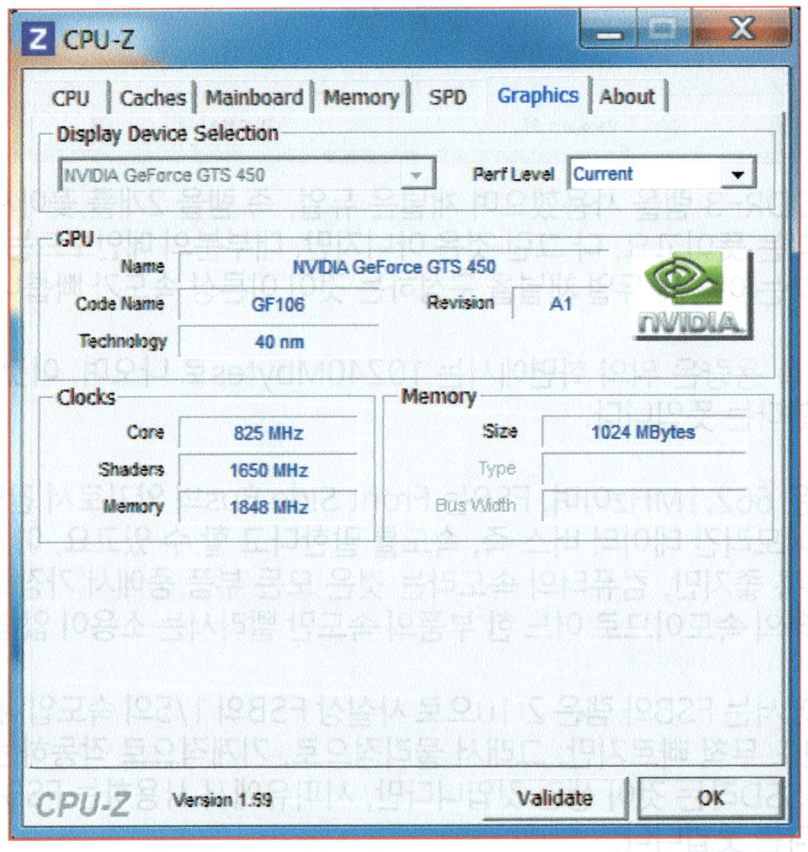

위의 화면을 보면 그래픽 카드는 NVIDIA GeForce GTS 450 이라는 것을 알 수 있습니다.

즉, 만일 화면이 제대로 나오지 않으면 구글링을 하여 이 모델명의 그래픽 드라이버 파일을 다운로드하여 설치하면 된다는 뜻입니다.

위의 화면에서는 그래픽 카드 이름뿐만이 아니라 그래픽 카드에 내장된 램의 용량도 알 수 있는데요, 1Gb의 램을 장착했다는 것을 알 수 있습니다.

필자는 우리나라 1세대 컴퓨터 사용자로서 우리나라에 컴퓨터가 처음 들어왔을 때부터 컴퓨터를 사용했는데요, 옛날 도스 시절에는 메모리 총량이 640Kb가 고작이었습니다.

이 중에서도 콘솔에서 일부를 사용하기 때문에 실제 사용자가 사용할 수 있는 메모리는 겨우 500Kb 정도였는데요, 지금 이 책을 집필하는 컴퓨터는 그래픽 카드의 메모리 용량이 무려 2,000배 큰 용량인 1Gb 용량이며, 이 컴퓨터에 장착된 시스템 메모리(램)는 10Gb이므로 필자가 처음 컴퓨터를 사용할 때보다 무려 20,000배나 큰 용량을 사용하는 것입니다.

참으로 격세지감을 느끼지 않을 수가 없는데요,

위의 화면에서 그래픽 카드 이름을 알았으므로 다시 구글링을 하여 이 그래픽 카드의 드라이버를 다운로드하여 설치를 해야 화면이 제대로 나오게 됩니다.

구글링을 하여 NVIDIA를 검색하여 위의 손가락이 가리키는 링크를 클릭하면 다음 화면이 나타납니다.

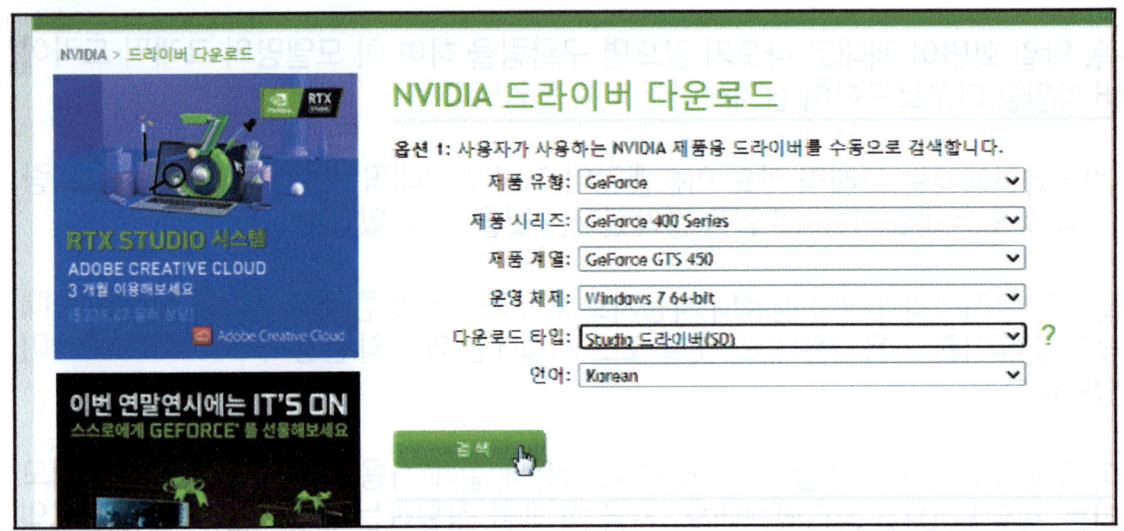

앞의 CPU-Z 프로그램에서 확인했던 그래픽 카드인 GTS450 모델을 선택하고 위의 화면에서 [검색]을 클릭하여 해당 드라이버를 다운로드하여 설치를 합니다.

각종 기계의 나사를 풀거나 잠글 때는 드라이버를 사용합니다.
컴퓨터에서 사용하는 드라이버 역시 동일한 개념으로 사용하며 스펠링도 동일하게 Driver입니다.

컴퓨터 내부적으로 작동하는 프로그램은 눈에 보이지 않기 때문에 프로그램으로 조절을 해야 하며 나사를 조이는 드라이버와 같은 역할을 하기 때문에 드라이버 파일이라고 부르는 것입니다.

이와 같이 해당 장치에 해당하는 드라이버 파일이 없으면 그 장치는 쓸모없는 장치가 될 수도 있고요, 다행히 새로운 윈도우즈 운영체제가 나오기 이전에 나온 장치들은 윈도우즈에 기본적으로 드라이버가 내장되어 있기 때문에 웬만하면 자동으로 드라이버가 잡힙니다만, 현재 실습으로 조립한 컴퓨터에 사용한 GTS450 그래픽 카드는 자동으로 드라이버가 잡히지 않아서 지금 설명하는 방법으로 NVIDIA 사이트에 접속하여 해당 그래픽 카드 드라이버 파일을 다운로드하여 직접 설치를 하는 것입니다.

앞에서도 여러 번 설명한 것과 같이 다운받은 파일을 실행하며 드라이버가 정상적으로 드라이버가 잡히면 다음과 같이 윈도우즈 바탕화면부터 완전 정상으로 나오게 됩니다.

설치가 완료되니, 위의 화면과 같이 이 글을 쓰는 화면부터 완전히 넓은 평야같이 화면이 가득차게 나옵니다.
화면에 꽉 차게 해상도가 높아졌더니 글씨가 너무 적게 나옵니다.

글씨의 크기만 크게 조절해 보겠습니다.
우선 화면을 조절하려면 해상도라는 것을 먼저 알아야 합니다.
해상도에는 몇 가지 의미가 있는데요, 일단 여기서는 화면 해상도만 알아보겠습니다.
요즘 누구나 가지고 있는 스마트폰으로 사진이나 동영상을 촬영할 때 사진이나 동영상의 크기를 설정하는 화면이 있습니다.
여기에 나오는 크기가 바로 화면 해상도입니다.
아래 화면은 포토샵에서 이미지의 해상도를 보는 화면인데요..

4-4. 해상도

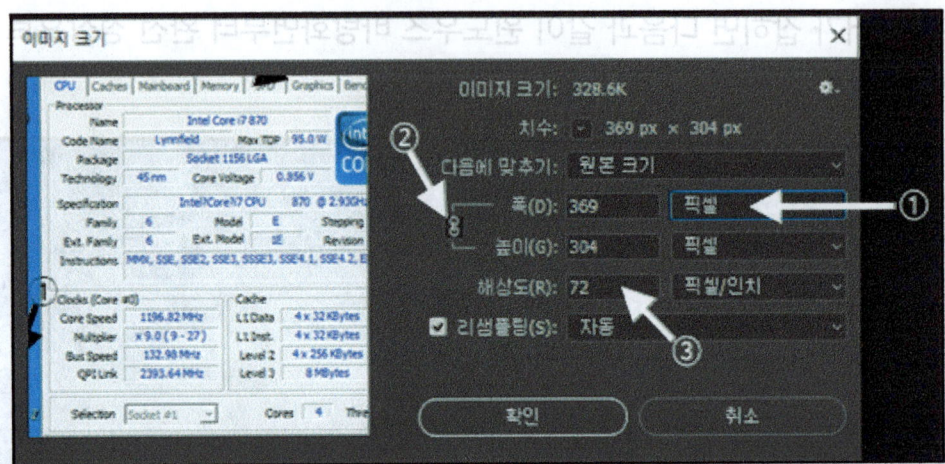

위의 화면 (1)을 보면 단위가 픽셀로 되어 있으며 현재 불러온 이미지는 가로 369 픽셀 X 세로 304픽셀이라는 뜻입니다. 상당히 작은 크기죠. 이 책에서 삽화로 사용하는 이미지이기 때문입니다.
(3)을 보면 여기도 해상도라는 것이 있습니다.
(2)은 화면 해상도이며, (3)는 이미지 해상도를 나타내는 것인데요, 비슷한 것 같지만, 다릅니다.
먼저 (3)의 화면 해상도를 살펴보죠.
모니터는 우리 눈에 보이지 않지만, 화면에 작은 점들이 모여 있으며 이것을 모니터 내부에 주사선이라는 것이 있어서 여기에 신호를 내보내면 이것이 발광을 하여 색상이나 이미지를 표현하는 방식입니다.
이렇게 모니터에서 이미지를 표현하는데 필요한 점의 수가 바로 화면 해상도입니다.
현재 이 책을 집필하는, 조금 전에 그래픽카드 드라이버를 제대로 잡아서 화면이 정상적으로 나오는 모니터의 해상도는 현재 1920 X 1080(픽셀) 의 해상도를 나타내고 있습니다.

이것은 그대로 곱하면 화면에 몇 개의 점이 있는지 금방 나옵니다.
1920 X 1080 = 2,073,600개의 점으로 이루어진 해상도의 모니터라는 뜻입니다.
해상도가 높기 때문에 단위 면적당.. 모니터 화면의 크기는 일정한데 여기에 표현하는 점의 수가 많으니 화면에 표현하는 정보가 많아지는 대신에 글씨 등이 작게 나타납니다.

카메라 사용하시는 분들 줌렌즈, 망원렌즈 생각하시면 됩니다.

카메라 및 사진 역시 필자의 다른 저서 '카메라 교본' 책을 참고하시면 되고요..
암튼 모니터 화면의 크기는 일정하지만, 해상도를 높여서 많은 정보를 나타내는 것은 좋지만, 글씨의 크기가 작아져서 가독률이 떨어집니다.

그래서 시력이 좋지 않은 사람은 해상도를 낮춰서 글씨를 크게할 필요가 있습니다만, 해상도를 너무 낮추면 화면에 표시되는 글씨는 왕창 커지지만 반비례하여 화면에는 적은 정보, 좁은 화면이 되어 상대적으로 매우 불편합니다.

그래서 최소한 1024 X 768 보다 낮은 해상도는 사용하지 않는 것이 좋고요, 필자가 현재 사용하는 해상도는 1920 X 1080 해상도로서 상당히 높은 해상도이지만, 모니터를 더욱 큰 것으로 사용하면 동일한 해상도라도 모든 것이 크게 나오기 때문에 간단히 해결될 것처럼 보이지만, 모니터가 커지는 만큼 그래픽 카드의 성능이 따라줘야 큰 화면에 즉시 즉시 빛을 뿌려서 화면에 로딩되는 정보가 딜레이가 없어야 하기 때문에 무조건 모니터를 크게 할 수 있는 것이 아닙니다.

그래서 윈도우 운영체제에서는 이렇게 23인치~27인치 정도의 모니터를 가지고 고해상도로 사용하면서도 글씨의 크기를 크게 해서 가독성을 높일 수 있는 방법이 있습니다.

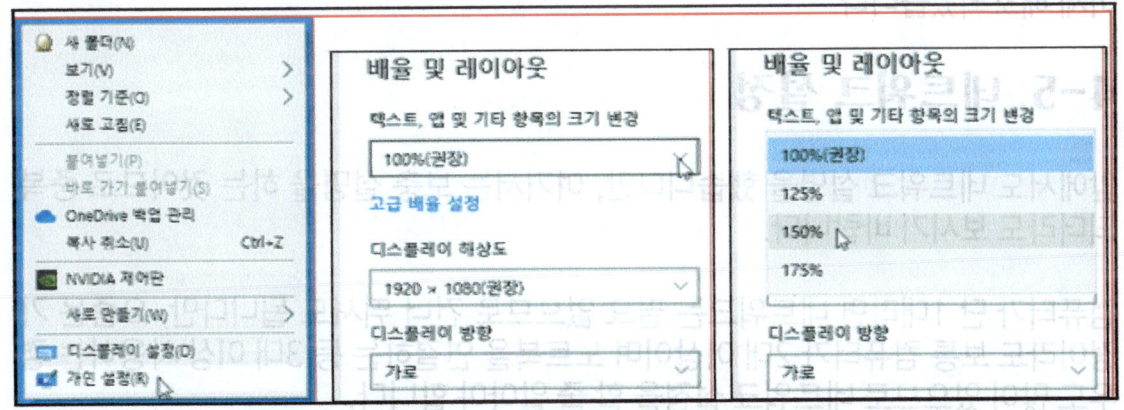

150%로 하면 화면이 너무 커서 너무 화면이 가독율이 좁아지므로 여기서 필자는 글씨의 크기를 125%로 지정하였습니다.
즉시 화면에 보이는 모든 글씨가 1.25배 커졌습니다.

글씨가 약간 작았으면 좋겠습니다만, 원하는 크기로 할 수가 없습니다.

이런 경우에는 차라리 그냥 원래대로 100% 크기로 하고 인터넷 등을 할 때는 웹브라우저 화면에서 키보드의 + 키를 눌러서 화면을 확대하는 것이 낫겠습니다. 다만, 바탕화면의 글씨가 작은 것은 어쩔 수 없습니다.

필자가 현재 집필하는 책의 원고 역시 글씨가 커져서 매우 편리합니다.
지금까지 이 과정을 설명하기 위하여 작은 글씨로 원고를 집필하느라 불편했지만, 이제 해소되었습니다.

4-5. 네트워크 설정

앞에서도 네트워크 설명을 했습니다만, 여기서는 보충 설명을 하는 것이므로 중복되더라도 보시기 바랍니다.

컴퓨터가 단 1대라면 네트워크는 필요 없으므로 건너 뛰셔도 됩니다만, 요즘은 가정이라도 보통 컴퓨터가 2대 이상이며 노트북을 연결하는 등 3대 이상 사용하는 경우도 많이 있으므로 네트워크 설정을 할 줄 알아야 합니다.

네트워크 설정에 들어가는 방법은 제어판에서 들어가도 됩니다만, 가장 쉬운 방법은 바탕화면 우측 하단 트레이에서 우측 화면 (1)를 클릭하고 나타나는 화면에서 (2)를 클릭하면 가장 빨리 네트워크 설정을 할 수 있습니다.

윈도우10, 11을 성공적으로 인스톨하면 대개 우측 화면과 같이 자동으로 설정이 됩니다만, 잘 안 되는 컴퓨터도 있습니다.

일단 우측 화면에서 (1)의 [연결 속성 변경]을 클릭해 봅니다.

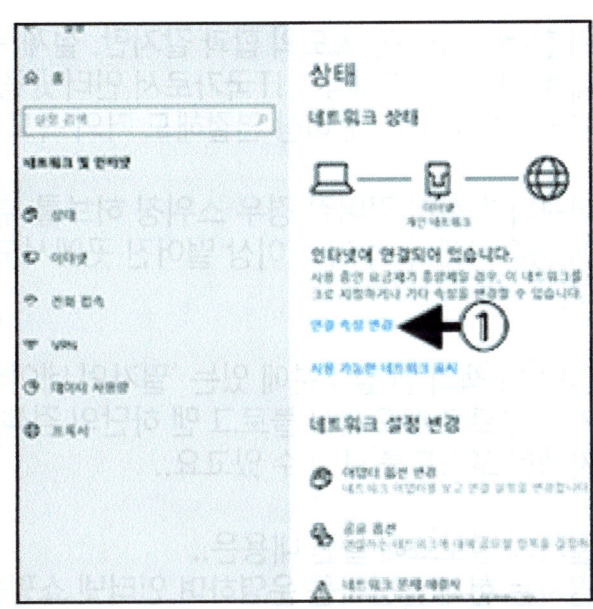

우측 화면과 같이 되어 있으면 정상입니다.

그러나 우측 화면은 필자가 네트워크에 문제가 있어서 수정한 화면이고요, 우측 화면 (1)이 선택되어 있으면 안 되고요, (2)가 선택되어 있어야 하며, (3)은 무선 네트워크 설정입니다.

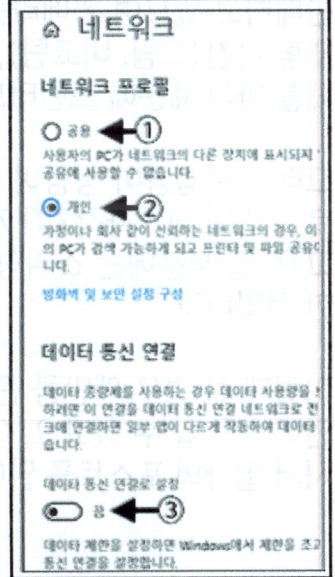

어차피 컴퓨터에서 무선 데이터 요금이 나가는 것이 아니고요, 스마트폰에서 무선 데이터 요금이 나가는 것이기 때문에 여기 설정은 데이터 통신 요금과는 무관합니다.

그리고 컴퓨터가 2대 이상이라면 최소한 한국통신 등 망 제공자가 설치해 준 광케이블에 딸린 모뎀이나 공유기 혹은 필자의 경우 무선 공유기 2대, 스위칭 허브 1개, 이렇게 사용하는데요, 보통 라우터, 무선 라우터기를 공유기라고 부르며 무선 공유기든 유선 공유기든 공유기는 엄밀하게 말하면 IP공유기입니다.

한국통신 등의 망 사업자와 계약을 할 때는 인터넷 회선 1개만 계약을 하고 1개의 망을 공유기를 통해서 여러 대의 컴퓨터에서 인터넷을 하는 것이므로 하나의 IP를 여러 대의 컴퓨터가 나누어 사용하므로, 여러 대의 컴퓨터가 사용하는 인터넷 속도의 합은 1회선 총 속도의 합과 같지만, 실제로는 우리나라는 전 세계가 우러러보는 세계 최고, 세계 최강의 IT국가로서 인터넷 광랜의 속도가 워낙 빠르기 때문에 회선 1개에 컴퓨터 10대 이상 연결해도 거의 속도 저하를 느끼지 못할 정도입니다.

더구나 회선이 길어질 경우 스위칭 허브를 추가하면 약해진 신호를 증폭하기 때문에 공유기에서 백 미터 이상 떨어진 곳에서도 별 불편 없이 인터넷을 할 수 있습니다.

일단 이 책의 맨 앞부분에 있는 '필자의 네이버 블로그에 오시는 방법' 참고하여 필자의 블로그에 오셔서 블로그 맨 하단의 검색어 입력란에 '무선공유기' 검색하시면 자세한 포스트를 보실 수 있고요..

필자의 블로그에 올린 내용은..
필자는 현재 출판사를 운영하며 인터넷 쇼핑몰을 운영하며 수 천 종의 많은 상품을 판매하고 있으며 카메라를 가지고 다니면서 촬영한 수많은 사진들을 인쇄를 하여 대형 사진(코팅, 비코팅), 역시 대형 사진 족자, 각종 여러 규격의 액자에 넣어서 판매를 하기 때문에 프린터도 대형 중형 소형 등 10대도 넘습니다.

그래서 사업장이 상당이 큰데요, 이렇게 다소 넓은 지역에서는 웬만한 무선공유기로는 와이파이 사각지대가 생기기 때문에 필자의 경우 무선공유기를 2대를 설치했고요, 끝 부분에는 스위칭 허브를 달아서 지하실에 있는 컴퓨터와 네트워크를 구축한 것입니다.

이렇게 할 경우 웬만큼 큰 장소라도 2층과 지하실 모두 네트워크로 연결되어 모두 인터넷을 할 수 있고요, 이렇게 하실 분은 위의 설명 참조하여 필자의 블로그에 오셔서 필자의 포스트를 읽어보시면 됩니다.

우선 우측의 화면을 보시고 개념을 먼저 파악하셔야 합니다.

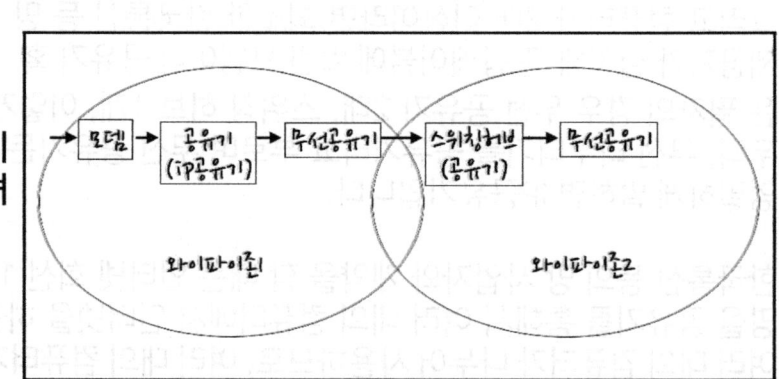

공유기에 대해서는 뒤에서 또 다시 자세하게 설명을 하고요, 앞의 화면 좌측 검정색이 무선 공유기이고요, 우측에 보이는 밝은 색이 스위칭 허브인데요, 무선공유기만 가지고 되는 것이 아니고요, 멀리 랜선을 끌고 가면 신호가 약해지기 때문에 반드시 신호를 증폭하는 스위칭 허브를 달아야 합니다.

현재 윈도우10을 설치하고 네트워크가 잘 안 되는 경우를 가정하여 설명을 하는 것이고요, 윈도우10과 윈도우7간에 네트워크는 자동으로 잡히지만, 윈7 시스템에서 윈도우10을 못 읽어 들이는 수도 있고요, 윈도우10 시스템에서 윈도우7 시스템을 읽어 들이지 못하는 경우도 있습니다.

네트워크 설정 화면의 우측에 보면 아래 화면과 같은 메뉴가 있습니다.

여기서 좌측 화면 손가락이 가리키는 [어댑터 옵션 변경]을 클릭합니다.

현재 아무것도 안 보이지만, 이더넷을 클릭하면 아래와 같이 보입니다.

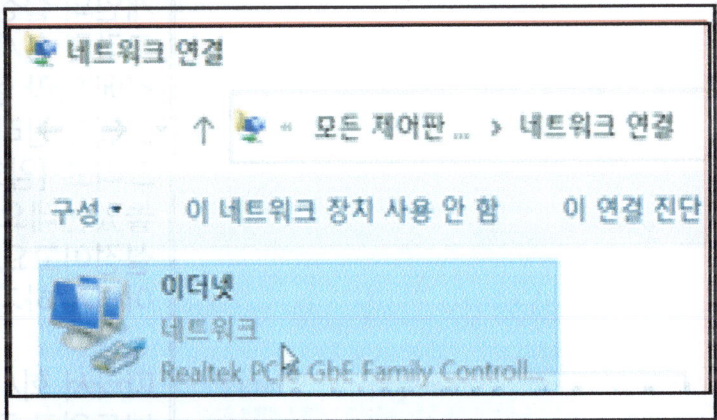

만일 강제로 랜선을 빼지 않고 인터넷 연결을 차단하고 싶다면 위의 화면에서 이더넷 어댑터를 선택하고 위의 [이 네트워크 장치 사용 안 함]을 클릭하면 인터넷 연결이 차단되고요, 이후 다시 연결하려면 다시 클릭하면 [인터넷 연결]이 됩니다.

이 기능이 별로 쓸모없을 것 같지만, 컴퓨터 실력이 늘면 수시로 이런 일을 하게 될 때가 있습니다.

다음은 앞의 화면 좌측 화면 손가락이 가리키는 [네트워크 및 공유 센터]를 클릭합니다.

네트워크 설정에서 가장 중요한 부분입니다.

아래 화면에서 마우스 화살표가 가리키는 [고급 공유 설정 변경]을 클릭합니다.

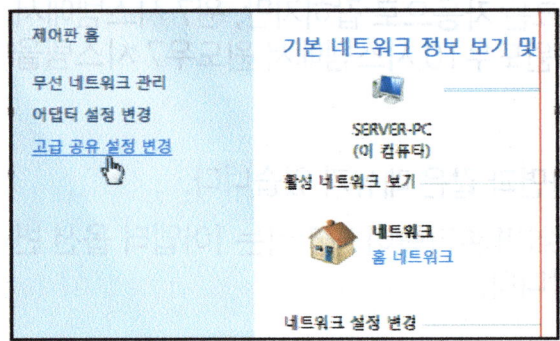

좌측 화면에서 [네트워크 검색 켜기]에 체크가 되어 있어야 합니다.

좌측 화면에서 [파일 및 프린터 공유 켜기]에 선택되어 있어야 합니다.

그래야 네트워크상의 다른 컴퓨터와 커뮤니케이션을 할 수 있습니다.

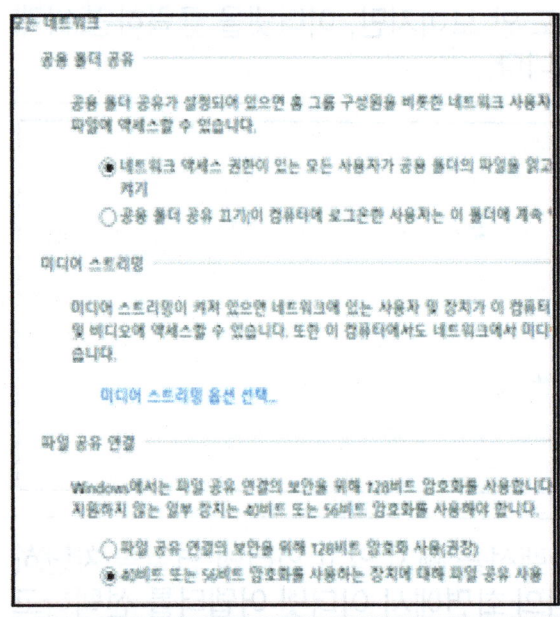

그러나 이것은 어디까지나 필자 및 일반 개인의 설정이고요, 중요한 회사 네트워크라면 회사 네트워크 관리자나 회사 규정에 따라 설정을 하므로 반드시 회사 네트워크 관리자에게 문의를 해야 합니다. 그리고 [암호 보호 공유 끄기]를 설정해 놓았는데요, 이것 역시 필자 및 개인의 설정이고요, 회사에서는 아마도 절대로 이렇게 하지 않을 것입니다.

따라서 회사 및 관공서 등에서는 반드시 네트워크 관리자의 지침에 따라야 합니다.

윈도우10과 윈7 시스템 모두에서 상대방 컴퓨터는 보이는데 파일 공유가 안되기 때문에, 일단 윈도우10이든, 윈7이든 탐색기에서 아래와 같이 공유하고자 하는 아니면 이미 공유 설정된 폴더라도.. 폴더나 파일을 선택하고 마우스 우측 버튼을 클릭하여 나타나는 팝업 메뉴

에서 아래 화면에 보이는 것과 같이 [엑세스 권한 부여] - [홈 그룹(보기 및 편집)]
을 클릭해 줘야 공유가 됩니다만, 실제로는 이렇게 해서는 공유가 안 됩니다.

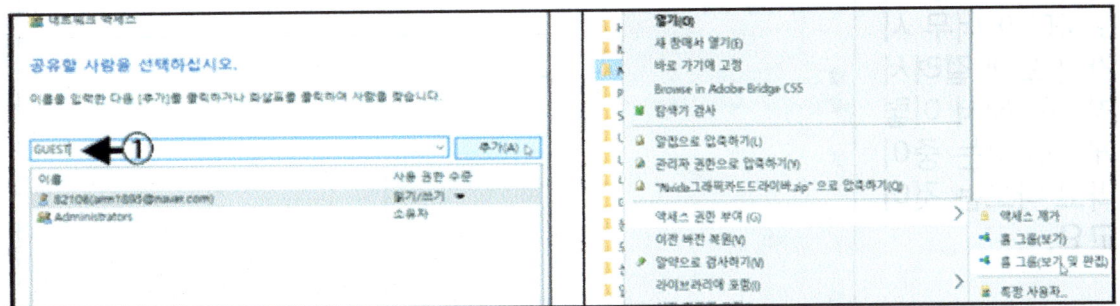

일종의 윈도우 버그라고 보이는데요,..
지금 설명하는 메뉴가 윈7에서는 아주 알기 쉽게 그냥 [공유]입니다.
그러나 윈도우10, 11에서는 그냥 [공유]라고 하면 좋을 것을 [엑세스 권한 부여]
입니다.

암튼 사용자는 선택의 여지가 없으므로 아래 화면 [엑세스 권한 부여] - [특정 사용자]를 클릭합니다.

위의 화면 (1)의 란에 'GUEST'를 입력하고 [추가] 버튼을 클릭하면 우측과 같이 나타납니다.

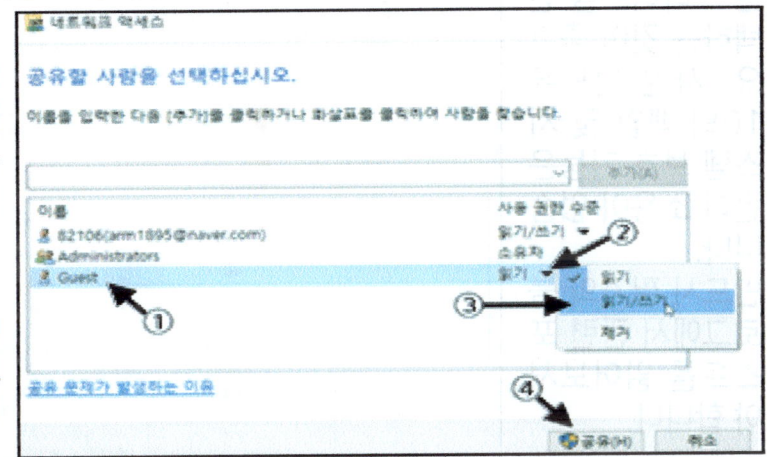

위의 화면 (1)과 같이 나타나며, 이 때 (2)를 클릭하여 (3)의 [읽기/쓰기]를 지정하고 (4)의 [공유]를 눌러야 비로소 모든 컴퓨터의 파일 공유가 이루어집니다.

그리고 필자가 기회 있을 때마다 백업의 중요성을 강조하는데요, 백업의 중요성은 열 번을 강조해도 지나치지가 않습니다.

윈도우7에서는 제어판 등을 불러오는 것이 매우 편리했지만, 윈도우10에서는 프로그램도 검색을 해야 합니다.
시작 '제어판' 입력하여 [제어판] - [백업 및 복원]을 클릭하면 아래 화면이 나타납니다.
윈7보다 불편하지만, 방법이 없죠.

우측 아래 화면은 필자가 백업을 시도하다가 너무 시간이 오래 걸려서 취소를 해서 이렇게 취소하는 중이라고 나오는 것이고요,

백업은 자신의 컴퓨터에 용량이 가장 많이 남아 있는 드라이브를 선택하는 것이 좋고요, 사실 윈도우 10의 백업 및 시스템 보호 기능은 전혀 소용이 없습니다.
반드시 필자의 블로그에서 관련 포스트를 읽어보셔야 합니다.

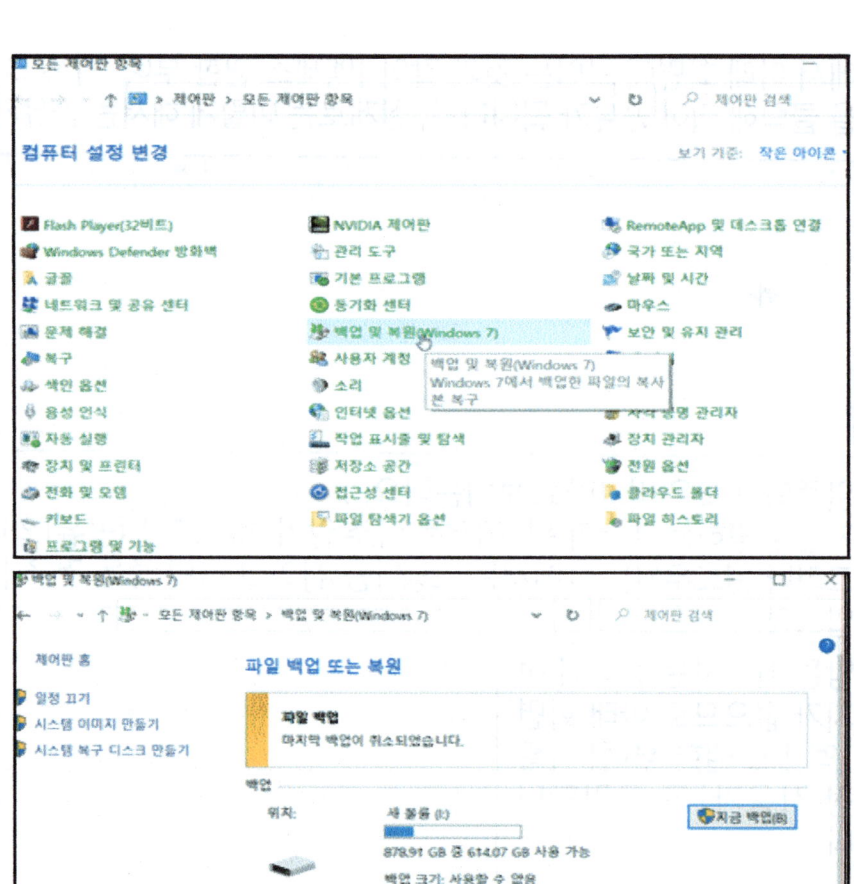

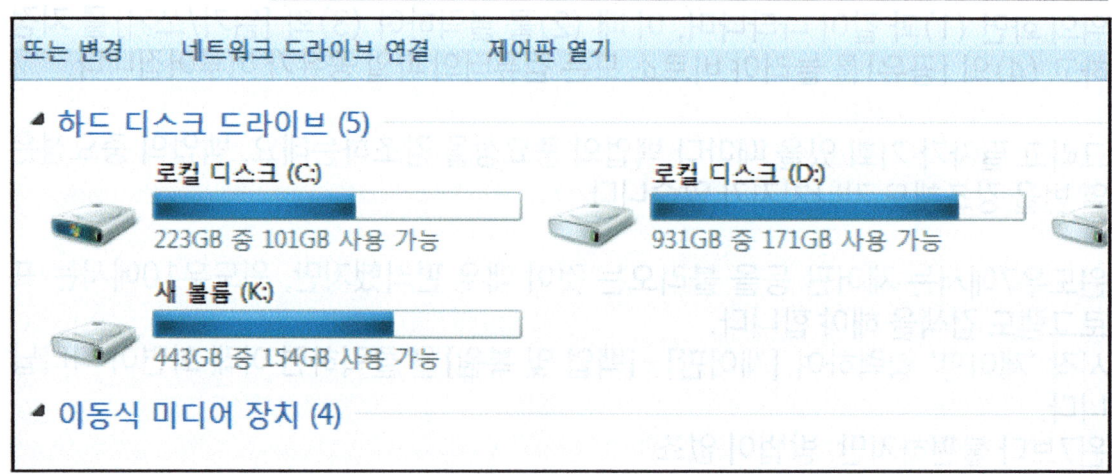

4-6. 공유기 설정

이 책은 'PC정비사 교본 - PC 고장 수리 조립 업그레이드' 책이며 하드웨어를 다루는 책이기 때문에 공유기 설정도 할 줄 알아야 합니다.

필자는 현재 iptime n104Q 구형 공유기와 iptime A3004NX 신형 공유기 이렇게 2개의 공유기와 스위칭 허브 4포트 1개를 사용 중인데요, 공유기와 허브는 비슷하지만, 완전히 다른 장치입니다.

공유기는 엄밀하게 말하면 ip공유기입니다.
한국통신 등에서 광랜 1회선(1개의 ip)을 계약을 하여 내부적으로 공유기 = ip공유기를 설치하여 여러 대의 컴퓨터를 사용하는 것이기 때문입니다.

이 때 공유기 내부에서는 설정에 따라 자동으로 내부 ip가 할당되기 때문에 대부분의 사용자는 내부 ip 주소는 알지도 못하며 자동으로 할당된 주소로 네트워킹을 하는 것입니다.

이에 비하여 허브는 LAN 포트 한 개를 여러 개의 포트로 나누어주는 역할을 합니다.
더 쉽게 설명을 하면 공유기에는 WAN 포트가 있으며 허브에는 WAN 포트가 없습니다.
공유기에는 한국통신 등에서 깔아준 모뎀에서 나온 회선을 끼워야 작동을 하기 때문에 WAN포트가 있는 것이고요, 공유기는 단지 하나의 포트를 여러 개로 나누는 것이기 때문에 WAN포트가 없는 것입니다.

따라서 인터넷을 하기 위해서는 반드시 WAN 포트가 있는 공유기(ip공유기)를 사용해야 하는 것입니다.

필자의 경우 앞에서 설명한 구형 공유기는 한국통신에서 깔아준 광랜에 연결된 모뎀에서 1개의 포트를 구형 공유기의 WAN포트에 꽂고 신형 공유기는 필자의 사업장은 크기 때문에 멀리 떨어진 구석진 곳에 설치를 했고요, 이 때는 구형 공유기에서 나온 랜선을 앞에서 보았던 [와이파이존2]에 설치한 스위칭허브의 한 포트에 꽂고 나머지 포트는 [와이파이존2]의 컴퓨터에 꽂아서 사용하고 여기서 랜선 하나를 신형 공유기의 WAN포트에 꽂아야 2번째 설치한 신형 공유기의 와이파이에 접속한 기기가 와이파이를 사용할 수 있는 것입니다.

또한 필자의 경우 지하실도 있으므로 [와이파이존2]에 설치한 스위칭허브에서 랜선을 지하실까지 끌어서 지하실에서도 모든 컴퓨터와 네트워크 및 인터넷이 가능하도록 하였습니다.

허브는 또 다시 더미 허브와 스위칭 허브로 나누어지는데요, 컴퓨터 학원이나 한 층의 사무실에 여러 대의 컴퓨터가 있을 때는 그냥 더미 허브 포트가 많은 것을 사용하면 되지만, 이것도 사실 너무 많은 컴퓨터를 연결하면 각각의 컴퓨터의 네트워크 속도가 떨어지므로 스위칭 허브를 사용하는 것이 좋고요, 이론상 UTP케이블의 경우 100미터가 제한 거리이므로 이보다 멀리 있는 컴퓨터는 신호가 약해져서 네트워크가 안 되거나 아주 느리게 되므로 신호를 증폭시켜주는 것이 바로 스위칭허브입니다.

스위칭 허브 역시 여러 종류가 있으며 포트 역시 아주 많은 종류가 있으므로 사용하는 목적에 맞는 제품으로 구입해서 사용할 수 있습니다만, 가격이 비싼 것은 그야말로 벌어진 입이 다물어지지 않을 정도이므로 필자는 가격이 저렴한 모델을 구입하였습니다.

그래서 필자의 경우 지하실에 있는 컴퓨터는 아예 스위칭 허브를 이용하여 랜선을 연결한 것이고요 당연히 2층 사무실과 지하실 모두 인터넷이나 네트워크 속도 차이 없이 사용하는 것입니다.

공유기 중에는 스위치 기능을 갖춘 모델도 있으므로 공유기 설명을 잘 읽어보시고요, 일단 여기서는 필자가 사용하는 유무선 구형 공유기인 iptime N104Q 모델의 설정을 먼저 알아보겠습니다. (어차피 신형 공유기도 설정은 거의 동일합니다.)

우선 필자의 경우 공유기가 2대이기 때문에 현재 구형 iptime N104Q모델의 설정을 하기 위해서는 다른 공유기를 꺼 놓고 작업을 해야 합니다.
다른 공유기를 끄고 현재 작업을 하려는 공유기만 켜고 인터넷창, 웹브라우저를 띄우고 웹브라우저 주소표시줄에 192.108.0.1 을 입력하고 엔터를 칩니다.

어라 접속이 안 됩니다.
iptime의 기본 주소는 192.168.0.1인데요, 위와 같이 접속이 안 됩니다.
인터넷 창, 웹브라우저 주소표시줄에 주소를 입력한 것이고요,
필자가 잊어버렸지만, 필자가 이전에 iptime의 환경 설정에서 공유기 주소를 변경해서 그런 것 같습니다.

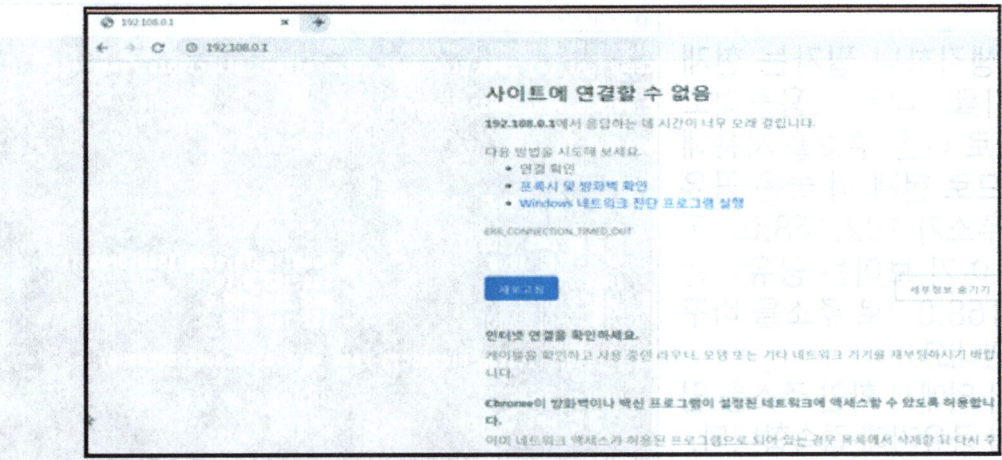

이 때는 아래 방법으로 공유기 주소를 확인할 수 있습니다.

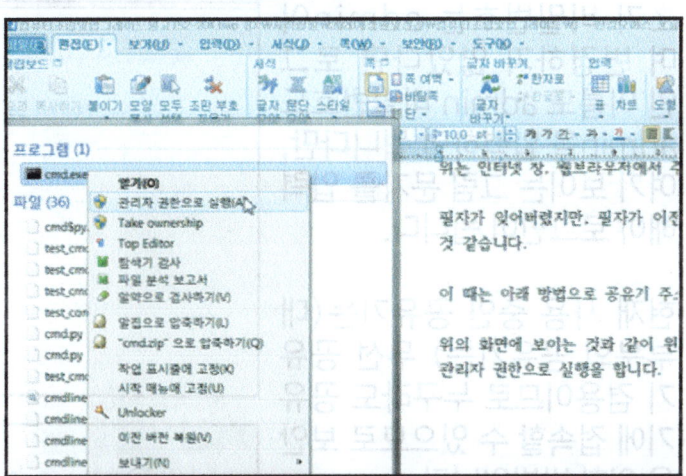

우측 화면에 보이는 것과 같이 윈도우즈 바탕 화면에서 시작 옆에 cmd 입력하고 위와 같이 관리자 권한으로 실행을 합니다.

우측의 도스쉘 화면이 나타납니다.

우측 화면에서 ipconfig를 입력하고 엔터를 치면 다음 화면과 같이 나타납니다.

이제 생각하니 필자는 현재 공유기를 2대를 사용중이고요, 서로 다른 주소를 사용해야 하므로 현재 꺼 놓은 공유기의 주소가 192.168.0.1이고요, 여기 보이는 공유기는 192.168.0.2로 주소를 바꾸어 놓았네요.
그래서 위에서 확인 주소를 입력해서 공유기에 접속합니다.

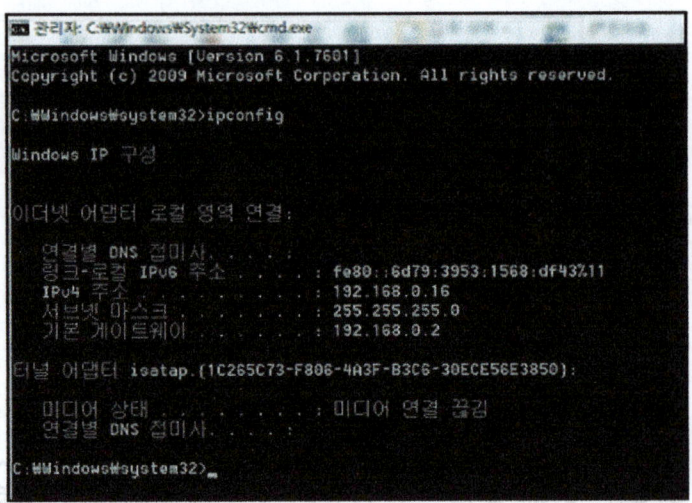

초기 비밀번호는 admin이며 변경하지 않았다면 로그인 이름도 admin 비밀번호도 admin을 입력하면 됩니다만, 여기 보이는 그림 문자를 입력해야 로그인이 됩니다.

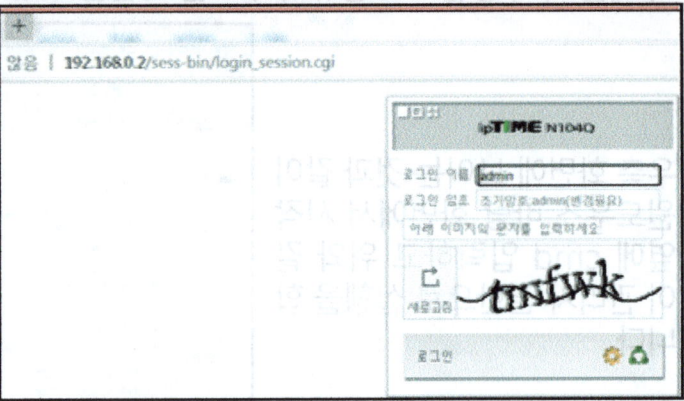

현재 사용 중인 공유기는(대부분의 공유기는) 무선 공유기 겸용이므로 누구라도 공유기에 접속할 수 있으므로 보안을 위한 방법입니다.

우측 화면에서 [설정 마법사]를 클릭하면 다음 화면이 나타납니다.

설정 마법사를 통하지 않고 바로 [관리 도구]에 들어가서 설정을 해도 되지만, 아무래도 위의 [설정 마법사]는 실수를 하지 않고 정확하게 설정을 할 수가 있는 방법입니다.
[설정 마법사]를 클릭하면 다음 화면이 나타납니다.

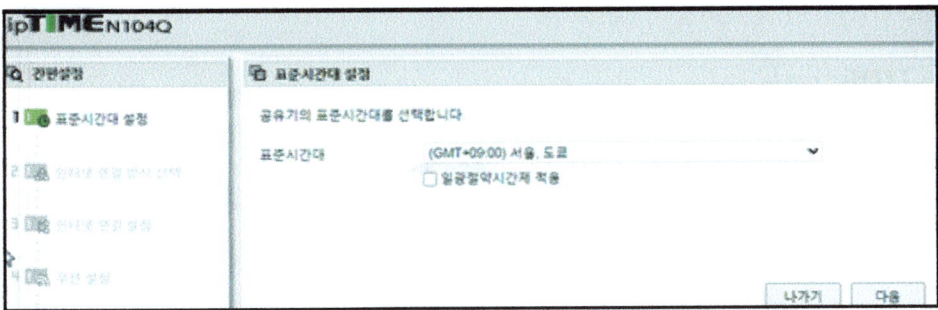

위의 화면에서 기본 값으로 [다음]을 클릭하면 다음 화면이 나타납니다.

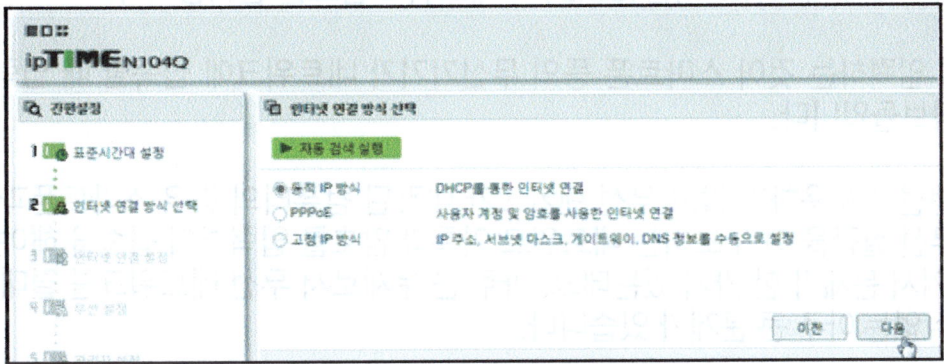

위의 화면에서 역시 기본 값으로 [다음]을 클릭합니다.

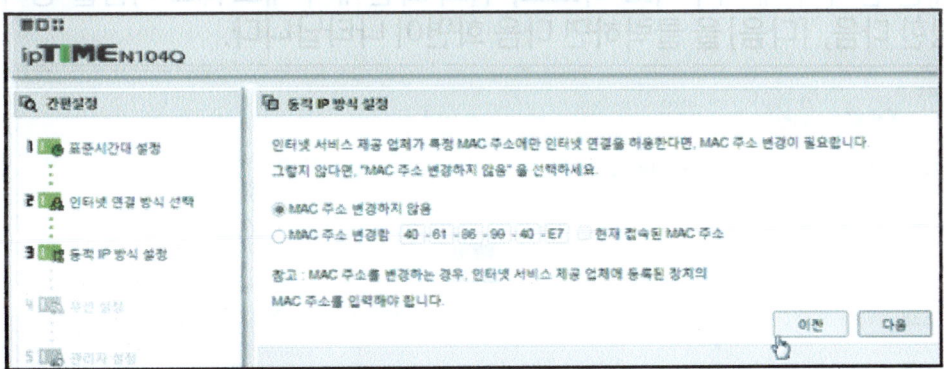

위의 화면에서도 기본 값으로 [다음]을 클릭합니다.

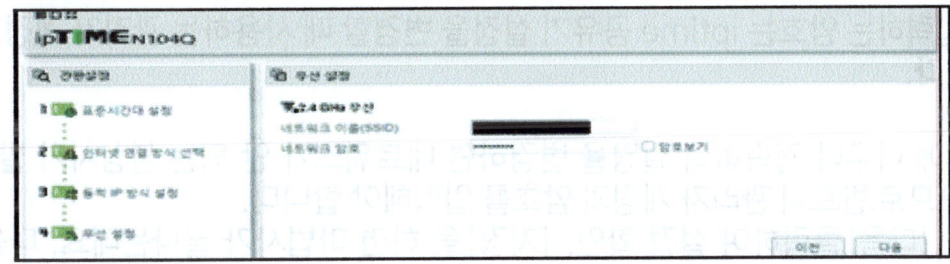

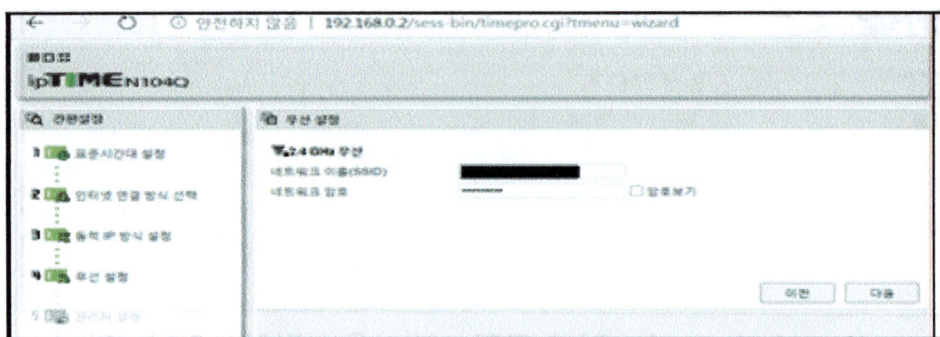

위의 화면에서 네트워크 이름(SSID)과 네트워크 암호를 입력합니다.

여기에 입력하는 것이 스마트폰 등의 무선기기가 네트워크에 접속할 때 입력해야 하는 정보들입니다.

만일 랜선을 사용하지 않고 무선 랜카드가 내장된 컴퓨터의 경우 스마트폰과 동일하게 무선 설정을 여기 보이는 네트워크 이름과 암호를 입력하여 접속을 해야 합니다. 여기서 문제가 한 가지 있는데요, 아주 큰 문제로서 무선 네트워크를 절대로 사용할 수 없는 아주 큰 문제가 있습니다.

이 문제는 잠시 후에 다루기로 하고요, 위의 화면에서 네트워크 이름을 정하고 암호를 정한 다음, [다음]을 클릭하면 다음 화면이 나타납니다.

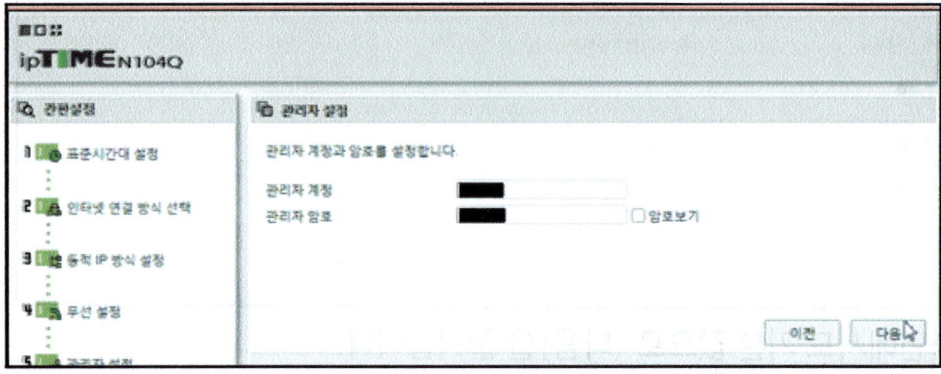

여기 입력하는 암호는 iptime 공유기 설정을 변경할 때 사용하는 관리자 계정과 암호입니다.

공유기에 아무나 접속하여 설정을 변경하면 네트워크가 안 되는 불상사가 발생할 수 있으므로 반드시 관리자 계정과 암호를 입력해야 합니다.
그리고 [다음]클릭하여 설정 확인, [저장]을 하면 마법사가 끝나는데요, 다음 화면.. 사실 여기서 딱히 만질 것은 없습니다. 거의 대부분 자동으로 설치되기 때문입니다.

그러나.. 여기 설명을 안 읽어보면 이 공유기(iptime N104Q)는 절대로 사용할 수 없습니다.

우측 화면에서 좌측 메뉴 [고급 설정] - [무선랜 관리] - [무선설

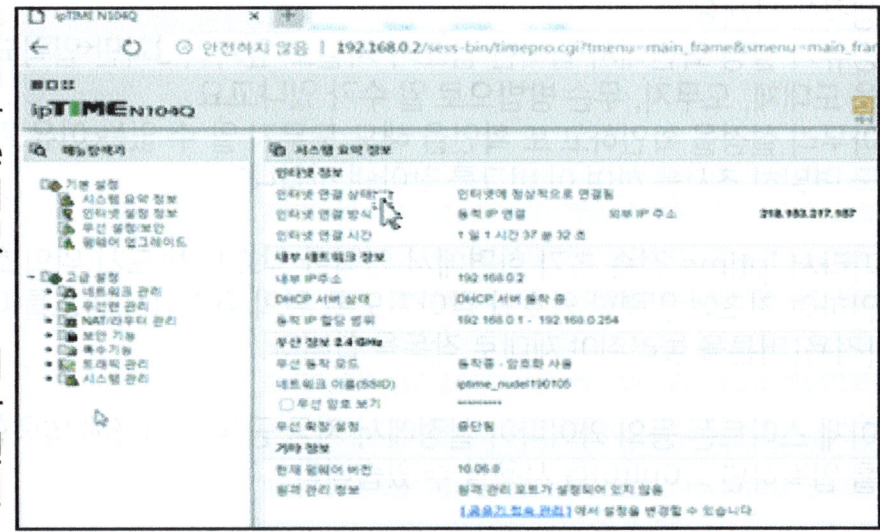

정/보안]에 들어가면 암호가 앞자리 3개만 입력되어 있습니다.

암호를 아무리 제대로 입력해도 앞자리 3개만 나타나기 때문에 결국 이 공유기의 와이파이를 사용할 수가 없습니다.

앞에서 설명한 아주 큰 중대한 문제가 바로 이 문제입니다.

iptime의 버그인데요, 실질적으로 이 모델을 사용할 수 없는 설정인데요, 그럼에도 불구하고 이런 설명을 어디에서도 찾을 수가 없습니다.

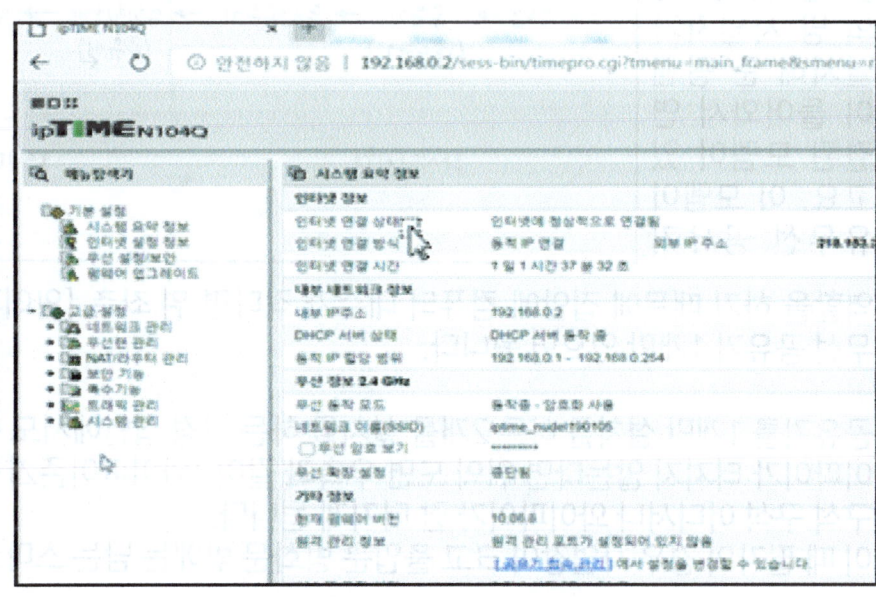

필자가 이것을 알아내는데 그야말로 오랜 시간이 걸렸습니다.

생각해 보세요.
공유기 설정 화면에서 입력한 암호가 저절로 앞자리 3자만 입력되어 안 된다는 것을 도대체, 도무지, 무슨 방법으로 알 수가 있냐고요..
아무리 설정을 확인하고 또 확인을 해도 도무지 알 수 없는 이유로 안 되는 것을 결국 면밀히 조사를 하여 이 버그를 찾아낸 것입니다.

따라서 iptime 접속 초기 화면에서 입력한 암호를 반드시 위의 화면에서 다시 확인하여 최초에 입력한 암호와 같아지도록 위의 화면에서 암호를 다시 수정을 하고 [적용]버튼을 눌러줘야 제대로 작동을 합니다.

이제 스마트폰 등의 와이파이 설정에서 지금 공유기 설정에 입력한 아이디와 암호를 입력하면 와이파이를 사용할 수 있습니다.

우리나라는 여러 가지 규제가 많지만, 이 중에서 전파에 관한 규제가 매우 강력한데요, 그래서 무선 전파를 사용하는 공유기도 전파를 멀리 가지 않게 만들기 때문에 웬만한 가정에서조차 와이파이 사각지대가 생기게 됩니다.
아래 도면을 보세요.

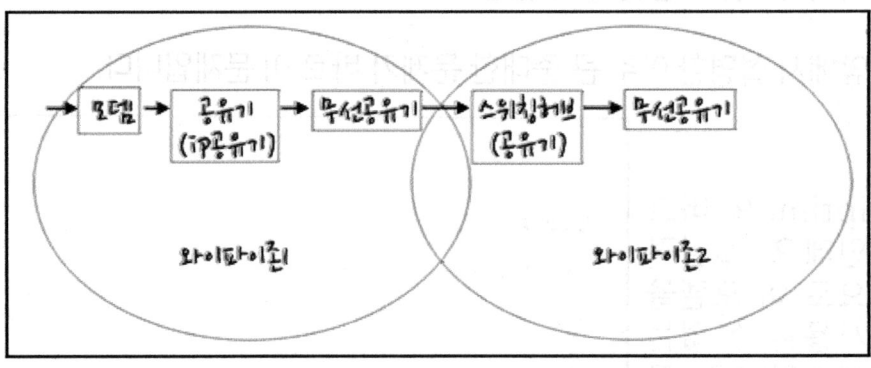

우측 와이이존1은 한국통신 등의 망 사업자가 설치해 준 광랜이 들어와서 연결된 모뎀이 있고요, 이 모뎀이 유무선 공유기 역할을 하기 때문에 집안에 컴퓨터 대수가 적다면 위 좌측 [와이파이존1]에는 유무선 공유기 1개만 있으면 됩니다.

공유기를 1개만 설치를 하든 2개를 설치를 하든 가정 집안에서도 구석진 곳에서 와이파이가 터지지 않는다면 위의 도면 우측과 같이 [와이파이존2]를 구축해야 집안 구석 구석 어디서나 와이파이가 잘 터지게 됩니다.
이 때 필자의 경우 사업장이 크고 출입문 방화문 밖에는 남는 스마트폰을 이용하여

CCTV를 설치해 놓았는데요, 두꺼운 방화문 밖에 설치하였기 때문에 와이파이가 강력하지 않으면 와이파이가 되지 않습니다.

그래서 위의 [와이파이존2]를 방화문에 가장 가까운 곳에 설치를 하여 여기에 있는 무선 공유기의 와이파이 전파를 이용하여 방화문 밖에 설치한 스마트폰으로 만든 CCTV를 작동하게 하고 사업장 내부와 필자가 가지고 다니는 스마트폰으로 항상 언제라도 필자의 사업장 출입문 밖의 상황을 살필 수가 있는 것입니다.

이렇게 와이파이 사각지대를 없애기 위한 대략적인 개요를 설명을 했는데요, 유무선 공유기에는 WAN포트와 LAN포트가 있습니다.

여기 보이는 것은 필자가 추가로 구입한 위의 [와이파이존2]에 사용하는 iptime 신형 무려 1200Mbps의 속도를 내는 A3004NX 모델입니다.

필자는 구형과 신형, 이렇게 2개의 공유기를 사용하므로 각각의 공유기는 서로 다른 주소를 사용하도록 구성하였고요(공유기 2대를 사용하려면 반드시 이렇게 각각의

공유기는 서로 다른 주소를 사용하도록 구성하였고요(공유기 2대를 사용하려면 반드시 이렇게 각각의 공유기 주소를 다르게 지정해야 합니다. - 앞쪽에서 공유기 주소를 확인하는 방법과 함께 이미 설명을 했습니다.)

필자의 경우 한국통신에서 깔아준 광랜의 속도가 최대 5Gbps이며 공유기를 통하여 여러 대의 컴퓨터를 사용하기 때문에 앞쪽에서 본 것과 같이 평균 29Mbps의 속도로 인터넷을 사용하고 있는데요, 여기 보이는 공유기.. 유무선 공유기는 최고 속도가 무려 1200Mbps, 즉, 12G 입니다.

물론 현재의 필자의 네트워크 환경에서는 가장 느린 29Mbps의 속도로 작동을 합니다만, 앞으로 기가비트가 들어온다면 유감없이 성능을 발휘할 수 있다고 할 수 있고요, 현재의 속도만 가져도 필자의 경우 조금도 부족함이 없습니다.

따라서 공유기의 속도는 현재로서는 거의 무의미하기 때문에 이보다 가격이 더욱 저렴한 공유기를 사용해도 무방하고요, 공유기의 뒤에 랜선을 꽂을 수 있는 포트를 보면 다음과 같이 생겼습니다.

위는 공유기 설명서에도 있고 판매자 화면에도 있는 내용인데요, usb3.0 포트가 있어서 여러 가지 기능을 수행할 수 있지만, 필자는 이런 것들은 전혀 사용하지 않고요, 위의 빨간색 4포트와 맨 우측 약

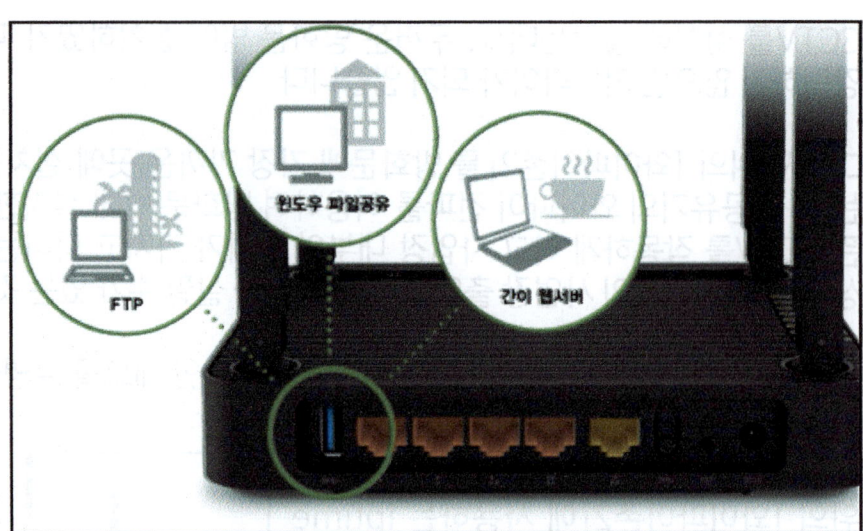

간 연한색의 노란색 포트가 1개 있는데요, 이것이 바로 WAN포트입니다.
(주의 : 스위칭허브는 WAN포트가 없습니다. 모두 LAN포트입니다.)

공유기에 따라서는 영문으로 WAN 이렇게 써 있을 수도 있고요, 이곳에 앞의 [와이파이존1]에 설치한다면 한국통신 등에서 깔아준 광랜을 연결하거나 한국통신 등에서는 광랜과 함께 모뎀을 설치해 주므로 한국통신 등에서는 광랜을 모뎀까지만 연결을 해 주고 모뎀에서 컴퓨터를 연결하는 랜선은 사용자가 설치하는 것이 원칙입니다.

이렇게 [와이파이존1]에 설치한다면 한국통신 등에서 설치해준 광랜이 연결된 모뎀의 WAN포트에는 광랜이 이미 꽂혀 있고요, 한국통신 등에서 설치해준 광랜이 연결된 모뎀의 LAN포트에서 한 선을 유무선 공유기의 WAN포트에 꽂는데요..

컴퓨터 대수가 적다면 한국통신 등에서 설치해준 모뎀이 유무선 공유기 역할을 하므로 한국통신 등의 망 사업자가 설치해 준 모뎀을 유무선 공유기로 사용하면 됩니다만, 한국통신 등의 망 사업자는 대개 4포트짜리 모뎀을 설치해 주는데요, 컴퓨터가 필자의 경우 컴퓨터가 4대가 넘기 때문에 어쩔 수 없이 한국통신에서 설치해 준 모뎀은 4포트 중에서 1개의 포트만 사용하며 여기에서 필자가 따로 설치한 유무선 공유기의 WAN 포트에 꽂고 다른 LAN 포트에 각각의 컴퓨터를 연결하여 사용하는 것이고요..

필자의 사업장은 크고 넓기 때문에 [와이파이존1]에 설치한 유무선 공유기의 LAN 포트 한 개를 멀리 있는 [와이파이존2]에 설치한 스위칭허브의 한 포트에 꽂고

[와이파이존2]에 있는 컴퓨터는 역시 [스위칭허브]의 다른 포트를 사용하면 [와이파이존1]과 [와이파이존2]의 모든 컴퓨터의 네트워크를 구축할 수가 있는데요...

다음 설명이 중요합니다. 필독해야 합니다.
필자의 경우 여기서 또 지하실에 있는 컴퓨터까지 랜선을 연결을 하여 모든 컴퓨터의 네트워크를 구축해야 합니다.

물론 [와이파이존2]]에 설치한 유무선공유기의 LAN포트에서 지하실까지 랜선을 깔면 되지만, 이렇게 할 경우 지하실까지의 거리가 멀기 때문에도 문제가 되지만, 가장 큰 문제는 이렇게 할 경우 [와이파이존2]]에 설치한 유무선 공유기의 LAN 포트에 연결한 컴퓨터도 인터넷은 되지만, [와이파이존1]의 컴퓨터와 네트워크가 안 됩니다.

그야말로 머리가 터질 정도로 복잡한 내용인데요, 필자와 같은 경우는 드물겠지만, 전혀 없지는 않을 터이므로 필자와 같이 [와이파이존1]과 [와이파이존2]와 지하실, 이렇게 실질적으로는 와이파이존이 3개가 존재하는 경우 반드시 필자가 사용한 방법을 사용해야 모든 컴퓨터가 인터넷도 할 수 있고 네트워크도 가능하게 됩니다.
그래서 이런 경우에 사용하는 장치가 바로 신호 증폭 기능이 있는 스위칭허브인 것입니다.

여기는 필자의 사업장 구석 현관 출입문 방화문에 가장 가까운 곳에 있는 다용도실이고요, 일종의 필자의 사업장 내 A/S 센터이기 때문에 자주 사용하지 않는 컴퓨터가 있고요, 여기 사진에 보이는 검정색 공유기가 바로 앞에

서 소개한 신형 공유기 iptime A3004NX 이고요, 그 우측 흰색으로 보이는 것이 바로 스위칭 허브입니다.

허브와 공유기는 비슷한 역할을 하지만, 완전히 다른데요, 가장 큰 차이점은 공유기는 WAN포트가 있지만, 허브는 WAN포트가 없이 모두 LAN포트입니다.

즉 허브는 랜포트 1개를 여러 개의 포트로 나누어주는 역할을 하는 것이며 여러 대의 컴퓨터가 하나의 회선을 사용하기 때문에 속도가 느려지는 것을 보상하고자 신호 증폭 기능이 있는 것입니다.

그래서 필자의 경우 지하실에서도 2층과 같은 속도의 인터넷 및 네트워크 환경을 구축할 수 있는 것입니다.
이 때 지금 상당히 복잡하게 설명한 필자의 사업장 [와이파이존2]의 설치 방법은..
위에 보이는 스위칭 허브는 모두 LAN 포트이므로 아무 포트에나 [와이파이존1]에서 끌고 온 랜선을 꽂습니다.

그리고 허브는 랜 포트를 확장하는 것이기 때문에 다른 포트는 [와이파이존2]에 있는 컴퓨터에 꽂아서 인터넷 및 네트워크를 구축할 수가 있는데요..
이 때 위의 [와이파이존2]에 설치한 스위칭허브의 한 포트에 위에서 설명한 유무선 공유기(필자의 경우 신형 iptime A3004NX)를 연결하면 여기에서 나온 전파가 현관 출입문 밖에 설치한 스마트폰으로 CCTV를 만들어서 사용하는 스마트폰과 와이파이가 되어 현관 출입문 방화문 밖에 있는 스마트폰 CCTV는 필자의 사업장 여기저기에 또 역시 스마트폰으로 설치해 놓은 여러 개의 스마트폰에 CCTV화면이 나타나며, 필자가 외부에 있을 때는 당연히 와이파이가 안 되므로 무선 전파를 사용하여 언제라도 필자의 사업장 출입문 방화문 밖의 CCTV를 확인할 수가 있습니다.

이 때 [와이파이존2]의 유무선공유기의 남는 LAN포트에 컴퓨터를 연결하면 인터넷은 되지만, [와이파이존1]의 컴퓨터와 네트워크가 안 됩니다.

미칠 노릇이지요..

그래서 [와이파이존2]에 있는 컴퓨터는 [와이파이존2]에 있는 무선공유기에 연결하면 안 되고요, [와이파이존2]에 있는 스위칭 허브에 연결을 해야 모든 컴퓨터가 인터넷도 되고 [와이파이존1] 및 지하실에 있는 모든 컴퓨터가 하나의 네트워크로 연결되는 것입니다.

상당히 복잡하지만, 필자와 같이 네트워크를 구축하기 위해서는 여러 번 읽어서라도 반드시 이해를 하고 실제로 이렇게 설치를 해 보아야 확실하게 알 수가 있을 것입니다.

다만, [와이파이존2]에 설치한 신형 공유기 iptime A3004NX는 약간 비싼 모델이기 때문에 이보다 가격이 저렴한.. 아무리 저렴한 공유기라도 100Mbps는 다 나오며 필자의 경우와 같이 거의 대부분의 가정, 사무실, 회사 등에서는 실제 사용하는 네트워크 속도는 고작 3Mbps~30Mbps 정도가 대부분입니다.

따라서 네트워크 속도는 거의 문제가 되지 않으므로 아무리 싼 구형 공유기라도 전혀 상관이 없습니다.
다만, 기가비트를 사용한다면 당연히 모든 장비를 기가비트에 맞춰야 진정한 기가비트가 나옵니다만, 앞 쪽에서 본 것과 같이 기가비트 랜선 100미터에 70만원이 넘는 마당에 아마도 이런 장비를 사용할 사람은 거의 없을 것입니다.
그냥 가장 싼 UTP 케이블에 가장 싼 공유기를 가지고 네트워크를 구축해도 요즘 사용하는 인터넷 평균 속도는 우리나라의 경우 전국 어디에서나 가능합니다.

4-7. HDD 도킹 스테이션

앞에서 SSD와 HDD를 비교하기도 했고요, SSD와 HDD는 현재 가격으로 약 20배 정도의 차이가 있다는 것도 알았고요, 그래서 고용량 HDD를 사용할 수 밖에 없고요, 어차피 외장 하드 혹은 저장용으로 사용하는 것이기 때문에 실질적으로 사용하는데는 SSD와 별반 다르지 않습니다.

필자의 경우 현재 출판사를 운영하며 인터넷 쇼핑몰을 운영하며 수 천 종의 많은 상품을 판매하고 있고요, 또한 필자는 '카메라 교본'책도 펴 냈고요, 이렇게 필자는 카메라를 가지고 여기 저기 다니면서 촬영한 각종 사진을 인쇄를 하여 A1사이즈의 대형 사진 및 족자 형태로 만들어서 판매를 하기도 하고요, 소, 중, 대 사이즈 및 대형 액자 등 여러 가지 액자에 넣어서 판매를 하기도 하며 이러한 사진 관련 상품이 수 천 개나 되기 때문에 이러한 각종 서적 집필 원고나 각종 사진 원본 파일이 사라지면 필자는 거의 망하는 수준이기 때문에 2중 3중으로 백업을 해 놓습니다.

그래서 컴퓨터에 설치한 여러 개의 HDD와는 별개로 HDD 도킹스테이션을 구입하여 외장 하드를 2Tb와 4Tb의 HDD를 연결하여 총 6Tb 용량을 또 다시 백업 드라이브로 사용하고 있는데요..

필자가 구입한 USB3.0 HDD 도킹스테이션 2포트 짜리이고요, 개인이라면 1개의 HDD만 사용할 수 있는 보다 저렴한 제품을 사용해도 됩니다만, 필자는 2포트짜리를 구매했고요..

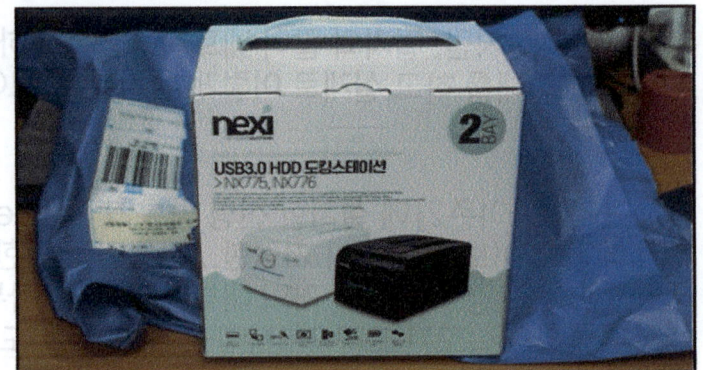

요즘 나오는 HDD를 사용해야 하기 때문에 여기 보이는 것은 구형 PATA 방식의 HDD는 장착할 수 없고요, SATA 방식의 HDD만 사용할 수 있고요, 포트 방향에 맞추어 위에서 도킹스테이션에 집어넣고 위에서 꾹 눌러주면 되며 도킹스테이션 뒤에 토글스위치가 있어서 필요시 도킹스테이션의 스위치를 끄거나 켤 수 있습니다.

USB3.0 도킹스테이션이며, USB3.0케이블이 들어 있기 때문에 컴퓨터의 USB3.0포트에 꽂아서 연결하면 USB3.0 속도로 작동하기 때문에 컴퓨터 내부에 설치한 내장형 HDD와 동일하거나 오히려 체감상 더 빠른 속도를 보입니다.

이와 같이 SATA 방식의 HDD를 끼웠다 뺐다 할 수 있습니다.

여기 보이는 도킹스테이션은 신형이므로 신

형 SATA방식의 HDD만 사용할 수 있고요, 구형 PATA 방식의 HDD를 사용할 수 있는 모델도 있고요, 필자의 경우 무려 약 30년 전에 구입해서 현재까지 사용하는 PATA방식과 SATA방식의 HDD를 모두 사용할 수 있  는 일종의 외장하드 연결 장치도 있습니다.

장치라고 할 것도 없이 전원을 연결하는 어뎁터와 SATA와 PATA 방식의 HDD를 끼울 수 있는 커넥터와 역시 SATA와 PATA 방식의 HDD를 끼울 수 있는 전원 커넥터가 달려 있는 것이 전부이고요, 간단하지만, 선이 치렁 치렁 늘어지게 사용해야 하므로 지저분한 것이 단점이고요, 그래도 지금까지 이상없이 사용하고 있지만, 지금은 여기 보이는 도킹스테이션이 있는데야 그런 구형 장치를 사용할 사람은 아마 없을 것입니다.

앞의 사진의 도킹스테이션 우측에 보이는 것은 컴퓨터의 USB포트가 모자라서 부득이 USB허브를 설치한 것인데요, USB허브는 웬만하면 안 됩니다.

시중에서 대대적으로 광고하는 USB허브도 있지만, 거의 대부분 안 됩니다.

모두 안 된다고 할 수는 없겠지만, 필자가 직접 USB 허브를 판매하기도 하고 좋다는 USB허브를 여러 종류 사용해 보았지만, 대부분 안 됩니다.

단지 전력 소모가 적은 USB기기는 작동하지만, 전력 소모가 큰, 필자는 카메라가 아주 많은데요, 적어도 카메라는 USB허브로는 절대로 연결할 수 없습니다.

단, USB허브라도 따로 독립된 전원을 공급하는 고급형 USB허브는 조금 더 성능이 좋지만 그래보았자 내장형 USB 확장 카드에 비해서는 현저하게 성능이 떨어지므로 이런 USB허브를 사용하려고 하지 말고 내장형 USB 확장 카드를 사용하는 것이 좋습니다.

여기 보이는 것은 필자가 얼마 전에 구입한 usb2.0 확장 카드인데요, 앞에서 여러 번 설명했다시피 usb3.0을 사용하기 위해서는 모든 조건이 usb3.0을 충족해야 usb3.0의 속도가 나오며 그렇지 않

을 경우 구성 요소 중에서 가장 느린 장치의 속도가 나오므로 결국 usb3.0카드를 사용하더라도 컴퓨터에 usb3.0 포트가 없거나 케이블이 usb3.0 케이블이 아닐 경우 usb3.0 카드라 하도라도 결국 usb2.0으로 작동하면 usb2.0도 480Mbps의 속도로 결코 느린 속도가 아닙니다.

필자의 경우 하루 종일 촬영한 사진이 들어있는 카메라를 연결하고 usb2.0으로 모든 사진을 옮겨도 별 문제없이 사용하기 때문에 여기 보이는 usb2.0카드를 구입한 것이고요..

네이버에서 방금 usb3.0 카드로 검색한 결과인데요, usb3.0카드도 별반 가격이 다르지 않습니다만, 우측 화면을 잘 보세요. 컴퓨터 메인보드에 PCI-E 슬롯이 있어야 사용할 수 있습니다.

이 책에서 여러 번 설명했습니다만, 컴퓨터는 오로지 속도와의 전쟁이며 오로지 컴퓨터의 속도를 빠르게 하기 위한 방법이 지속적으로 개발되고 있고요, 초기의 확장 카드 인터페이스는 잘 생각도 나지 않고요, 이후 대개 PCI방식이 사용되었고요, 메인보드에 PCI 슬롯이 여러개 장착된 것이 보통이고요, 그래픽카드는 컴퓨터의 심장으로 불리는 CPU보다 더 복잡한 회로를 사용합니다.

그래서 그래픽카드의 심장으로 GPU라고 부르며 CPU보다 더 복잡하고 더 빠른 속도로 작동을 하기 때문에 당연히 그래픽카드 인터페이스가 개량되었고요, AGP 방식의 그래픽카드가 사용되다가 대략 2003년도부터 기존의 PCI보다 훨씬 개량된 PCI-E 방식을 사용하게 되었고요,

이 책에서 실습에 사용하는 메인보드에도 당연히 PCI-E 슬롯이 있고요, 요즘 사용하는 대부분의 메인보드에는 PCI-E슬롯이 있습니다.

대부분의 메인보드는 다음 도면에 보이는 것과 같이 그래픽 카드 전용의 PCI-E1 슬롯 외에, 다른 종류의 확장 카드를 끼울 수 있는 PCI-E2, PCI-E3 등의 슬롯이 있습니다.

우측 화면은 이 책의 앞 부분에서 메인보드 제조사에서 다운받은, 현재 이 책에서 실습으로 사용한 메인보드의 매뉴얼에 있는 메인보드 도면인데요, 여기 보이는 것과 같이 그래픽카드 전용 PCI-E 슬롯이 있으며 이것을 PCI-E1, 그리고 그 밑으로 작은 크기의 PCI-E2, PCI-E3, 이렇게 2개의 작은 크기의 PCI-E 슬롯이 있고요, 여기에 앞에서 네이버에서 USB 3.0 카드를 검색하여 검색한 결과에 나타난 usb 3.0카드를 장착할 수 있는 슬롯이 있다는 것을 알 수 있고요, 앞의 네이버 검색 결과에서 보았던 PCI-E 방식의 USB 3.0 카드를 구입해도 사용할 수 있다는 것을 알 수 있습니다.

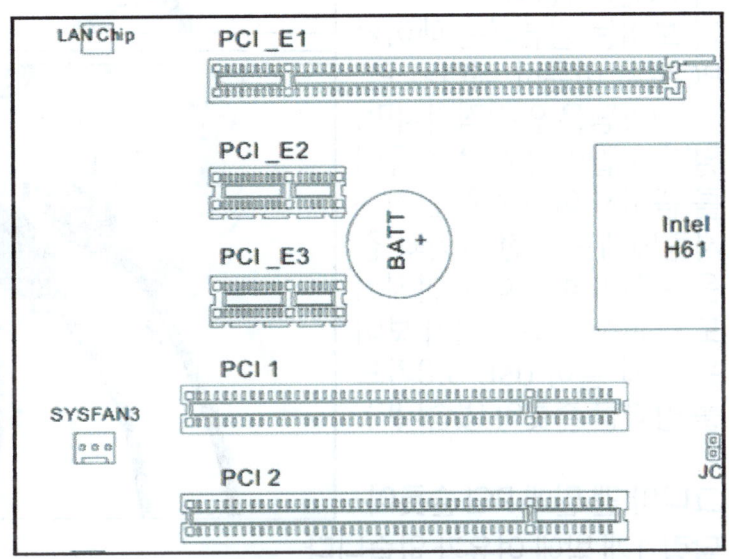

그러나 필자가 구입한 것은

구형 PCI 방식의 usb 2.0카드입니다.

여기 보이는 것은 필자가 구입한 usb 2.0 확장 카드인데요, 필자는 사업자이기 때문에 대부분 윈도우즈 운영체제 라이센스가 있는 메이커 PC를 사용하는데요, 여기 보이는 컴퓨터는 메이커 PC로서 이른바 메이커 PC는 시스템은 안정적이지만, 필자와 같이 수시로 컴퓨터를 뜯어서 이것 저것 만지는 사람에게는 완전 쥐약과 같은 존재이며, 좁아서 만지기도 불편하고 특히 여기 보이는 것과 같이 usb 3.0카드를 장착할 슬롯이 없습니다.

그나마 맨 밑에 PCI 슬롯이 달랑 1개 밖에 여유가 없습니다.
그래서 어쩔 수 없이 위의 사진 맨 밑에 설치할 수 밖에 없고요..

이것은 판매자의 화면에서 캡쳐한 것이고요, 조립 컴퓨터라면 이렇게 설치해서 편리하게 사용할 수 있지만, 필자가 usb 2.0 확장 카드를 설치한 컴퓨터는 이른바 메이커 PC로서 그나마 남는 슬롯이 PCI이며 그것도 맨 밑에 달랑 1개의 슬롯만 있어서 맨 밑에 usb 2.0 확장 카드를 설치하여 usb 포트를 뺐다 끼웠다 하는 것이 몹시 불편합니다.

그래서 아예 필자는 4개의 포트 모두 usb 연장케이블을 꽂은 채로 컴퓨터는 한쪽에 두고 여기에서 usb 2.0 연장케이블을 주르륵 연결하여 꺼내놓고 필요시 여기에 주변 장치들을 연결하여 사용합니다.

4-8. 영상 캡쳐 카드, 영상 캡쳐 기기

필자는 거의 하루 종일 컴퓨터를 하기 때문에 평소에 팔 다리 머리 어깨 무릎 팔 안 아픈 곳이 없습니다.
한 때는 한의원에 가서 다년간 수많은 침을 맞기도 했지만, 소용 없습니다.

침을 맞을 때는 어차피 어깨가 아파서 컴퓨터를 하지 않기 때문에, 결과적으로 침을 맞아서 아픈 것이 낫는 것이 아니라 어깨가 너무 아파서 컴퓨터를 하지 못하기 때문에 저절로 아픈 팔이 낫는 것인데요..
이러다가는 일찍 죽겠다는 생각에 지금은, 지금도 컴퓨터를 오래 하기는 하지만, 이제는 옛날처럼 하루 25시간 쉬지 않고 컴퓨터를 하는 것이 아니라 한 두 시간 정도 컴퓨터를 하면 최소한 10분 이상 쉬었다가 다시 컴퓨터를 하곤 합니다.

그리고 평소에 필자는 평생을 국군도수체조를 하는데요, 요즘은 틈틈이 팔굽혀펴기를 하여 팔 힘을 키우므로써 컴퓨터를 오래 해도 아프지 않도록 지구력을 기르기도 합니다.

여러분도 컴퓨터를 오래 하게 되면 필연적으로 컴퓨터 증후군으로 시달리게 됩니다.
따라서 여러분도 반드시 필자와 같은 혹은 필자와 다른, 무언가 컴퓨터 증후군에 시달리지 않을 방법을 찾아야 합니다.

필자는 그 중의 한 가지 방법으로 힘이 들면 노래방을 틀어놓고 노래를 부르는데요, 이렇게 노래방 기기는 TV에 연결하여 커다란 TV 화면에 노래방이 나오게 하고, 노래방 기기 옆에는 증폭 스피커를 연결하여 노래를 부르고, 이것을 컴퓨터에 연결하여 컴퓨터에서는 녹화를 하고, 이렇게 녹화된 영상을 프리미어에서 편집을 하여 각종 SNS에 올리곤 했는데요, 요즘은 이것도 저작권 침해라는 유권 해석이 나와서 노래방 영상을 올리지 않기는 합니다만, 이렇게 필자와 같은 일종의 취미 생활 혹은 컴퓨터를 오래 해서 생기는 컴퓨터 증후군을 예방하는 차원에서 노래방 혹은 기타 기기를 필자와 같이 연결할 사람은 여기 설명을 잘 읽어보아야 합니다.

이번 파트의 소제목은 '영상 캡쳐 카드, 영상 캡쳐 기기' 인데요, 영상 캡쳐 카드는 지금까지의 여러 설명과 같이 컴퓨터의 메인보드에 있는 슬롯에 카드 형태로 꽂는 부품이기 때문에 카드라고 부르는 것이고요, 그래서 컴퓨터의 메인보드에 있는 슬롯에 꽂는 내장형 영상 캡쳐 기기는 영상 캡쳐 카드라고 부르는 것이고요..

또 한 가지는 usb 영상 캡쳐 기기가 있습니다.
컴퓨터를 뜯고 컴퓨터 안에 있는 남는 슬롯에 꽂아서 사용하는 영상 캡쳐 카드와 달리 컴퓨터를 뜯을 필요도 없고요, 필자가 여러 번 설명한 것과 같이 이른바 메이커 PC는 남는 슬롯이 거의 없기 때문에 어차피 선택의 여지없이 usb 영상 캡쳐 기기를 사용할 수 밖에 없습니다.
필자는 영상 캡쳐 카드와 영상 캡쳐 기기를 모두 가지고 있으며 영상 캡쳐 기기는 usb 2.0과 usb 3.0 기기, 이렇게 2개나 가지고 있습니다.

안정적인 동작을 필요로 하는 인터넷 방송 등을 하기 위해서는 보다 안정적인 내장형 영상 캡쳐 카드를 사용하는 것이 좋지만, 방금 설명한 것과 같이 메인보드에 남는 슬롯이 없을 때는 어쩔 수 없이 usb 영상 캡쳐 기기를 사용할 수 밖에 없고요..

usb 영상 캡쳐 기기도 고가의 제품은 인터넷 방송을 충분히 할 수 있습니다만, 필자는 인터넷 방송용으로 구입한 것이 아니라 필자의 취미 생활로 구입한 것이므로 비교적 저렴한 가격의 제품으로 구매를 했고요, 필자가 가지고 있는 내장형 영상 캡쳐 카드와 usb 3.0영상 캡쳐 기기는 최대 1920 x 1080(1080p) 해상도로 녹화가 가능하지만, usb 2.0 영상 캡쳐 기기는 최대 해상도가 720 x 480(480p)의 해상도 밖에는 나오지 않습니다.
이 정도 해상도라도 웹상에 올리는 것은 그리 큰 문제는 없는데요, 그러나 요즘은 유튜브나 페이스북 등에서도 기본적으로 1080p의 해상도를 지원하기 때문에 여러분은 취미로 영상 캡쳐 기기를 구입한다 하여도 최소한 usb 3.0을 지원하며 1080p의 해상도를 지원하는 영상 캡쳐 기기를 구입하는 것이 좋습니다.

인터넷 방송을 꿈꾼다면 꿈의 해상도로 불리는 UHD 4K(3048 x 2160) 를 지원하는 제품도 있고요, 이러한 기기들은 하루가 멀다 하고 새로운 신제품들이 쏟아져 나오기 때문에 머지않아 더욱 엄청난 해상도의 제품들이 나올 것이 뻔합니다.
4K영상 캡쳐 기기는 아직은 수십 만원씩 하기 때문에 개인이 취미로 구입하기는 부담스런 장비이기 때문에 여기서는 다루지 않고요 필자가 사용하는 1080p 내장형 영상 캡쳐 카드와 외장형 usb 2.0 영상 캡쳐 기기와 usb 3.0 영상 캡쳐 기기만 알아보도록 하겠습니다.

이러한 장치들을 알기 위해서는 먼저 영상에 관한 지식을 쌓아야 하며, 영상 장비에 대한 지식 역시 필요합니다.

컴퓨터와는 약간 다른 분야이기 때문에 영상 장비 및 인터페이스에 대한 이해가 선행되어야 하고요, 여기 화면을 보세요.

필자가 구입해서 설치한 내장형 영상 캡쳐 카드이고요, 예전에는 이 카드로 인터넷 방송을 하는 사람들도 많이 있었습니다만, 이런 장비는 신제품에 매우 민감한 제품들이기 때문에 지금은 이런 장비로 인터넷 방송 등을 하는 경우는 거의 없고요, 요즘은 훨씬 최신의 훨씬 비싼, 훨씬 고성능 영상 캡쳐 카드를 사용합니다.

그러나 개인이 사용하는데는 조금도 부족함이 없기 때문에 구입한 것이고요, 어차피 지금은 필자 역시 사용하지 않지만, 지금도 여전히 필자의 컴퓨터에 장착되어 있고요, 사용하지 않는 이유는 잠시 뒤에 알아보기로 하고요(중요 : 아주 중요한 내용이므로 필독해야 합니다.)

PCI-E방식이므로 컴퓨터의 PCI-E슬롯에 꽂아야 하고요, 카드 뒷면은 위와 같이 생겼고요, 좌측으로부터 HDMI, S/PDIF(옵티컬) 포트, 컴포넌트, 콤포지트.. 인데요, 이런 용어들이 무엇인지부터 알아야 합니다.

HDMI(High Definition Multimedia Interface) : 고화질의 영상(DVI)과 음성(S/PDIF)을 하나의 단자로 전송할 수 있는 규격이며 요즘 나오는 기기는 HDMI가 지원된다면 당연히 HDMI를 사용해야 합니다.

또한 이 제품은 HDMI 저작권 보호를 위한 디지털 전송 규약(HDCP)이 적용되는데요, 도대체 HDCP가 무엇일까요?

HDCP는 High-bandwidth Digital Content Protoction의 약자로서 디지털 컨텐츠 보호를 위한, 쉽게 말해서 복제 방지 장치입니다.

구글링을 해 보면 자세한 내용이 나옵니다만, 한 마디로 쉽게 말해서 영상 복제 방지 장치이며 요즘은 거의 모든 제품이 디지털화 되어 있고요, TV 또한 당연히 디지털 기기이고요, TV에 나오는 방송 영상들은 저작권이 없는 것이 거의 없습니다.

물론 녹화 가능한 프로그램도 있습니다만, 암튼 제약이 따릅니다.

다시 말해서 저작권이 있는 컨텐츠는 녹화가 불가합니다.

다시 말해서 여기 보이는 영상 캡쳐 카드를 이용하여 TV 화면을 녹화하는 것은 어렵습니다.

허허 참..

기가 막힐 노릇입니다.

그래서 필자는 기껏 설치해 놓고 사용하지 않는 것입니다.

따라서 여러분은 여기 보이는 장치를 구입하면 안 되고요, HDCP를 우회하거나 무력화시키는 제품을 구입하는 것이 좋은데요, 엄밀하게 말하면 불법이지만, 시중에는 이렇게 복제 방지 장치를 우회하거나 무력화시키는 제품도 있습니다.

위는 방금 구글링을 한 결과를 인용한 것이고요, 필자가 여기서 그런 제품을 일일이 거론할 수는 없고요, 당연히 가격이 비싸고요, 꼭 TV 화면을 녹화를 해야 할 필요가 있는 사람이라면 복제 방지를 우회하거나 무력화시키는 제품을 구입하면 되고요, 어떠한 카드라도 설치는 해야 하므로 여기서는 해당 장치의 설치하는 과정만 참고하시기 바랍니다.

방금 인터넷에서 검색한 화면인데요, 특정 업체의 특정 모델이고요, 위에 보이는 제품의 가격은 255,000원입니다.

그리고 아래 모델은 337,000원이네요..

그러나 이런 제품들은 단지 가격만 비싸다고 되는 것이 아닙니다.

가격이 비싼 모델들은 4K 영상 등의 엄청나게 큰 영상을 다루기 때문이고요, 실제로 HDCP 우회 기능이 있는지는 꼼꼼하게 따져 보아야 합니다.

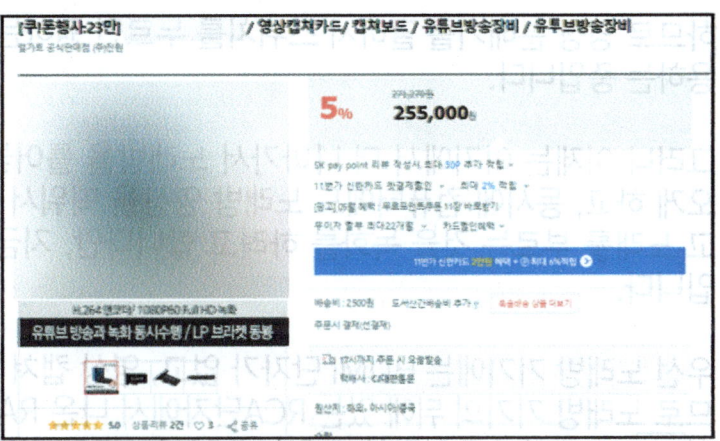

필자의 경우, 필자가 무어.. 인터넷 방송을 할 것도 아니고요, 필자는 게임을 하려는 것도 아니므로 저렴한 제품을 구입한 것이고요,

더욱이 필자가 구입한 영상 캡쳐 카드에는 HDMI 단자

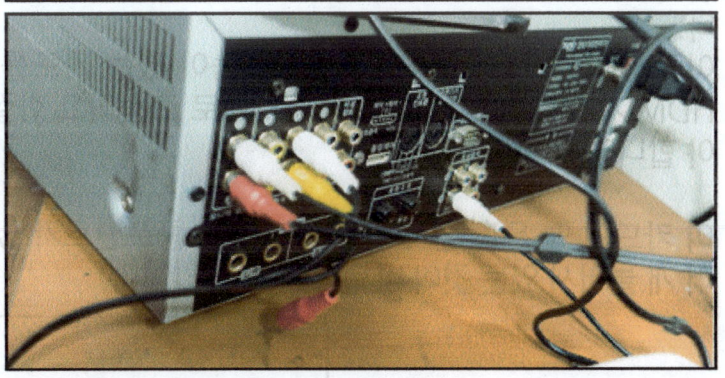

가 있지만, 정작 필자가 연결하려고 하는 필자의 노래방 기기에서는 HDMI를 지원하지 않습니다.

위는 필자가 가지고 있는 노래방 기기의 뒷면 단자 부분인데요, HDMI는 지원되지 않으며 RCA단자만 있습니다.

위는 현재 노래방 기기를 TV에 연결한 것이고요, TV에서 TV와 노래방을 시청해야 하므로 영상 분배기를 달아서 스위치를 누르면 원하는 화면이 나오도록 해 놓고 사용하는 중입니다.

그러나 이제는 여기에서 더 나아가서 노래방을 틀어놓고, 노래방 영상은 TV에 나오게 하고, 동시에 컴퓨터에도 노래방 영상을 띄워서 컴퓨터에서 노래방을 틀어놓고 노래를 부르는 것을 녹화를 하려고 합니다만, 지금 설명하는 문제가 발생한 것입니다.

우선 노래방 기기에는 HDMI 단자가 없고, 영상 캡쳐 카드에는 HDMI 단자가 있으므로 노래방 기기의 뒤에 있는 RCA단자에서 나온 RAC케이블을 영상 캡쳐 카드에 있는 HDMI 단자에 연결할 수 있는 RCA & HDMI 변환 장치가 있어야 합니다.

그러나 HDMI는 HDCP(녹화 방지 기술)가 적용되어 저작권이 있는 영상은 캡쳐가 불가하므로
일부러 HDMI를 사용하지 않고 HDCP(녹화 방지)가 적용되지 않는 다른 방법으로 연결을 하려는 것입니다.

그 중의 하나가 아래와 같은 콤포지트, 콤포넌트 단자를 이용하는 것입니다.
옛날 아날로그 방식이지만, 그래서 HDCP(녹화방지)를 우회하는 방법이기도 합니다.
이렇게 하면 따로 고가의 HDCP기능이 있는 카드를 구입하지 않아도 됩니다만, HDMI가 아니기 때문에 화면도 480i로 고정되고 화질도 떨어지는 것은 감수를 해야 합니다.

이 카드의 맨 우측 단자에는 콤포지트, 콤포넌트가 있는데요 아래 사진 좌측에 여러 개 늘어서 있는 것이 바로 RCA 단자입니다.

다음은 위키백과에서 인용한 내용인데요, 역시 참조하기 바랍니다.

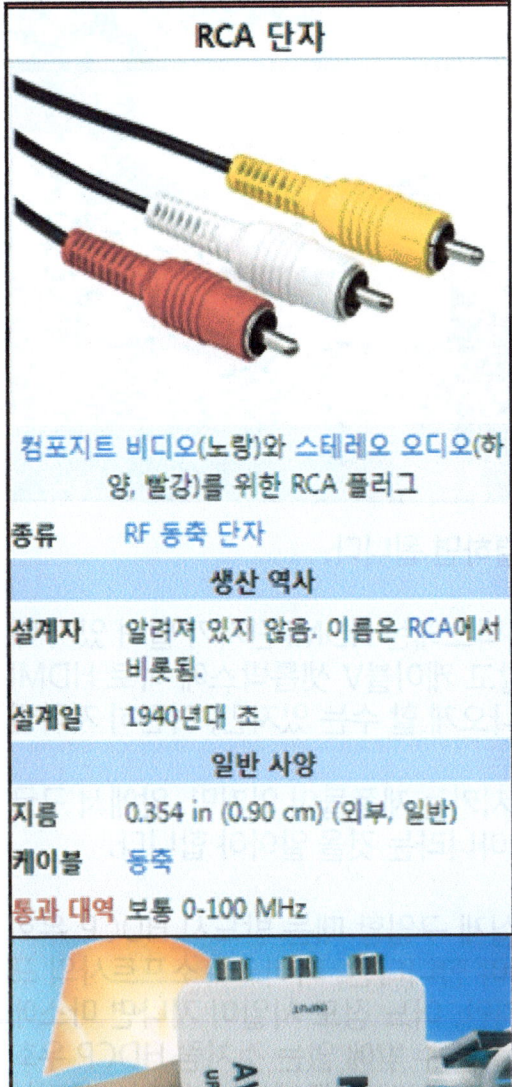

지금 나오는 제품들은 대부분 HDMI입니다만, 문제는 지금까지 생산된 대부분의 구형 기기들은 지금도 여전히 좌측의 RCA를 이용한다는 점입니다.

예를 들어 필자는 지금 설명하는 각종 영상 캡쳐 기기들을 TV 방송 녹화용으로 구입한 것이 아니라 노래방 기기를 연결하여 컴퓨터에 노래방을 녹화를 하려는 것이 주목적인데요, 요즘 나오는 신형 노래방 기기들은 HDMI를 지원하는지 모르겠지만, 필자가 아는 대부분의 노래방 기기들은 HDMI를 지원하지 않으며 노래방 기기뿐만이 아니고 지금 시점에서 과거의 영상 및 오디오 등의 제품들은 모두 좌측의 RCA 를 사용합니다.

따라서 필자와 같이 RCA만 있는 노래방 기기에서 영상 캡쳐 기기의 HDMI에 연결하기 위해서는 또 다시 RCA & HDMI 변환 컨버터를 사용해야 하며, 이러한 HDMI 변환 컨버터를 포함한 모든 HDMI장치는 정품이라면 모조리 복제 방지 기술이 적용되어 TV 화면 등의, 저작권이 있는 컨텐츠는 녹화가 불가능합니다.

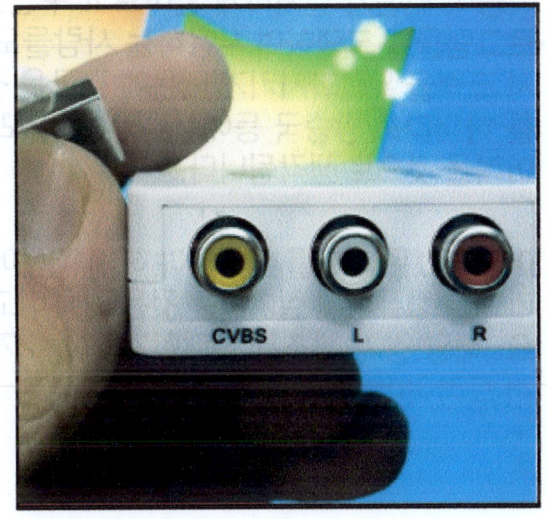

이것이 필자가 또 다시 구입한 RCA & HDMI 변환 컨버터인데요, 따로 USB 전원까지 공급되고요, RCA단자를 앞에서 보면 우측과 같이 생겼습니다.

앞의 위키백과에 나온 것과 같이 노랑이 비디오 단자이며 흰색과 빨강이 오디오 단자입니다만, HDMI는 하나의 케이블로 영상과 사운드를 모두 송출하기 때문에 당연히 HDMI로 연결해야 하지만, 현재 노래방 기기에는 HDMI단자가 없고 RCA 단자만 있기 때문에 이런 장치를 사용해서 연결을 할 수 밖에 없는 것입니다.

한쪽에 있는 RCA단자에 노래방에서 나오는 RCA 단자를 연결하면 위와 같이 다른 쪽은 HDMI로 되어 있으므로 영상 캡

쳐 카드의 HDMI 단자에 HDMI 케이블로 연결하면 됩니다.

만일 케이블TV를 시청한다면 케이블TV 셋톱박스에는 HDMI 단자가 달려 있기 때문에 위의 RCA/HDMI 컨버터를 사용하지 않고 케이블V 셋톱박스에 바로 HDMI 케이블을 연결해서 컴퓨터 모니터에 화면이 나오게 할 수는 있지만, 여전히 저작권이 없는 영상 이외에는 녹화는 불가능합니다.
그래서 영상 복제 방지를 우회하거나 무력화 시키는 제품들이 있지만, 앞에서 구글링을 해서 찾은 정보들도 대부분 정확한 것은 아니라는 것을 알아야 합니다.

따라서 웹 상에서 얻은 정보는 참고만 하고 실제 구입할 때는 반드시 HDCP 우회 기능이 있는지 철저하게 알아보고 구입을 해야 합니다만, 마이크로소프트사의 프로그램들을 크랙하여 사용하는 사람들도 있지만, 어느 정도 시일이 지나면 마소에서 크랙을 무력화시키기 때문에 결국은 정품을 살 수 밖에 없는 것처럼 HDCP 우회를 하더라도 방송국 등에서 끊임없이 모니터링을 하기 때문에 영구히 사용하기는 어려울 것으로 생각됩니다.

어찌되었든 카드를 설치해야 하기 때문에 카드를 컴퓨터에 설치하는 것은 물론이고요, 해당 장치 제조사 홈페이지에 들어가서 드라이버를 다운로드 해야 합니다.

이 파일은 해당 장치 제조사 홈페이지에서 다운로드한 파일인데요, 마우스가 가리키는 파일이 드라이버 파일입니다.
다른 파일들은 영상 캡쳐 관련 파일들인데요, 이런 프로그램들은 여기 파일들 보다는 인터넷으로 구할 수 있는 프로그램들이 많이 있습니다.
대표적으로는 곰캠이나 반디캠 등이 있으므로 참고하시기 바랍니다.

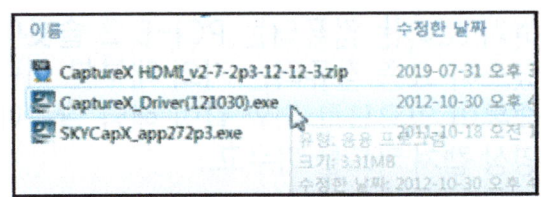

우측은 위의 실행 파일을 실행하여 인스톨 한 후에 해당 프로그램을 실행시키고 TV화면이 모니터에 나오는 모습입니다.

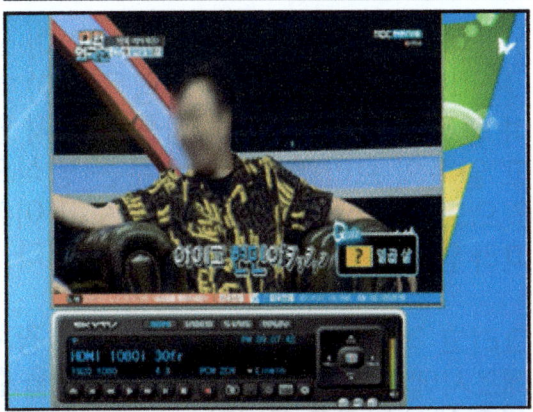

여기 보이는 영상 캡쳐 카드는 아까 앞에서 보았던 메인보드 도면에 있는 PCI-E 2, 3 슬롯에 끼워야 하고요, 아래와 같이 컴퓨터 뚜껑을 열고 해당 슬롯에 장착하면 됩니다.

우측의 ①은 그래픽카드이고요, 그래픽 카드는 PCI-E 1 슬롯에 끼워져 있고요, ②번이 슬롯의 크기가 작은 PCI-E 2번 슬롯이고요 여기에 맞는 카드, 여기서는 필자가 구입한 영상 캡쳐 카드를 끼우는 것입니다.

영상 캡쳐 카드는 그냥 PCI 슬롯에 장착하는 타입도 있으므로 영상 캡쳐 카드를 구입할 때는 자신의 컴퓨터에 들어 있는 메인보드에 PCI-E 2, 3 슬롯이 있는

지 확인하고, 만일 이른바 메이커PC라면 PCI 슬롯도 없는 수가 있으므로 이 경우에는 내장형 영상 캡쳐 카드는 설치 불가이므로 이 때는 외장형 usb 영상 캡쳐 기기를 구입해야 합니다.

여기 보이는 컴퓨터는 PCI-E 2 슬롯이 있으며 요즘 컴퓨터는 거의 대부분 이런 슬롯이 있으므로 위와 같이 해당 슬롯에 영상 캡쳐 카드를 끼우고..

어떠한 종류의 카드이든지 이와 같이 드라이버로 나사를 조여서 고정을 해야 하며 컴퓨터에 따라서는 나사를 조이지 않고 일종의 브라켓으로 눌러주는 방식도 있으므로 자신의 컴퓨터를 잘 보고 이에 따라 임기응변을 해서 장착하면 됩니다.

그리고 장치를 설치한 후에는 해당 장치 제조사에서 제공하는 드라이버 파일을 실행을 해야 작동을 합니다.

필자는 노래방 기기를 연결하기 위하여 영상 캡쳐 카드를 구입한 것인데요, 정작 노래방 화면은 나오지 않아서, 노래방 영상을 녹화를 하기 위하여 다시 우측의 usb2.0 영상 캡쳐 기기를 구입하게 됩니다.
(필자는 이후에 더욱 큰 사이즈로 녹화를 하기 위하여 usb3.0 영상 캡쳐 기기를 구입을 했고요, 지금 현재까지 usb3.0 영상 캡쳐 기기를 사용하고 있습니다.)

여기 보이는 것은 이와 같이 컴퓨터의 usb 포트에 끼워서 사용하는 usb2.0 영상 캡쳐 기기인데요, 노래방에서 나오는 RCA 케이블을 직접 연결할 수 있게 되어 있습니다.

필자가 가지고 있는 노래방 기기에는 HDMI 단자가 없고요, 다음 사진에 보이는 것과 같이 RCA 단자만 있기 때문에 RCA 케이블을 사용해야 합니다.

그러나 HDMI로 연결을 하지 않고 다음 화면에 보이는 것과 같이 연결을 하면 되기는 하지만, 녹화 사이즈가 720*480 사이즈보다 크게는 녹화할 수 없습니다.

이렇게 연결하고 해당 영상 캡쳐 기기의 번들 프로그램을 실행하면 노래방 화면을 컴퓨터에서 녹화는 할 수 있지만, usb 2.0 영상 캡쳐 카드는 usb 2.0의 한계 때문에 최대 480p(720x480) 크기로밖에 녹화를 할 수 없습니다.

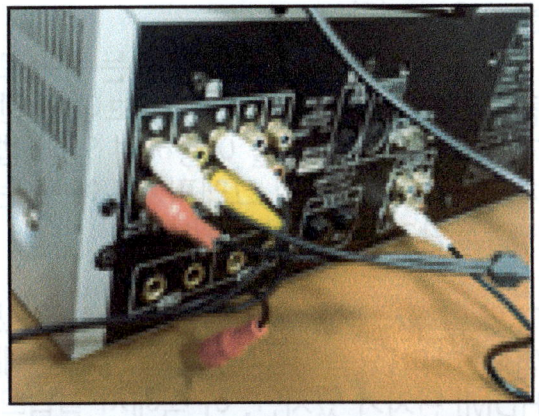

이것도 결코 작은 영상은 아니며, 웹상에 올리는 동영상은 그런대로 사용할 만하지만, 유튜브나 페이스북 등에서는 1080p(1920 x 1080)를 지원하기 때문에 필자는 또 다시 usb 3.0영상 캡쳐 카드를 또 구입하였습니다.

여기 보이는 것이 필자가 구입한 usb 3.0 영상 캡쳐 카드인데요, 컴퓨터의 뚜껑을 열고 내장형으로 설치할 필요도 없으며 1920 x 1080 사이즈로 녹화가 가능합니다.

usb 3.0 기기이므로 usb 3.0케이블이 들어 있고요, 컴퓨터의 usb 3.0포트에 꽂아야 하지만, 필자의 경험상 컴퓨터의 usb 2.0포트에 꽂아도 충분합니다.

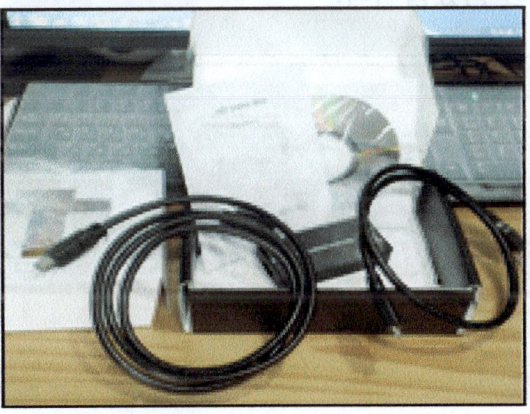

단자부입니다.
HDMI는 다음 위키백과에서 인용한 화면과 같이 A, C, D 타입이 있고요, 컴퓨터에

서는 대부분 A타입을 사용하며 스마트폰 등 소형 디지털 기기에서 C타입이나 D 타입을 사용하고요, 위에 보이는 영상 캡쳐 기기에는 스마트폰 등의 영상도 입력 받을 수 있습니다.

usb 3.0 영상 캡쳐 기기 자체는 usb로 컴퓨터와 연결을 하며, 여기 보이는 단자를 HDMI 케이블을 이용하여 영상 캡쳐 기기와 컴퓨터의 그래픽카드에 있는 HDMI 단자에 연결하면 됩니다.

다시 말해서 컴퓨터에 HDMI 단자가 있어야 하며 요즘은 대부분의 컴퓨터에 HDMI 단자가 있지만, 이 책에서 실습으로 사용한 메인보드에 내장된 그래픽카드에는 HDMI 단자가 없습니다.

따라서 이 책에서 실습으로 사용하는 메인보드에 여기 보이는 usb3.0 영상 캡쳐 기기를 사용하기 위해서는 메인보드에 추가로 HDMI 단자가 있는 그래픽 카드를 추가로 설치해야 합니다.

HDMI 단자가 있는 백패널은 다음과 같이 생겼습니다.

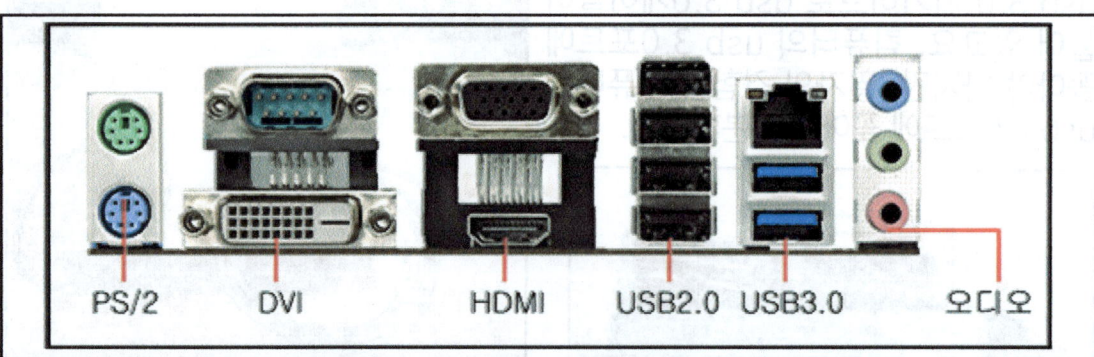

위에서 맨 좌측은 구식의 마우스와 키보드를 장착하는 PS/2 단자이고요, 그 다음 DVI(Digital Video Interface) 그리고 가운데 HDMI 단자가 보이고 그 위는 가장 구식인 RGB단자입니다.

그러나 이 책에서 실습으로 사용하는 메인보드에는 위의 HDMI 단자가 없으므로 HDMI 단자가 있는 그래픽 카드를 추가로 설치를 해야 하며 아래와 같습니다.

우측 맨 좌측은 가장 구식인 RGB 단자이고요, 가운데가 HDMI A 타입 단자이고요, 우측은 DVI 단자입니다.
여기서 또 한 가지 문제가 있습니다.
단지 노래방 영상이나 TV 화면을 컴퓨터로 나오게 하는 것은 위에 보이는 그래픽카드만 있으면 됩니다.
그러나 컴퓨터의 화면을 TV로 나오게 하기 위해서는 위의 HDMI 단자가 2개가 달려 있어야 합니다.
필자의 경우 TV나 노래방 화면을 컴퓨터로 나오게 해서 녹화를 하는 외에 컴퓨터에서 동영상.. 영화 등을 틀어놓고 풀 화면으로 재생을 한 다음, 화면이 큰 TV로 시청을 하기 때문입니다.
이 때 사용할 수 있는 것이 바로 HDMI 분배기입니다.

이와 같은 설명을 토대로 usb 3.0 기기를 설치하고 해당 기기에 따라온 번들 프로그램을 인스톨해야 하는데요, 해당 프로그램을 인스톨하는 것은 화면의 안내에 따라 진행하면 되므로 여기서는 그런 방법까지 기술하지는 않겠습니다.
이렇게 설치를 하면 컴퓨터에서는 기존에 사용하던 모니터와, TV를 또 모니터로 사용하는 결과가 되므로 [모니터1]과 [모니터2]라는 특수한 디스플레이가 생기는 셈입니다.
(아주 중요한 내용이므로 절대적으로 필독해야 합니다.)

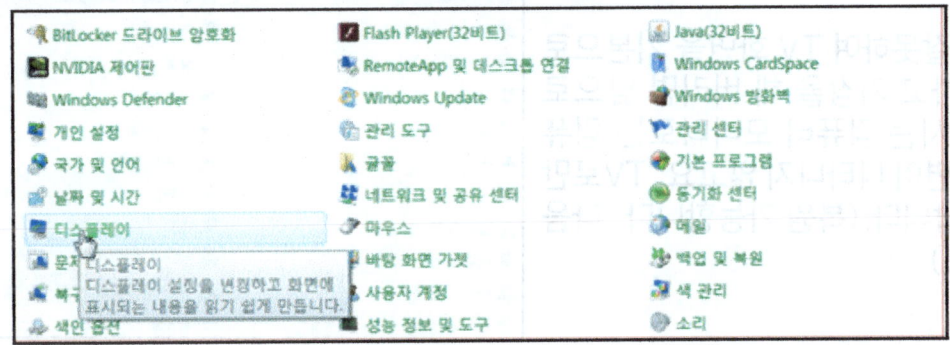

앞의 화면과 같이 제어판 [디스플레이]를 클릭합니다.

우측 화면에서 [디스플레이 설정 변경]을 클릭하면 다음 화면이 나타납니다.

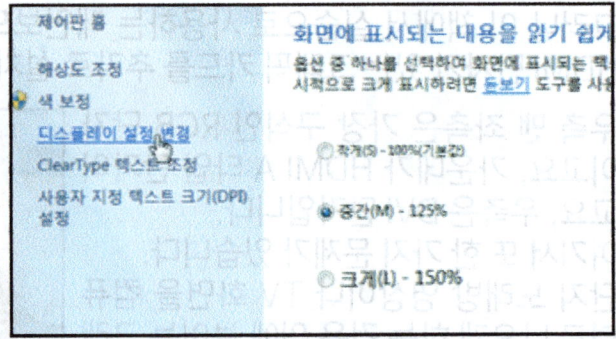

usb 3.0 영상 캡쳐 기기를 연결하고 [제어판] - [디스플레이 설정 변경] 화면에서 아직 TV와 연결되지 않았다면 모니터가 하나만 보일 것입니다.
여기 보이는 화면은 TV를 연결했기 때문에 모니터가 2개가 나타나는 것이고요..

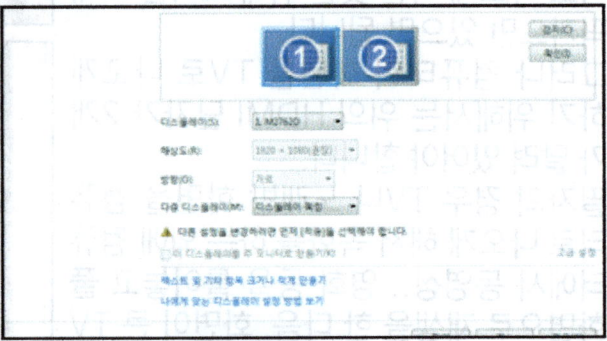

여기서 중요한 것은... 그냥 중요한 것이 아니라 매우 중요한 것은.. 잘못하면 다시는 컴퓨터 화면을 컴퓨터 모니터에서는 볼 수 없으므로 매우 중요한 것은..

여기 나타나는 2개의 모니터 중에서 현재 컴퓨터 모니터로 사용하는 모니터가 기본으로 되어 있어야 합니다.

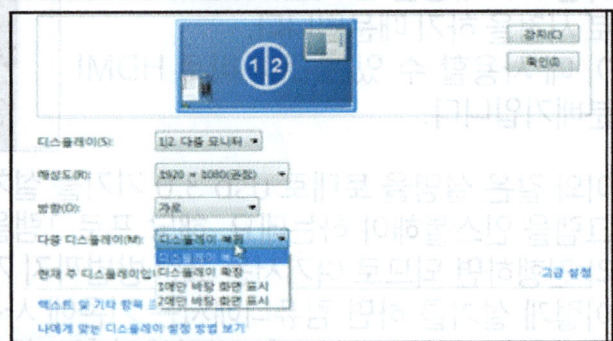

자칫 잘못하여 TV 화면을 기본으로 선택하고 저장을 해 버리면 앞으로는 다시는 컴퓨터 모니터로는 컴퓨터 화면이 나타나지 않고요, TV로만 나타납니다.(복원 가능합니다. 다음 설명..)

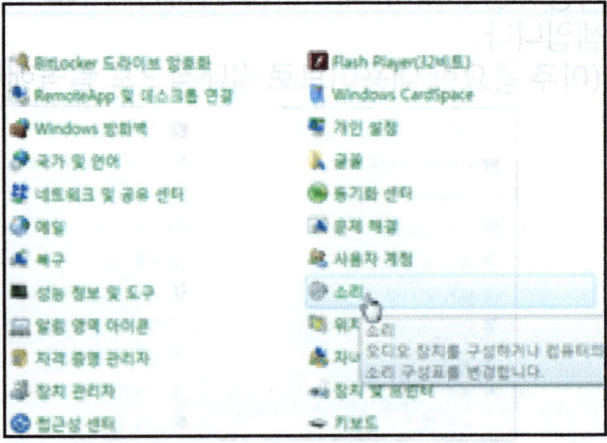

여기서 또 한 가지 중요한 것이 있습니다.
현재 usb3.0 영상 캡쳐 기기를 컴퓨터에 연결한 상태이고요, HDMI는 영상과 소리를 함께 전송하므로 반드시 컴퓨터의 사운드는 기존의 PC 스피커를 이용할 것인지, TV와 연결을 했으므로 TV 스피커를 이용할 것인지 선택을 할 수 있습니다.
다음과 같이 제어판에 들어가서 설정을 해야 합니다.

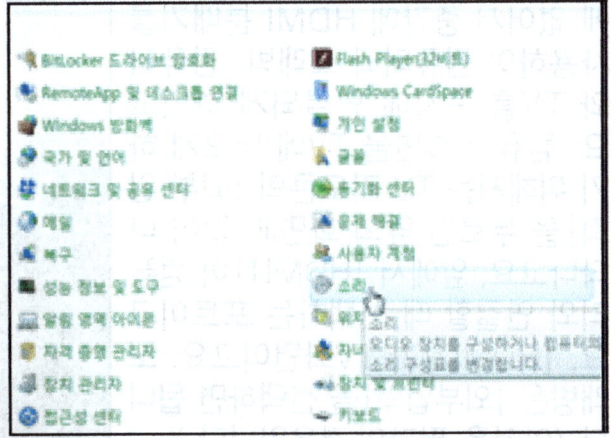

위의 [제어판] - [소리] 를 클릭합니다.

우측 화면 맨 위에 선택된 것이 컴퓨터에 내장된 사운드로서 컴퓨터에 연결된 PC 스피커로 소리를 듣도록 설정된 모습입니다.
만일 컴퓨터에서 영화 등을 틀어놓고 화면 크기가 큰 TV로 시청을 하면서 TV 스피커에서 나는 소리를 듣고 싶다면, 위에서 맨 마지막에 있는 M2762D를 선택해야 합니다.
이것은 필자의 설정이고요, 필자는 엘지 TV를 사용하고요, 필자가 가지고 있는 TV 모델명이므로 여러분은 틀릴 수 있습니다.

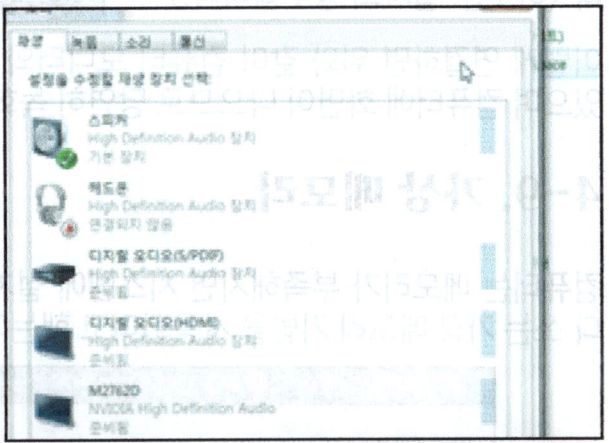

이제 최종적으로 usb 3.0 영상 캡쳐 카드를 설치 완료하였고요, 컴퓨터와 노래방과 TV모니터는 HDMI 케이블로 연결했고요, 컴퓨터의 그래픽카드에는 HDMI 포트가 한 개 밖

에 없어서 중간에 HDMI 분배기를 사용하여 컴퓨터와 노래방, 컴퓨터와 TV를 동시에 연결되게 하였고요, 컴퓨터 화면을 TV에 나오게 하기 위해서는 TV 리모콘의 [외부 입력]을 누르면 앞의 화면과 같이 나타나고요, 앞에서 [HDMI1]이 컴퓨터와 연결할 때 선택하는 포트이고요, [HDMI2]가 TV화면이고요, 노래방은 [외부입력]을 선택하면 됩니다.(이것은 필자의 경우입니다.)

이렇게 연결하면 위와 같이 컴퓨터 모니터와 TV에 원하는 화면이 나오도록 할 수 있으며 컴퓨터에 화면이 나오므로 당연히 녹화를 할 수가 있는 것입니다.

4-9. 가상 메모리

컴퓨터는 메모리가 부족해지면 시스템에 설치된 HDD의 일부를 메모리처럼 끌어다 쓰는 가상 메모리 기법을 사용한다고 했는데요.. 아래 화면을 보세요.

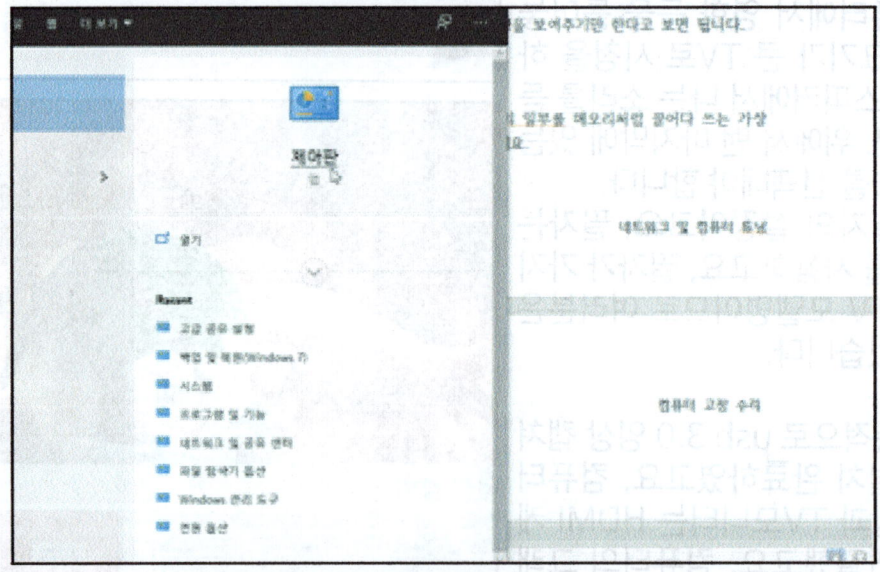

위의 화면은 윈도우10 화면인데요, 윈도우11 혹은 윈7 사용자는 위의 화면 참조하여 [제어판] - [시스템]을 클릭합니다.

위의 제어판에서 손가락이 가리키는 [시스템]을 클릭하면 다음 화면이 나타납니다.

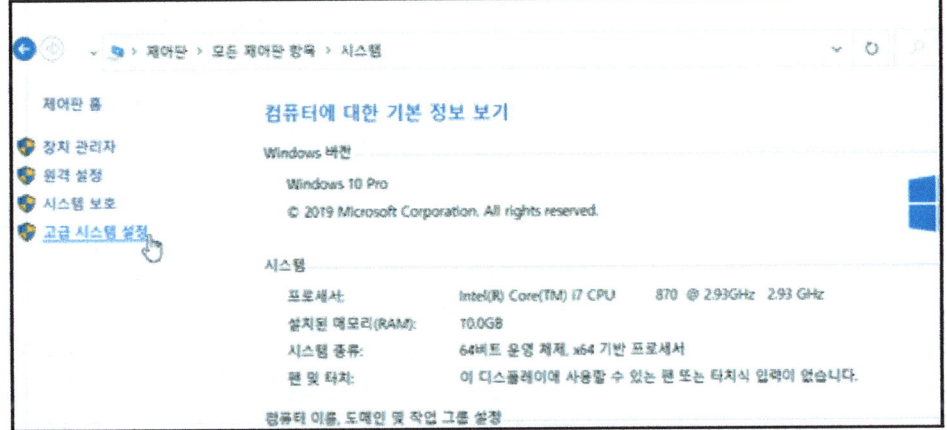

시스템 보호는 앞에서 실습해 보았고요, 지금은 위의 화면에서 손가락이 가리키는 [고급 시스템 설정]을 클릭합니다.

위의 화면에서 [고급] 탭의 [설정]을 클릭합니다.

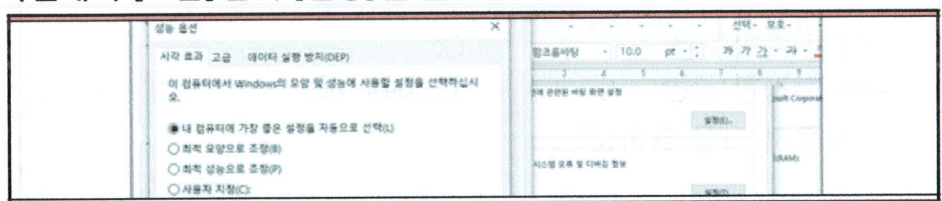

아래 화면 [고급] 탭에 [가상 메모리] 가 있습니다.

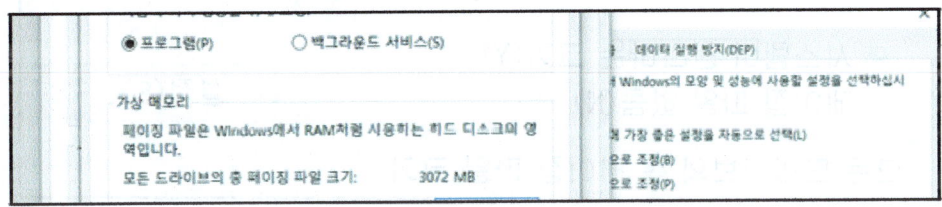

아래 확대 화면을 보세요.

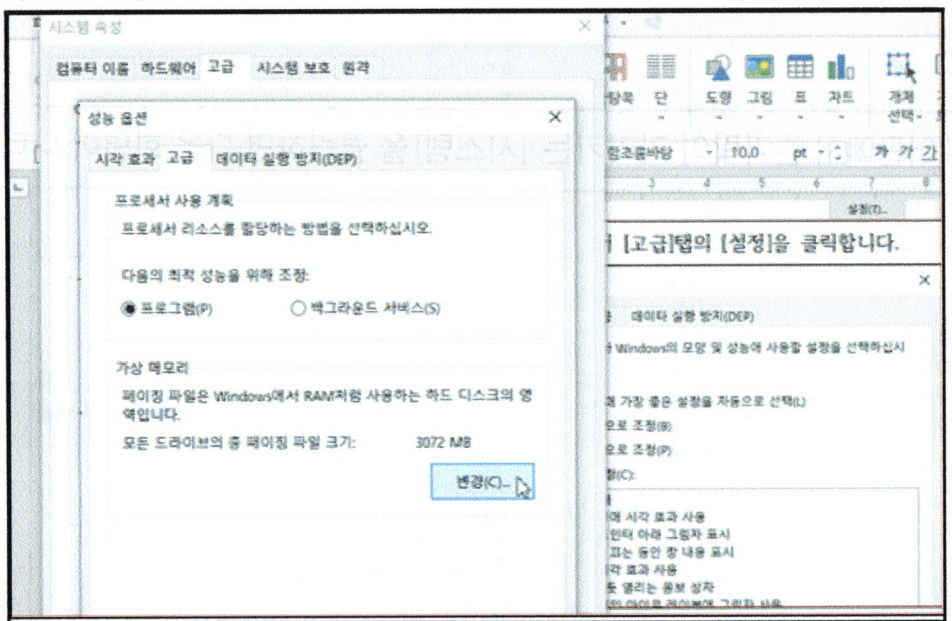

위의 화면에 앞에서 설명한 [가상 메모리]가 보입니다.
위의 화면에서 마우스가 가리키는 [변경]을 클릭합니다.

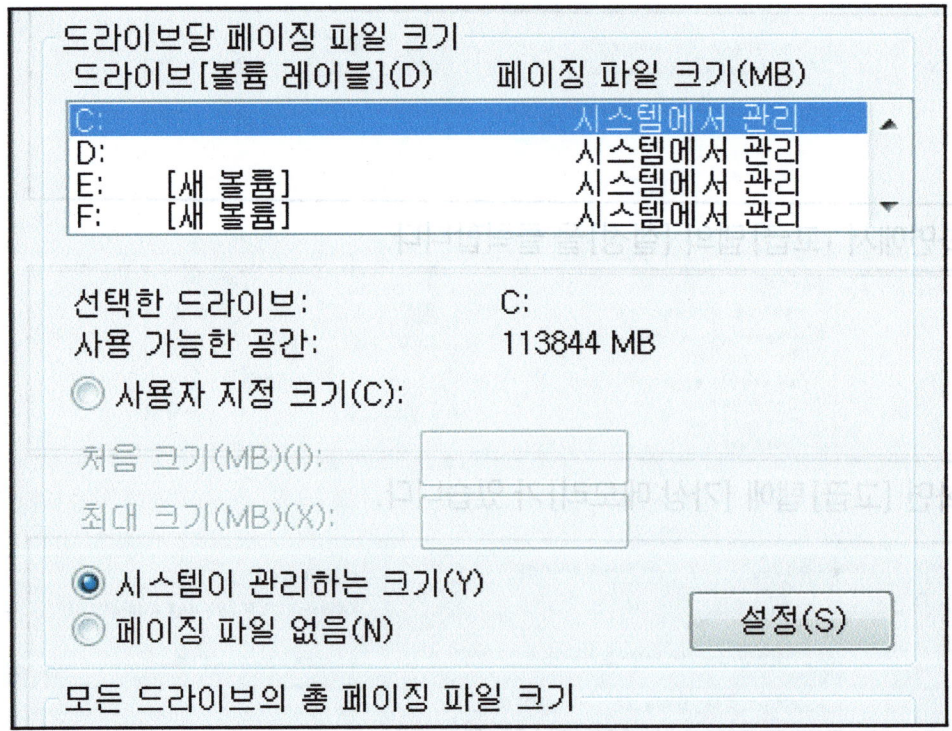

위의 화면에 페이징 파일 없음으로 나오면 안 됩니다.
만일 실제로 이렇게 나온다면 참으로 큰일입니다.
페이징 파일이 바로 가상 메모리로 사용할 HDD의 용량 일부인데요, 가상 메모리를 사용하지 않도록 되어 있으면 큰일인 것입니다.

이렇게 되어 있으면 시스템의 메모리가 부족할 때 시스템에 설치된 메모리의 일부를 끌어가가 램처럼 사용할 수 있는 페이징 파일이 없기 때문에 컴퓨터는 방법이 없기 때문에 극단적인 선택을 하여 시스템을 다운시켜 버립니다.

그래서 반드시 가상 메모리로 사용할 페이징 파일을 설정을 해줘야 하는 것입니다.
앞의 화면 맨 위에 체크되어 있는 체크를 지우고..

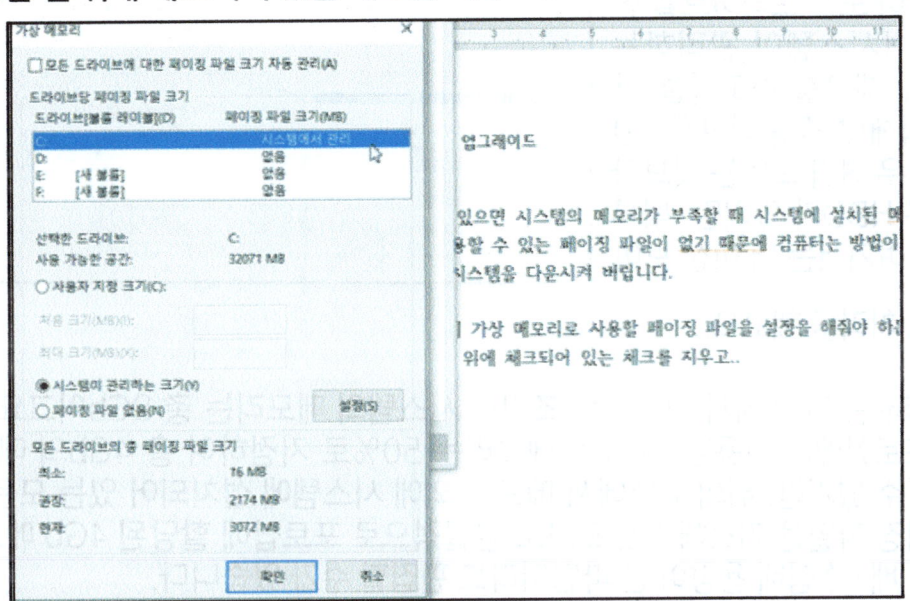

위는 필자의 경우이므로 여러분은 다를 수 있고요, 모든 드라이브에 가상 메모리로 사용할 공간을 지정해 줘야 특정 드라이브의 디스크 잔량이 부족할 때 다른 드라이브를 사용할 수 있으므로 모든 드라이브에 가상 메모리로 사용할 페이징 파일을 지정해 줘야 합니다.

우선 위와 같이 C드라이브를 선택하고 가상 메모리로 사용할 페이지 파일의 용량을 지정할 수 있는데요, 일부러 용량을 수치로 입력할 수도 있지만, 이것은 [시스템이 관리하는 크기]로 하는 것이 좋습니다.

그래야 시시각각으로 변하는 HDD의 잔량을 시스템이 파악하여 자동으로 적절한 용량을 지정할 수 있기 때문입니다.

참고 : 가상메모리는 모든 드라이브 시스템에서 관리하는 크기로 설정하면 더 이상 만지지 않아도 됩니다.

그리고 반드시 [설정] 버튼을 클릭해야 적용이 되고요, 위는 필자의 경우이고요, 필자는 여러개의 HDD를 사용하므로 필자의 경우 여러 개의 모든 HDD에 이런 식으로 페이징 파일을 지정하여 모든 HDD의 페이징 파일의 용량을 [시스템이 관리하는 크기]로 지정하였습니다.
여러분도 이렇게 지정해 놓아야 합니다.

이와 같이 모든 드라이브를 선택하고 [시스템이 관리하는 크기]에 체크를 하고 [설정]을 클릭해야 적용되고요, 필자의 경우 여기 보이는 것보다 더 많은 HDD가 있지만, 너무 많아서 여기서는 더 이상 보이

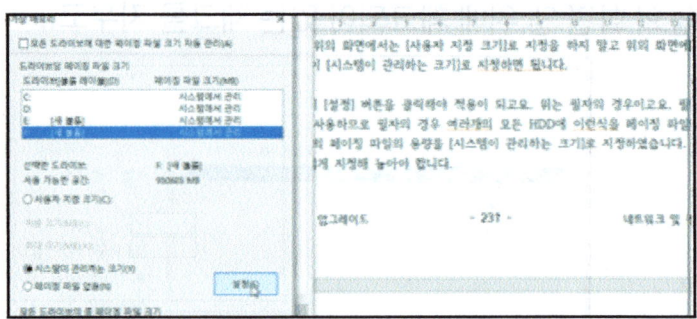

지 않게 처리를 했고요..

이제부터는, 이 책에서 실습으로 조립한 시스템의 메모리는 총 8Gb이고요, 이 중에서 포토샵에서 사용할 수 있는 메모리는 50%로 지정하여 총 4Gb의 메모리를 사용할 수 있지만, 위의 화면에서 메모리 외에 시스템에 설치되어 있는 모든 HDD에 페이징 파일을 지정해 놓았으므로 실질적으로 포토샵에 할당된 4Gb 메모리 용량의 몇 배~수십배 용량이 큰 파일이라도 편집할 수가 있습니다.

예들 들어 동영상 등의 파일은 용량이 엄청나니까요..

또한 앞에서 위장에 대해서 비유를 했다시피 음식을 먹을 때도 위장의 80% 정도만 차도록 적당히 먹어야 소화도 잘 되고 건강에도 좋다고 했고요, 과식을 하면 소화가 안 되어 더부룩하고 소화 불량에 걸린다고 했고요..

시스템에 설치된 메모리 역시 항상 여유가 있어야 하며 메모리라는 특성상 여유를 둘 수 없으므로 방금 설명한 가상 메모리 기법을 모든 드라이브에 페이징 파일을 설정해 놓았으므로 실질적으로 메모리는 엄청난 여유가 생긴 셈입니다.

물론 메모리에 비해서 HDD는 엄청나게 느리기 때문에 속도 저하는 감수해야 합니다만, 메모리를 무한정 늘릴 수도 없고요, 그 대안으로는 메모리와 같은 속도로 작동하는 SSD를 HDD 대신 사용하면 간단히 해결되지만, SSD는 HDD에 비하여 현재로서는 약 20배의 가격이므로 아직은 무리이고요, 앞으로 SSD의 가격이 하락하여 지금의 HDD 가격으로 떨어진다면 종래에는 HDD는 사라지고 SSD가 HDD를 대체할 것이 거의 확실합니다.

앞의 화면에서 모든 드라이브에 페이징 파일을 지정할 때마다 설정을 클릭해야 적용이 되며 최종적으로 [확인]을 클릭하면 재부팅 후부터 적용이 됩니다.

4-10. 고급 시스템 설정

컴퓨터를 혼자서 1대만 사용한다면 상관이 없지만, 회사 등에서 여러 대의 컴퓨터를 사용하며 모든 컴퓨터가 네트워크로 연결되어 있다면 각각의 컴퓨터를 어떻게 구분을 할까요?

[제어판] - [시스템]을 클릭합니다.

우측의 [제어판] - [시스템] 화면에서 마우스가 가리키는 [고급 시스템 설정]을 클릭합니다.

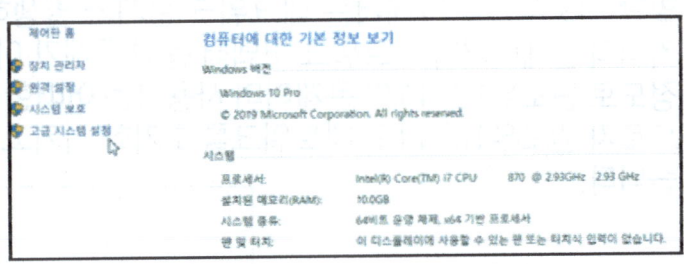

위의 화면을 보면 현재 이 컴퓨터의 이름은 '누들컴' 이며 작업 그룹은 [WORKGROUP]에 가입해 있는 것으로 나옵니다.

만일 네트워크 상에서 이 컴퓨터의 이름을 변경하려면 위의 화면에서 [변경]을 클릭하고 이름을 변경한 후 재 부팅을 하면 다음부터 변경된 이름으로 네트워크상에 보이게 됩니다.

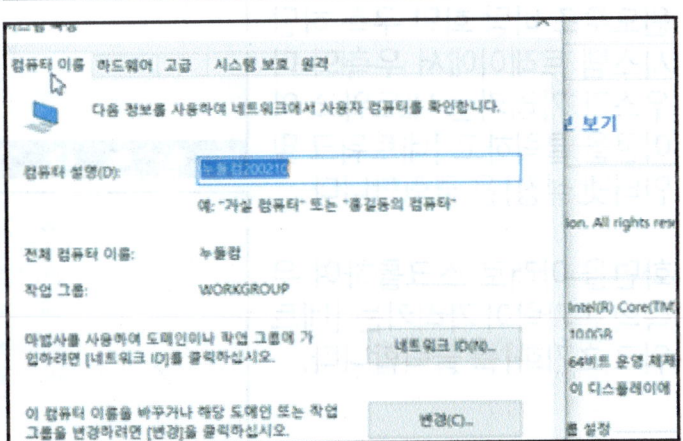

그러나 윈도우10, 11은 사실상 윈7보다 훨씬 뛰어난 네트워크 기능을 가지고 있지만, 처음에는 네트워크가 거의 안 됩니다.
그러다가 이제는 잘 되는데요, 아마도 마이크로소프트사에서 윈도우10, 11의 버그에 가까운 네트워크 기능을 업그레이드를 통하여 해결을 한 것으로 보입니다.

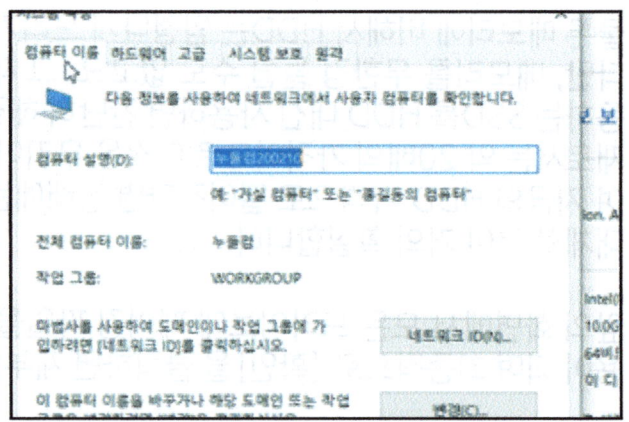

처음에는 제아무리 네트워크 설정을 잘 해도 재부팅만 하면 네트워크가 안 되었습니다.

그러나 윈도우7에서는 이것 저것 만져 볼만한 것이 많이 있습니다만, 윈도우10, 11은 전혀 단 한 가지도 만져볼 것이 없습니다.
아무리 만져도 전혀 적용되지 않기 때문입니다.
이것도 마이크로소프트사에서는 보안이 강화되었기 때문이라고 하지만, 필자가 보기에는 버그로 보입니다.
일단 윈도우10, 11에서는 네크워크 문제가 발생하였을 경우, 랜선이나 RJ-45 커넥터 문제이거나 네트워크 어뎁터 등의 문제가 아니라면 거의 모두라고 해도 될 정도로 윈도우10, 11의 문제이며 사용자는 어떠한 것을 만져도 소용이 없습니다.
오로지 윈도우10, 11의 네트워크를 초기화 시키고 재부팅을 하는 방법 외에는 없습니다.

윈도우즈 바탕 화면 우측 하단 시스템 트레이에서 우측의 마우스가 가리키는 네트워크 아이콘을 클릭하고 [네트워크 및 인터넷 설정]을 클릭합니다.

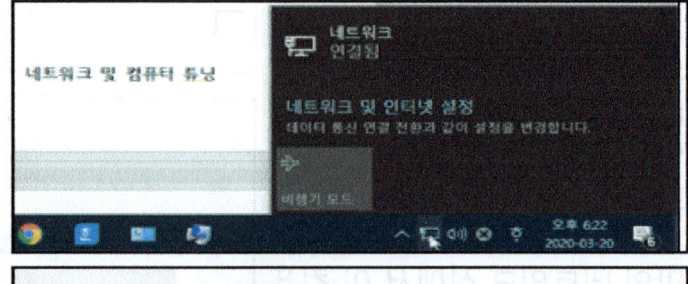

화면을 아래로 스크롤하여 우측의 손가락이 가리키는 [네트워크 초기화]를 클릭합니다.

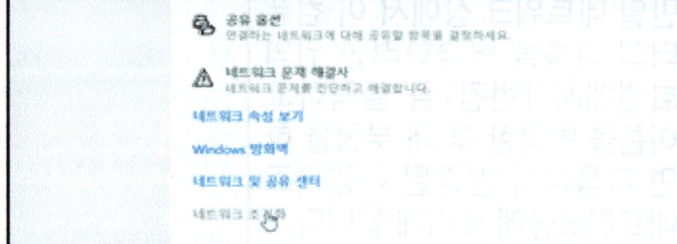

필자가 처음에는 윈도우10 사용 불가 판정을 내릴 정도로 불편했던 것이 바로 이 기능인데요, 앞의 화면에서 화면의 안내에 따라 재부팅을 합니다.
필자의 경우 모든 컴퓨터에 SSD를 설치하여 사용 중이기 때문에 재부팅을 해도 금방 재부팅이 되므로 잠시 후에 바로 확인할 수 있습니다.

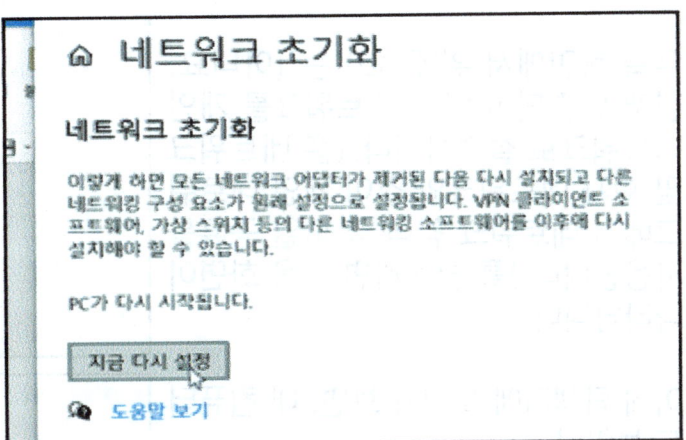

잠시 후에 재부팅을 하면 다음 화면이 나타납니다.

우측 화면에서 [확인]을 클릭하면 다음 화면이 나타납니다.

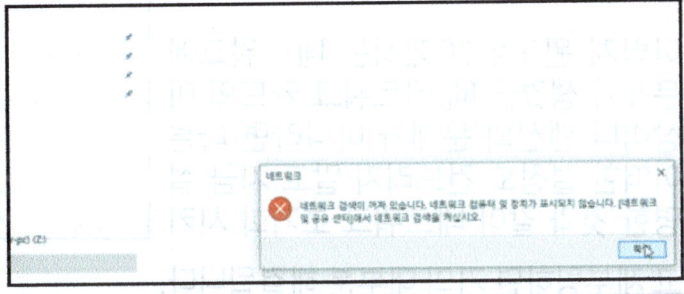

위의 탐색기 화면이 나타나며 맨 위의 메시지를 보시고요, 위의 화면 마우스가 가리키는 곳을 클릭하면 다음 화면이 나타납니다.

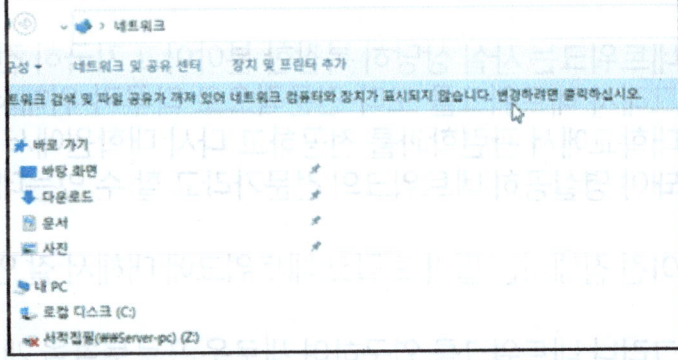

주의 : 이것은 컴퓨터에 따라 윈도우 업데이트 빌드에 따라 다를 수도 있습니다만, 어차피 약간씩 틀리더라도 동일한 기능입니다.

또 위의 화면에서 맨 위의 메시지를 선택하고 나타나는 메뉴에서 또 다시 [네트워크 검색 및 파일 공유 설정]을 클릭하면 다음 화면이 나타납니다.

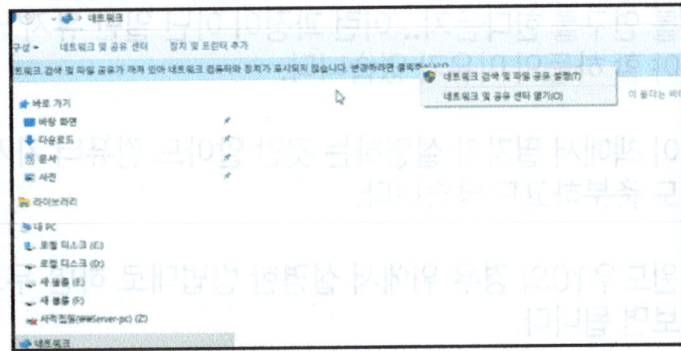

우측 화면에서 위에 보이는 [아니요, 현재 연결되어 있는 네트워크를 개인 네트워크로 설정합니다.(홈 네트워크 및 회사 네트워크와 같이 개인 네트워크에서 네트워크 검색 및 파일 공유를 사용합니다.)를 클릭하면 다음 화면이 나타납니다.

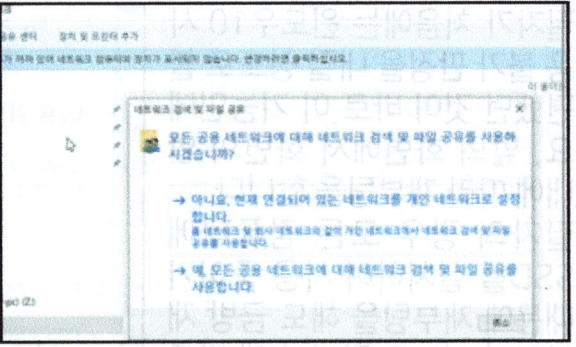

이제 탐색기에 들어가 보면, 내 컴퓨터도 보입니다.

이렇게 윈도우10에서는 네트워크에 문제가 생겼을 때 네트워크 카드의 이상이나 랜선의 문제가 아니라면 다른 어떠한 설정도 건드리지 말고 지금 설명한 것과 같이 네트워크 초기화 시키

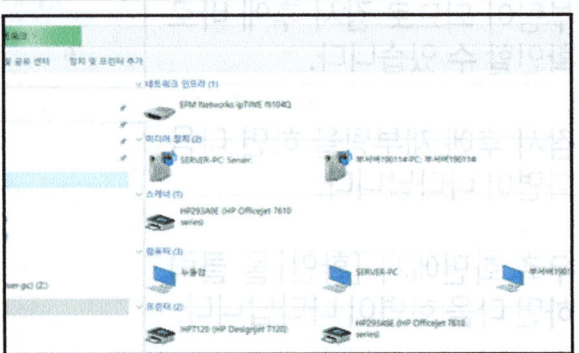

고 재부팅하면 거의 대부분 해결됩니다.

네트워크는 사실 상당히 복잡한 분야이고 지극히 전문적인 영역입니다. 그래서 네트워크를 보다 전문적으로 다루기 위해서는 대학교 졸업도 부족하고요, 대학교에서 관련학과를 전공하고 다시 대학원에서 석사, 박사 과정을 밟을 정도가 돼야 명실공히 네트워크의 전문가라고 할 수 있는데요..

이런 점에서는 필자도 결코 네트워크에 대해서 잘 안다고 할 수 없고요..

그러나 네트워크를 연구하여 새로운 프로토콜을 개발을 한다든지 새로운 네트워크를 연구를 한다든지.. 이런 과정이 아닌 일반 유저 입장에서야 이보다 더 많이 알아야 할 하등의 이유가 없습니다.

이 책에서 필자가 설명하는 것만 알아도 컴퓨터 가게는 물론이고 PC119를 운영해도 충분하고도 남습니다.

윈도우10의 경우 위에서 설명한 방법대로 하면 무조건 네트워크는 100% 된다고 보면 됩니다.

필자가 옛날에 컴퓨터 가게를 할 때는 컴퓨터가 고장 났다고 가져오는 90% 이상은 모조리 바이러스 감염이었습니다.

오늘날은 컴퓨터 실력도 늘고 바이러스 백신 프로그램의 성능도 향상되어 과거와 같지는 않겠지만, 바이러스에 감염되거나 악성 코드 등이 있다면 다른 어떠한 방법도 먹히지 않을 것입니다.

따라서 뭔가 안 되는 컴퓨터는 가장 먼저 바이러스 검사, 악성 코드 검사 등을 먼저 실시하고 가능하다면 HDD나 SSD를 포맷을 해 버리고 운영체제를 다시 인스톨하는 것이 가장 빠른 방법이 될 수도 있습니다.

안 되는 것을 밤을 새워가면서 붙들고 있어보았자, 시간만 허비하는 결과가 나오기 때문에 고객에게 문의를 하여 중요한 파일이 없을 경우 포맷을 해 버리고 운영체제를 다시 인스톨하면 모든 잔병이 말끔히 치료되는 것이 보통입니다.

필자가 현재 실습으로 조립한 컴퓨터는 128Gb의 SSD에 윈도우10, 또 다른 컴퓨터, 인텔 G2140 CPU를 장착한 PC에는 윈도우 11을 인스톨하였습니다.

그래서 C 드라이브의 용량이 부족한데요, 내 문서 등의 폴더의 경로를 C 드라이브가 아닌 다른 드라이브로 옮겨 놓으면 됩니다.
따라서 기본적으로 128Gb의 SSD를 사용할 경우 윈도우10, 11 운영체제만 SSD에 인스톨을 하고 어쩔 수 없는 경우를 제외하고는 다른 응용프로그램은 무조건 다른 HDD의 적당한 드라이브에 설치를 해야 합니다.

또한 웹서핑을 하거나 기타 여러 가지 상황에서 각종 파일 등을 다운로드하는 [다운로드]폴더와 내 문서, 바탕 화면 등을 C 드라이브가 아닌 다른 드라이브로 경로를 변경을 해 주어야 합니다.

그래야 C 드라이브로 사용하는 128Gb의 SSD의 잔량이 충분히 남아서 컴퓨터가 버벅거리는 현상을 미연에 방지할 수 있고요, 결과적으로 저렴하게 구입한 128Gb의 SSD를 가지고도 윈도우10 운영체제를 비롯한 여러가지 응용 프로그램과 수많은 데이터를 저장

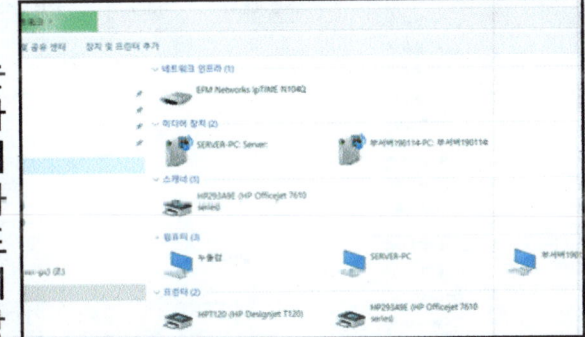

할 수가 있는 것입니다.

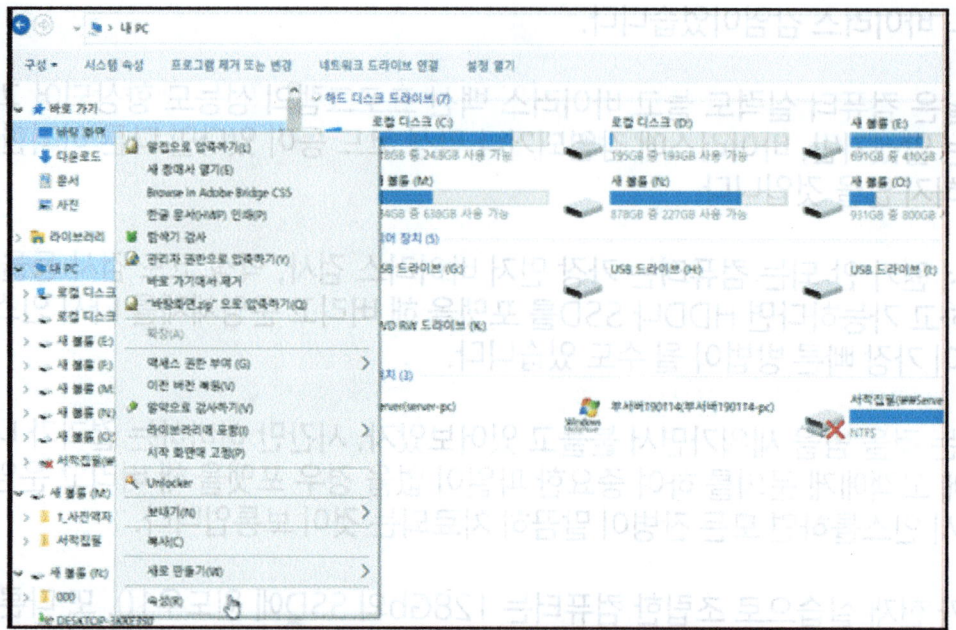

위의 탐색기에서 우선 맨 위에 있는 바탕 화면부터 옮겨 보겠습니다.
바탕 화면 자체가 옮겨지는 것이 아니고요, 경로만 변경되는 것입니다.
위의 탐색기에서 바탕 화면을 선택하고 마우스 우측 버튼을 클릭하여 [속성]을 클릭합니다.

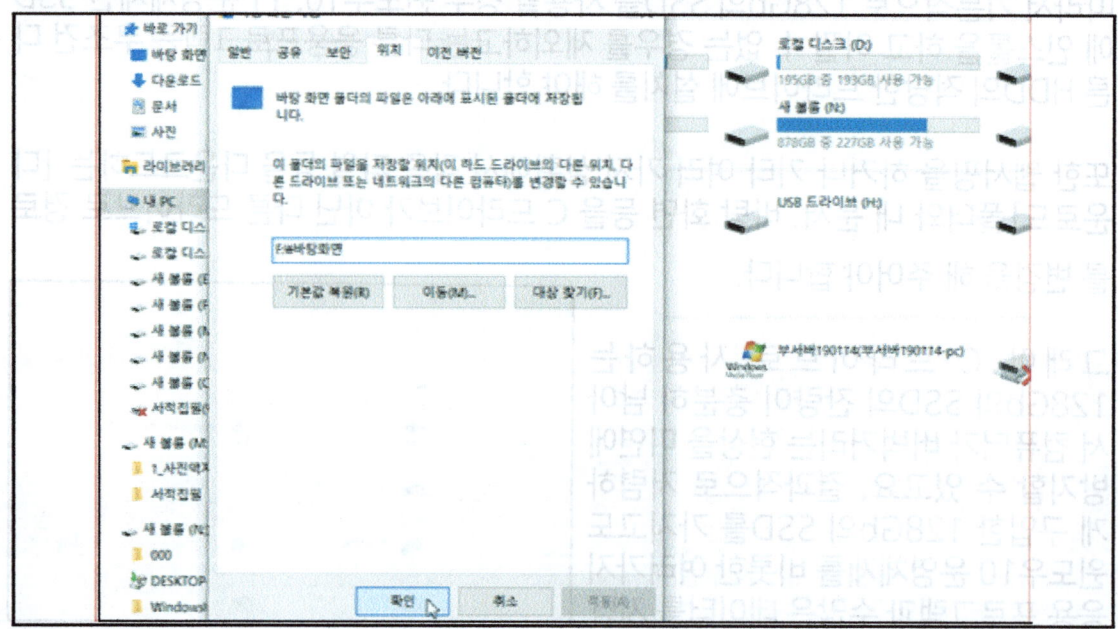

필자의 경우 바탕 화면을 위와 같이 C 드라이브를 F 드라이브로 변경하였습니다.

이 뿐만이 아닙니다.

필자의 경우 현재 C 드라이브로 사용하는 SSD의 용량이 128Gb 이기 때문에 여기에 기본적인 윈도우 운영체제를 인스톨하고, 용량이 크지 않은 바이러스 백신 프로그램 등을 인스톨한 이외에는 모든 프로그램을 C 드라이브가 아닌 F 드라이브에 인스톨 하였습니다.

모든 드라이브 가운데 F 드라이브의 용량이 가장 많이 남아 있기 때문입니다.

여러분은 당연히 다른 경로가 될 것입니다.

이런 식으로 다운로드와 문서, 사진 등을 모두 다른 경로로 변경을 하는데요, 다음 화면을 보세요.

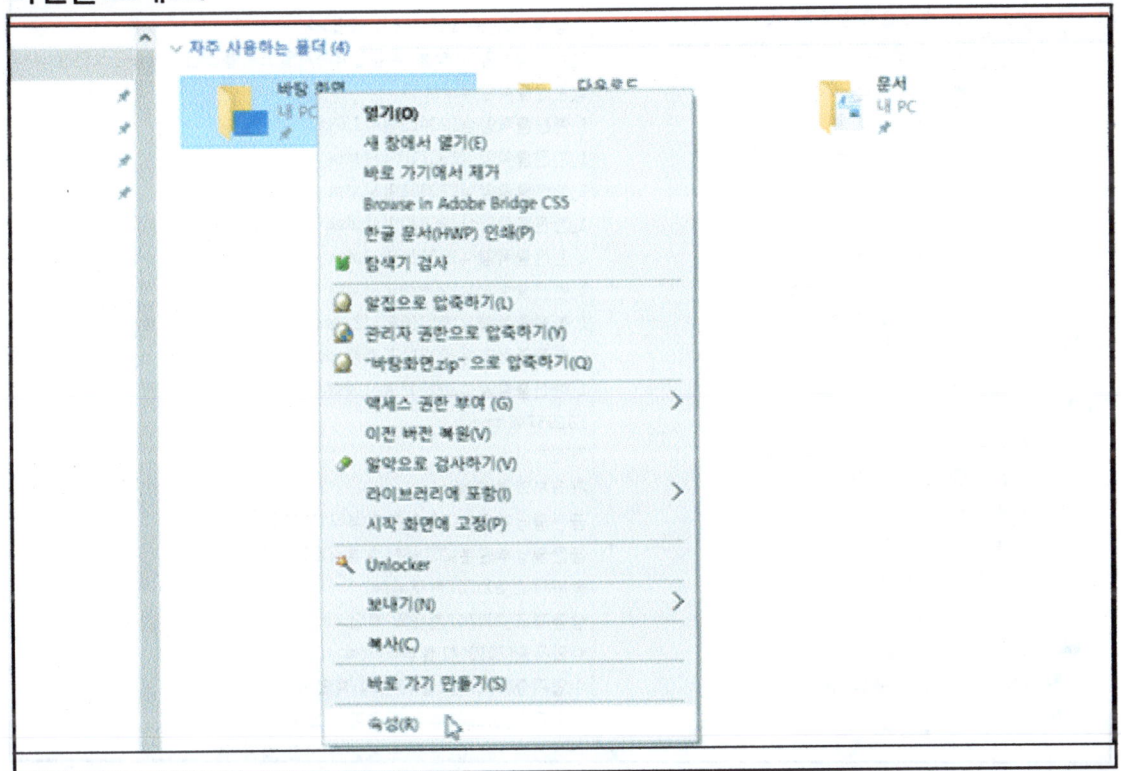

위와 같이 바딩 화면에 마우스를 대고 마우스 우측 버튼을 클릭하여 속성을 클릭합니다.

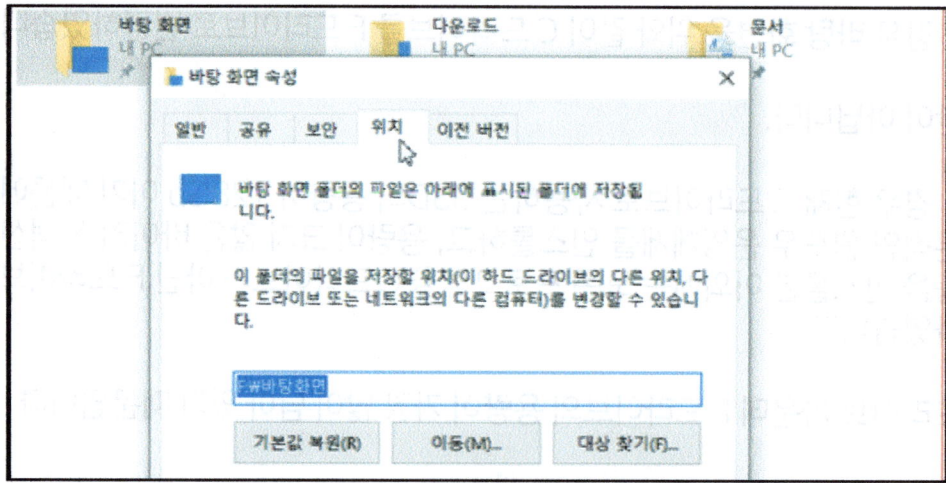

위의 화면에서 마우스가 가리키는 [위치]를 클릭하면 방금 경로를 바꾼 F 드라이브로 나옵니다.

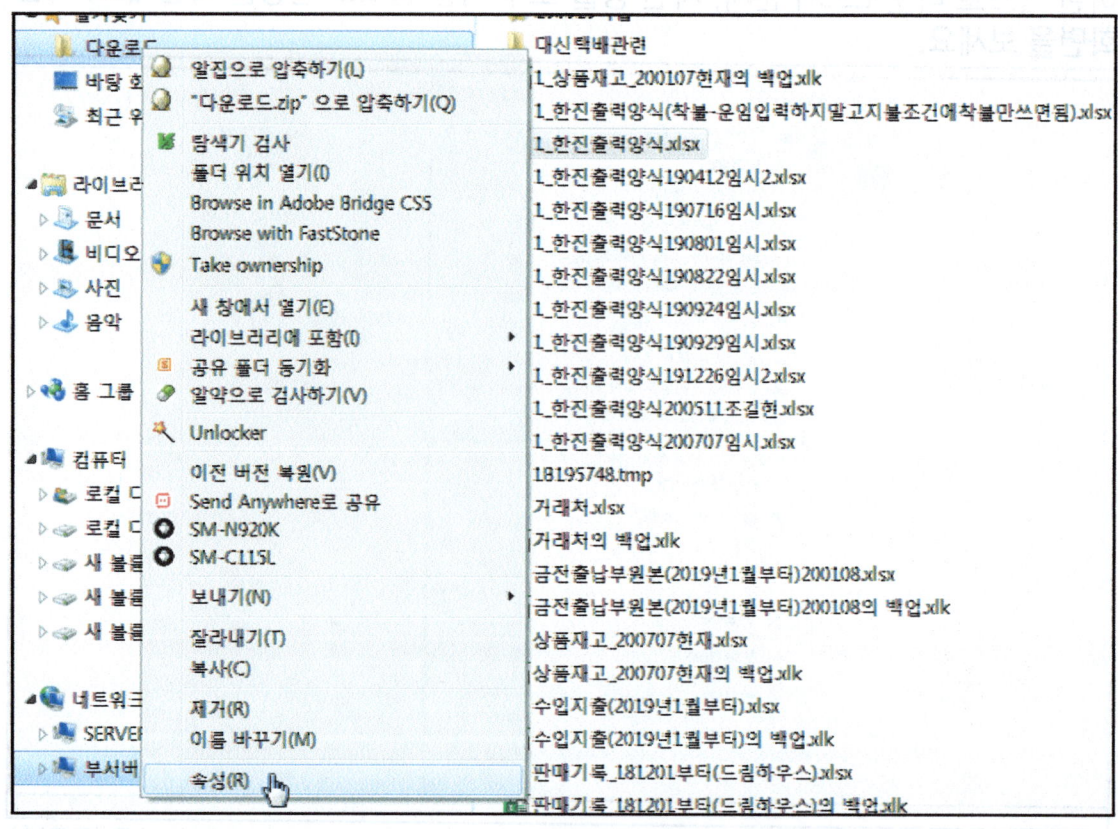

위와 같이 다운로드를 선택하고 마우스 우측 버튼을 클릭하여 [속성]을 클릭합니다.

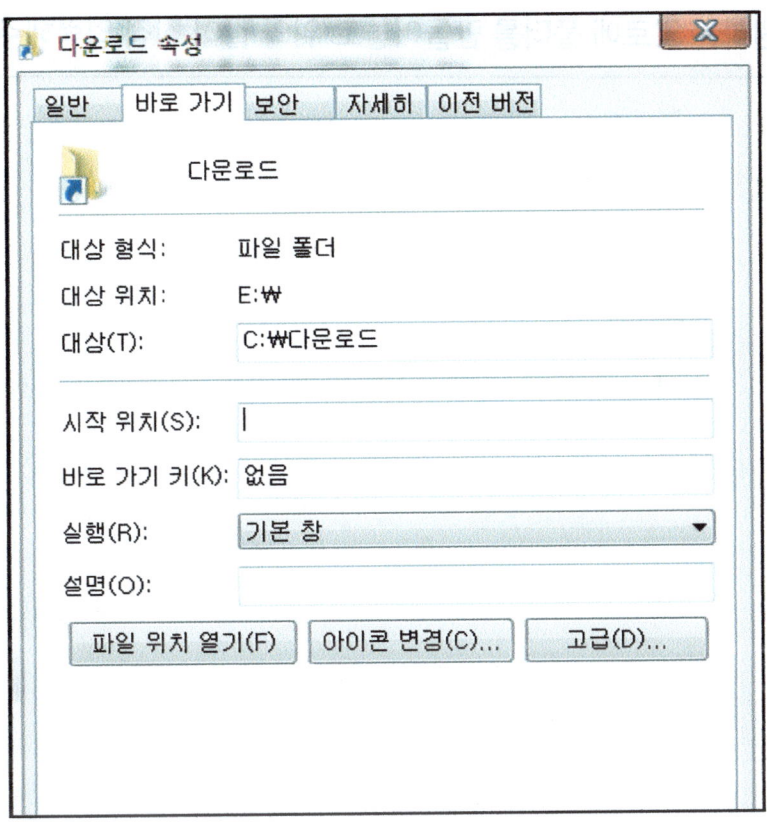

가장 용량을 많이 차지하는 다운로드 폴더가 C 드라이브로 되어 있군요.. 아까 바탕 화면의 경로를 변경한 것과 같이 경로를 변경해 줍니다.

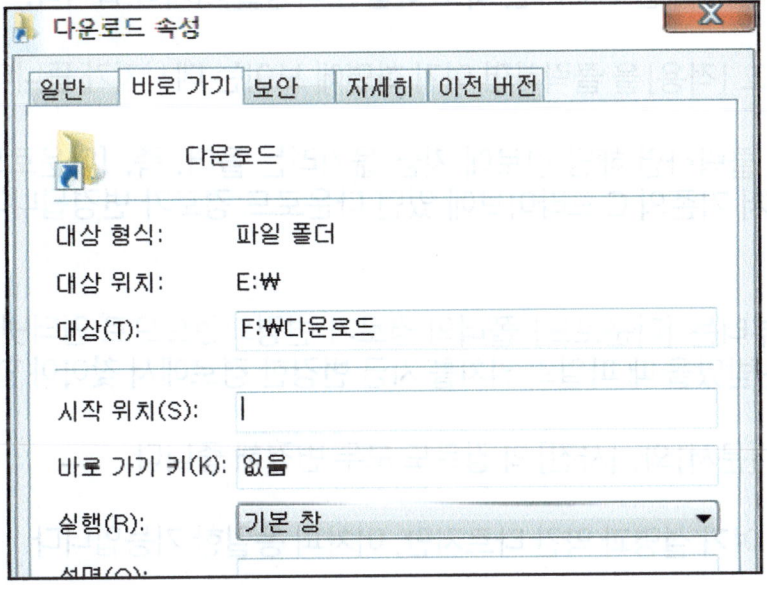

윈7은 미리 원하는 경로에 폴더를 만들어놓고 위와 같이 직접 입력해주면 됩니다.

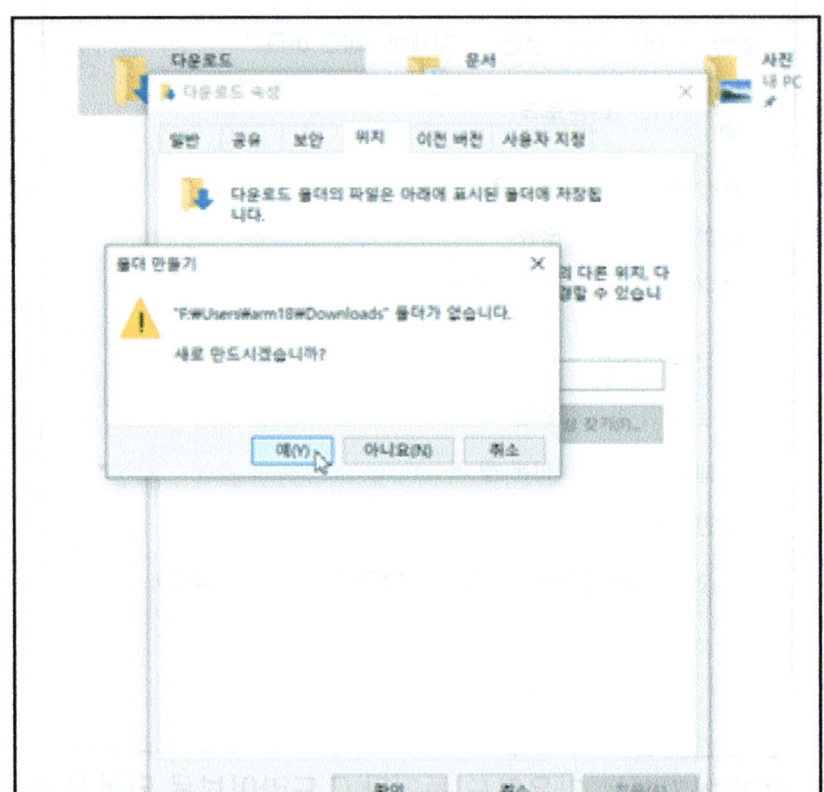

그러나 윈도우10과 윈도우11은 다소 복잡한 과정을 거쳐야 합니다.

경로를 바꾸고 [적용]을 클릭하면 여기 화면에 보이는 메시지가 뜹니다.

당연히 예를 클릭하면 해당 경로에 지금 옮기려는 폴더, 즉, [다운로드]폴더가 새로 생성되면서 기존의 C 드라이브에 있던 다운로드 경로가 변경됩니다. 다음 메시지 확인요..

주의 : 이제부터는 [다운로드] 폴더의 경로가 변경되었으므로 인터넷에서 각종 파일 등을 다운 받았을 때 파일의 위치를 지금 변경한 경로에서 찾아야 합니다.

이런 식으로 [문서]와, [사진]의 경로도 모두 변경해 줍니다.

윈도우11은 여기 설명과 약간 다르지만, 어차피 동일한 기능입니다.

다음은 윈도우즈 운영체제에 기본으로 내장되어 있는 드라이브 암호화 기능인 비트락커(BitLocker) 기능을 마지막으로 기술하고 마무리하겠습니다.

시중에는 이와 비슷하지만, 비교도 안 될 정도로 저급하고 열악한 소프트웨어를 엄청나게 비싸게 판매하는 업체들도 있지만, 이런 강력한 보안 기능이 윈도우즈 운영체제에 내장되어 있습니다.

4-11. BitLocker 드라이브 암호화

인터넷 검색해 보면 파일이나 폴더 등에 암호를 걸어서 다른 사람이 열 수 없도록 하는 프로그램들이 많이 있습니다만, 사실 윈도우즈 운영체제에 기본으로 내장되어 있습니다.

이것이 비트락커, 혹은 비트록커(BitLocker)인데요, 윈도우10 Pro 버전부터 지원되며 윈도우10 Home 버전에는 제공되지 않습니다.

Win 11에서 드라이브 암호화 기능을 사용하려면 제어판에서 비트락커 기능을 먼저 켜야 합니다.

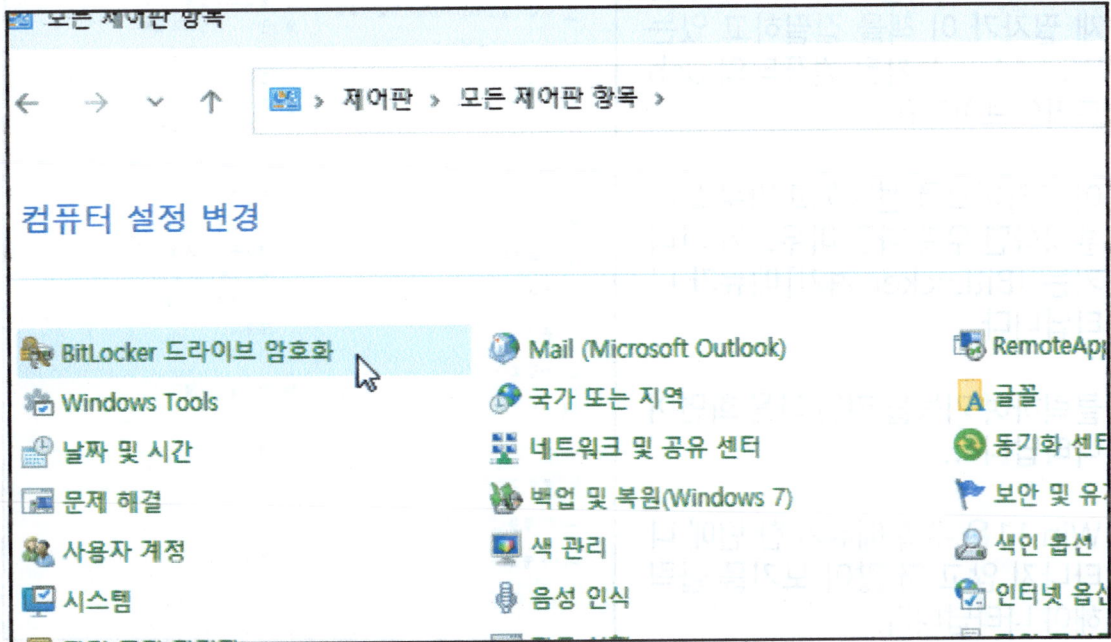

앞의 제어판 화면에서 마우스가 가리키는 [BitLocker] 드라이브 암호화를 클릭하면 다음 화면이 나타납니다.

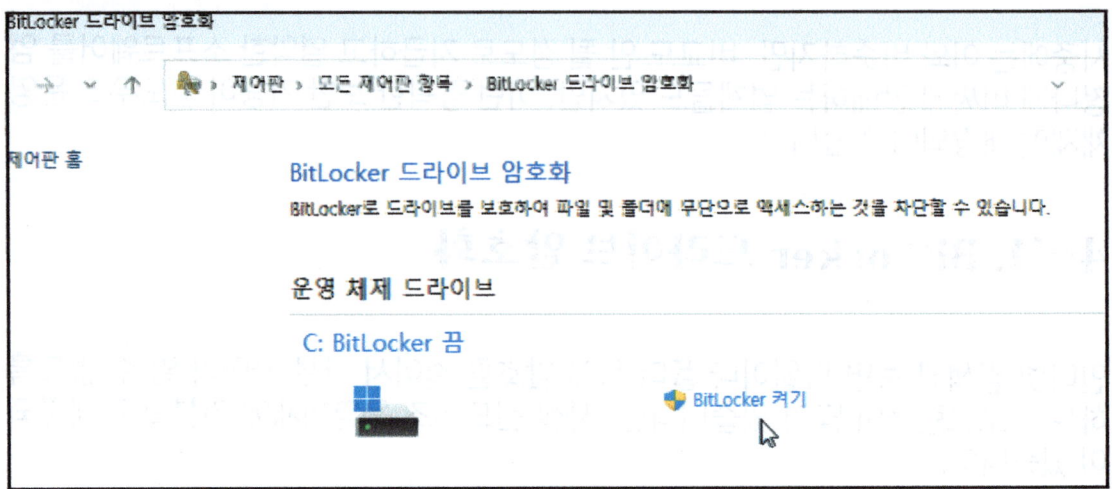

기본 값은 꺼져 있고요, 이 기능을 사용하기 위해서는 위의 화면 마우스가 가리키는 곳을 클릭하여 기능을 켜야 합니다.

이제 비트락커를 켰으므로 우측과 같이 탐색기에서 예를 들어 우측 화면에 보이는 F 드라이브는 현재 필자가 이 책을 집필하고 있는 Win 11이 설치된 컴퓨터의 usb 드라이브이고요,.

이 드라이브를 선택하고 마우스 우클릭하면 우측 화면 마우스가 가리키는 [BitLocker 켜기]메뉴가 나타납니다.

클릭하여 기능을 켜면 다음 화면이 나타납니다.

Win 11은 우측 메뉴가 한 번에 나타나지 않고 더 많이 보기를 클릭해야 나타납니다.

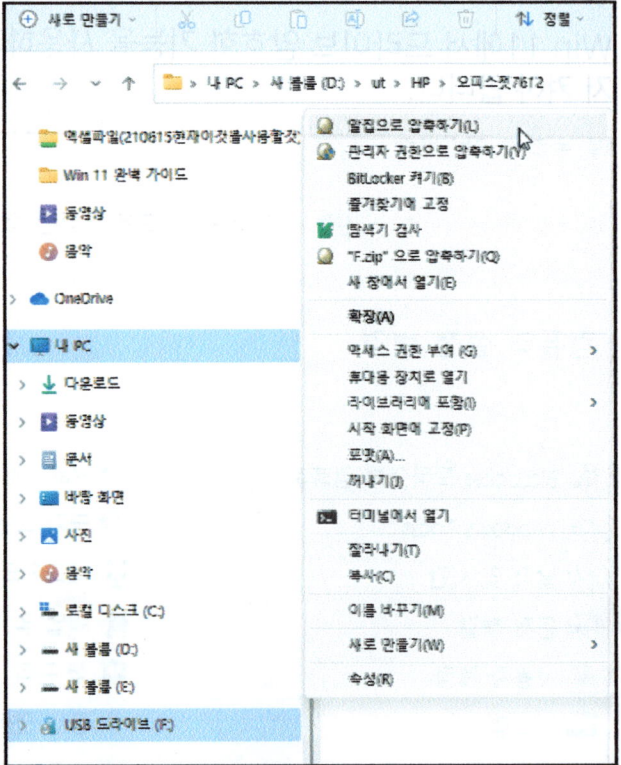

비트락커 진행 화면이 너무 빨리 지나가서 화면 캡쳐를 하지 못했고요, 곧 다음 화면이 나타납니다.

지금 이 책을 쓰는 PC는 저 사양 PC인데도 속도가 상당히 빠릅니다.

아무래도 Win 11은 64비트 운영체제라서 그런 것 같습니다.

우측 화면 암호 수준을 잘 읽어 보시고요 대소문자 공백 및 기호 등을 포함해야 하므로 상당히 복잡한 암호라는 것을 알 수 있고요, 암호를 입력하고 [다음]을 클릭하면 다음 화면이 나타납니다.

암호를 잊었을 경우를 대비하여 우측 화면에서 마우스가 가리키는 [파일에 저장]을 클릭하면 다음 화면이 나타납니다.

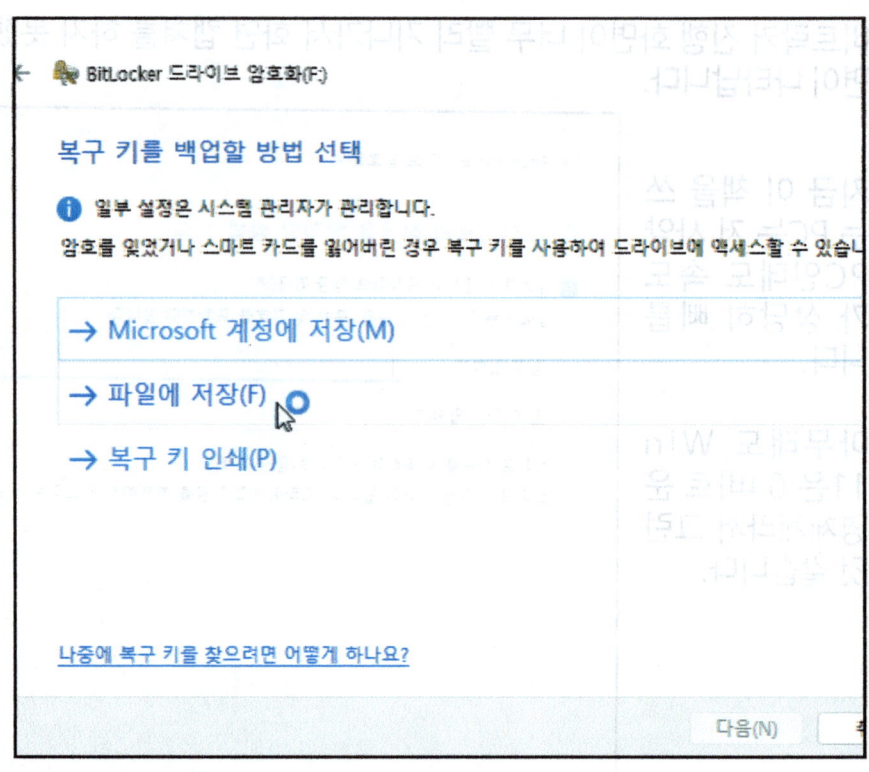

우측 화면에 보이는 것과 같이 복구키가 저장될 경로를 지정하고 [다음]을 클릭하면 다음 화면이 나타납니다.

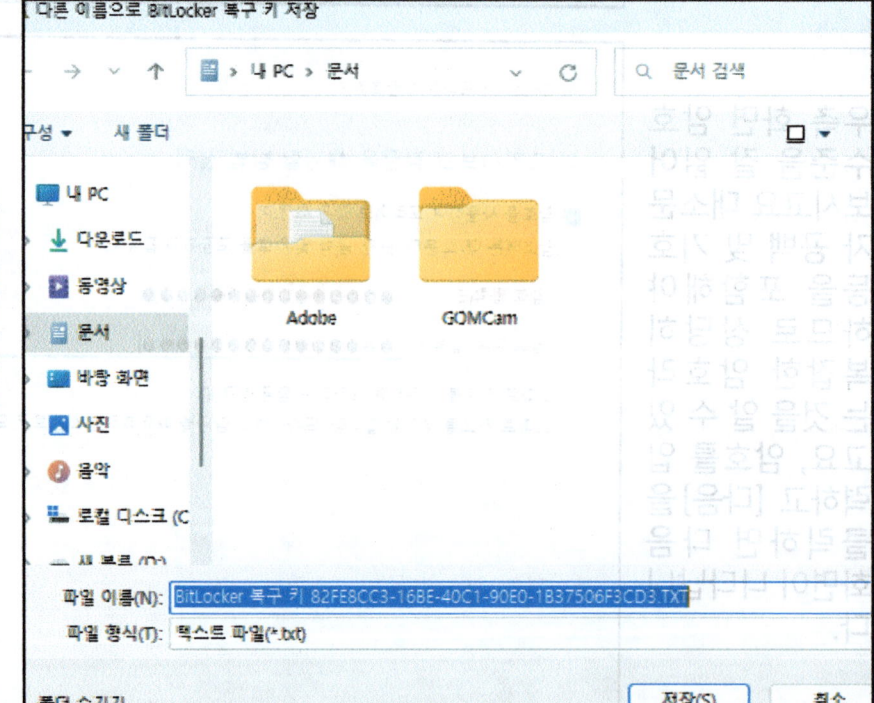

우측 화면에서 [다음]을 클릭하면 다음 화면이 나타납니다.

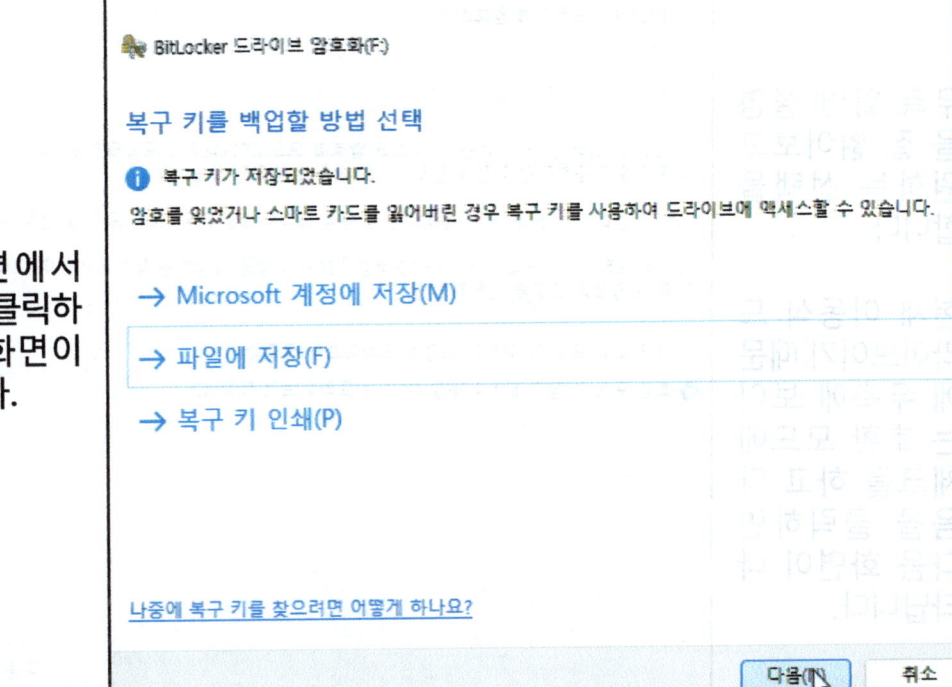

우측 화면에서 전체 드라이브를 암호화 할 수도 있고요, 사용 중인 공간만 암호화를 할 수도 있습니다.

전체 드라이브를 암호화하면 공간이 남아 있어도 사용하지 못하므로 자신의 상황에 맞게 선택하고 [다음]을 클릭하면 다음 화면이 나타납니다.

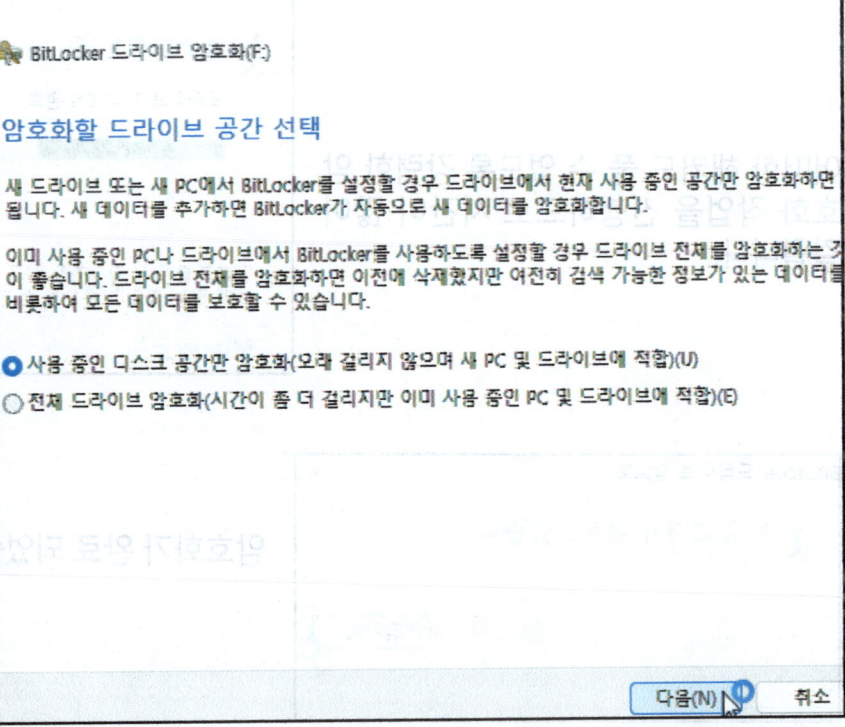

우측 화면 설명을 잘 읽어보고 원하는 선택을 합니다.

현재 이동식 드라이브이기 때문에 우측에 보이는 호환 모드에 체크를 하고 다음을 클릭하면 다음 화면이 나타납니다.

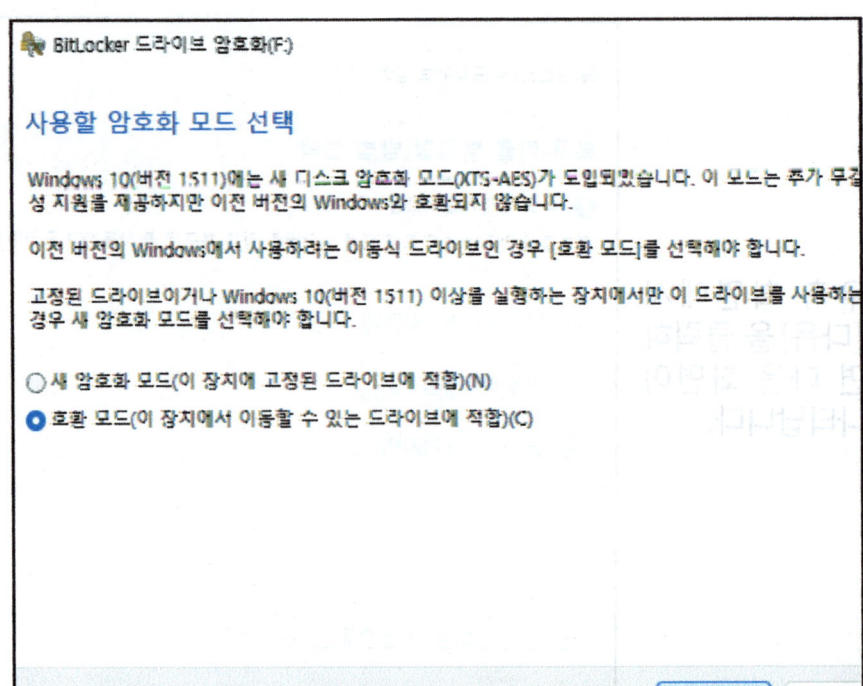

어떠한 해커도 풀 수 없도록 강력한 암호화 작업을 진행하므로 시간이 많이 걸립니다.

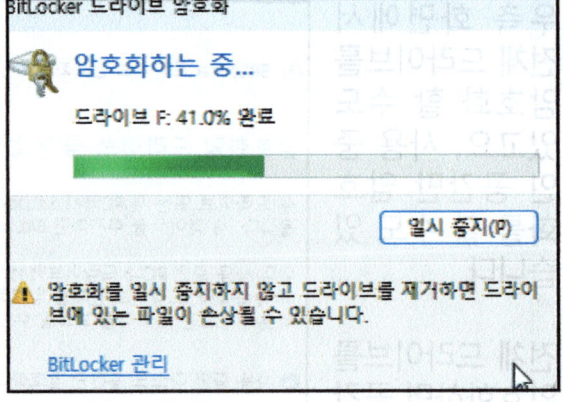

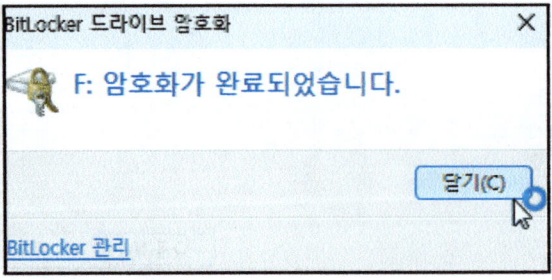

암호화가 완료 되었습니다.

4-12. 비트락커 해제

비트락커를 한 번 실행했기 때문에 이제는 탐색기에서 원하는 드라이브를 선택하면 바로 우측의 메뉴가 나타납니다.

클릭하면 다음 화면이 나타납니다.

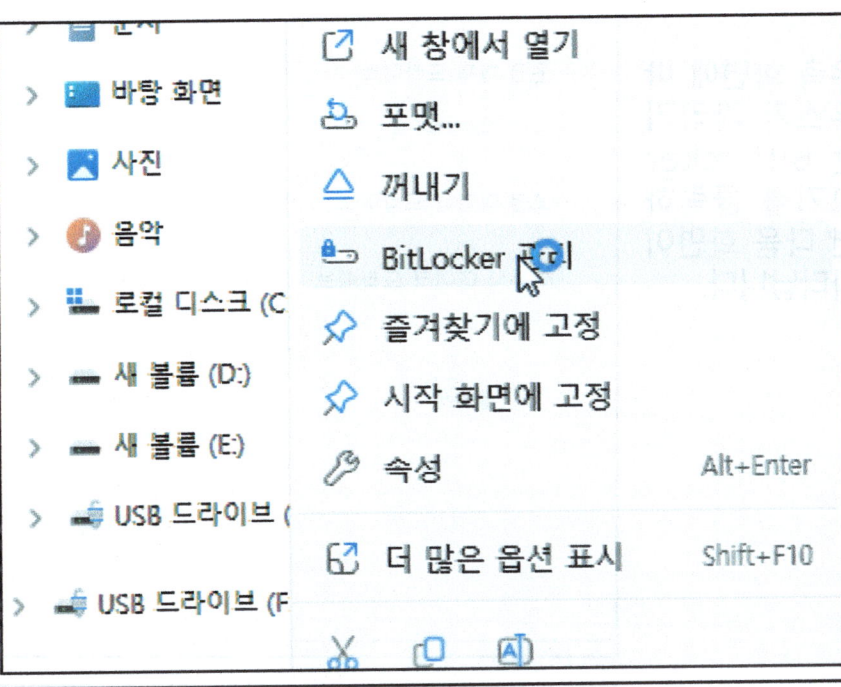

우측 화면에 보이는 자물쇠 모양을 잘 보시고요, 우측 마우스가 가리키는 [자동 잠금 해제 켜기] 를 켭니다.

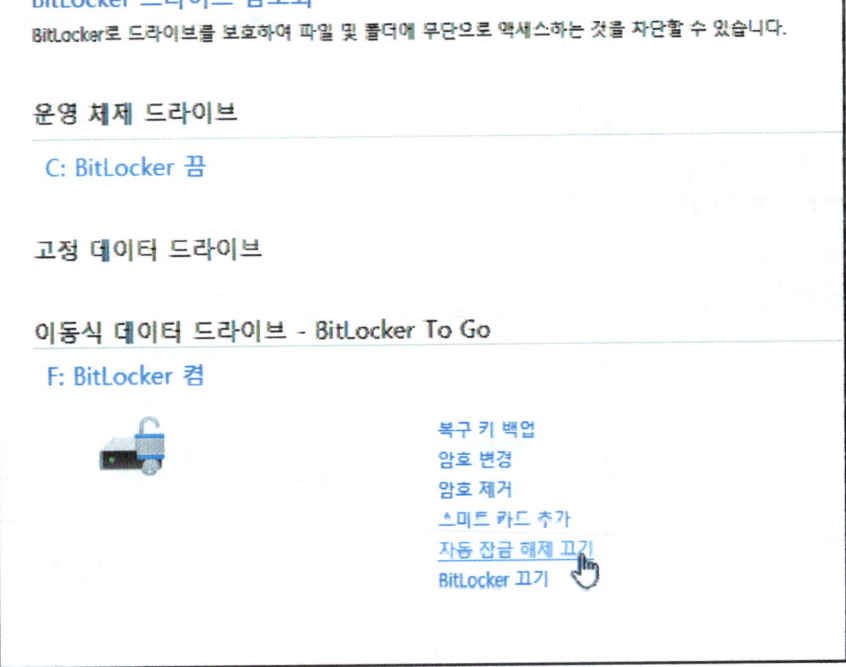

우측 화면에 마우스가 가리키는 BitLocker 끄기를 클릭하면 다음 화면이 나타납니다.

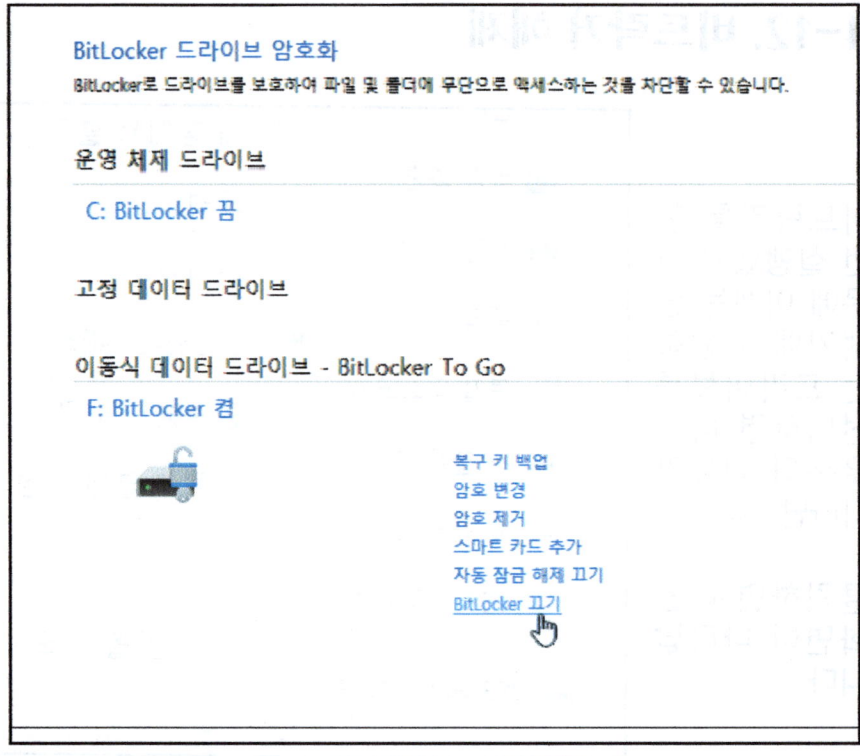

우측 화면에 나타난 메시지 읽어보고 끄기를 클릭합니다.

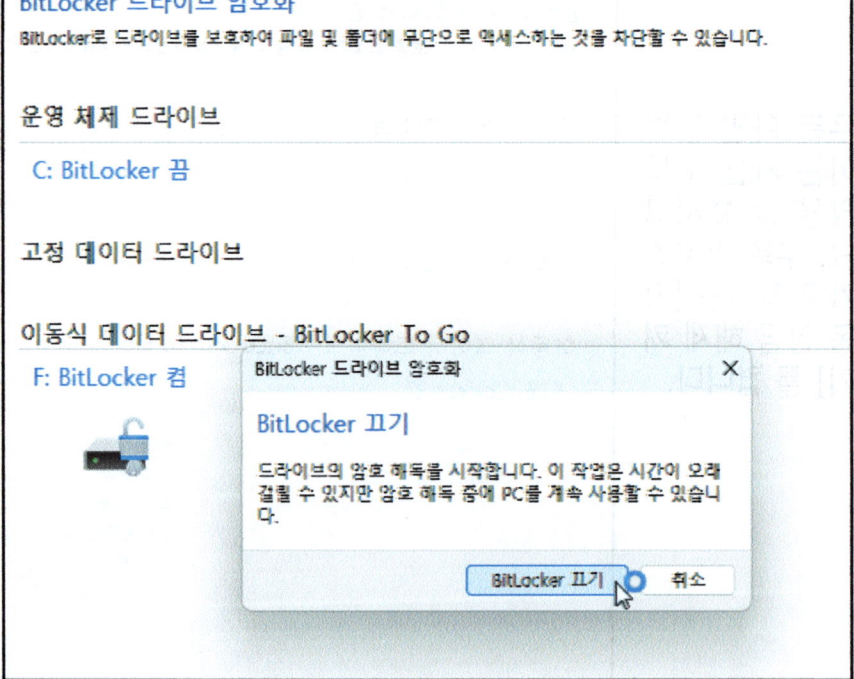

우측과 같이 진행되며 암호화를 할 때 만큼 시간이 걸립니다.

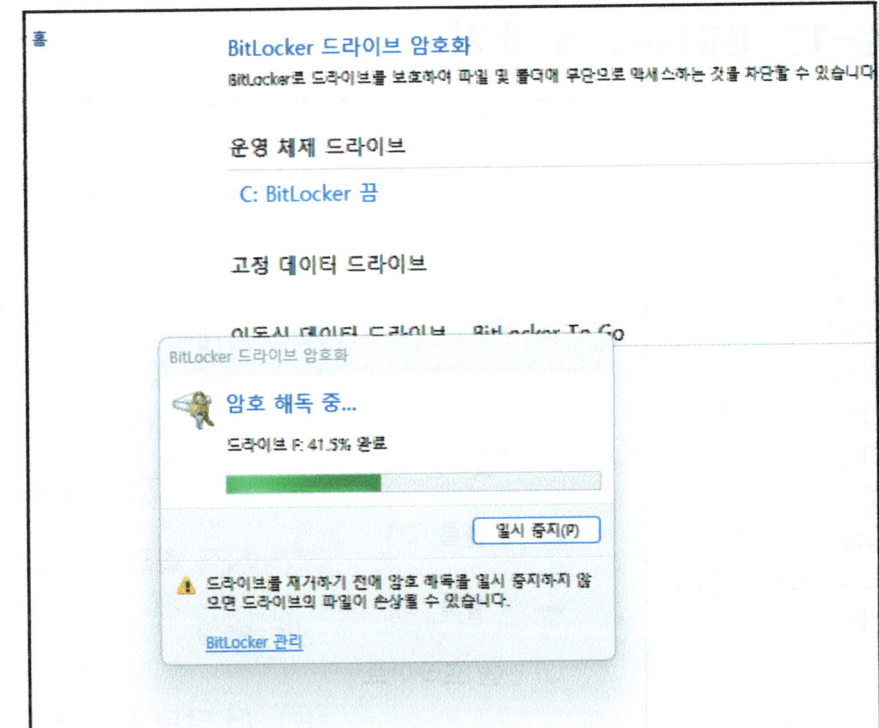

지금도 지금 설명하는 윈도우 10 Pro 이상 ~ 윈도우11 운영체제에서 제공하는 강력한 암호화 기능인 BitLocker 는 정말 잘 만들어진 기능입니다.

지금도 비트락커를 사용하지 않으면 매우 비싼 유료 프로그램이 아니면 이런 암호화 프로그램을 사용할 수 없는데요, 무료 버전도 있지만, 무료 라는 것은 그냥 맛 만 보여주는 것일 뿐 실제 사용하기 위해서는 결제를 하고 유료 버전을 사용해야 하는데요, 그 가격이 매우 높게 형성되어 있습니다.

그래서 옛날에는 이런 프로그램을 사용하는 것이 어려웠습니다만, 지금은 윈도우즈 10 이나(윈도우즈 10은 Pro 버전 이상 되어야 지원합니다.) 윈도우즈 11에 기본으로 들어 있는 비트락커 기능을 사용하면 시중에서 가장 비싼 암호화 프로그램보다 훨씬 좋습니다.

그럼에도 불구하고 지금도 시중에서 비싼 암호화 프로그램이 유통되고 있는 것을 보면 아직도 윈도우즈 운영체제에 비트락커 기능이 들어 있다는 것을 모르는 사람들이 있는 것 같습니다.
그래서 여러분은 행운아입니다.

4-13. BitLocker 제거

이제 비트락커를 한 번 실행을 했기 때문에 이번에는 해당 드라이브를 선택하고 마우스 우클릭하면 바로 우측과 같이 메뉴가 나타납니다.

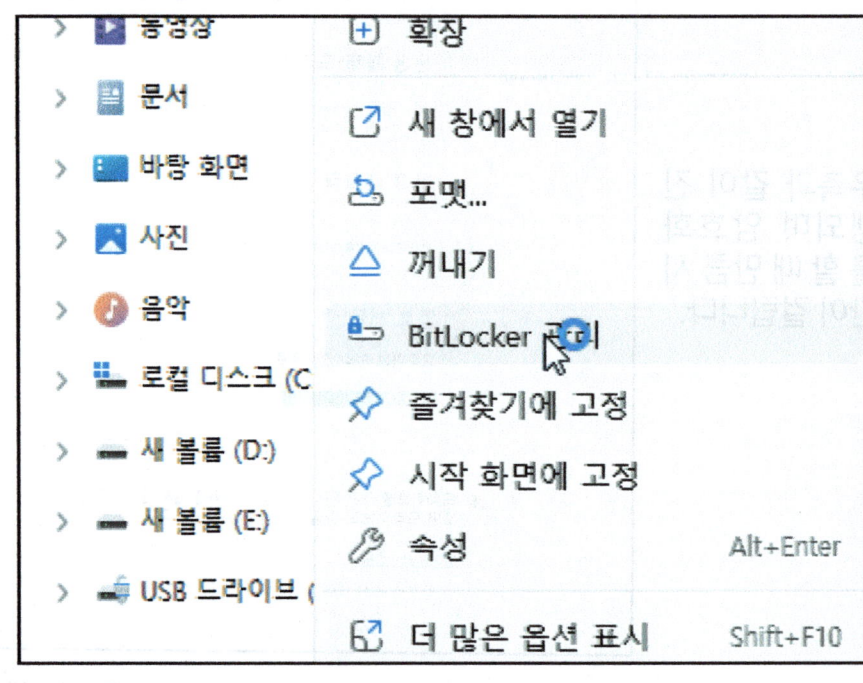

우측 화면 참조 자동 잠금 해제를 켭니다.

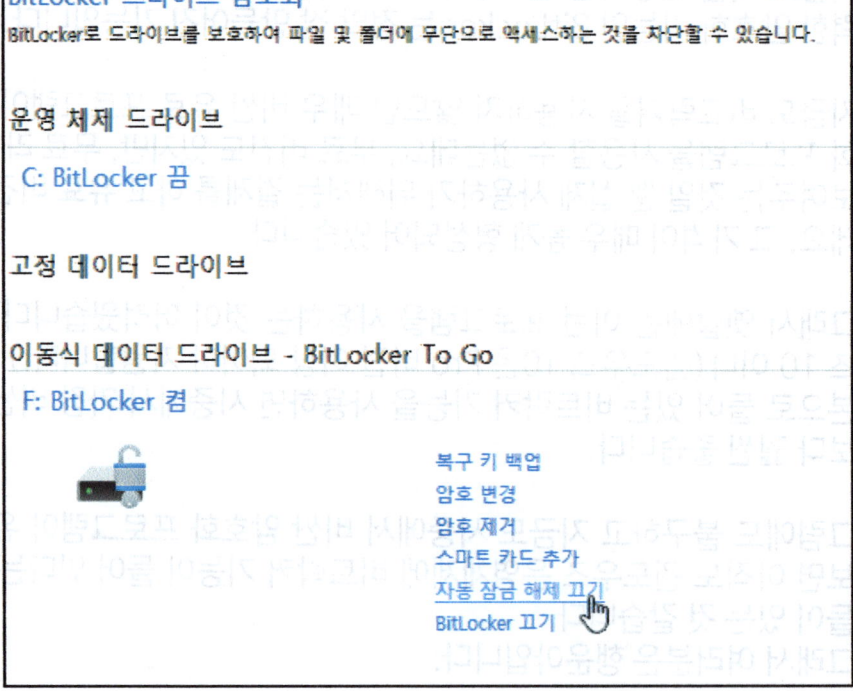

우측과 같이 자동 잠금 해제가 켜진 상태에서 우측 손가락이 가리키는 BitLocker 끄기를 클릭합니다.

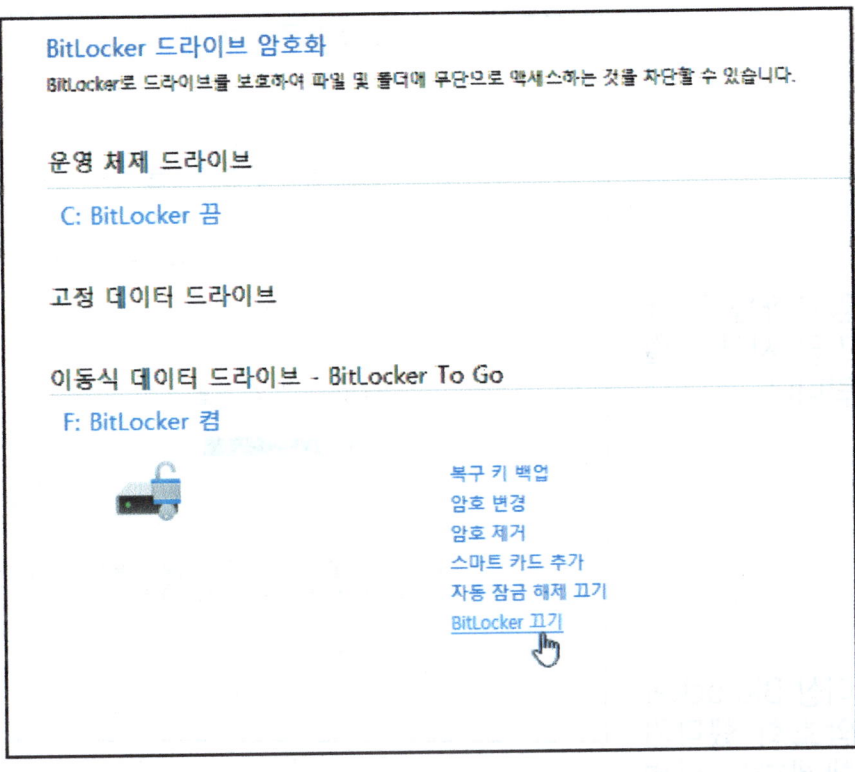

우측 설명을 잘 읽어보고 끄기를 클릭합니다.

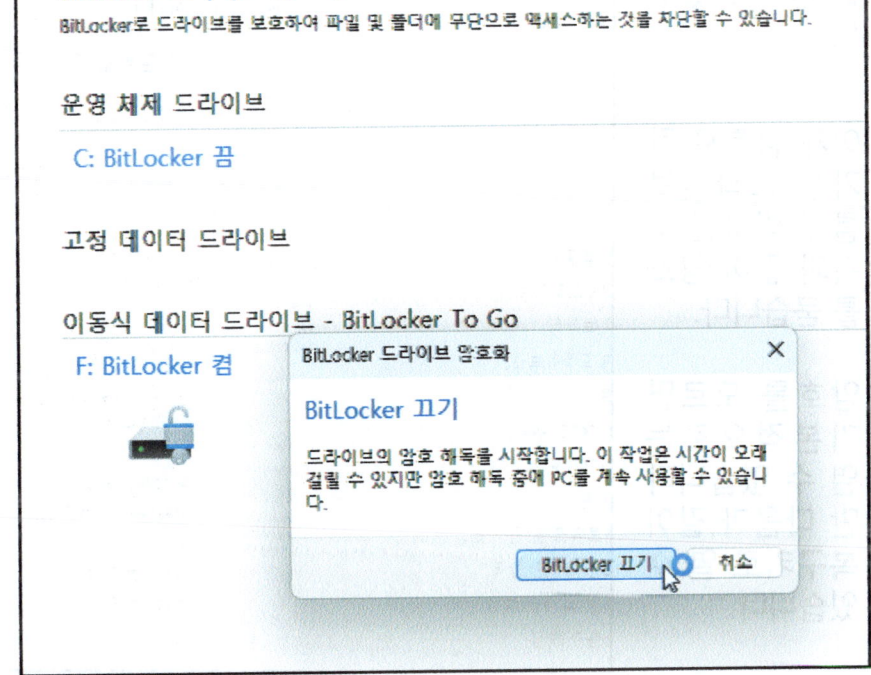

암호화를 할 때 만큼 시간이 걸립니다.

이상 BitLocker 암호화 했다가 해제하는 방법을 알아 보았고요,..

이제 암호로 잠가둔 드라이브를 클릭하면 우측과 같이 암호를 묻습니다.

암호를 모르면 기본적으로는 열 수 없습니다만 다음과 같이 복구키로 열 수 있습니다.

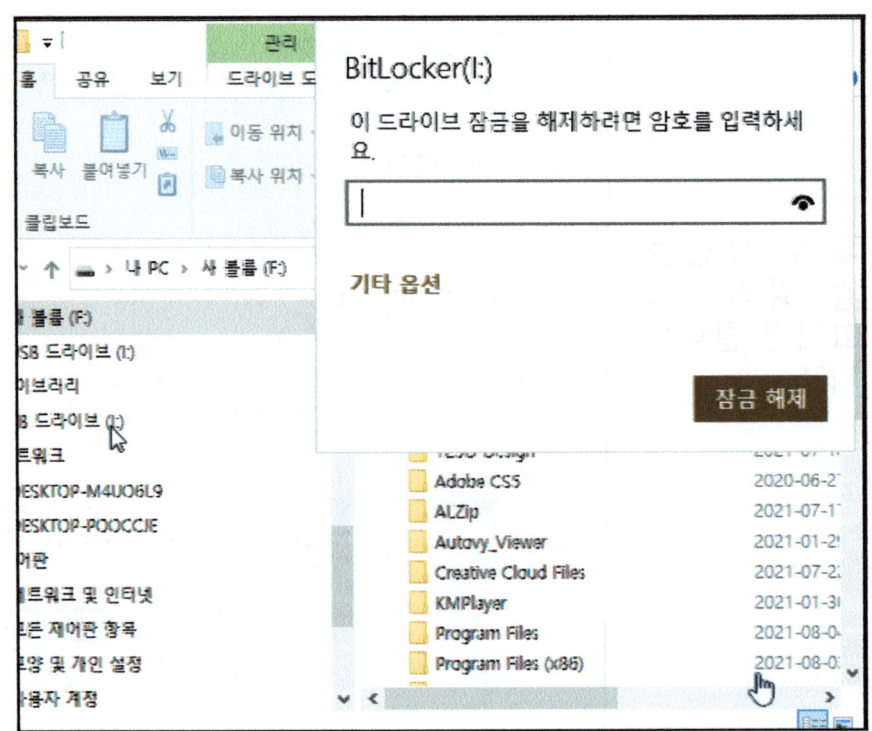

4-14. 복구키로 BitLocker 암호 해제하기

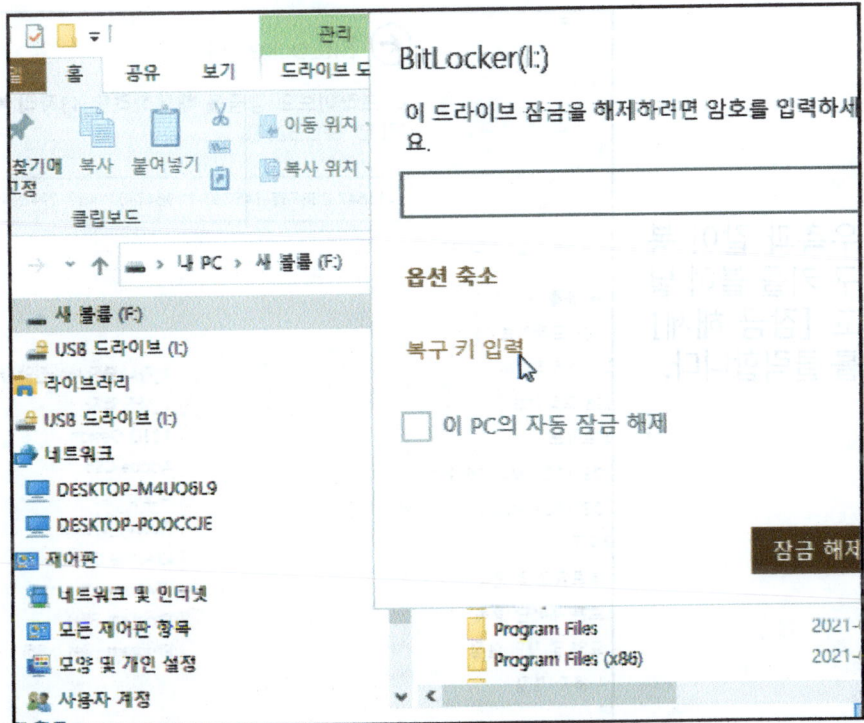

만일 암호를 잊었을 경우 아까 저장해 둔 복구키를 이용하여 해제할 수 있습니다.

우측 암호 화면에서 기타 옵션을 클릭합니다.

우측 화면에서 마우스가 가리키는 복구 키 입력을 클릭합니다.

BitLocker 암호화 과정에서 만들어진 복구 키는 텍스트 파일이므로 더블 클릭하여 우측과 같이 열고 복구 키를 복사하여 입력해 줍니다.

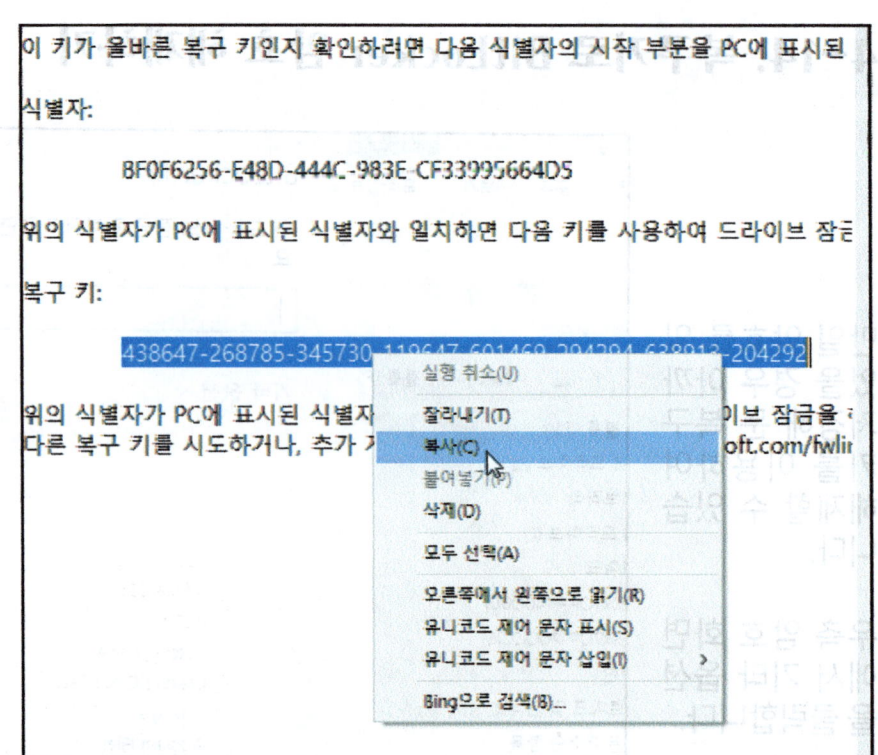

우측과 같이 복구 키를 붙여 넣고 [잠금 해제]를 클릭합니다.

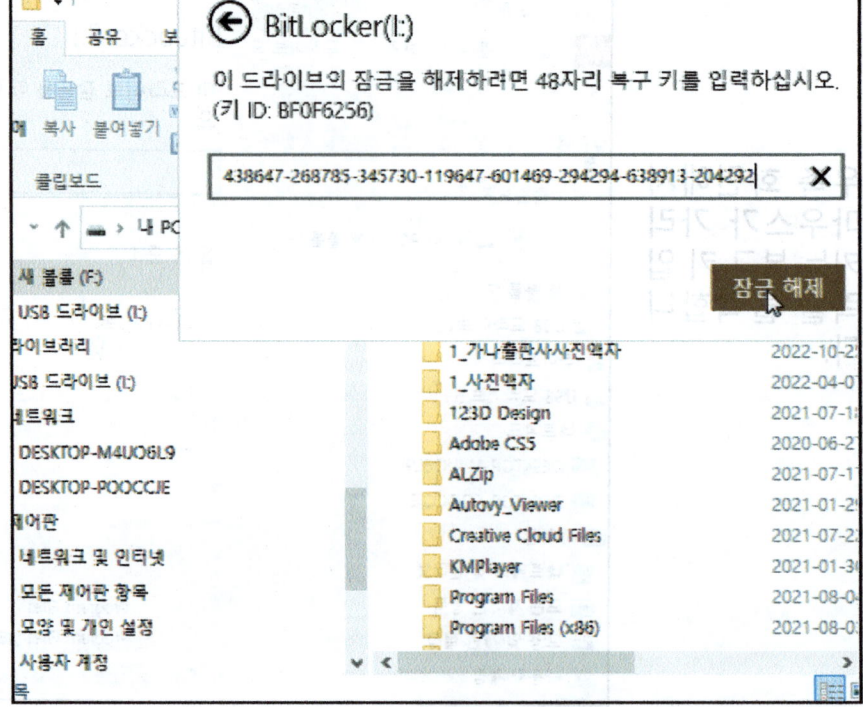

이제 우측과 같이 드라이브를 읽을 수 있습니다.

그러나 재부팅을 하거나 외장 하드의 경우 연결을 끊었다가 다시 연결하면 다시 암호로 보호되어 암호를 넣지 않으면 절대로 열 수 없습니다.

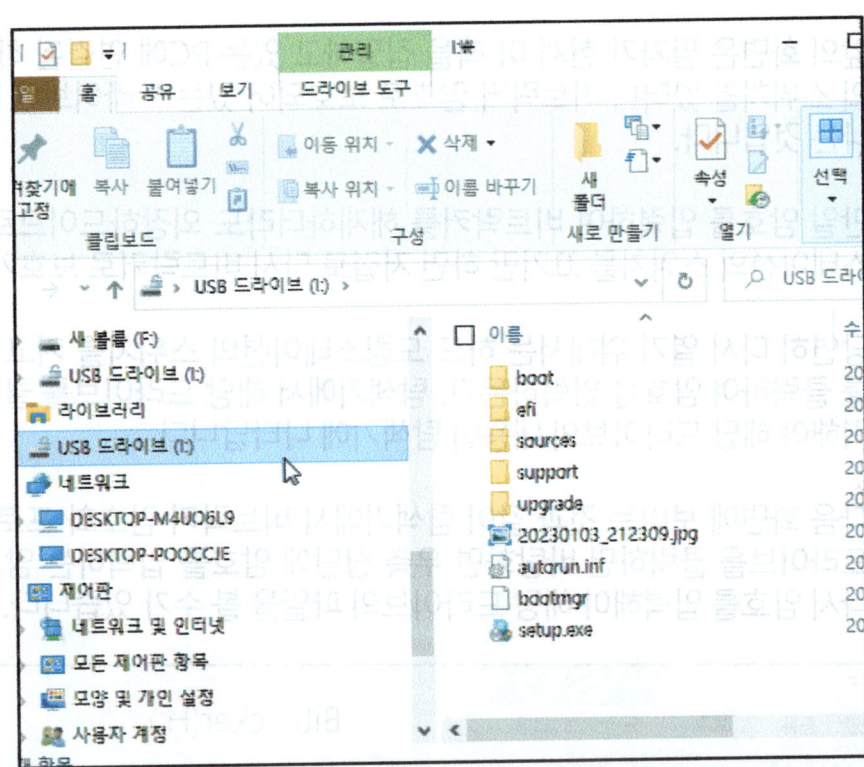

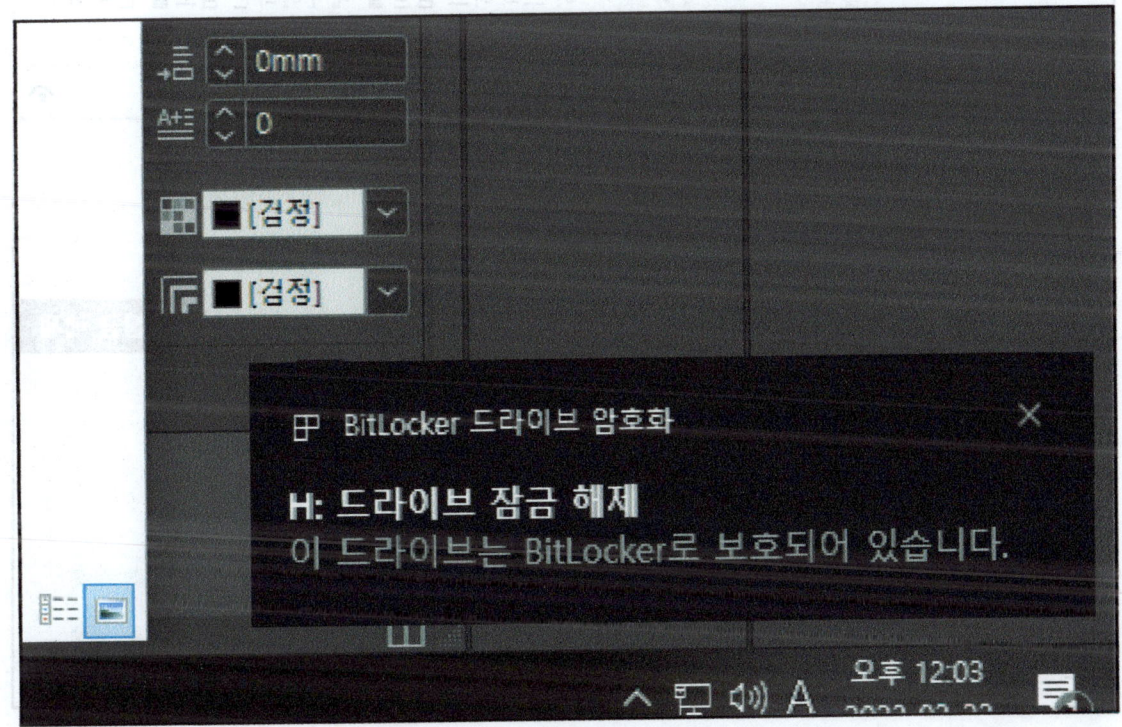

앞의 화면은 필자가 현재 이 책을 집필하고 있는 PC에 연결된 하드 도킹스테이션의 스위치를 켰더니 비트락커 암호로 보호되어 있는 드라이브에 대한 정보가 나타나는 것입니다.

만일 암호를 입력하여 비트락커를 해제하더라도 외장하드이므로 다시 하드 도킹스테이션의 스위치를 끄기만 하면 저절로 다시 비트락커로 보호가 됩니다.

당연히 다시 열기 위해서는 하드 도킹스테이션의 스위치를 켜고 나타나는 메시지를 클릭하여 암호를 입력하든지, 탐색기에서 해당 드라이브를 클릭하고 암호를 입력해야 해당 드라이브의 내용이 탐색기에 나타납니다.

다음 화면에 보이는 것과 같이 탐색기에서 비트락커 암호화 프로그램으로 보호된 드라이브를 클릭하면 바탕화면 우측 상단에 암호를 입력하는 암호 입력란이 나타나서 암호를 입력해야 해당 드라이브의 파일을 볼 수가 있습니다.

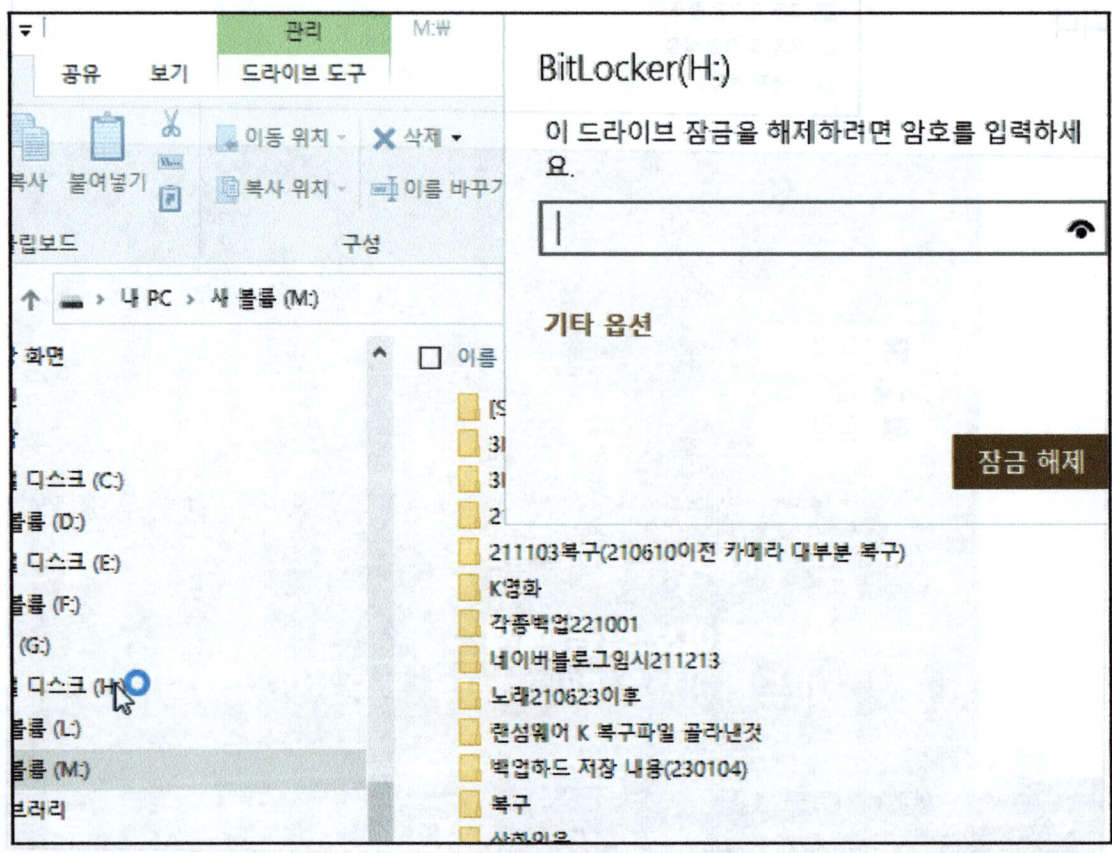

항상 이 정도 집필을 하고 나면 아쉬움이 남는데요, 그러나 필자의 [유튜브 채널]이나 필자의 블로그에 많은 자료가 있으므로 실제로는 이 책은 500페이지 이상 된다고 해도 과언이 아닙니다.

따라서 여러분은 이 책의 앞 부분에 있는 '필자의 [유튜브 채널] 혹은 필자의 [네이버 블로그]에 오시는 방법' 참조하여 필자의 [유튜브 채널]이나 블로그에 있는 자료를 적극 활용하시기 바랍니다.

모쪼록 이 책으로 개인은 물론 PC정비사를 꿈꾸는 분이라도 하시고자 하는 분야에서 성공하시기를 진심으로 기원합니다.

이 책의 집필이 끝나더라도 새로운 기술이나 새로운 프로그램에 대한 새로운 정보가 있으면 필자의 [유튜브 채널]이나 [네이버 블로그]에 지속적으로 정보를 업로드하므로 여러분은 수시로 드나들어야 하는 채널들입니다.

인터넷창, 웹브라우저 주소표시줄에 '가나출판사.kr' 혹은 '가나출판사.com' 입력하고 엔터를 쳐서 필자의 홈에 오시면 필자의 [유튜브 채널] 및 필자의 블로그에 오실 수 있는 링크가 있습니다.

잘 모르시는 분은 전화는 하지 마시고요, 문자를 주세요. (010-6273-8185)

감사합니다.

저자 윤 관식

〈필자 약력〉
1. 한국방송통신대학교 미디어 영상학과 4년 수료
2. 컴퓨터 자격증 다수 보유
3. 컴퓨터 관련 서적 및 사진, 그래픽 등 각종 서적 수십 권 이상 집필
4. 현 가나출판사 운영

제 목 : PC정비사 교본
가 격 : 23,000원
발행일 : 2023. 05. 16.
발행처 : 가나출판사
대 표 : 윤관식
충남 예산군 응봉면 신리길 33-4
Tel : 010-6273-8185
팩스 : 02-6442-8185
Home : 가나출판사.kr
Email : arm1895@naver.com